전쟁과 죄책

전쟁과 죄책

일본 군국주의 전범들을 분석한 정신과 의사의 심층 보고서

노다 마사아키 지음
서혜영 옮김

戰爭
罪責

또다른우주

한국어판 서문

후쿠오카 하카타의 북쪽에 서면 한국은 이웃 땅이다. 평화로운 때라면 서로 오고 가는 가까운 반도일 터인데, 일본 패전 직후 어린 시절을 보낸 나에게는 먼 나라였다. 게다가 일본 열도는 대륙 극동에 있으며 가늘고 길다. 그중에서도 내가 자란 도시인 고치는 태평양의 쿠로시오해류에 면해 있고 한반도 방향은 시코쿠산맥에 가려 있으니 가까이 느끼는 것이 더욱 어려울 수밖에 없었을 것이다. 내게는 한반도보다는 태평양의 거센 파도 너머의 섬들이 더 가깝게 느껴졌다. 같은 일본열도라도 지방마다 이웃나라에 대한 생각이 다르고, 한국에서도 마찬가지일 것이다.

1963년, 내가 홋카이도대학의 학생이 된 해의 12월, 한국에서는 군사쿠데타로 권력을 쥔 박정희가 대통령이 되었고, 일본

4

의 자본을 도입하기 위해 한일기본조약을 향한 움직임이 시작되었다. 우리는 일본이 조선 침략을 반성하지 않은 채 다시 한국을 시장으로 삼으려 하는 것은 옳지 않다며 토론과 시위를 했다. 이것이 현대 한국과 처음으로 관계를 맺은 것이니 그만큼이나 우리는 늦었었다.

1979년 10월 말, 박정희 대통령이 측근인 중앙정보부장에게 살해됐다. 그는 민주화운동을 탄압하고 베트남전쟁에 참전하기도 했다. 그 군사독재 국가가 어떻게 될 것인지 세계가 주목하고 있었다. 북한과의 전쟁을 구실로 반공주의를 내세우며 시민들을 억압해 돌처럼 굳어진 사회도 잠시 권력의 공백 상태가 되어 틈새가 생길 것이다. 그때, 나는 그렇게 생각했다. 그것은 내가 사회과학, 정신병리학, 역사학에서 배운 사회에 대한 감각이었다. 그래서 가깝고도 먼 나라 한국, 계엄령 아래 한국으로 급히 여행을 떠나보자고 생각했다.

한국전쟁이 휴전된 지 30년 가까이 됐는데도, 1980년 당시의 한국은 아직 개인 여행 비자를 받기 어려운 나라였다. 당시 군사정부가 외화 확보를 위해 정책적으로 방조했던 기생관광이라 불린 일본인들의 단체여행은 성행했지만, 일본인 개인이 방문해 여행하기란 쉽지 않았다.

처음 경험하는 군사정권 하의 수도 서울의 밤. 야간통행금지제도가 있어 자정에 사이렌이 울리면 돌아다닐 수 없다. 자정에 가까워질수록 사람들은 택시로 몰려들어 손님이 탄 택시라도 창문을 두드리며 합승을 간청하고 있었다. 서울시청 근처 싼 호텔에 방을 잡았는데, 내가 묵고 있던 5층 객실 방문을 두드리며 재워달라는 사람까지 있었다. 이윽고 인적이 사라진 후 거리에는 군 지프차나 경찰차밖에 달리지 않고, 드문드문 네온 불빛이 비추는 밤거리는 갑자기 넓어진 듯 보였다.

나는 마이니치신문 전 서울지국장이었던 후루노 요시마사의 소개로 조선일보사의 정영일, 선우휘, 이규태 등의 언론인과 술도 마시고 대화하는 등 독재체제에서 살아가는 사람들의 생각을 접하는 한편, 국립정신병원이나 청량리정신병원에서 시간을 보내며 조현병 환자를 진찰했었다. 인왕산에 올라 국사당 근처에서 무당의 빙의 의례를 보기도 했다. 그리고 나서 한글로 된 행선지를 겨우 읽어가며 혼자서 버스를 타고 부여, 대전, 경주, 마산을 거쳐 부산에서 귀국했다. 마산은 그 전 해인 1979년 10월, 민주화 투쟁이 군대에 의해 진압당한 도시였다. 1965년 한일기본조약 후 한국 정부가 개설한 마산자유무역지역에 일본기업이 공장을 세웠다. 펜스에 둘러싸여 여공들이 일하고 있는 공단 지대에 다가가자 경비원이 달려와 내쫓았다.

이후 열 번 이상 한국에 조사하러 가거나 강연을 하러 갔다. 2000년 연말에는 한겨레신문사의 초청으로 베트남전쟁에서 학살에 관여한 한국 해병대원을 면접하고 진찰할 기회가 있었다. '한국군에 의한 베트남 농부 학살 토론회' 장소에서는 행사장 밖에서 위장복을 입은 수백 명의 전 해병대원들이 고함치는 소리가 들렸다. '밖에서 만나면 죽여 버리겠다'라는 말을 외치고 있다고 했다. 2003년에는 한국 국가인권위원회의 협력으로, 국가보안법 위반 등으로 수십 년 이상 감옥에서 지낸 장기수들(1990년대 말 겨우 가석방된 사람들)을 만나러 다녔다. 2004년에는 제주도 4·3사건(1948년 4월부터 1954년 9월까지 수많은 도민이 학살·처형되고, 상당수는 섬에서 탈출해 재일한국인이 되었다)을 조사하러 갔었다.

2015년에는 한국의 인권단체인 5·18기념재단의 초청으로 '극한상황의 인간'이란 제목으로 강연(광주)하고, 세월호 참사와 관련, 대형 참사를 겪은 유족의 슬픔에 관한 내 저서 『떠나보내는 길 위에서喪の途上にて』에 대해 강연(안산)했다. 2017년 10월에는 한국문화예술위원회가 지원하는 '차세대열전 2017!' 공연제에 한 젊은 연출가가 『전쟁과 죄책』을 기반으로 만든 연극, 「무순 6년」 공연을 계기로 초대받아, 대학로에서 '침략전쟁의 반성은 왜 불가능한가'란 제목의 강연을 했다. 그리고 올해 3월 말에는 안산의 '온마음센터'에서 주최하는 세월호 9주기 강연회에 초청받아 유가족과도 다시 만나고 활동가와 시민을 대상으로 '내 아이를 대신해서 산다 - 사고가 없는 사회를 만들기 위해서'란 제목으로 강연했다.

한국인들과의 인연은 한반도만이 아니라 중앙아시아에서도 이어졌다. 1991년 2월 우즈베키스탄 타슈켄트와 사마르칸트에서, 스탈린이 벌인 민족 숙청으로 연해주 남부에서 중앙아시아로 강제 이주당한 '고려인'들을 인터뷰했다. 그들은 일본이 조선을 침략하자 북으로, 북으로 도망쳐서 소련 연해주에 가서 살았는데, 1937년, 일본과 관계가 있는 적성 민족이라는 이유로 중앙아시아의 벌판으로 강제 이주를 당했다. 1991년 가을에는 사할린으로 건너가 일본 정부가 방치하고 소련이 억류한 사할린 잔류 조선인과 그 자녀들에 대한 면접조사를 했다.

1999년 6월에는 북한 기아 현황을 조사하기 위해 두만강을 거슬러 중국으로 도망쳐오는 기아 난민들을 진찰했다. 하천의 우거진 수풀에 잠복해 강 건너 대나무로 만든 수용소를 관찰한 날도 있었다(『국가에 병든 사람들国家に病む人びと』, 中央公論新社, 2000년 11월).

돌아보면, 수많은 한인을 만나왔다. 대한민국에 사는 한국인, 조선민주주의인민공화국에서 도망쳐 나온 탈북민, 중국 지린성에 사는 조선족, 재일한국인 및 재일조선인, 그리고 중앙아시아에 사는 고려인, 남사할린에 사는 고려인, 나아가 북아메리카에서 교포사회를 만드는 사람들……. 한민족 디아스포라(민족 이산)의 원인은 바로 일본의 한반도 침략이었다.

고향을 그리워하며 시대를 원망하는 노래 「아리랑」은 슬프다. 아리랑의 마음 저편에 언젠가 여러 국가로 흩어진 일곱 갈래의 한민족이 귀중한 근현대사의 체험에 대해 깊게 이야기 나누며 디아스포라를 뛰어넘는 문화를 창조하기를 기대해 본다. 인류는 항상 이동과 접촉으로 문화를 창조해왔으니까.

이 책은 서구 제국주의를 본떠, 한반도, 중국, 남아시아 사람들을 침략하고 지배했던 일본 천황제 군국주의가 얼마나 사람들의 정신을 황폐하게 했는지, 다시 타자와 교류하는 정신을 되찾는 것은 얼마나 어려운 일인지, 그 내면을 분석한 것이다. 한국인들과 더 많은 대화를 이어갔으면 한다.

2023년 7월 7일
교토 이와쿠라의 집에서
노다 마사아키

차례

죄의식을
억압해온 문화

작은 집단 안에서 생활하며 자연과 더불어 지낼 때는 누구나 살맛이 난다. 병에 걸리거나 아끼는 사람을 잃었을 때는 슬픔에 빠지고, 따뜻한 곳에 가까운 사람들과 함께 있으면 기뻐진다. 그때그때 일어나는 일들에 반응하며 슬퍼하거나 기뻐하는 속에서 감정이 마르지 않고 여유 있게 흐른다.

국가가 사람들의 생활을 크게 좌우하기 시작하면, 시대 역시 개인처럼 자극에 반응하여 시대의 분위기를 만들어낸다. 이럴 때 우리는 그 분위기에 흔들려 생명의 느긋한 감정을 잃어버린다.

내가 시대의 분위기를 강하게 의식하게 된 것은 1980년대 이후부터다. 80년대 일본 사회는 물질적으로 풍요로워지면서, 패전과 부흥의 긴장에서 벗어나 과거에 대한 전면적 긍정으로 돌아서고 있었다. 85년 봄의 어느 밤, 지하철 계단에서 거리로 올라왔을 때 나는 일장기와 제등을 든 사람들의 물결에 휩쓸렸다. 가로등도 꺼진 긴자 거리를 깃발과 제등을 든 사람들이 가득 채우고 있었다. 수천, 수만에 달하는 사람들이 교바시에서 니혼바시로 향했다. '쇼와 60년[1]' 퍼레이드였다. 전국에서 모인 노인들은 물론, 젊은이와 중년층도 가세한 그 물결은 "쇼와시대에는 전쟁이 있었고, 패전 후에는 혼란과 빈곤에 빠졌다. 그래도 전체적으로 쇼와 시절은 좋았다"고 웅성웅성하면서 나를 떠밀었다.

---

1. 쇼와 일왕이 재위한 기간의 연호(1926~1989). 쇼와 일왕은 1945년 태평양전쟁에서 패한 뒤, 1947년 일본국 헌법(이른바 평화헌법)에 의해 실권이 없는 상징적 존재가 되었다. 1985년은 쇼와 재위 60년을 맞이한 해였다.

그날 밤의 일이 정확히 기억나지는 않는다. 나는 어느 시대에 던져진 것이었을까? 어린 시절 '국민체육대회'나 '나무 심기 퍼레이드'를 보던 때로 돌아간 것이었을까? 어두운 영화관에서 잔뜩 힘이 들어간 아나운서의 해설로 전쟁 전에 만들어진 뉴스 영화를 보던 때로 돌아간 것이었을까? 거리에 일렁이던 일장기의 붉은 색과 제등의 불빛이 흐릿하게 떠오를 뿐, 당시의 장면에 대한 자세한 기억은 나지 않지만, 그때 느꼈던 시대의 분위기만큼은 확실히 기억난다.

시대의 분위기는 엷고 얕은 '행복'이라는 색깔로 흐르고 있었다. 더 정확하게 말하자면 다행증(多幸症, euphoria. 근거 없이 병적인 행복감을 느끼는 정신상태)이라고 할 수 있다. 내용이 없는 공허한 행복감. 현실을 보기보다는, 전체적으로 뭉뚱그려 '잘되고 있다'고 얼버무리는 자세. 그 이면에는 자발성이 약화되고 충동성이 강화되는 현상이 나타나고 있었다.

사람들은 목적 없이 돌아다니고, 거품경제에 들떠 있었으며, 무엇을 했는지 무슨 일이 일어났는지 검증하지 않고 환상에 젖었다. 정치 실패와 금융 파탄, 비대해진 관료제, 아시아 각국 개발독재에 대한 지원, 목적 없는 정보화, 아이들의 고립감……. 그 각각에 대해 충동적으로 반응하고 얼굴을 찌푸리며 경련하듯 눈물을 흘리는 일은 있어도, 깊은 슬픔은 없다.

"밝게 적극적으로 살면 뇌 속의 모르핀이 분비되어 모든 것이 가능해진다"는, 다행증을 권장하는 듯한 책들이 널리 읽히고 있었다. 일본의 근현대란 모르핀 중독을 향한 길이었던가?

오늘날의 '다행의 시대' 이전에는 '초조의 시대'가 있었다. 사회 전체가 근대화를 서두르고, 부국강병을 향해 공격성을 최대한 활용하고자 했기에, 다들 심기가 편치 않았다. 사람들은 기분이 쉽게 바뀌었고 권위를 내세웠으며, 늘 공격할 대상을 찾느라 자극에 민감했다. 지위, 역할, 신분, 성별 등에 따라 우월감과 열등감을 동시에 지니고, 누구에게 굽히고 누구에게 공격성을 드러낼지 누구에게 관대할지 늘 긴장하고 있었다. 우월감과 열등감, 자기 비하와 위세 부리기의 결합은 가족, 친구, 이웃 간의 관계부터 아시아 각국 사람들과의 국제 관계에까지 영향을 미쳤다. 타인과 대등한 관계를 맺을 줄 모르는 사람들은 대인관계에서 끊임없이 정신적으로 긴장하는 것을 미덕으로 오해했다. 어떤 행동을 하고자 할 때는 늘 심하게 초조해했다. 그것이 전쟁 전 사회의 주조를 이룬 분위기였다.

시대의 분위기는 어째서 초조의 시대에서 다행의 시대로 전환한 것일까? 일본 사회는 이러한 전환밖에 고를 여지가 없었던가? 어째서 우리의 감정은 이렇게까지 개성을 잃고 즐거움에 강박적으로 매달리게 된 것일까? 희로애락의 감정은 어느 한 감정만 극대화할 수 있는 것이 아니다. 충분히 슬퍼할 수 있는 사람만이 충분히 기뻐할 수 있다. 즐거움이 마음속으로부터 차오르는 것이 아니라 겉으로 웃는 법만 익힌 사람들의 감정은 풍부해지지 않는다.

우리는 무엇을 슬퍼하지 않았는가

나는 1970년대 중반 『슬픔의 상실Die Unfähigkeit zu trauern』 (1967년)을 읽은 적이 있다. 독일의 정신분석학자 부부인 알렉산더 미처리히(Alexander Mitscherlich), 마르가레테 미처리히 (Margarete Mitscherlich)가 함께 지은 이 책의 부제는 '집단행동의 기초'인데, 지은이들은 "자신들의 공격 욕구를 충족시키기 위해 6백만 명이나 되는 인간을 죽였음을 깨달은 공동체, 모든 지지 기반을 잃어버린 공동체가 도대체 무엇을 해야 할까? 자신들의 동기를 더욱 광범위하게 부인하거나, 아니면 우울증으로 퇴각해 버리는 것, 그 이외의 길은 없는 것 같다"고 논평했다. 물론 독일은 우울증에 빠지지 않았고, "과거를 부인하고 잊은 것처럼 행동함으로써 정치사회적 불모에 빠졌다.[2] 책임져야 할 죄(행동의 죄든, 인내의 죄든)에 대해 이처럼 공동으로 방어한 사실은 성격에 흔적을 남기지 않을 수 없다"면서 "우리는 나치의 국가사회주의에 동화한 것과 근본적으로 똑같은 관점에서 이번에는 우리 연방공화국의 경제를 이끌고 있다"고 지적했다.

충분히 슬퍼하지 않은 독일은 과거를 말살하고 경제부흥을 향해 행진해 갔다는 뜻이다. 그러면 무엇을 슬퍼하지 않은 것일까? 나치즘이라는 이상의 상실인가? 6백만 유대인의 죽음인가. 이

---

2. 독일이 공식적으로 유대인 학살에 대해 사죄한 것은 1970년 빌리 브란트가 아우슈비츠에 방문해서 사죄를 표명한 것이었다. 그러나 이것도 정부 요인의 공식 입장이었을 뿐, 독일 사회의 정서가 그러했다는 증거가 되지는 않는다.

지점에서 미처리히 부부의 분석은 모호해진다.

그 책을 읽은 지 10년이 지난 후, 시대의 분위기가 자꾸만 다행증을 향해 천박하게 변해감에 따라, 우리는 무엇을 슬퍼하지 않았는가를 다시 한번 생각하게 되었다.

나는 태평양전쟁(제2차 세계대전 중 일본과 연합국 사이의 전쟁) 말기에 태어나, 소년기를 전후 민주주의가 발전하는 시기에 보냈다. 전후의 이념이 현실주의에 점차 밀려나는 시대에 청소년기를 보냈고, 고도 경제성장의 한편에서 정신과 의사, 지식인이 되었다. 시대에 비판적이었던 나도 중년을 지나면서 감정의 빈곤을 종종 느낀다. 왜 더욱 풍부한 상상력을 발휘하거나 다른 사람에게 감정 이입하는 일이 가능하지 않을까? 왜 언제나 사건이나 지식만을 중시하고, 거기에서 생겨나는 감정의 흐름이나 동기에 대해서는 관심이 부족한 걸까? 자신의 감정이든 타인의 감정이든 감정을 소통하는 것보다는, 사물의 성취나 귀결을 아는 것이 더 우선한다고 생각하게 되는 이유는 무엇일까? 우리 삶을 충실하게 하는 것은 지식이나 의지보다 감정의 흐름에 있는데도 말이다.

그것은 개인적인 문제임과 동시에 집단의 문제이기도 하다. 왜냐하면, 우리를 둘러싼 문화가 우리가 어떻게 사물을 받아들이고 느낄지 암묵적으로 지시하고 있기 때문이다. 이 나라의 대다수 장년층과 노년층은 감정이 뻣뻣하게 굳어 타자에게 자신의 감정을 열어놓고 교류할 수 있는 능력을 잃어버렸다. 대기업 관리직, 관료, 학자, 저널리스트 등 이른바 엘리트들은 결코 정신이 풍요로운 사람들이 아니다. 공감력이나 상상력이 가난한 사람들이 너무나 많다. 마찬가지로 서민들도 오로지 이 사회에 적응하기 위해 애쓰기만 했다. 그들의 자녀인 청년들도 감정의 폭이 좁아졌다. 그래서 사람과 사람의 교류를 정보의 교류나 기껏해야 얼굴을 맞대는 물리적 교류 정도로밖에는 생각할 수 없게 되었다.

우리는 사실을 알려고도 하지 않는다. 사실을 알기도 전에 "우리도 전쟁의 피해자다" "침략전쟁이 아니라 생존을 위한 전쟁이었다" "자학사관은 인정할 수 없다"는 등의 논리를 강변한다. 우리는 이렇게 과거를 부인함으로써 무엇을 잃어왔던가. 체험의 부인은 콤플렉스를 만들고, 억압된 마음의 상흔은 감정의 경직과 병적인 충동의 폭발을 가져온다. 과연 우리는 과거의 침략전쟁과 다른 정신으로 살고 있는 것일까? 과거를 부인한 자리에 무엇을 접목해온 것일까?

전쟁은 이제 반세기나 지난 옛일이 되었다. 핵무기의 근절을 바라는 평화운동도 있었다. 그러나 개인을 존중하지 않고 집단의 요구에 과잉 적응하면서 경쟁심을 키우고, 상하관계에 연연하는 문화는 그대로다. 여전히 학력 중심 사회고, 일류학교를 따지며, 귀속 조직의 우열이 있고, 회사에서 관리자가 되는 데 집착하며, 그러한 가치관을 의심하는 사람을 불안하게 만드는 압력이 있다. 다른 한편에는 학교에서의 집단 따돌림, 직장에서의 집단 괴롭힘이 있으며, 사생활을 빈곤하게 하는 회사주의가 있다. 잔업과 퇴근 후에도 계속되는 회사 상사나 거래처와의 술자리로 인간성을 억압하고, 실적이나 승진으로 구성원을 몰아세우는 문화는 변하지 않았다.

내무반에서 초년병을 집단으로 괴롭히고, 중국인을 죽이면서 전쟁의 귀신으로 단련되고, 군대에서의 출세에 매진하면서 피억압자의 고통에 무감각했던 침략전쟁 시기(1931년의 만주사변[3]에서 종전까지의 15년 전쟁기)의 일본인의 정신과 오늘날의 그것은 크게 다르지 않다고 말할 수 있다. 사람들을 어릴 때부터 경쟁에 몰아넣고, 선망과 굴욕의 경계에서 공격심을 고조시켜 그것을 조직의 힘으로 바꾸는 메커니즘은 같지 않은가.

1945년 8월 15일 패전으로 일본인은 세계가 하나의 집을 이룬다는 팔굉일우(八紘一宇)니, 만주국의 주요 다섯 민족이 화합해서(오족협화[伍族協和]) 공동 번영하는 왕도낙토(王道樂土)를 건설하자느니 하는 들뜬 이상을 잃었다. 만주와 몽골에 일본의 사활이 걸려 있다는 만몽생명선(滿蒙生命線)이라는 정당화도 불가능해졌다. 패전 직후의 쇼크, 감정 마비와 이에 뒤이은 혼란이 가라앉은 뒤, 일본인의 반응에는 두 가지 유형이 있었다고 할 수 있다.

첫 번째 반응은 '벌하지 않는다'는 것이었다. 전쟁 가담자와 피해자를 뭉뚱그려 아무도 벌하지 않는다. "이겨도 져도 어차피

---

3. 1931년 9월, 중국에 주둔하던 일본 관동군 참모들이 만주철도 노선을 스스로 폭파하고(류탸오후 사건), 이를 중국 측 소행으로 뒤집어씌워 만주 침략을 개시했다. 하얼빈을 점령하고 만주 전역을 장악한 1932년 3월, 청 왕조의 마지막 황제였던 푸이를 내세워 만주국을 세웠다.

전쟁은 비참한 것"이라는 입장에서 평화를 제창하는 움직임이 있었다. 이것은 평화운동으로 나타났다. 평화운동에도 두 가지 흐름이 있다. '아무도 벌하지 않는다'는 절대 평화를 주장하는 무리와, 스스로를 벌하지 않은 상태에서 한 걸음 더 나아가 반전 세력(사회주의권)과 호전 세력(미국)을 구분해야 한다고 주장하는 이데올로기적인 무리가 있었다. 어느 쪽이든 자신들이 무엇을 하고 무엇을 잃었는지 직시하려 하지 않았다는 점에서 같다.

두 번째 반응은 '물질주의로 바꿔치기' 하는 것이었다. 전쟁에 의한 마음의 상처를 물질주의 가치관으로 덮어씌우고, 물량에서 미국에 진 것이니까 경제를 부흥하고 공업을 재건해서 미국의 경제력을 따라잡는 것으로 다시 일어설 수 있다는 자세였다. 거기에는 정신적 퇴폐와 중국 문명에 대한 패배를 인정하지 않는 편협함이 숨어 있었다. 전쟁 중에 지배 세력이 강요한 극단적인 정신주의에 대한 반동으로 물질주의, 경제주의가 들어섰다고도 볼 수 있다. 이것은 부국강병의 군국주의 이데올로기를 경제 성장 중심의 자본주의 이데올로기로 바꾼 데 지나지 않으며, 물질의 풍요로움이 전부라고 생각해 버리는 것이다.

이런 경향은 한국전쟁 특수, 고도 경제성장, 토목·건설업을 축으로 하는 지방의 보조금 경제, 도쿄 집중, 산업구조 전환의 과정에서 더욱 강화되어, 일본인의 심성의 본류가 되고 말았다. 이처럼 패전의 충격을 물질로 과잉 보상하려는 자세야말로, 마음의 상처를 부인하는 오늘날의 일본 문화를 만든 원천이라고 생각한다.

그러면 일본인에게 양심은 없었던 것일까? 죄의식이 아예 없었던 것일까? 주위 사람들에게 알려지는 것을 두려워하는 부끄러운 마음은 있어도, 스스로에 대해 고통스러워하는 마음은 없었던 것일까?

아니, 그럴 리 없다고 생각하고 싶다.

예를 들어 8년 전, 나는 시가현(滋賀県)의 농가에서 곱게 늙어가는 노인을 만났다. 가와사키 타지로(川崎太二郎)는 아내와 단둘이 살면서, 먹을 것을 거의 다 스스로 농사지어서 해결하고 있었다. "농부만큼 좋은 삶은 없다"고 말하던, 당시 일흔아홉 살이던 이 노인은, 닭장에 놓인 빛바랜 칠판에 쌀겨 10kg, 어분(생선가루) 2.5kg, 굴 껍질 10kg 등등을 기록한 내용 옆에 노래를 적어 놓았다.

닭 머리의 작은 꽃이여,
상하이의 들에서 풀 뜯던 아이가 생각나네
뭘 하니, 물으니 가냘프게 미소 지으며
나를 올려보고 머뭇머뭇 말했지
어깨에 기운 붉은 천 조각을 이거 뭐지, 물으면
한마디 '여자'라 답하고
살아 있다면 올해 나이 쉰일까
손자를 안고 전쟁 얘기 끊이지 않는다
붉은색 산다화 네가 입은 옷 색깔에는 없구나
혹시 마음속에라도

그리고 칠판 아래 선반에, 산다화(山茶花, 동백나무의 꽃) 가지 하나가 꽂혀 있었다. 이 노래는 노인이 마음 한구석에 쭉 품어왔던 전쟁 가해자로서의 죄의식의 표출이 아니었을까? 물어보니 그는 1931년부터 1934년까지는 상하이사변⁴이 벌어졌던 중국에서, 그리고 태평양전쟁 때는 1940년부터 남방(동남아시아, 태평양 지역)에서 군 생활을 하다가, 라바울(Rabaul, 현재 파푸아뉴기니의 항만 도시)에서 종전을 맞이했다고 했다.

많다고는 할 수 없을지라도, 적지 않은 일본인이 그들 나름대로 죄의식을 품고 살아왔음이 틀림없다. 그러나 그들의 기억은 심화되지도, 충분히 분석되지도 않고 반세기가 지났다. 전후 일본의 반전 평화운동은, 기본적으로 피해자 의식 위에 서 있었다. 히로시마, 나가사키의 반핵 평화운동에서도, 전쟁 체험을 이야기하는 저널리즘에서도, 전쟁은 적도 아군도 희생자로 만든다는 식의, 죄의식과 상관없는 논조가 지배적이다.

그래도 난징의 학살⁵을 이야기하고, 만주와 남방에서의 학살을 고발하고, 헌병이나 특무부대원으로서 범한 죄를 고백하고, 패주하면서 가족과 동포를 내버린 죄를 기록한 사람들이 있다. 그러나 그들의 목소리는 죄를 묻지 않는 전후 분위기에 떠밀려 어디론가 흘러가 버리고 말았다. 한편 학도병으로 동원되었다가

---

4. 1932년 1월 18일, 상하이 국제 공동조계에서 일본인 승려들이 일본군의 사주를 받은 중국인에게 습격당한 사건으로 촉발된 중화민국과 일본의 군사적 충돌.

5. 난징대학살. 중일전쟁 중인 1937년 12월, 중국의 수도였던 난징을 점령한 일본군이 이듬해 2월까지 수십만 명의 중국인을 폭행하고 학살한 사건.

살아 돌아온 사람들은 "진짜 뛰어난 사람, 아름다운 사람은 살아 돌아오지 않았다"고 하는, 다른 차원의 '살아남은 자의 죄의식(생존 증후군)'을 품고 있었다. 이런 사례들 하나하나를 청취하거나 분석한 일은 없다.

언제부턴가 나는, 침략전쟁을 재검토하지 않고, 그 시기에 어떤 전쟁범죄를 거듭해서 저질렀는가를 검증하지 않고, 그 시대를 부인과 망각으로 넘겨버리는 자세가 얼마나 우리의 문화를 빈곤하게 만들어왔는지 고찰하고 싶어졌다. 죄를 자각하고 살아온 소수의 정신을 통해 다수의 그림자를 부각하고 싶었다.

자기 내면의 얼굴

그런 생각으로 나는 귀중한 죄의식을 찾아서 사금파리 찾기와도 같은 증언 청취 작업을 시작했다.

그때쯤, 유라시아 대륙의 반대쪽인 독일에서 나치 범죄자의 자녀들을 면접한 기록인 『침묵이라는 이름의 유산legacy of Silence』(1989년)을 읽었다. 독일 하이델베르크에서 아버지에 이끌려 이스라엘로 망명한 심리학자 댄 바론(Dan Bar-On)은, 이 책에서 제2차 세계대전 종전으로부터 40년이 흐른 뒤 나치의 자녀들이 부모의 죄를 어떻게 받아들였는지, 혹은 부인했는지 질문했다.

1980년대의 서독은 나치 범죄에 대해 학교에서 가르치고 과

거를 반성하는 것이야말로 현재를 일구어가는 일이라고 표명해
왔다. 제3제국(히틀러가 권력을 장악한 시기의 독일을 가리키는 말)을
낳은 독일문화에 대한 깊은 반성이 있었기 때문에, 유럽 각국은
사회주의권 해체 이후 동서독의 통일을 허용할 수 있었다. 만약
독일에서 80년대에 나치의 역사를 적극적으로 가르치지 않았다
면 유럽은 독일의 통일에 큰 불안을 느꼈을 것이다.

그러나 서독에서도 1970년대 중반까지는 나치에 대해 충분히
가르치지 않았다. 대부분의 학교는 부모 세대의 과거에 대해 침
묵을 지켰고, 역사는 비스마르크 시대에 멈춰 있었다.

'침묵의 유산'을 찾아 독일로의 여행을 계속하는 심리학자에
게, 나치 친위대원을 아버지로 둔 중년들은 대부분 면접을 거부
했다. 그러다가 소수가 조심조심 자신을 밝히기 시작했고, 처음
으로 자신의 정신사를 이야기하기 시작했다. 그들의 아버지는
중앙정부, 유대인 말살수용소나 강제수용소, 특수작전부대, 안락
사 부서, 게슈타포(비밀경찰), 수송 시스템 등 다양한 부문에서 대
량 학살에 관여했다. 그중에는 보안경찰장관 헤르만 괴링의 딸
로 추정되는 사람도 포함되어 있었다.

유대인 말살 계획의 수행자로서 가정과 음악을 사랑한 아버지
였던 헤르만 괴링. 패전 직후 자살하기 직전, 딸을 데리고 노래를
흥얼거리며 산책했던 상냥한 아버지였던 괴링. 그는 정말로 알
고 있었을까? 그의 딸이 자신의 피에 잔학한 유전자가 있는 것
은 아닐까 하는 불안을 숨긴 채 살아야 했다는 것을.

아우슈비츠에서 죽일 자를 선별하는 작업에 종사한 의사를 아

버지로 둔 남자는 얼마든지 기회가 있었지만, 지식인이 되기를 거부하고 조리사가 되었다. 그는 "전쟁 이후 학교에서 아무것도 가르치지 않은 것은 옳지 않았다. 학교에는 '히틀러'라는 단어가 존재하지 않았다. 우리 세대는 스스로 이야기를 주워 모아야 했다. 그 결과, 어떤 이들은 아우슈비츠(최대 규모의 유대인 강제수용소로 대량 학살을 자행한 핵심 시설)를 믿고 어떤 이들은 믿지 않는 일이 일어났다"고 말한다. 침묵의 시대를 산 이들 전후세대 11명은 이렇게 조금씩 내면적 갈등을 이야기로 풀어내었다.

드디어 저자는 과거 히틀러유겐트(나치 독일의 청소년 조직)의 일원이었던 남자로부터 친위대원이었던 아버지에 대한 이야기를 듣는다. 그는 게토(유대인을 강제 격리한 지역)의 유대인을 살려내려 했으나 결국 성공하지 못한 채 정신착란에 빠져 "그리스도도 유대인이었어. 유대인을 존경하라"고 되풀이해서 외쳤다고 한다. 저자는 이 얘기를 듣고 마음을 놓는다. 그는 독일 여행을 거듭하면서 제3제국의 자녀들과 더불어 나치 이후에 태어난 세대 속에서 인류에 대한 희망을 찾기 시작한다. 저자의 연구에 관한 토론에 망설이면서 참가한, 이미 쉰 살을 넘긴 나치의 자녀들이 자신들의 자아 형성을 함께 얘기하기 위한 자조 모임을 만들려고 하는 데서 책의 마지막 장이 끝난다. 그 후 저자는 그들을 이스라엘에 초대해 유대인 말살수용소에서 죽은 유대인의 자녀들과 3박 4일간 모임을 했다.

댄 바론의 연구는 전후 반세기가 지난 지금에도 아직 전쟁 시대를 살았던 사람들에 관한 인문과학 연구가 가능하다는 사실을 우리에게 알려준다. 아쉽게도 아시아에서 가해자의 자녀로서 사는 우리는 피해자 및 그 자녀들과 깊은 이해를 함께할 조건에 있지 못하다. 중국 등 몇몇 국가의 사람들은 정치적인 발언에 제약을 받는다. 그러나 전쟁에 관여한 일본인의 죄의식을 파헤쳐 세밀히 분석함으로써 우리는 20세기의 의미를 아시아인들에게 전할 수 있을 것이다. 아직 남아 있는 죄의식이야말로 우리의 귀중한 문화다. 죄의식을 억압해온 일본 문화의 모습을 통해 우리는 자신의 내면의 얼굴을 볼 수 있다.

제1장

의사와 전쟁

1장의 주제는 '의사와 전쟁'으로, 이제 곧 여든 살이 되는 유아사 겐(湯浅謙)과의 인터뷰로 시작한다.

패전 뒤에도 일본 대학의 의학부는 전쟁 전과 같은 의국강좌제(医局講座制)[6]를 변함없이 유지하면서, 공격적인 실적주의와 극단적인 위계질서를 온존시키고 시중 병원에 대한 지배를 계속해 왔다. 의사회에 모이는 의사는 건강보험제도의 틀 안에서 돈벌이를 최대 관심사로 여겨왔다. 의료행위의 결과로 거대한 병원을 세우고 첨단 의료장비를 들여놓는 데는 성공했지만, 환자의 약해진 마음에 다가갈 수는 없었다. 왜 그럴까?

전후 일본의 의학계는 전쟁과 관련해 그 어떤 반성도 하지 않았다. 중국에서 세균전을 전개하고 인체 실험을 한 731부대 관계자들은 패전 뒤 교토대, 교토부립의대 등의 의학부 교수가 되고, 공립병원의 원장이 되고, 정부에서 일하고, 혈액 관련 제약회사 미도리십자를 세웠다. 인간을 존중하지 않는 전통은 에이즈 바이러스가 감염된 혈액으로 수많은 사람을 감염시킨 미도리십자의 기업문화, 그리고 일본 후생성과 의학자의 유착으로 이어지고 있다. 이 내용은 1장 마지막 부분에서 다룬다.

그런데 의학을 이용한 범죄를 저지른 것은 세균전 부대만이

---

6. 일본 병원에서 '의국'은 '약국'에 대비되는 말로 의무(醫務)를 다루는 부서, 또는 의사들의 대기실을 가리킨다. 일본의 의료조직에서는 의국이 절대적 권위가 있으며, 의국 간 강한 분파주의와 의국 내 비민주적 운영이 문제로 지적되고 있다. 학과목이 아니라 교수가 강좌장인 '강좌'가 중심이 되는 운영체계를 강좌제라고 한다. 일본 대학의 의학부는 의국을 중심으로 하는 강좌제를 유지하고 있다.

아니었다. 군의관들은 중국인을 위생병의 수술 실습용 재료로 이용하는 범죄를 저질렀다. 군대에서만 그런 것이 아니다. 전쟁 말기 규슈대 의학부에서 미국인 포로를 생체 해부했다는 사실은 잘 알려져 있다. 그것은 결코 드문 사건이 아니었다. 많은 군의관이 수술 연습 또는 교육이라는 이름으로 자행된 그 일들에 대해 침묵해왔다. 그러나 유아사는 자신이 범죄를 저질렀다는 사실을 늘 자각하며 살아왔다.

유아사는 1916년 개업의의 아들로 태어나, 도쿄 교바시에서 자랐다. 아버지는 고학으로 의사가 된 사람이었다. 동네 의사로서 밤낮으로 환자를 위해 몸 바쳐 일하는 것을 즐거움으로 삼았다. 유아사는 9남매의 셋째였는데, 위로는 누나와 형이 있었다. 소학교 1학년 때 간토대지진으로 집이 불타 없어지고 죽을 고비를 넘겼다. 아버지는 가건물에서 진료를 해야 했다. 유아사는 할머니와 함께 치바(千葉)로 보내졌다. 할머니와 생활하던 2년 반 동안, 그는 도쿄에서 온 자신을 따돌리며 괴롭히는 아이들 속에서 지내야 했다.

도쿄로 돌아온 후 소학교 4학년과 5학년 때 연이어 담임을 맡았던 교사는 오키나와 출신의 노력가형이었다. 고학으로 교사가 된 이 선생님이 "일본인은 우수한 민족이다. 중국을 정복해 동아시아의 맹주가 될 것이다"라고 자주 말했던 것을 유아사는 지금까지 잊지 않았다.

1929년 그는 도쿄시립1중학교(현 구단[九段]고교)에 입학했다. 등하교할 때마다 중학교 옆에 있던 야스쿠니신사[7]에 경례했다.

1928년과 1929년에는 공산당원들을 대대적으로 검거한 3·15
사건과 4·16사건이 있었다. 언론과 사상의 자유를 억압한 치안
유지법이 실시되면서 사회가 군국주의로 크게 기울고 있었다.
1931년 만주사변에 이어 이듬해에는 상하이사변과 5·15사건[8]
이 터졌다. 유아사는 군사훈련을 받으며 '육탄 3용사(상하이사변
때 만들어진 가짜 미담)'을 믿고, 「마적의 노래」 중 "나도 갈 테니 너
도 가라, 좁은 일본에는 질렸다"는 가사에 취하고, '짱꼴라는 열
등한 민족이니까 가난한 라면장수밖에 못 된다'고 믿는 평범한
중학생이었다.

1934년 성적이 우수했던 청년 유아사는 도쿄지케이카이(東京
慈惠会)의대 예과에 합격했다. 그는 "성실하게 공부해서 의사가
되면, 남들에게 부끄럽지 않은 생활을 할 수 있다"고 단순하게
생각했을 뿐, "내가 살고 있는 시대나 국가에 대해서는 전혀 자
각이 없었다."[9] 친구 중에 반전 활동으로 붙잡혀 제1고등학교를
퇴학당한 후 의대에 들어온 하야시 슌이치(林俊一, 현재 오지(王子)
생협병원)가 있었다. 그에게서 "전쟁이 끝나면 지주가 없어질 거
야"란 말을 들은 적이 있었지만, 모두들 "그럴까?" 하고 흘려들

---

7. 일본 최대의 신사로 메이지 유신 때부터 태평양전쟁 시기까지 전사한 일본군을 신
격화해 위패를 보관하고 제사 지낸다. 제2차 세계대전 전범들의 위패가 이곳에 있다.

8. 1932년 5월 15일, 해군 극우 청년 장교들이 중심이 되어 경시청, 일본은행 등을 습
격하고, 총리 관저로 난입, 이누카이 쓰요시(犬養毅) 총리를 암살했다. 주모자들은 전
국적인 구명운동 속에서 사면받았다. 이 사건을 계기로 정당 정치는 끝이 나고, 군부
의 정계 진출이 이루어지면서 군국주의 사상이 강화되었다.

9. 요시카이 나츠코(吉開那津子),『지울 수 없는 기억消せない記憶』, 日中出版, 1996

는 정도였다.

1937년에는 루거우차오 사건[10]에 이어 겨울에는 난징대학살이 벌어졌다. 그는 학살에 관한 것을 포함해 아무것도 몰랐을 뿐만 아니라 관심도 없었다.

1941년 의대를 졸업하고 고마고메(駒込)병원의 내과의가 되어 전염병동에서 근무했다. 조만간 전쟁터에 가게 되면 전염병 지식이 도움이 될 것으로 생각했기 때문이다. 그해 6월 징병검사 때 담당관이 군의관으로 지원할 것을 권했다. 그는 10월 단기 현역 군의관으로 지원해 아사히가와(旭川)의 보병 제28연대에 입대했다.

유아사는 2개월간 일반 병과 훈련을 받고, 동기 23명과 함께 중위 계급의 군의관이 되었다. 그는 인간에게는 황족이나 사족(士族)과 같은 상위 클래스가 있으며, 처음부터 이들은 다르게 태어난다고 생각했다. 그런 그에게 의사가 입대하자마자 장교가 되는 것은 당연한 일이었다. 출세했다는 생각과 죽음의 전쟁터로 끌려갈 날이 다가온다는 생각이 한데 뒤엉켜 착잡했다. 유아사는 현실을 있는 그대로 받아들이고 성실하게 극복해가는 성향의 사람이다. 현실에서 도피하거나 이념에 매달리는 성향이 아니다. 달리 말하자면, 기억과 경험만을 중시하는 의학교육 속에서 자라나 비판 정신을 완전히 잃은 청년이었다.

---

10. 1937년 베이징 교외의 루거우차오(蘆溝橋)에서 중·일 양군이 충돌한 사건으로 이 사건을 계기로 중일전쟁이 전면전으로 확대되었다.

그가 입대한 1941년 12월, 일본은 하와이 진주만을 공격하고 태평양전쟁에 돌입했다. 이듬해 1월 말, 그는 중국 산시성 타이위안(太原) 인근 루안(潞安)육군병원에 부임했다. 부임 도중 쿨리(苦力. 영어로 coolie. 중국인이나 인도인 막노동꾼)를 보고 중국인도 '의외로 열심히 일하네' 하고 생각했다. 안됐다는 동정심 따위는 느끼지 않았다. 장교인 자신과 같이 일등칸에 탄 중국인을 보고 '뭐야, 중국인인 주제에'라고 생각했지만, 그것을 직접 말이나 행동으로 표현할 만큼 촌놈은 아니었다.

타이위안은 산시 지역주의를 내세워 지방 군벌 중에서는 유일하게 오래 살아남은 옌시산(閻錫山, 1883~1960년)이 성주로 있는 곳이었다. 1937년 10월 중일전쟁으로 타이위안은 일본에 함락됐다. 이때 옌시산의 군대는 일본군과 거의 싸우지 않고 힘을 보존했다. 일본군은 서쪽에서 들어온 팔로군[11]을 맞아 고전하고 있었다.

루안육군병원에는 중좌 계급의 원장과 8명의 군의관이 있었다. 유아사는 여기서 전염병동 부속 병리검사실 군의관으로 근무하게 되었다. 전염병동에는 결핵환자 외에 장티푸스, 파라티푸스, 이질, 발진티푸스, 재귀열 환자를 30명 정도 수용하고 있었다.

부임한 지 40일 정도 지나 3월 중순, 병원장인 니시무라 게이

---

11. 八路軍. 중일전쟁 당시 화베이(華北) 지방에서 활동한 중국 공산당군. 항일전의 최전선에서 싸웠으며, 1947년 인민해방군으로 개칭했다.

지(西村慶次) 중좌(오카야마의전[岡山医専] 출신 외과의)는 장교식당에서 점심을 먹고 나서 잡역부들을 물러가게 한 뒤 이렇게 말했다.

"오후 1시부터 수술 연습을 한다. 전원 해부실로 모이도록."

유아사는 "드디어 올 것이 왔구나" 하고 받아들였다. 이미 도쿄지케이카이의대 재학 시절, "군의관은 생체 해부를 한다"고 들었기 때문이다. 그때는 '무섭기는 하지만 해보고 싶은걸' 하고 생각했을 정도였다. 하지만 직접 맞닥뜨리고 보니 생체 해부에 대한 거부감이 강하게 일었다. 유아사는 무엇이든 앞장서서 하는 성격이지만, 이때는 남들보다 늦게 해부실로 향했다. 이미 몇 번 결핵, 이질, 장티푸스로 죽은 환자를 해부한 방이었지만, 그날은 발걸음이 무거웠다.

병실 앞 광장에는 사람 그림자라고는 없었다. 평상시에는 병실에서 일하는 쿨리들이 어슬렁거리곤 했는데, 보이지 않았다. 해부실 입구에는 위생병이 대검을 총구에 꽂은 착검 상태로 보초를 서고 있었다.

33㎡ 정도의 휑뎅그렁한 해부실에는 루안육군병원 군의관뿐만 아니라 사단의 모든 군의관이 모여 있었다. 사단의 군의부장 고타케(小竹) 대좌와 니시무라 병원장이 담소하고 있었다. 두 사람에게 경례하고, 직속상관인 전염병실 주임 히라노 고지(平野孝次) 중위 옆에 나란히 서서 천천히 방안을 둘러보았다.

왼쪽 구석에 두 사람의 농민이 손을 뒤로 묶인 채 서 있었다. 체격이 좋은 남자 한 명은 잠자코 서 있었다. 또 한 사람, 살결이 검은 작은 몸집의 나이 든 남자는 신음하며 떨고 있었다.

간호사가 메스, 절단용 칼, 뼈를 자르는 톱 등을 수술대 옆 탁자에 늘어놓을 때마다 찰칵찰칵 소리가 났다. 군의관과 간호사는 일부러 농담을 내뱉으며 큰 소리로 웃곤 했다. '늘 하는 일인 걸, 뭐. 긴장할 것 없어'라는 뜻의 직업적 연기였다.

유아사 군의관은 주위의 장교들처럼 평정을 가장했다. 그러면서도 옆에 서 있던 히라노 중위에게 물었다.

"도대체, 이 사람들, 죽을 죄를 짓긴 지은 건가요?"

"팔로군은 죽이게 돼 있어."

"아, 그렇군요."

유아사는 가볍게 고개를 끄덕였다.

니시무라 병원장이 "자, 시작할까?" 하고 신호를 보냈다. 위생병이 체격이 좋은 남자를 총 끝으로 찌르자, 그는 유유히 걸어서 스스로 수술대 위에 누웠다.

유아사는 뜻밖이라고 생각했다. '적이긴 하지만 훌륭해' '아, 일본군의 위엄에 굴복한 거로군' 하고 이해했다.

그런데 또 한 사람, 궁상맞아 보이는 남자 쪽은 비명을 지르면서 앞으로 나오지 않았다. 총검을 든 위생병이 끌어내려 하면 할수록, 남자는 필사적으로 뒷걸음질쳤다. 결국 얼굴이 지저분한 그 남자는 유아사 바로 앞에까지 뒷걸음질쳐 왔다.

수술 연습

유아사에게는 곧 생체 해부당할 인간이 무슨 생각을 하고 있는지 상상할 만한 지성이 없었다. 수술 연습의 대상인 두 사람은 물건에 지나지 않았다. 하지만, 그래도 스스로 수술대에 올라간 남자의 심리를 '적이지만 훌륭하다, 일본군의 위엄에 굴복했군' 하고 이해했다. 이 부분은 그의 빈곤한 인생관을 보여준다. 그는 사람이 살아가는 자세에는 '훌륭하다'와 '연약하다'로 표현되는 두 가지밖에 없다고 생각했다. 그 중국인이 품었을, 침략자 일본군에게 죽임을 당하는 억울함도, 칼로 잘리고 저며지는 인간으로서 가장 처참한 죽음(내세를 믿는 사람이라면 차마 눈도 못 감고 귀신이 되어 떠돌 수밖에 없는 죽음이다)에 대한 두려움도 떠오르지 않았다.

그 자리에서 유아사 중위가 생각할 수 있는 인간관계란, 동료 의사와의 상호관계뿐이었다. 죽임을 당하는 중국인과는 인간으로서의 관계가 아니었다.

또 한 사람 지저분한 남자는 계속 신음하면서 유아사 쪽으로 뒷걸음질치며 다가오고 있었다.

이미 여든이 된 노의사는 내게 여기까지 얘기하고, 눈물지으며 이를 악문다.

"나 자신이 한심해서."

나는 한마디의 말이 이처럼 깊은 반성을 거쳐 전혀 다른 의미로 쓰이는 것을 처음 들어본 것 같다.

그때의 청년의사 유아사도 '한심한 짓은 할 수 없다'고 생각했다.

'꼴불견이 되고 싶지 않은데.'

'안 좋은 자리에 섰어.'

'새로운 군의관이 용기가 있을까? 모두가 그런 눈으로 날 보고 있어.'

'저런 지저분한 놈을 잡으려고 맞붙었다간, 흰 가운이 더러워질 거야.'

그는 이런 생각들을 하면서, 위엄을 갖춰 "앞으로 나가라"며 그를 손으로 밀어냈다.

뒷걸음질하던 농부는 뒤에서 밀치자 중심을 잃었는지 그대로 앞으로 밀려 나갔다. 위생병이 수술대에 억지로 내팽개친 후에도 그 남자는 여전히 신음하며 벌벌 떨었다. 유아사는 '엉겨 붙는 꼴을 면하게 되어 다행이야' 하고 의기양양했다.

그 행위에 대해서도, 한심한 짓은 할 수 없다고 생각했던 것에 대해서도, 지금의 유아사는 "한심하다"고 눈을 감는다. 50여 년 전 '한심한 짓은 할 수 없다'던 태도는 동료 군의관들에 대한 윤리관에서 나온 것이었다. "나 자신이 슬퍼요"라며 한숨을 내쉬는 오늘날의 유아사는, 인간 일반에 대해서도 자기 자신에 대해서도 보편적으로 "한심하다"고 느낀다. 본래 윤리란 그런 것이지만, 당시의 일본인들에게 윤리는 상황에 따라 변화하는 것이었다.

간호사는 남자에게 다가가 중국어로 달랬다.

"자는 거예요."

"마취를 할 거니까 아프지 않아요."

남자는 모국어를 듣자 공포에서 벗어났는지, 간호사가 이끄는 대로 누웠다.

'저런 거짓말을 하다니…….' 유아사는 기가 막혔다. 그때 간호사가 그를 돌아보았는데, 마치 '어때요?' 하고 웃음 짓는 것 같았다.

정맥 마취 후, 남자는 두 번 다시 깨어나지 못했다. 20명 정도의 군의관들은 두 무리로 나뉘어서 두 개의 수술대를 에워쌌다. 목면으로 된 보잘것없는 옷을 벗겨내고 남자를 전라(全裸)로 만들었다.

유아사는 농부의 몸에 상처나 고문의 흔적이 없다는 걸 발견했다. 신기했다. 남자는 심문을 받지 않았다. 잡혀서 그대로 끌려온 것이다.

훗날 그도 실시 담당관이 되고 나서야 알게 되었는데, 생체 해부 실습 교육은 갑작스레 실행되는 것은 아니다. 니시무라 병원장이 말한 것은 그날 점심을 먹은 후였지만, 당연히 미리 준비해 놓았던 것이었다. 우선 제1군(북지나방면군 소속으로 산시성을 점령했다) 당국에서 각 사단, 여단, 육군병원에 실시 명령이 내려오면, 병원의 서무주임이 준비했다.

위에서 지시를 내릴 때 외에도, 육군병원에서 헌병대에 특정한 날에 필요한 실습 대상 인원을 요구하면, 딱 맞춰서 중국인 포로를 데려왔다. 헌병은 필요한 인원을 잡아 왔다. 가령 어떤 중국인이 다른 중국인을 밀고하면 바로 체포로 이어진다. 이것은 증거에 의한 체포가 아니므로 그중에는 무고로 잡혀 온 사람이 있을지도 모른다. 어느 쪽이든 생체 해부를 '어차피 곧 죽을 사람이니 의학 발전에 도움이 되게 하자'는 식으로 합리화하는 것은 가당치 않았다.

"남았으니까 쓰는 것이 아니라, 어디까지나 '필요하니까 넘겨라'였습니다. 그것은 일본군의 생명을 구하기 위한 수술 연습이었으니까요. 그러다 보니 강제연행이 필요했죠."

유아사는 훗날 서무주임을 맡아 수술 연습을 준비하면서 그러한 사실을 알게 되었다. 하지만 처음 생체 해부를 목격했을 때는 농부의 몸이 상처 하나 없이 깨끗하다는 것이 인상적이었다. 여기서부터 서술하는 생체 해부 과정은 요시카이 나츠코가 유아사를 인터뷰하고 집필한 『지울 수 없는 기억 消せない記憶』을 기초로 하고, 모호한 부분은 내가 유아사를 만나 직접 청취한 내용으로 보충했다.

한 사람의 군의가 요추천자[12] 연습을 위해, 남자의 몸을 옆으로 눕힌 후 몸을 굽히고 바늘을 꽂으려 했다. 유아사는 "소독은?" 하고 묻고 말았다.

히라노 중위가 "어차피 죽일 건데"라며 어이없다는 표정을 지

---

12. 뇌척수액을 뽑거나 그곳에 약을 투여하기 위해 시행하며, 대개 허리 부근의 척추에서 실시하기 때문에 요추천자라고 불린다.

었다.

요추 마취 뒤 그들은 남자를 바로 눕히고 양손과 양발을 묶었다. 다음엔 클로로에틸을 사용한 전신마취 연습을 했다.

마스크를 코에 대고 마취를 한다. 허우적대던 남자는 사람들이 한참을 꽉 붙들고 있자 코를 골며 잠들었다.

첫 수술로 군부대 군의관 두 사람이 충수염 수술 연습을 실시했다. 당시는 항생제가 보급되지 않았던 시절로, 가능한 한 적게 잘라내야 했다. 손가락 두 개를 복강에 넣을 수 있는 길이로 절개하는데, 염증이 없는 충수는 크기가 작아 찾아내기 어렵다. 두 번이나 절개했으나 실패했고, 세 번째 절개했을 때는 맹장을 전부 꺼내 충수를 잘라낸 뒤 봉합했다.

이어서 육군병원의 O 중위가 겨우겨우 팔 근육을 잘라냈다.

상완골까지 절단용 칼을 넣은 뒤 지혈대로 혈관을 묶었다. 그러고 나서 주위의 근육을 있는 힘껏 밀어 올려놓고 뼈를 절단한다. 가능한 한 깊숙하게 절단하기 위해서다. 커다란 뼈는 톱에 갈리면서 뜨거워져 뼛가루 연기가 난다. 식염수를 뿌리면서 절단하고 난 뒤에 절단면을 끌로 문질러 갈아준다. 그러고는 신경을 충분히 끌어당겨서 나중에 통증을 느끼지 않도록 가능한 한 깊숙이 자른다. 그다음, 혈관을 봉합하고 지혈대를 서서히 풀어주면서 출혈 유무를 확인한 뒤에 근육과 피부를 봉합하면 끝난다. 농부의 몸에서 팔이 사라졌다.

이어서 2인 1조 군의관이 장문합(腸吻合) 수술 연습에 들어갔다. 총탄이 복부에 들어가면 구멍이 뚫려 복막염을 일으키므로,

손상된 장을 잘라내고 꿰매주어야 한다. 군의관들은 복부 한가운데를 가르고 장을 끄집어내어 절제하고 장관을 문합하고 다시 복부를 봉합했다. 팔이 없어지고 장이 잘려 나간 농부는 호흡이 약해져 있었다.

다음은 기관 절개였다. 흉부에 총을 맞으면 혈액이 기관에 고여 질식한다. 한 군의관이 '야전 기관절개기'라는 낫 모양의 수술 도구로 목에서부터 후두까지 단번에 잘랐다. 새액새액 하는 소리와 함께 새빨간 혈액이 뿜어져 나왔다. 그것을 깨끗이 닦아 냈다. 뿜어져 나오는 혈액은 점차 줄어들었지만, 아직 피리를 부는 듯한 숨소리는 약하게나마 남아 있었다.

세 시간에 걸친 수술 연습은 오후 4시에 끝났다. 군부대 군의관들은 돌아가고, 해부실에는 병원 소속 군의관들과 위생 부사관들 칠팔 명만 남았다. 간호사도 자리에 없었다.

"수술대 위 두 명의 중국인은 숨이 거의 끊어질 듯했지만, 아직 숨을 쉬고 있었어요. 이대로 해부실 건물 뒤편에 파놓은 구덩이에 던져 넣기에는 마음이 쓰였습니다. 니시무라 병원장이 2cc 주사기로 심장에 5, 6회 공기를 주입했지만, 호흡 상태에 전혀 변화가 없었죠. 나는 목을 졸라 경동맥을 압박했는데, 그래도 호흡이 멈추지 않았어요. 그래서 그 중국인의 허리띠를 목에 감고 O 중위와 둘이서 양쪽에서 잡아당겨 목을 졸라보았는데, 그래도 호흡이 끊기지 않았습니다.

그때, 나중에 방에 들어온 오타니 미사오(大谷操) 위생조장이

"마취약을 정맥에 주사하면 바로예요" 하고 가르쳐 주었습니다. 그래서 나는 남아있던 클로로에틸 5cc를 주사기에 담아 왼팔 정맥에 주사했죠. 2, 3cc쯤 들어갔나 싶을 때 그 중국인은 대여섯 번 가볍게 기침을 하고는 그대로 호흡이 멈췄습니다.

그다음은 물론 위생병이 시체들을 치웠을 텐데, 우리 군의관들은 보지 않고 방을 나와버렸습니다."

그날 밤은 마음이 진정되지 않아, 그는 동료들과 술을 마시러 외출했다.

1942년 3월 제36사단에서 일어난, 야전부대 군의관들을 위한 수술 연습은 이렇게 끝났다. 유아사는 처음 겪은 일이어서 지금까지 잘 기억하고 있었다.

나는 유아사의 얘기를 들으며 아연해졌다. 내가 의학도일 때 동물을 대상으로 연습했던 전신마취, 호흡 관리, 장관문합, 그리고 의사가 되어 수술실에서 인턴으로 경험을 쌓은 후 실시한 요추 마취나 충수염 수술, 응급 외래에서 보조했던 대퇴골 절단, 이렇게 상당한 기간에 걸쳐 의사가 경험하는 것을, 그 수술 연습에서는 한 사람의 인간을 재료로 삼아 세 시간 만에 해치웠다.

지금까지 내가 문헌을 통해 알고 있던 인체 실험들, 몸에 구멍을 뚫어 간세포를 떼어냈다든가, 산 사람을 추운 곳에 두고 사망에 이르기까지 체온을 쟀다든가 하는 것과는 전혀 달랐다. 군의관을 속성으로 양성하기 위한 수술 재료로 살아있는 사람을 사용한 것이었다. 그런데도 당시의 청년의사 유아사는 한 인간으로서 상처 입지 않았다.

시대 분위기에 물든 의학

그로부터 패전하기까지 3년간, 유아사는 첫 경험을 포함, 모두 일곱 번 생체 해부에 참여했다. 다섯 번은 사단 군의관 수술 연습, 한 번은 위생 초년병 교육, 또 한 번은 타이위안 군의부에서 실시한 군의관 교육을 위한 생체 해부였다. 이 일곱 번의 생체 해부로 열네 명의 중국인이 학살당했다.

북지나방면군의 기밀명령에 따라 사단마다 실시했던 군의관 교육을 위한 수술 연습은 연 2회로 정해져 있었다. 유아사는 첫 번째 생체 해부를 경험한 그해 가을, 두 번째 생체 해부에 참여했다. 늘 하던 대로 두 명의 중국인이 수술 연습에 사용되었다. 이때 유아사는 처음으로 기관 절개를 해보았다. 한편에서는 치과의사인 N 중위가 턱뼈 골절을 가정한 아래턱 수술을, 비뇨기과 출신의 젊은 안도(安藤) 소위는 고환 적출 수술을 했다. 그는 고환을 한 손에 들고 "와, 떼냈어"라며 기뻐했다.

유아사도 그렇지만, 군의관들이 꼭 외과의 출신인 것은 아니다. 또한 외과의라 하더라도 전투에서 입은 다양한 외상 처치를 두루 해낼 능력을 갖추고 있는 것은 아니었다. 이때 살아있는 사람의 몸을 사용하는 수술 연습은 가장 짧은 기간에 각종 외과수술 방법을 체득할 수 있는 가장 효과적인 실습 교육이었다.

세 번째는 1942년 12월에 있었다. 이때는 제1군의 명령에 따라 산시성 각 부대의 군의관 50명 정도가 타이위안에서 군사의학 강습을 받았다. 다음날 오후, 제1군 군의부장인 효도 슈키치(兵頭周吉) 소위의 지도로, 중국인 네 명의 복부를 총으로 쏘고 마취 없이 탄환 적출 수술을 실시한 뒤에, 늘 해오던 사지 절단, 기관 절개 수술 연습을 했다.

유아사는 1943년 4월 병원의 부관에 해당하는 서무주임이 되었다. 이번에는 그가 생체 해부를 준비해야 했다. 전쟁은 교착 상태에 빠져 있었다. 베이징의 북지나방면군 당국으로부터 '군의관의 수준이 낮아 실전에 도움이 되지 않는다. 수술 연습을 자주 실시하라'는 명령이 하달되었다. 유아사는 연 2회 해오던 수술 연습을 연 6회, 격월로 실시할 계획을 세웠다. 그러나 실제로는 부대들이 이동하느라 군의관을 집합시키는 것이 쉽지 않았으므로, 세 번밖에 실시되지 않았다.

11월의 어느 추운 날 실시된 수술 연습에서는 군의관들이 많이 오지 못해, 한 사람을 생체 해부하는 것으로 충분했다. 니시무라 원장의 후임인 S 병원장이 실습에 쓰이지 않고 남은 중국인의 목을 일본도로 베어 떨어뜨렸다.

다른 수술 연습에서는 부대에서 온 군의관들이 돌아간 뒤, 위생병의 보조를 받으며 머리를 절개하고 대뇌피질을 적출해 S 병원장에게 건네줬다. S 병원장이 부임하기 전에 군의관으로 있던 전신(電信) 제9연대의 스기노(杉野) 연대장이 대뇌피질의 적출을 의뢰했기 때문이다. 상처 없는 대뇌는 일본의 제약회사로 보내진다고 들었다.

몇 개월 뒤, S 병원장이 또 대뇌피질을 떼어오라고 부탁했다. 유아사는 새로 야마나시현에서 온 위생 보충병의 해부 실습을 생체로 실시하자는 발상을 하게 되었다.

'해부도로 가르치는 것보다 조금 색다른 것을 해주자' '배짱을 키우자' 이런 생각이었다.

유아사는 헌병대에 연락해서 중국인 한 명을 데려오게 했다. 그는 직접 생체 해부하고 내장을 끄집어내어 보충병들에게 보여주었다. 그리고 머리를 절개하고 신선한 대뇌피질을 잘라냈다.

첫 생체 해부 때부터 유아사의 심리적 저항은 적은 편이었다. 처음이라서 긴장한 정도였다. 그 긴장은 동료들과 한잔하러 가서 해소했다. 그 후 어떠한 의문도 정신적 갈등도 없었다. 생체 해부와 관련해서 악몽을 꾼 적도 없었다. 첫 번째 수술 연습을 상세하게 서술할 수 있었던 것은 그 충격이 컸기 때문이 아니다. 나중에 전쟁범죄를 저지른 죄인이 되어 추궁당하는 과정에서 세세한 부분까지 기억해낼 수 있었다. 그는 타고난 고지식함 탓에 다치고 병든 병사에 대한 치료와 마찬가지로 생체 해부도 하나의 실무로 여기고 임했다. 처음에는 북지나방면군, 또는 제1군의 명령에 따라 실시했다고 할 수 있지만, 몇 번 해본 후부터는 솔선해서 실시했다. 대뇌피질을 떼어낸 것이나 보충병에게 굳이 생체 해부 교육을 한 것은 명령에 따른 수술 연습이 아니었다.

의사는 죽음을 수도 없이 겪게 된다. 의학도가 되면 바로 시체 해부 실습부터 시작해서, 병리 해부, 임상 연구 등 인간을 신체로 보는 데 익숙해진다. 그렇기 때문에 '죽음의 의학' '신체의 의학'으로 기울지 않기 위해서는, 환자가 얼마나 살려고 애쓰는지를 알게 해주는 '생명의 의학'을 먼저 배워야 한다. 어머니와 아이는 어떻게 맺어지는가, 영유아는 어떻게 발달하고 성장해 가는가, 정신적으로 병든다는 것은 어떤 것인가, 나이 들면서 사회관계는 어떻게 변화해 가는가. 구체적인 한 인격의 발달과 생활사를 지그시 바라보는 '생명의 의학'으로 무장하지 않는 한, 의사는 '죽음의 의학'과 '신체의 의학'의 도구가 될 뿐이다.

유아사가 생체 해부를 실행하는 군의관으로 매끄럽게 적응해 간 과정을 따라가다 보면, 일본의 의학이 군국주의와 타협하지 않을 수 있는 사상적 바탕을 하나도 마련해두지 않았음을 잘 알 수 있다. 구조적으로 강한 사회는 모든 분야가 쉽사리 하나의 색으로 물들지 않는다. 그러나 유아사가 받은 의학교육에는 신체에 대한 관심과 의사 집단에 대한 적응, 그리고 출세주의밖에 없었다.

유아사는 이외에도 사단의 방역급수부에 환자에게서 분리한 티푸스균이나 이질균을 보냈다. 급수부는 세균전을 위해 방금 분리한 강한 균을 요구했다. 급수부에서는 균을 배양해 부대에 나눠줬고, 부대는 이것을 진공(進攻) 작전 때 작전지역에 살포했다.

1943년 가을에는 제1군 군의부장인 이시이 시로(石井四郎) 소장(관동군 731부대 창립자)의 감사가 있었는데, 이때 유아사는 페스트균이 묻은 벼룩을 소독 구제하는 모의 연습에 참가했다. 이 시이 부장은 중국인을 대상으로 한 동상 인체 실험 강의를 했다. 1945년 3월, 유아사가 산시성 남부에 주둔한 부대에 군의관으로 부임했을 때는 조선인 여성 군 위안부의 성병 검사 업무를 맡기도 했다.

자기변명과 합리화

유아사는 1945년 8월 15일, 산시성 타이위안에서 종전을 맞이했다. 1942년 루안육군병원에 부임한 지 3년 반이 지난 시점이었다. 타이위안에서는 "지금은 혼란한 일본에 돌아가도 별수 없다" "남아서 중국을 위해 힘쓰자"는 의견 사이에 논쟁이 벌어져 잔류운동으로 발전했다. 그 이면에는 '중국에서 모은 재산을 잃고 싶지 않다' '귀국하면 무슨 일을 당할지 모른다'는 대륙 거주 일본인의 타산이 있었다. 장쥐린(張作霖)을 폭사[13]시킨 관동군 참모로, 나중에 산시성의 산시산업 사장이 된 거류민회의 회장 고모토 다이사쿠(河本大作)가 대표적 사례다. 일본인 중 약 2,700명의 무장 군대가 국민당군의 징용에 응해 타이위안에 남았고, 약

---

13. 장쥐린 폭사 사건. 1928년 6월 4일 만주의 군벌 장쥐린이 탄 열차가 폭파되어 사망했다. 일본은 장제스의 북벌군이 저지른 일이라고 발표했지만, 실제로는 일본 관동군이 저지른 일이었다. 관동군은 장쥐린을 죽이고 혼란을 틈타 만주를 점령하려 했지만, 상황이 뜻대로 진행되지 않아 계획은 실패로 돌아갔다.

3,000명의 기술자와 그 가족도 현지 잔류를 선택했다.

유아사는 '일본인이 남는다면 의사로서 그들을 돌봐주자. 일단은 우리를 필요로 하니까'라고 생각했다. '도쿄는 다 불탔다, 돌아가도 뭘 해야 할지 모르겠다' '중국인을 진찰하는 것으로 그동안 저지른 잘못에 대해 보상하자'는 마음도 조금 있었다. 유아사는 '일교(日僑, 외국에 사는 일본인) 진료소'를 만들어 잔류 일본인과 중국인에 대한 진료를 시작했다. 잔류 일본군은 팔로군과 전투를 계속했고, 유아사도 부대 소속 군의관으로서 출근하라는 명령을 받았다.

그러나 국민당군이 팔로군에게 패하면서, 1947년 가을에서 1948년 봄 사이 대부분의 일본인이 귀국했다. 유아사는 '지더라도 의사니까 어떻게든 되겠지' '일본인이 조금이라도 남아 있는 한은 떠날 수가 없다'고 생각하고 내과 진료를 계속했다. 그러는 동안 1947년 말 결혼을 했고, 두 명의 자녀도 태어났다.

1949년 4월, 결국 타이위안이 팔로군에게 함락됐다. 유아사는 그대로 성립(省立) 병원에서 일하라는 명령을 받고 진료를 계속했다. 오전에는 외래 환자를 보고, 오후에는 병동을 회진하고 젊은 중국인 의사들에게 강의하는 나날을 보냈다.

그런데 1951년 1월, 생각지도 않았던 포로수용소로 갑자기 보내졌다. 그는 허베이성 융넨(永年)의 포로수용소에, 가족은 다른 수용소에 수감됐다.

유아사는 그 당시 전혀 죄책감이 없었다. '헌병으로 근무한 사람이나 동상 실험을 한 이시이 시로 일파는 나쁜 짓을 했지만,

의사는 전쟁 중에도 별로 죄를 지을 일은 없다'고만 생각하고 있었다. 수술 연습이 죄라는 의식도 없었다. 한동안은 수용소를 공산주의 사상 학습의 장 정도로 생각하고 있었는데, 죄를 고백하라고 추궁당하면서 처음으로 생체 해부를 했던 것에 대해 불안해졌다.

'이 수용소 안에 생체 해부에 대해 아는 사람이 몇 명이나 있을까?' '함께 한 사람들이 잠자코 있을까?' 하는 의심 속에서 지옥 같은 나날을 보냈다. 하지만 한국전쟁이 치열해지자, '중국이 강력한 미국을 이길 턱이 없지. 곧 전황이 바뀔 거야. 내가 한 일 따위는 문제도 안 될걸' 하고 생각했다.

나는 지금까지 전범으로 중국의 수용소에 잡혀 들어갔던 일본군 출신들을 많이 만나왔는데, 그들의 공통점은, '나는 중국인을 학살했다. 그러므로 사정이 어찌 됐건 그들도 나를 죽일지 모른다'고 하는 두려움이 크지 않았다는 점이다. 윤리적인 죄의식이 없는 데다, 중국 쪽에 기대려는 어리광 같은 심리마저 있었다. 죄라고 자각하고 있지 않았기 때문에 책임을 져야 한다고도 생각하지 않았다. 죄라고는 느끼지 않는다고 하더라도, 많은 중국인을 학살했으니까 자신도 죽임을 당할 것으로 생각할 법도 한데, 그런 생각을 하는 사람은 많지 않았다.

유아사는 생체 해부를 했으니까 (죄인지 아닌지는 별개로 하더라도) 자신도 생체 해부를 당할지 모른다는 생각에 오싹하지 않았을까? 그러나 그는 그렇게 생각한 적이 없다고 했다.

"마음속에서 변명하고 있는 거죠. '명령이었다, 어쩔 도리 없었다, 전쟁이었다, 이런 일이 흔했다, 여기저기서 범상하게 일어나는 일이었다'고. 이제 전쟁은 끝났고요."

여기에는 스스로 깨닫지 못한 채 집단에 준거해서 사는 인간의 정신세계가 잘 나타난다. 자아가 분명하지 않은 사람은 집단으로 있는 한 불안하지 않다. 집단이 혼란에 빠질 때는 자신도 혼란에 빠지지만, 그때뿐이다. 집단은 끊임없이 개개인이 한 행위에 대한 책임을 모호하게 흐리고, 집단이 요구하는 모든 행위에 동의하도록 한다.

유아사가 포로수용소에 갇혀서도 불안하지 않았던 이유 중 하나로 일본인에 대한 중국 정부의 대응을 들 수 있다. 중국 당국은 수용소의 일본인들에게 되풀이해서 강조했다. "중국 인민은 관대하므로, 진정으로 회개하고 사상을 개조하면 용서받고 귀국할 수 있다. 끝까지 반항하면서 표면적인 죄만 고백한다면, 반드시 모든 죄를 밝혀 처벌할 것이다." 이것이 바로 수용소의 '관대 정책'이다. 일본인 전범의 이른바 '사상 개조'를 위한 정책이었다.

여기서 중국공산당의 사상 개조 방식에는 몇 가지 종류가 있었음을 언급해 둔다. 중국공산당은 중국인 부농, 도시의 상공업 자본가, 국민당원, 일본군 협력자에 대해서는 결코 관용을 베풀지 않았다. 그것은 중화인민공화국이 1949년 10월 1일 성립한 뒤, 일본 또는 국민당이라는 외부의 적과의 싸움이 내부로 전환됐을 당시의 몇몇 정책 문서에 나타나 있다.

1950년 6월 30일자 「중화인민공화국 토지개혁법」에서는 '토지개혁 실행을 보증하기 위해 토지개혁 기간 중 각 현은 인민법정을 조직하고 순회재판 방법을 이용하여 죄를 다스린다. 극악한 중죄를 저질러 광범위한 인민대중에게 심한 원망을 사서 처벌이 필요한 악질 우두머리와 토지개혁법에 반항하거나 이를 파괴하려고 하는 범죄자를 법으로 재판해서 처벌한다. 무질서한 체포, 구타, 살해, 기타 각종 신체형 및 형태를 변형시킨 신체형은 엄금한다(제5장 32조)'라고 했으나, 4개월 후인 1950년 10월 10일자 「중공중앙 반혁명 활동의 진압에 대한 지시」에서는 단호한 탄압을 강조한다.

회개하지 않는 주요 반혁명 분자, 해방 후 특히 관대한 처리를 받은 후에도 계속해서 악질적 행위를 하는 반혁명 분자에 대해서는, 중앙 인민정부 정무원이 공포하는 반혁명 처벌 조례에 입각해 진압한다. 죽여야 할 자는 바로 사형에 처한다. 감금하여 개조해야 할 자는 바로 체포, 감금하여 개조한다. 안건을 집행할 때는 판결을 공고하고 신문 지상에 뉴스를 발표하며(눈에 띄는 곳에 싣는다), 또는 기타 방법으로 대중 속에 광범위한 선전교육을 펼친다.

당 간부의 상당수가 승리에 자만하여 적을 경시하는 사상에 빠져 있다. 새로운 환경에서 썩은 자유주의 사상의 영향을 받은 탓에, 통일전선에서 폐쇄주의에 반대하는 것과 적과의 투쟁에서 반혁명 활동을 단호히 진압하는 문제를 혼동하고 있다. 반혁명 활동을 바르고 엄격하게 진압하는 것과 함부로 죽이는 것을 혼동하여, '진압과 관용을 결합'하는 정책을 관용만 베푸는 정책으로 오해하고 있다.

이로써 약 70만 명의 반혁명 분자가 처형당했다고 한다.[14]

기독교 선교사에 대한 사상 개조도 고문을 동반한 가혹한 것이었다. 미국의 정신의학자 리프턴(Robert Jay Lifton)은 『사상 개조와 전체주의의 심리: 중국의 세뇌 연구Thought Reform and the Psychology of Totalism: A Study of 'Brainwashing' in China』(1961년)에서 홍콩으로 추방된 선교사나 지식인에 대해 상세하게 분석했다.

모든 것은 같은 시기에 같은 중국공산당의 정책으로 실시되고 있었는데, 격리된 환경에 있었던 일본군 포로들이 그것을 알 리 없었다.

전쟁범죄 고백

어쨌든 중국 당국은 일본인 포로에게 관대한 정책을 취했다. 식사도 중국 병사 이상으로 충분한 양이 나왔다. 명령에 따라 일본인 포로들을 진료한 유아사에게는 급여까지 지급했다.

포로수용소에서는 집단 노동, 학습, 그리고 죄상 고백이 진행

---

14. 毛里和子·国分良成 編, 『原典中国現代史 第1巻 政治』, 岩波書店, 1994

되었다. 2만 5천 리에 걸친 장정[15] 이야기와 비참한 중국 농민의 생활에 대해 듣고, 일본인 포로의 증언도 들었다. 예를 들어 어떤 일본인 포로는 종전 후 인민해방군 군인들과 대치하다가 부상당했는데, 어떤 해방군 병사가 부상당한 자신을 업고 흙탕물을 건너 살려줬다고 증언했다. 집단이 함께 공유한 감동적인 이야기는 개개인의 마음을 움직여 반성을 불러일으켰다.

"그토록 고통받으면서도 그렇게 선량하게 살던 중국인들을 우리 손으로 죽이다니……." 반성과 중국 당국에 대한 신뢰가 맞물려 죄상에 대한 고백이 시작되었다. 햇볕과 북풍 중 햇볕이 행인의 외투를 벗기는 데 성공했다는 이솝우화의 비유에 빗대자면, 이것은 햇볕에 의한 반성인 셈이었다. 한편, 죄상 고백을 하지 않으면 북풍이 불 것이라는 위협도 함께했다.

유아사도 생체 해부에 대해 자백했다. 하지만 자신이 실행한 대뇌피질 적출과 비뇨기과 의사가 한 고환 적출에 대해서는 아무래도 쓸 수가 없었다. 그런 일은 명령에 따른 일이었다고 변명하기에는 너무나도 더럽고 부끄럽고 철없는 행위로 여겨졌기 때문이다. 그가 쓴 자발문(自發文)은 변명과 해명투성이일 뿐 반성이 보이지 않는다는 이유로 그대로 되돌아왔다.

1952년 말, 한국전쟁이 교착 상태에 빠진 가운데 유아사 일행

---

15. 중국공산당 홍군(紅軍)의 대장정(大長征). 홍군이 국민당군(백군)의 토벌을 피해 중국 동남부에서 서북부로 이동한 역사적 대행군(1934~1935). 엄청난 희생이 따랐지만 험난한 장정 과정에서 만난 수많은 농민의 지지를 얻어 중국 공산화의 밑거름이 되었다.

백 수십여 명은 산시성 타이위안의 감옥으로 이송됐다. 눈가리개를 하고 열차로 이동해 밤늦게 도착했기 때문에 당시에는 그곳이 어딘지 알 수 없었다. 훗날 타이위안 감옥이라는 것을 알게 되었다. 타이위안 감옥, 그곳은 유아사가 다른 군의관들과 함께 중국인 네 명을 생체 해부한 곳이 아닌가.

감옥에서는 처음 3개월 동안 30㎡ 정도의 감방에 열 명이 수용되어 지냈다. 검찰관이 조사할 때 외에는 감방 밖으로 나올 수 없었다. 3월이 되자, 대우가 바뀌어 식사도 쌀밥에 생선이나 고기가 함께 나왔다. 6월에 유아사는 폐결핵으로 쓰러졌다. 폐결핵에 걸린 동료와 감방에서 나란히 잤기 때문에 감염된 것이었다. 열이 오르고 각혈을 했다. 중국 당국은 소련에서 들여온 항생제로 충분히 치료해 줬다. 유아사는 '귀국하고 싶다, 아이들과 함께 살고 싶다'는 일념으로 깊은 병마와 싸웠다. 폐결핵이 회복되기 시작했다.

이즈음엔 유아사도 앞서 숨겼던 사실을 포함해 이미 모든 죄상을 고백한 상태였다. 위생 보충병의 교육을 위해 생체 해부했던 남자의 어머니가 쓴 편지를 받았을 때, 드디어 자신이 죽인 남자가 단순한 생체 해부의 희생자 가운데 하나가 아니라 가족과 함께 사는 한 사람의 인간임을 깨닫게 되자, 괴로워서 견딜 수 없었다. 그 어머니는 중국어로 이렇게 썼다.

유아사, 나는 네가 죽인 남자의 어머니다.

죽기 전날, 아들은 루안의 헌병대에 끌려갔다. 나는 헌병대까지 가서 문 앞에서 쭉 지키고 서 있었다. 다음날, 갑자기 문이 열리더니 아들이 묶인 채 트럭에 태워져 어디론가 끌려갔다. 나는 자동차 뒤를 따라 뛰었지만, 전족을 한 발로 따라갈 수가 없어서 곧바로 놓치고 말았다. 그러고 나서 여기저기 아들을 찾았지만 어디로 갔는지 전혀 알 수가 없었다.

다음날, 아는 사람 하나가 와서 가르쳐 줬다. "할머니, 당신 아들은 육군병원에 끌려가서 생체 해부당했어요"라고. 나는 슬프고 슬퍼서, 눈물로 눈이 짓물러버릴 것 같았다. 그때까지 갈던 논도 못 갈게 됐다. 식사도 할 수 없었다.

유아사, 지금 네가 잡혀 있다는 얘기를 들었다. 부디 엄벌로 너를 다스려달라고 정부에 부탁한 참이다.

의사는 환자의 인간관계나 생활사에 별로 관심이 없다. 질병에 관계가 있을 법한 것들을 몇 마디 물어볼 뿐이다. 오히려 환자의 생활을 상세히 알면, 치료할 때 판단이 흐려진다고 생각하기 쉽다. 이렇게 환자를 살아있는 물체로 보는 훈련을 쌓아간다. 하물며 생체 해부한 남자라니. 그의 얼굴이나 손을 기억하지 못하도록 무의식적인 억압이 내면에서 작동했을 것이다. 절개한 장기는 눈앞에 떠올라도, 표정이 있는 얼굴의 생김새는 기억나지 않는다. 그런데 그 어머니의 편지로 인해, 그 남자가 갑자기 하나의 인격체로 떠올랐다. 더구나 그 편지는 이유도 없이 한 남자가 연행되어, 신문도 없이 다음날 군의관 유아사의 손에 넘겨졌음을 알리고 있었다. 그가 헌병대에 생체 해부의 재료를 요구했기 때문에, 오로지 그 때문에 그는 체포되었던 것이다.

어슴푸레한 감옥 속에서 가만히 혼자 생각하고 있자니, 잊었던 세세한 일들이 되살아났다. 그저 일본으로 돌아가고 싶은 마음에 어떻게든 죄상 고백을 잘 써서 검찰관의 추궁을 통과하고 싶었던 계산은 멀어지고, 자신이 의사로서 얼마나 왜곡된 길을 걸어왔는지 뚜렷이 자각하게 되었다. 아버지처럼 환자와 함께하는 의사가 되려 했지만, 그는 정반대의 길을 걸었다. 그것은 자신의 의지와 전혀 상관없이 일본에서 차출되어 여기까지 흘러온 결과였다. 거기에 있는 것은 자기를 상실한 인간의 모습이었다.

죄를 죄로 인식하는 능력

그 후 타이위안 감옥의 대우는 크게 개선됐다. 간수들은 조밥을 먹는데도 전범들에게는 쌀밥에 생선이나 고기반찬이 딸려 나왔다. 포로에게는 모국 생활에 가까운 대우를 해야 한다는 설명을 들었다. 운동장에서 배구를 할 수도 있었다. 1956년 봄에는 몇 개의 반으로 나뉘어 새로 태어난 중국을 돌아보는 여행을 다녀오기도 했다.

1956년 6월, 유아사는 기소유예로 석방되었다. 중국 당국은 그가 저지른 행위와 상관의 명령을 구분하고 그가 한 행위에 대해 책임을 물었는데 기소유예가 되었다.

같은 해 7월, 유아사는 일본의 마이즈루(舞鶴)에 도착해서 기차를 타고 시나가와(品川)로 돌아왔다. 14년 만에 고향 땅을 밟았다. 많은 이들이 맞아주었다. 일본이 이렇게 부흥했나 하는 놀라움도 있었지만, 또 다른 면에서 커다란 충격을 받아야 했다.

마중 나온 사람들 가운데, 전에 함께 일한 군의관이나 간호사도 있었다. 패전 뒤에 바로 귀국했던 군의관 한 명이 그에게 말했다.

"유아사 씨, 어쩌다 전범이 다 됐어요? 혹시 '그 전쟁이 옳았다'고 주장한 것 아니에요? 대충 속여넘겨도 좋았을 텐데."

"그게 아니야. 자네랑 그 일을 했잖아."

"네? 무슨 얘기예요?"

그는 유아사의 말을 듣고서야 비로소 생체 해부를 기억해냈다. 패전 후 11년이 지난 때였다. 그 사이에, 과거를 응시해온 유아사와 환영나온 군의관 출신 의사 사이에는 커다란 괴리가 있었다.

이것이 중국 북부에서 귀국한 전직 군의관들 모두의 태도였다. 북지나방면군이 약 30만 명이었고, 육군병원이 20여 개 있었다. 병원의 군의관과 야전 군의관을 합치면 그 숫자는 수천 명에 달했을 것이다. 위생병과 간호사도 수천 명 있었다. 하지만 아무도 한마디도 하지 않았다. 만약 누군가 한 사람이라도 좀 더 빨리 "그런 일을 하다니, 끔찍해"라고 말했다면, 아무도 타이위안에 남지 않았을 것이다. 나쁜 일로 인식하지 못했으니 부인할 필요도 못 느꼈다. 그들은 '전쟁이란 원래 비참한 것'이라는 편리한 변명 속에서 자신들이 한 일을 기억의 한쪽 구석에조차 남기지 않았다.

유아사는 귀국하자마자 도쿄적십자병원에 입원해 폐결핵 치료를 받았다. 다음 해인 1957년 3월부터 모교인 도쿄지케이카이 의대 내과에서 재연수를 받은 뒤, 1958년부터 도쿄 스기나미(杉並)의 니시(西)진료소에 근무하면서 지금에 이르고 있다. 그는 진료를 통해 일본의 평화운동에 참여해왔다.

그러나 귀국 후 6년간은 전쟁 중 중국에서 저지른 죄에 대해 말하지 않았다. 당분간은 살아가는 데만도 힘에 부쳤다. 과거가 알려지면 환자가 오지 않을 것으로 생각했다. 드디어 지역 환자들의 신뢰를 얻고 나서 겨우 평화운동 집회에서 자신의 경험을 얘기할 수 있었다. 그래도 아내는 여전히 그가 전쟁범죄에 대해 말하는 것을 싫어한다.

"아내는 중국의 수용소에서 고생했어요. 아무것도 기억하고 싶지 않은 거겠죠. 하지만, 왠지 쓸쓸하네요." 유아사가 말했다.

유아사는 요시카이 나츠코의 도움으로 중국에서 저지른 전쟁범죄를 쓴 책 『지울 수 없는 기억』을 출판했다. 이 책은 일본에서 꾸준히 읽히고 있다.

이 책의 출판에 대한 반응은 세 가지였다.

우선, 첫 번째 생체 해부 때 농부의 팔을 절단한 O 의사. 그는 유아사의 깨우침으로 과거를 기억해냈을 것이다. 그는 다음과 같은 편지를 보냈다.

형님이 말씀하셨던 회고록 출판 건은, 제게는 솔직히 말해서 심한 위협으로 느껴질 따름입니다. 저처럼 소심한 사람에게 그 일은 하늘이 정한 운명이었고 좋지 않은 역할이었다고 여길 뿐입니다. 지금도 생각이 날 때면 양심에 가책을 느낍니다.

형님은 저와 달리 산시군과 공산군 속에서 생활하셨고, 또 반성의 기회도 있으셔서, 이른바 청천백일16이겠죠. 하지만 저는 오늘날까지 움찔움찔 놀라는 나날을 보내고 있습니다. 부디 형님의 온정으로 거친 파도가 일지 않는 방향으로 인도해 주십사 엎드려 바랍니다. (1980년 10월)

O 의사의 망각은 흔들리고 있다. 유아사가 자신의 체험을 1960년대에서 1970년대에 걸쳐 계속 풀어놓자, 잊었던 일들이 되살아났기 때문이다. 그가 말하는 '양심의 가책'이란 어떤 것일까? 그가 실시한 생체 해부가 오늘날의 사회에서 비난받을 짓이라는 점은 누가 말해주지 않아도 알 수 있다. 하지만 유아사가 감옥에서 한 대화, 희생자와 동등하게 마주 앉아 주고받은 상상 속 대화는 경험해보지 않았을 것이다. 유아사는 고독한 대화를 거듭하던 끝에 희생자의 어머니로부터 온 편지를 읽고, 희생자를 물건에서 사람으로 인식하게 됐다. 자신과 같은 시대를 살던 인간, 이러저러한 사회관계를 맺고 살던 표정 있는 인간으로 새롭게 느낀 것이다. 그것은 그 자신이 물건에서 사람으로 변화

---

16. 靑天白日. 푸른 하늘에 밝은 태양이란 뜻으로, 아무런 부끄럼 없이 결백하다는 뜻.

하는 과정, 즉 자아를 발견하는 과정이기도 했다. 그것은 '청천백일'이 되는 것이 아니라 죄를 짊어지고 살아가는 나날을 선택하는 일이었다.

늘 그렇듯 익명의 협박 편지도 왔다. 예를 들어 이런 엽서도 있다.

생체 해부에 관한 네 이야기를 보고 분한 마음을 참을 수 없다. 요즘 같은 때 무슨 의도로 그런 말을 하는지 이해하기 어렵다. 이름을 팔고 싶은가? 경박하기 그지없다고나 할까? 국제 관계가 미묘한 시기 이런 짓을 하면 그것이 양국 관계에 어떤 영향을 끼칠지 모를 정도로 바보냐? 전해져서 좋을 것과 전해져서는 안 될 것을 구별하라. (……) 우습기 짝이 없는 짓이다. 수치다.

이 엽서는 전쟁세대를 자처하는 남성으로부터 온 것이다. '양국 관계에 영향'이라는 말은 유아사가 추구하는 인간 정신과는 너무나도 거리가 멀다. 사람의 행위를 타산적으로만 보도록 교육받은 이 노인의 감정이 얼마나 경직돼 있는지 잘 나타나 있다.

다른 한 통의 편지, 유아사의 바로 위의 형인 유아사 미노루(湯浅實)가 보낸 편지를 소개한다. 내과 의사인 미노루는 패전 후 홋카이도에서 개업의로 살아가고 있다.

엽서가 도착하고 3, 4일 지나 책이 왔다. 한순간 왠지 모를 불안감이 마음을 엄습했다. 전쟁터에 갔던 사람이 느끼는 공통되는 생각인지도 모른다.

책을 펼치고 읽기 시작했다. 몸이 죄어들었다. 올 것이 왔다. 한 배에서 태어난 형제로서 함께 쓴잔을 들 각오를 해야만 한다. 잘 토로해 줬다. 피를 토하는 생각으로 서술했겠지. 내게는 그 용기의 한 조각조차도 없다. 정도의 차이는 있겠으나 비슷한 괴로운 경험을 전쟁터에서 겪었다. 지우려고 해도 지울 수 없는 청춘 시절의 어둡고 더러운 상흔이다. 지금도 거꾸로 솟아오르는 생각들을 가라앉힐 수 없을 때가 있다.

저잣거리의 중류층 부모님 아래서 가정교육으로 무사 정신을 배우며 자란 청년은 상관의 명령을 군, 아니 천황의 명령이라며 맹종했다. 가슴속 생각을 토로하는 데는 기독교적 참회의 형태로 교회에서 기도하면서 하는 방법도 있겠지. 또는 글로 옮겨 책에 남기는 사람도 있겠지. 용기가 없으면 할 수 없는 일이다. 불교 전통 속의 일본인에게는 어려운 일이다.

중국에서 돌아온 사람들이 세뇌당했다는 말이 돌았을 때, 나는 그 말을 믿었다. 미안한 일이지만, 포로들에게 공산주의를 불어 넣은 것이라고만 생각했다.

어렸을 때 읽은, 아마도 이솝우화의 「임금님 귀는 당나귀 귀」라는 이야기에는 마음 약한 이발사가 나온다. 나는 실로 이 이발사와 비슷해서 자연을 향해 털어놓는 것으로 마음을 풀어왔고, 평생 이런 정도밖에 못 할지도 모른다.

중국에서 카메라를 사서 렌즈만은 더럽히고 싶지 않아 카메라의 초점을 자연으로 향하게 했던 일이 떠오른다. 올해로 세 번째, 전후의 중국을 가게 된 것도 우리가 황폐하게 만든 중국의 회복을 바라는 속죄의 뜻과 더불어 따뜻한 눈으로 중국을 보고 싶기도 했기 때문이다. 내가 홋카이도로 온 것도, 두 번의 소집으로 맛본, 대자연의 광활함이나 추운 북쪽의 기후가 청춘의 욕지기를 토해 내는 데에 적합하리라 생각했기 때문인지도 모른다. (……)

네가 쓴 책을 삿포로에 가져가서 딸과 사위, 장남 등에게 어서 읽어보라고 전화했다. 우리들의 경전으로 삼아야 한다고.

이 편지는 유아사에게 특히 기쁜 것이었다. 연년생으로 나이가 비슷한 형은 같은 시대를 산 사람으로서, 죄를 짊어진 동생을 이해하고 있다. 형은 자신의 말로, 자신의 슬픔을 담아서 동생에게 말하고 있다.

개인으로서 한 번뿐인 삶

유아사는 과거의 행위를 계속해서 자신의 문제로 의식해 왔다. '시켜서 한 일이다, 모두가 하니까 어쩔 수 없었다'고 변명하는 한, 결국은 자신의 인생도 없었던 것이 된다. 개인으로서 자신의 삶을 살다 가는 것이 아니라, 어떤 집단에 고정된, 단순히 집단 속의 한 사람으로 살다 가는 것이 돼버린다. 좋은 것도 나쁜

것도 모두 다 자신의 행위로 받아들이고 그 의미를 되묻는 것만
이 자신의 한 번뿐인 삶을 되찾는 방법이다. 그것이 유아사가 보
낸 패전 후의 나날이었다.

나는 북중국에서 군의관들이 실시했던 수술 연습에 대해 처음
알게 됐다. 내 아버지도 군의관으로 참전했지만, 아무 말도 하지
않았다. "전쟁은 어리석다"는 말뿐. 아버지는 권위적인 남성으로
서 자만에 찬 일생을 살았다. 내가 의대에 진학했을 때, 중국에서
귀환한 선배 의사들은 아무것도 말해주지 않았다. 어느 교수가
"우리는 중국에서 나쁜 일도 했지만, 좋은 일도 했습니다"라고,
언뜻 내뱉은 말밖에 기억나지 않는다.

의대는 패전 전과 마찬가지로 여전히 권위적이었고, 결코 모
든 영역에 걸쳐 전문성이 뛰어날 리 없는 교수를 전능한 것처럼
가장하고 있다. 의사들은 이러한 의국제도(医局制度) 속에서 살
고 있다. 대학, 공공병원, 개업의는 결합해 학벌을 만들고, 의미
를 묻지 않은 연구를 계속하고, 건강보험제도를 교묘하게 이용
한다. 사회적 약자로 밀려난 사람들, 정신질환자나 한센병 환자
등은 그들의 관심 밖이다. 그들의 의학은 인간의 정신에 무지한
의학이다. 장기이식이나 생식의학 등의 의학을 첨단이라고 믿어
의심치 않는 왜곡된 의학이다.

일본의 의학이 실은 전쟁의 은밀한 유산 위에 구축되었다는
사실은, 1996년 드러난 약해(藥害) 사건을 보아도 잘 알 수 있다.
후생성과 아베 다케시(安倍英, 데이쿄대 부학장) 등 학자들, 그리고
미도리십자는 일본 육군·군의 부문의 악에서 태어난 한 배의 자

식들임이 드러났다.

미도리십자의 전신인 일본블러드뱅크는 한국전쟁이 터진 직후인 1951년 설립됐다. 유아사 등이 중국에서 생체 해부에 대한 죄를 추궁받던 시기, 생체 해부와 인체 실험을 추진했던 기타노 마사지(北野政次, 3장 참조), 후타키 히데오(二滝秀夫) 등 전 731부대(관동군 방역급수부)의 주요 인물과 나이토 료이치(内藤良一) 전 육군군의학교 방역연구실 교관은 일본블러드뱅크를 만들었다. 그들은 전쟁 중 실시한 인체 실험으로 터득한 혈액의 동결 건조 기술을 사용하여, 산야(山谷), 가마가사키(釜ケ崎), 고토부키초(寿町)와 같은 싸구려 여인숙 거리에서 혈액을 싸게 사들여 만든 건조 혈액을 미군에 팔아 막대한 이익을 챙겼다. 한국전쟁 특수는 전쟁범죄 의학자들을 윤택하게 하는 기회이기도 했다. 1964년 '미도리십자'로 발전한 이 회사는 미국의 매혈을 다량 수입하여, 후생성과 한 몸이 되어 일본을 혈액제제(알부민제제, 글로불린제제, 응고인자제제)의 소비대국으로 만들어 갔다.

한편 후생성의 중심 연구소인 국립예방위생연구소의 역대 소장과 각 연구 부문의 책임을 맡고 있는 부장의 대부분은 전 육군 방역급수부나 군의학교의 의사였다. '에이즈의 실태 파악을 위한 연구반'의 반장이었던 아베 교수는 1958년 도쿄대학의 내과 의국원 시절 미도리십자의 나이토에게 접근해, 훗날 '나이토의학연구진흥재단'의 이사가 되었다. 그들은 환자 한 사람 한 사람의 생명은 안중에도 없었다. 비가열 혈액제제의 위험성을 알면서도 고의로 무시하여 수많은 에이즈 감염자를 낳았다.[17]

그런데도 이 일에 대한 깊은 반성은 의학계의 어느 분야에서도 보이지 않는다. 예를 들면 데이쿄대는 아베 교수를 부학장에까지 임용했다. 그런 학교 조직의 체질을 바로잡으려는 노력이 전혀 보이지 않는다. 문제를 제기하는 의학생들도 없었다. 거꾸로 내 주위의 의학부 교수들은 "의사를 믿지 않으면 어쩌자는 건가. 결국 의료에 대한 불신이 쌓여 환자들은 안 해도 좋을 의심 때문에 진료받는 것조차 두려워하게 될 것 아닌가"라고 거리낌 없이 말한다.

일본의 의사는 전시에 의사들이 어떤 짓을 했는지 잊은 채, 금빛 찬란한 의학과 의료에 매진해왔다. 유아사를 일본 의학의 증인으로 보려 하지 않았던 의사들은 지금도 전시부터 계속되고 있는 빈곤한 정신으로 살고 있다. 그리고 국민은 이런 의사들이 제공하는 의료를 선진 의료라고 믿어 의심치 않고 있다.

---

17. 미도리십자의 혈액응고제에 HIV 바이러스가 섞여 있었다는 사실이 폭로되어 일본 사회에 커다란 충격을 준 사건. 수많은 혈우병 환자가 에이즈에 감염되어 사망했다. 이 사건을 조사하는 과정에서 창립자들의 731부대 복무 사실이 드러났다.

제2장

길 아닌 길

힘겹게 홀로서다

의사는 늘 자신이 환자를 위해 일하고 있고, 정치나 전쟁과는 기본적으로 무관한 윤리적 안전지대를 확보하고 있다고 생각한다. 유아사처럼 군의관이 되어 생체 해부를 해본 사람조차 패전 뒤에는 '중국인도 뛰어난 일본인 의사의 솜씨를 원할 것'이라고 생각했다. 그리고 실제로 중국인들이 진료를 청하는 가운데 전시에 자신이 무엇을 했던가를 잊고 말았다. 그러니 군의관들 대부분이 자신은 직접 사람을 죽인 적도 없고 오로지 병든 사람을 치료한 것뿐이라고 변명할 법도 하다.

그런 의사도 자신이 소속된 군대가 무엇을 하고 있는지 전혀 모르고 지낼 수는 없었다. 일본군에게 살해당하는 무고한 백성을 보면서 그의 정신은 상처를 입는다. 의미 없이 죽어가는 부상병, 원통한 마음으로 죽어가는 병든 군인을 앞에 두고, 그는 강한 무력감에 휩싸인다. 대부분의 군의관이, 전쟁에서 본 것, 알게 된 것을 망각하고 당시 느꼈던 무력감을 더욱 경직된 변명으로 방어하는 속에서도, 그 무력감에 맞서 살아가고자 했던 의사가 한 명 있었다.

1969년 8월 15일 야스쿠니신사 사무소 옆에 홀로 '야스쿠니 법안 반대'라고 가슴에 쓴 조끼를 입고 서서, '유족이므로 반대한다! 전쟁은 위업이 아니다'라는 전단을 나눠주는 남자(당시 55세)가 있었다. 1942년 1월 입대해 다음 해인 1943년 3월부터 북지나군의 군의관으로 스자좡(石家莊) 병원에 배속, 같은 해 10월부터 패전까지 베이징 제1육군병원에서 근무했던 오가와 다케미츠(小川武満)다. 그는 베이징 육군 감옥의 군의관을 겸임하면서, 적의 면전에서 달아났다는 죄로 군법회의에 회부된 일본 병사들을 진찰했다. 패전의 혼란기에는 현지 제대를 위해 베이징에 남았다가 중국 당국에 의해 전범으로 투옥된 일본인을 위한 의료에 종사하기도 했다.

그날 그는 힘겹게 홀로 서 있었다. 어떤 공격을 받을지 모르는 가운데, 생명을 걸고 야스쿠니신사 경내에 서 있었다. 그는 전범으로 처형된 장병들의 마지막 순간을 수없이 지켜보았다. 그리고 이제, 그들이 남긴 유지를 짊어지고 홀로 서 있다. 그는 '전몰자(戰歿者)'를 '영령(英靈)'으로 바꿔치기하고 '전쟁'을 '위업'으로 치부하는 모든 사람에게 호소하고 있었다. 그의 마음은 이십여 년의 세월을 건너뛰어, 치유되지 못하고 죽어간 병사들의 마음의 상처와 공명하고 있었다.

일본 정부는 1959년과 1966년에 B·C급 전범 처형자와 옥사자를 야스쿠니신사에 합사(合祀, 둘 이상의 혼령을 한곳에 모아 제사지냄)했다. 한편 자민당은 1959년에 종교법인문제 특별위원회를 만들어 야스쿠니신사에 대한 국가 보호와 이세진구[18]의 비종교법인화 작업에 들어갔다. 1969년 6월 30일에는 처음으로 야스쿠니신사 법안을 의원 제안으로 국회에 제출(심의가 완료되지 않은 상

---

18. 伊勢神宮. 미에현(三重縣) 이세(伊勢)에 있는 신궁으로, 신궁은 일본 왕실과 관련된 신령을 모시는 곳이다.

태)했다. 그에 앞서 오가와는 「기독교인 유족회 통신」(1969년 5월 16일자)에 다음과 같이 썼다.

패전한 지 24년이나 지난 지금, '기독교인 유족회'를 결성해야 만 하는 이유가 무엇일까요? 직접적인 동기는 야스쿠니신사 국 가관리법안이 지금 국회에 상정되려 하기 때문입니다. 일본유족 회가 1,400만 명의 서명을 모아 이 법안을 통과시키기 위해 압력 을 가하는 이때, 유족 중에도 야스쿠니 법안에 반대하는 사람들 이 있다는 것을 선언할 필요를 통감했기 때문입니다. 이처럼 상 황에 떠밀린 수동적인 처지에서 기독교인 유족회가 결성되었습 니다. 우리는 이 모임의 출발에 즈음하여, 현재까지 24년간 기독 교인 유족으로서 전쟁 책임을 스스로의 고백 과제로서 적극적으 로 받아들이는 데 태만했던 죄를, 역사를 지배하시는 주님 앞에 깊이 참회하지 않으면 안 됩니다. (중략)

야스쿠니 법안에서는 전사자를 영령으로 숭앙하고 그 덕을 높 이 받들어 위업을 영구히 전하자고 하며, 전사자를 우상화하고 전쟁을 위업으로 미화하고 있습니다. 나는 두 형제를 전쟁으로 잃었습니다. 나 자신도 전사를 각오하고 유서를 썼습니다. 또 군 의관으로서 '전쟁 영양실조증'으로 미라처럼 되어 죽어가는 사 람들을 지켜보고, 적 앞에서 도망쳤다는 죄명(적전 도망병)으로 총 살당하는 병사들을 보았으며, 전쟁터에서 히스테리를 일으킨 자, 자살한 자, 미쳐버린 자를 보았습니다. 전쟁이라는 현실이 얼마 나 비참하고 비인간적인 것인지 실감했습니다. 그 때문에 "다시는 영령을 만들지 말라!!" "다시는 전쟁의 비극을 반복하지 말라!!"고 외치지 않을 수가 없습니다. (중략)

국가권력에 대한 기독교인 유족회의 정치적인 투쟁은 바로 '교회를 섬기는' 일이기도 합니다. 왜냐하면, 그리스도의 주권을 섬기는 자만이 진실로 이 세상의 권위와 싸울 용기와 힘을 부여받기 때문입니다. 교회는 그 어떤 시대에도 교회의 생명이요 세계의 주인이신 그리스도의 주권을 명확히 고백합니다. 우리의 투쟁은 "카이사르는 왕이다"라고 말한 로마제국의 총독 빌라도에게 "하늘에서 내리시지 않으면 아무런 권위도 없다"며, "나는 왕이다"라고 선언하신 주 예수 그리스도를 섬기는 신앙고백의 투쟁으로서, 이 투쟁을 통해 교회를 섬기는 바입니다. 이런 뜻에서, 기독교인 유족회는 그리스도의 교회에 뿌리내리고 주님 안에서 하나 되어 함께 전진해가고자 기도합니다.

이 문장에는 의사로서의 마음의 상처와 기독교인으로서의 반성이 서술되어 있다. 이 두 가지는 전후를 사는 오가와의 변함없는 과제이며, 또한 이 두 가지는 중국에서의 의료 전도에 뜻을 두고 도쿄 일본신학교와 만주의과대학을 졸업한 청년 오가와에게 주어진 시련이기도 했다.

수많은 죽음을 바라보며

오가와는 전쟁 영양실조증으로 죽어가는 병사들을 돌보고, 적전 도망병을 총살하는 형장에 입회하고, 전쟁 히스테리 환자나 자살자를 보아왔다고 쓰고 있다. 그는 비인간적 행위를 견뎌내지 못한 병사들의 정신적 외상(外傷)을 바라보면서 자신의 마음도 상처를 입었다. 게다가 중국 국민당 정권에 의해 전범으로 처형되는 일본인 장병의 죽음에 의사로서 입회해야 했다.

오가와는 사흘 동안 외로이 야스쿠니신사에 서 있었다. 그는 일본군 전범을 처형하는 현장에 있었던 전쟁 체험자로서, 다른 전쟁 체험자들에게 직접 전단을 전해주고 싶었다. 그가 진정 전쟁을 체험한 자라면, 또한 후방에 있으면서 전쟁을 국제정세의 결과로 논하는 사람이 아니라면, '전몰자를 영령으로 만들어서는 안 된다'는 유인물의 구절구절이 전몰자들의 유지임을 알아줄 것이었다. 오가와는 그런 생각을 하면서 처형당한 병사의 유서를 머릿속에서 다시 읽어 내려가고 있었다.

그가 되새기고 있었던 유서는 베이징 전범구류소에서 오가와가 의사로서 돌봤던 전범 사형수 다카가이 마사루(高貝勝, 헌병 준위, 당시 39세), 다카하시 데츠오(高橋鐵雄, 화베이 전신전화 따싱현[大興縣] 분소장, 당시 39세), 구로사와 요시타카(黑澤嘉隆, 헌병 조장, 당시 31세)가 연명으로 써서 남긴 것이다.

총살형을 앞두고 멀리 조국의 여러분께 호소합니다. 야스쿠니신사가 침략전쟁을 반성하고 각 나라에 사죄하는 의미를 지닌 신사가 되도록 만들어 주기 바랍니다. '영령'이란 말이나 '훈장'은 거부합니다. 전쟁에서 일본은 매우 나쁜 짓을 했습니다. 우리에게 살해당한 중국인 유족 여러분께 사죄합니다. 그건 '성전'이 아니라 '침략'이었습니다. 천황 폐하도 침략 행위에 대해 각 나라에 사죄해 주십시오. 사죄는 수치가 아니라 일본의 양심입니다.

일본은 독일의 전철을 밟지 말고, 다시는 무기를 들지 말아 주십시오. 국민당 장제스 군대의 전범 처형의 실체를 귀국한 사람들로부터 들어주십시오. 오카무라 야스지(岡村寧次) 지나파견군 총사령관 등 전쟁 책임자와 이시이 시로 세균전 부대야말로 엄중히 처벌해 주십시오. 죽임을 당하는 처지가 되어서야 그 아픔을 알았습니다. 조국 일본의 평화와 양심은 반성 없이는 얻을 수 없습니다. 저희는 일본군의 죄를 짊어지고 총살당합니다.

구로사와는 기적적으로 탈옥에 성공했으나, 다카가이와 다카하시 두 사람은 베이징 남쪽 톈차오(天橋) 형장에서 처형당하고 오가와가 주검을 인수했다.

오가와는 정작 전쟁에서 죽어간 당사자는 '영령'으로 여겨지는 것을 거부하는데, 살아남은 자가 전사자를 영령이라 부르는 괴리를 문제 삼고 있다. 죽어가는 자에게는 살기 위한 타산이 없는데, 살아남은 자에게는 전사자의 혼조차 세속적으로 이용하고자 하는 타산이 숨어 있다. 그 타산이 다음 전사자를 잉태하는 사상으로 발전한다.

"당신이 정말로 전쟁 체험자라면 야스쿠니 법안에 반대해 주십시오."

오가와는 전쟁기념일이 되면 야스쿠니신사에 서서 이렇게 말하기를 계속해왔다.

오가와의 전단을 받아든 사람들은 처음에는 아무 말도 하지 않았다. 그러나 차차 무리를 이루어 그를 둘러싸더니 소리치기 시작했다.

"도대체 무슨 소릴 하는 거야?"

"영령을 모독할 거냐!"

오가와는 이들의 노한 목소리에 일일이 답했다. 우익이 다가와서 위협했다. 오가와는 가고시마 출신이라는 우익에게 이야기했다.

"당신은 사이고 다카모리[19] 선생을 알고 있나? 사이고 선생이 야스쿠니신사에 모셔져 있는가? 나는 사이고 선생이 좋다 나쁘다 말하는 것이 아니다. 이 신사는 천황을 위해 전사한 자를 선택해서, 전범자든 누구든 간에 영령으로 모시고 있지. 한마디로 전쟁을 긍정하는 것이다."

"우익이라면, 상황에 따라 사람을 죽일 수도 있겠지. 나를 죽이려고 왔을지도 모르겠군. 나는 전쟁터에서 몇 번이나 유서를 썼다. 나도 언젠가는 죽는다. 하지만, 죽어간 사람을 위해 나는 목숨을 걸고서라도 반대해야만 한다고 생각한다. 그래서 여기

---

19. 西鄕隆盛(1827~1877년). 가고시마 출신으로 메이지 유신을 주도한 정치가.

서 있는 것이다. 잘 생각하고 말하라."

오가와는 그 후 야스쿠니신사 법안 제출 움직임이 있을 때마다 시위에 참여해, 야스쿠니신사에서 농성했다. 1985년 8월 15일, 나카소네 야스히로 총리는 '전후 정치의 총결산'을 주장하며 처음으로 내각 총리대신 자격으로 야스쿠니신사에 공식 참배했다. 이때에도 오가와는 비가 내리는 가운데 걸어가는 나카소네 총리 일행 앞으로 뛰어 나가 양손을 벌려 항의했다. 오가와는 1969년 3월 결성된 '기독교인 유족회'의 위원장이며, 1986년 7월 7일 루거우차오 사건이 일어난 날을 기념해 결성된 '평화유족회 전국연락회'의 대표 간사다.

오가와가 처음부터 이렇게 적극적으로 행동한 것은 아니다. 베이징에서 처형되는 일본인 장병을 돌보고 1948년 말에 귀국한 뒤로, 전쟁 때의 일을 기억해내는 것이 한동안은 싫었다. 기독교인으로서 신과 국가와 전쟁에 대해 계속 생각했지만, 중국을 침략했던 그 전쟁에 관해서는 얘기하고 싶지 않았다. 사람은 너무나도 처참한 체험, 윤리적으로 도저히 받아들이기 어려운 체험은 잊어버리려고 한다. 하지만 아무리 잊으려고 애를 써도 마음에 상처를 남긴 체험은 그 사람의 인생에 한 자리를 차지하고 시시때때로 떠오른다. 중국에서 할 수 없었던 의료 전도를 하려고 일본 벽지로 찾아들었던 오가와는 야스쿠니신사 법안이 나오자 더 이상 자신의 기억을 억누르며 지낼 수 없었다.

오가와는 전쟁을 저지할 수 없었던 지난날을 과거로 치부하지 않고, 과거를 제대로 살려내 보기로 결심했다. 야스쿠니신사

법안을 반대하는 일에 '목숨을 걸자'고 결심한 것이다. 그는 만주에서 자라나 만주의과대학을 졸업하고 군의관이 되어 전쟁을 체험했던 자신의 과거를 다시 한번 돌아보았다. 그러자 '나는 그시대에 살았기 때문에 잘 알고 있다'는 믿음이 얼마나 주관적이고 잘못투성이 인식이었던가를 깨닫게 되었다고 한다.

지금 그는 여든세 살(1998년 당시)이다. 군의관으로서 전쟁으로 정신이 짓밟히는 병사를 보살핀 자의 마음에 남은 상흔과, 기독교인으로서 느끼는 전쟁 책임에 대한 고백을 들어보자.

전쟁의 최전선에서 자란 아이

오가와는 1913년 11월, 뤼순에서 태어났다. 형과 누나, 남동생 두 명이 있었다. 아버지는 규슈제국대학 의학부를 졸업한 뒤 육군 군의관이 되어 펑톈(奉天, 현재의 선양[瀋陽]) 적십자병원의 원장(육군 대좌)을 오래 지낸 뒤, 우지야마다(宇治山田) 적십자병원과 오사카 적십자병원 원장(육군 소장)을 지냈다.

그 때문에 오가와는 아버지가 유럽에서 유학 중이던 2년 동안 센다이(仙臺)에서 소학교에 다닌 것을 제외하면, 성인이 될 때까지 중국 펑톈에서 자랐다. 그는 다케미츠(武滿)라는 이름이 뜻하는 대로 군인의 아이이며, 만주의 아이다. 형은 대학을 졸업하고 만주철도주식회사 조사부에 입사했고 전쟁 중에는 미얀마로 보내졌는데, 패전 뒤에 영양실조로 죽었다. 바로 아래 남동생은

1943년 여름에 입영, 1945년 8월 무단장(牡丹江) 육군병원에서 사망했다. 그 아래 남동생도 격전지 필리핀에서 1945년(날짜 불명)에 죽었다. 전쟁에 살고 전쟁에 죽은 가족이었다.

어렸을 적 기억은 역시 군인의 아이로 시작된다. 오가와는 총검을 든 일본 병사가 지켜주는 적십자병원장 관사에 살면서 성밖의 일본인 구역에 있던 유치원에 다녔다. 성문에는 중국 병사가 감시하고 있었다.

3월 10일 육군기념일[20]에는 소학생에게 펑톈 전투를 흉내 낸 모의전을 하게 했다. 일본군과 러시아군으로 나뉜 두 팀이 작은 공 크기의 모래주머니를 서로 던지게 하고, 맞은 자리에 따라 '전사' '팔 부상' '다리 부상'이란 판정을 내렸다. 여자애들은 간호사가 되어 소년 병사들을 들것에 실어 날랐다. 일본군 7만 명, 러시아군 9만 명의 전사자를 냈다는 펑톈 전투. 땅을 조금만 파면 전사자의 유골이 나오는 그 장소에서 아이들은 서로 군기를 빼앗아 가면서 훈련을 받았다.

충령탑 앞을 지날 때는 반드시 경례했다. 학교에 들어가면 진영[21]에 경례했다. 이렇게 몸으로 '천황 숭배'를 익히게 한 다음, 학교장이 '교육 칙어'에 기초한 수신 교육을 주입했다.

중학생이 되면 실탄사격을 포함한 군사교련을 받았다. 필수과목으로 유도나 검도 중 하나를 선택해 익혀야 했다. 이렇게 해서

20. 러일전쟁 시기 일본군이 펑톈을 점령한 날을 기념함.
21. 眞影. 각 학교에 하달된 일왕과 왕비의 사진.

17, 18세가 되면 언제라도 한 사람 몫을 하는 군인으로 써먹을 수 있었다. 일본 내지(內地)와는 달리, 그곳은 외지(外地)의 제일 선이었다.

1928년 장쭤린 폭사 사건이 일어났을 때, 오가와는 중학생이었다. 폭발음과 함께 창 유리가 덜컹거렸다. 오가와는 밖으로 뛰어 나가 폭발이 일어난 철도 현장으로 달려가려 했으나 이미 출입 통제선으로 막아놓아 다가갈 수 없었다. 폭사 모략을 꾸민 관동군 고급 참모 고모토 다이사쿠 대좌는 정직 처분이란 미미한 처벌을 받은 뒤 퇴역했다. 1장에서도 언급했듯, 그는 나중에 타이위안에서 산시산업 사장이 되었다. 그는 유아사 등의 일본인들을 패전 뒤에도 중국에 남게 한 인물이다.

치안도 나빴다. 저녁이 되면 마적이 나타나 환전소를 습격하기도 했다. 경찰에 쫓긴 마적이 러일전쟁 기념비가 서 있는 대광장에까지 도망쳐오곤 했다. 그곳은 적십자병원 관사 근처였다. 소년 오가와는 빨간 벽돌담 그늘에 숨어 총격전을 지켜보곤 했다. 마적이 한 명 죽고, 두 명 죽고, 차례차례 죽어갔다. 어떨 때는 도망친 마적이 근처에 숨어 있다고, 경찰들이 집 주위를 둘러싸기도 했다.

상황이 이렇다 보니, 펑톈의 일본인들은 일본군이나 일본 경찰들이 치안을 유지해줄 것을 요구했다. 파병 증강을 요구하는 행진도 했다.

펑톈의 북쪽 류탸오후(柳條湖)에서 만주사변(1931년 9월 18일)이 일어났을 때, 오가와는 만주의과대학 예과에 다니고 있었다. 이

지역은 반일 감정이 강해 군대는 '비적 토벌'을 위해 시외로 나가곤 했다. 이때는 일본인 거리의 수비 공백을 메우기 위해 학생들이 동원되어 총을 들고 경비를 섰다.

중국인은 가난했고 아편중독, 결핵, 전염병, 영양실조로 죽어갔다. 펑텐 성내에서는 길 위에 쓰러져 있는 시체를 자주 볼 수 있었다. 특히 영하 20도에서 30도까지 기온이 내려가는 겨울에 얼어 죽는 사람들이 많았다. 그 때문에 도둑질을 해서 감옥에 들어가는 것이 목숨을 부지하는 수단이라고 생각하는 사람도 많았다. 훈허(渾河)의 물이 범람하기도 하고 반대로 물이 부족하기도 했다. 펑텐 부근의 농촌은 자주 가뭄에 시달렸다. 입을 줄이기 위해 아이를 바구니에 넣어서 성내로 팔러 나오는 농민도 있었다. 죽은 유아는 들판에 버려져 들개들에게 뜯어먹혔다.

오가와는 우등생에다 선생님 말씀을 잘 듣는 군국소년, 애국소년이었지만, 정의감이 강하고 남을 생각할 줄 아는 어린이이기도 했다. 그는 관사 근처 대광장에 터를 잡은 부랑아들에게 관심이 있어 사이좋게 지냈다. 부모를 잃은 아이들은 서로서로 도와가며 살고 있었다. 러시아혁명을 피해 온 러시아인 고아도 섞여 있었다. 그들은 여러 곳에서 남은 음식을 모아와 드럼통에 넣고 부글부글 끓여 다 함께 나눠 먹었다. 오가와도 거기 섞여 함께 먹으며 그것을 가장 맛있는 음식이라고 생각했다. 그의 부모에게 이런 아들의 성장 과정을 지켜볼 정신적 여유가 있었기에 해볼 수 있었던 경험이었다.

오가와는 매일매일 광장의 부랑아들과 놀면서, 그들의 씩씩하고 자유로운 삶과 소박한 우정에 이끌렸다. 그것은 경직된 일본인 어린이들에게는 없는 것이었다.

수신 시간에 자라나서 무엇이 되고 싶은지 써서 낸 적이 있었다. 오가와는 "몽골 초원의 대목장주가 되고 싶다"고 써서 웃음거리가 되었다. 유행하던 '마적의 노래'나 부랑아들로부터 배운 자유를 향한 동경, 그리고 군국주의의 구호인 '오족협화론(중국인들이 1912년 중화민국을 건국하면서 주창했던 '오족공화'를 군국주의 일본이 편의대로 바꿔 부른 슬로건)'이 소년의 꿈에 뒤섞여 있었다.

오가와는 야마토(大和, 일본의 옛 이름)의 혼을 지닌 군국소년으로서 "일단 위급함이 닥치면 의리와 용맹으로 천지에 무궁한 황운(皇運, 황제나 황실의 운명)을 지켜야 한다(교육 칙어)"는 말에 도취했고, 일본을 맹주로 하는 오족협화의 이데올로기를 몸에 익혔다. 그러나 성장하면서 펑톈 일대의 현실과 자신이 살고자 아는 이념 사이의 거리를 깨닫게 된다.

오가와는 중국인 소년에게 "오늘은 내가 인력거꾼이 될게" 하고 하루 동안 인력거를 끈 적이 있었다. 그는 워낙 평소에 철새를 연구한다고 뜀박질하며 야산을 돌아다니곤 했으므로 다리 힘에는 자신이 있었다. 그는 중국인 인력거꾼 옷을 입고 일본인을 태우고 달렸다. 실컷 이리저리 달리게 한 남자는 한 푼도 내지 않고 인력거에서 내렸다. 오가와가 요금을 내라고 하자 그 일본인은 갑자기 주먹을 휘둘렀다. 이것이 여러 민족, 세계와 하나 되어 살아가자는 '팔굉일우' '오족협화'의 실체였다.

사람이란 각양각색이어서 비열한 인간도 있지만 그렇지 않은 인간도 있다. 그는 이렇게 결론지으려 했지만, 나날의 현실은 고통스러운 것이었다. 만주의대 예과에 입학한 해의 여름방학 동안에는 이론 무장을 위해 우지야마다에서 열린 '기보샤(希望社)'의 학도연맹 간부 강습회에 참가했다. 그는 또 이세진구에 참배하고, 몸을 깨끗이 한 뒤에 아마테라스 오미카미²² 앞에서 구국의 성학(聖學)을 반드시 성취하겠다고 맹세했다. 기보샤는 왕실 중심의 애국윤리 운동이었다. 그 당시 수양단, 보덕회 등 우익 윤리 운동단체가 활발하게 강습회를 열었는데, 기보샤도 그중 하나였다. 오가와는 이렇게 몸과 마음으로 천황제 이데올로기를 익혔다.

"일러전쟁에서 일본이 러시아를 물리치지 않았다면, 러시아가 만주를 모두 지배했을 것이다. 조선도 지배했을 것이다. 그것을 일본이 대신 막아줬다.

중국은 행려병자도 많고 마적이 날뛰는 등 사회가 혼란스럽다. 군벌은 으스대기를 좋아하고, 군벌끼리 벌이는 전쟁으로 민중이 희생되고 있다. 장제스의 북벌도 아무런 성과를 거둘 수 없을 것이다. 중국인은 질서를 만들 수가 없다.

중국인이나 조선인은 민족주의는 지니고 있어도 외적과 싸울 힘이 없다. 일본인의 사명은 질서가 없는 곳에 새로운 질서를 만드는 것이다."

오가와는 이렇게 대륙 진출의 이론으로 무장을 했어도, 만주

---

22. 天照大神, 일본 왕실의 조상신. 일본신화의 태양신으로, 이세진구에 모셔져 있다.

사변 이후 사회가 경직된 것을 긍정적으로 받아들일 수는 없었다. 험악해진 일본인 거리를 수비하기 위해 학생들도 재향군인들과 함께 보초를 서야 했다. 밤에 보초를 서다 누군가가 다가오면 "누구냐! 누구냐! 누구냐!" 하고 세 번 물어보고, 대답이 없으면 발포했다. 어둠 속에 서 있으면 언제 습격당할지 모른다는 불안감이 밀려왔다. '적이 내 무기를 빼앗으러 온다'는 생각에 갈수록 긴장이 더해갔다. 밤이 되면 보초를 서던 일본인들이 긴장을 못 이겨 여기저기서 총을 쏘아댔고, 지나가던 중국인이 그 총에 맞고 죽는 일이 자주 벌어졌다. 그중에는 오가와가 하루 동안 인력거를 빌렸던 인력거꾼도 있었다.

참을 수 없었다. 무엇을 위해 보초를 섰던 것일까?

경비를 서기 전에 오가와는 부모님 앞으로 유서를 써 놓았다.

저는 지금, 만주에 사는 일본인을 위해서, 중국 민중을 위해서, 그리고 동양의 평화를 바라며 세계의 평화를 사랑하기 위해서, 작은 힘이나마 총을 들게 되었습니다. 물론 저는 기꺼이 죽을 생각입니다. 저의 죽음을 아시면, 부디 기뻐해 주십시오. 결코 저는 허투루 죽는 것이 아닙니다.

그는 유서에 거짓을 기록했다. '중국 민중을 위해서'라고 썼지만, 사실은 중국인을 죽이는 편에 서 있었다. '대의를 전 세계에 떨쳐서 대지를 하나로 할 것(팔굉일우[八紘一宇])', 즉 질서 없는 곳에 새로운 질서를 만든다는 대의를 앞세우고 있었지만, 사실은 약한 인간, 무르익지 않은 인간이 먼저 발포하고 사람을 죽이는 것뿐이다. 무기를 들고 평화를 지킨다는 이념이 현실에서는 무엇을 의미하는지 청년 오가와는 분명히 알았다.

이렇게 많은 중국인이 여러 곳에서 함부로 사살되었다. 만주사변에서 공격목표가 된 장쉐량(張學良, 장쭤린의 장자)의 군대가 있던 북대영(北大營)은 일본군에게 점령되었다. 그 부근을 지나는 농민이나 노동자들은 경비병에게 사살당했다. 일본군은 '무단으로 통행하는 자는 사살한다'는 팻말을 세웠고 일본 병사는 명령에 따랐을 뿐이다. 그러나 중국 농민에게 그곳은 어제까지 걸어 다니던 길이었다. 한 사람을 죽이면 백 명의 적이 생긴다. 애국 학생운동의 간부였던 오가와의 신념은 만주사변 후의 현실 속에서 맥없이 무너져갔다.

1932년 새해가 밝았다. 1월 8일 일왕은 '만주사변에 관해 관동군에 내리는 칙어'로 관동군 장병을 격려했다.

만주에서 사변이 일어나자 스스로 지킬 필요를 느낀 관동군 장병은 과감, 신속, 적절히 민중을 제압, 토벌했으며, 이후로도 어려움을 참고 혹한을 견뎌 각지에서 봉기하는 비적을 소탕하고 경비 임부를 잘 완수했다. ……전력을 다해 용맹하게 싸워 화근을 없애고 황군의 위용을 내외에 떨쳤으니 짐이 그 충성스러움을 깊이 기뻐하여…….

그러나 비적 소탕이 무엇을 뜻하는가를 몸으로 알게 된 청년 오가와는 이미 국수주의를 버렸고, 이 칙어는 그에게 더 이상 의미가 없었다.

방황

오가와는 그 후 기독교와 불교 선종의 문을 두드렸다. 아버지 오가와 이사무(小川勇)는 윤리와 종교에 조예가 깊은 사람이었다. 고등학교 시절 세례를 받은 적도 있었다. 일본기독교회의 지도자 우에무라 마사히사(植村正久)나 에비나 단조(海老名彈正)에게 논쟁을 하러 간 적도 있다. 기독교 사회운동가인 가가와 도요히코(賀川豊彦)가 전도하러 펑톈에 오면, 늘 오가와 이사무의 집에 묵었다. 오가와 이사무는 후일 기독교도 불교도 신도(神道, 자연이나 조상을 섬기는 일본의 고유 신앙)도 끝까지 파고들면 모두 진리에 이르는 길이라고 역설하며 신도의 개혁을 주장하는 신도선양회를 만들기도 했다. 그는 군의관이요 고급관리였으며 말참견을 좋아하는 식자이기도 했다. 이런 아버지의 영향을 받아서인지, 오가와는 펑톈에 있던 일본기독교회의 하야시 미키오(林三喜雄) 목사를 찾아가 진리와 현실의 모순을 어떻게 극복하면 좋을지 물었다.

젊은 하야시 목사는 인간의 죄와 그리스도의 대속(代贖, 그리스도가 십자가에 매달려 죽음으로써 인간의 죄를 대신 속죄한 것)에 대해 얘기해 주었지만, 잘 알 수 없었다. 다섯 민족이 화합해서 살아가는 '오족협화'를 추구해온 자신이 죄인이라고는 인정할 수 없었다. 그래도 '신을 믿을 수밖에 없다'고 결론지은 오가와는 1932년 세례를 받았다.

고지식한 오가와는 세례를 받았으니 이상적인 기독교인이 되어야겠다고 생각했다. 그는 하야시 목사의 설교를 모두 노트에 기록하고 아침저녁 예배에 빠지지 않고 출석했다. 그러나 아무런 전망도 세울 수 없는 종교적 몰입은 1년도 지속되지 않았다. 교회에 거의 나오지 않는 신도나 장로를 보면서 교회에 대한 불신감이 심해졌다.

신으로부터 벗어나자는 생각에 그는 불교 종파 중 하나인 조동종(曹洞宗)에 속한 절에서 좌선을 한 적도 있었다. 1년 정도 수행의 나날을 보낸 후 '공(空)의 경지'란 선문답에 합격했다. 하지만 노승이 "이제 됐다"고 말하자 그는 오히려 실망했다. 이런 것이 공의 경지인가 싶었다. 그는 고승에게서 들은, "물질에 사로잡히지 않는 경지에 서서 불교의 길로 나아가라"는 선종의 가르침을, '아집의 포로가 되지 않고 그리스도 안에서 사는 것'으로 대체했다. 그러고 나서 '저 장로는 교회에 나오지 않는다. 그의 이런 점을 존경할 수 없다'는 식의 아집을 버렸다.

공의 경지에서 성서의 말로 돌아가자는 생각을 하고 교회로 돌아갔을 때, 성찬식이 있었다. 오가와는 그때의 신앙체험을 다음과 같이 기억한다.

스스로 돌아보고, 성찬을 받을 자격이 없는 것은 아닌가 주저

했으나, 세 번 거짓말을 한 베드로에게 예수님이 '그래도 사랑하겠느냐'고 물었던 성서의 내용이 문득 떠올랐다. 이런 나를 위해 자신의 몸을 나눠주시며 피 흘리시는 그리스도의 재림을 느끼고 성찬은 실로 은혜로운 성전이라는 것을 실감하면서, 눈물을 흘리며 성찬을 받아들였다.[23]

신도와 우익애국주의에 대한 실망에서 기독교로 기울었던 오가와는 불교 선종을 우회해서 다시 기독교로 돌아왔다. 만주의 광막한 대지와 일찌감치 겪은 전쟁은 청년 오가와에게 흔들림 없이 나아갈 길을 준비해 두었던 것이다.

길이 보이다

이즈음 오가와는 친구의 아버지이자 펑톈도서관장이었던 에토 도시오(江藤敏夫)가 쓴 『만주생활 30년 – 펑톈의 성자, 크리스티의 추억』을 읽었다.

당시 중국에 살던 일본인은 중국인 기독교 신자를 선교사에게 경제적으로 빌붙는 기생충 정도로 생각했다. 그러나 스코틀랜드의 의사 겸 목사 크리스티는 30년을 들여 희망에 불타는 중국인을 만들어냈다. 오가와는 이 책을 읽고 감동해 '의사가 되자, 기

---

23. 小川武満, 『地鳴り – 非戦平和の人生82年』, キリスト新聞社, 1995

독교인이 되자, 그리스도와 더불어 살자'고 결심했다.

아프리카에서 의료 봉사와 전도에 일생을 바친 슈바이처의 전기와 기독교 신자인 식물학 선생님에게서 들은 독일의 간질병 아동을 위한 복지운동 이야기도 그를 고무시켰다. 북부 독일의 빌레펠트 마을에서는 보델슈빙(Bodelschwingh) 목사를 중심으로 간질병 아동이나 지적 장애 아동을 위한 복지마을을 만들고 있었다.

앞만 바라보고 나아가는 성격인 오가와는 자신이 살아갈 방향을 중국에서의 의료를 통한 전도라고 정하자, 장래의 계획을 세우는 데 망설임이 없었다. 그는 만주의대 본과 2학년 시절, 세례를 받은 지 3년 만에 의대를 중퇴하고 도쿄 일본신학교 예과 3학년에 편입하기로 했다. '기초의학 공부가 끝나고 임상의학으로 나가기 전에 신학을 배워야 한다. 시국을 볼 때 의대를 졸업하면 바로 군에 소집되어 버리기 때문에 목사가 될 수 없을 것이다. 또, 의학에서 가장 부족한 것은 신학이다. 신학을 배움으로써 진정한 의사가 될 수 있다'고 그는 생각했다.

물론 오가와의 아버지는 완강히 반대했다. 처음에는 아들을 설득하려 했다.

"2년만 있으면 의사가 될 수 있어. 지금 중퇴하면 재입학을 할 수 없을지도 모른다. 신학교에 가는 것은 네가 결정한 길이니까 말릴 수 없겠지만 의사가 된 후에 해도 늦지 않아."

그런데도 오가와가 계속 자기의 길을 고집하자 아버지는 "너, 머리가 이상해졌구나. 정신과 의사의 진찰을 받아보는 게 좋겠다"고까지 말했다.

친구들도 반대했다. 대학에서 기독교청년회(YMCA) 활동 등 학생활동을 열심히 하던 오가와가 그만두는 것이 싫어서였다.

오가와는 아버지에게 유서를 썼다. 두 번째 유서였다. 만주사변 직후에 쓴 유서는 오족협화 때문에 쓴 것이었지만, 이번에는 신의 부르심에 응답하는 유서였다. '나보다도 부모 형제를 사랑하는 자는 나에게 적합하지 않다'는 성서의 말을 서두로 '국가로부터 소집영장이 나오면 나라의 부름에 따라 전쟁터에 나갑니다. 하물며 신의 나라에서 부름이 있을 때, 그 부름에 응하는 것은 헌신입니다. 그래도 아버지의 의지에 반해 가는 것이므로, 부자의 연은 이것으로 끊습니다'라고 그는 썼다. 책만 챙긴 채 도쿄 쓰노하즈(角筈)에 있던 일본신학교의 기숙사로 옮긴 아들에게, 아버지는 '그렇게까지 결심했다면 용서한다'고 전보를 쳤다.

신학자의 궤변

오가와가 4년간 신학교에서 생활하는 동안에도 일본은 군국주의를 향해 돌진해 갔다. 1936년 눈 오는 날 아침, 2·26 사건[24]이 일어났다. 이듬해인 1937년 7월 7일에는 루거우차오 사건이

---

24. 육군 청년 장교들이 군부정권 수립을 목적으로 약 1,400명의 군사를 이끌고 총리와 육군성 장관의 관저, 내대신의 사저, 경시청, 아사히신문 등을 습격한 사건. 다음 날 도쿄에 계엄령이 포고되고, 주도 세력은 숙청당했다.

터지고, 8월 15일에는 일본과 중국이 전면전에 돌입했다. 공산당원들에 대한 검거가 계속되는 가운데, 1938년 「국가총동원법」이 만들어져 전쟁국가가 완성되어갔다.

이러한 상황이니만큼, 교회와 국가의 관계를 어떻게 정의해야 할지가 신학생의 최대 과제가 될 수밖에 없었다. '왜 제1차 세계대전에 교회 지도자들이 가담했나?'라는 의문을 제기한 카를 바르트의 『위기의 신학』은 신학생들 사이에 잘 알려져 있었다. 바르트는 그 책에서, 종교와 국가를 분리하고 정치를 종교적, 윤리적 감시로부터 해방된 자율적 세계로 인정함으로써 국가권력의 잘못을 용납하는, 루터로부터 시작된 사상을 비판했다. 바르트의 비판에 대한 반론도 있었다. 일본에 대해서는 어떻게 생각해야 할까?

신학생들이 주목하는 가운데 신학교 교수 구마노 요시타카(熊野義孝)의 『종말론과 역사철학』(1933년 9월)이 출간되었다. '나치가 개입한 교회개혁에서 드러나듯, 다양한 형태로 나타나는 시대의 유혹에 저항하지 않으면 신학적 실존은 상실된다'는 내용을 담은 바르트의 『오늘날의 신학적 실존』도 같은 해 10월 출간되었다.

오가와는 구마노 교수에 대한 높은 평가를 익히 들어왔으므로 그의 저서를 여러 번 읽었다. 제4장에 다음과 같은 내용이 있었다.

본래 교회에서 정치적 형태를 찾는 것은 불가능하지만, 그렇다고 결코 교회가 무정부주의에 찬성하는 것은 아니다. 국가가 그 기능을 정상적으로 발휘해 나라 간의 평화를 보장하고 인류의 연대적 도의심을 환기하기 위해, 교회는 자신이 속한 국가에 대해 충성과 근로를 아끼지 않아야 할 것이다. 교회와 국가와의 관계는 변증법적으로 파악되어야만 한다.

교회는 부단히 십자가를 져야 한다. 그러므로 한 국가가 죄악을 범한 경우, 교회는 그 고통을 더욱 많이 맛봄으로써 국가의 정의 회복에 봉사해야 한다. 이렇게 하여 교회는 이 세계에서 창조의 질서를 담당해야만 한다. 일찍이 인도주의적인 국제법은 자연법 개념에 기초해 있었는데, 이 자연법 사상은 기본적으로 초자연적인 창조의 질서를 가정했다고 보는 것이 적당하다. 그러므로 자연법을 넘어 성스러운 의지로까지 나아가지 않으면 안 된다. 교회는 이 의지의 대변자로서 각각의 민족과 그 문화를 위해 봉사하는 것이 가능하다.

여기에는 전쟁 시기와 패전 이후까지 일본의 지식인들이 품고 있던 생각이 잘 나타나 있다. 국가권력이 국민정신의 총동원을 목표로 검열을 강화할 때, 천황제 국가의 악에 대해 의연하게 반대할까, 아니면 침묵할까, 그것도 아니면 검열을 비껴갈 듯 말 듯 한 발언을 해서 결국에는 탄압당할까, 셋 중 하나를 고를 수밖에 없었을 것이다. 대부분의 일본 지식인은 변증법이라는 주문에 의지해 명확한 대립을 모호하게 피하며, 자신들의 이론이 '높은 차원에 서서 파악하는 것'이라거나, '단번에 파악하는 것'이라고 떠들어댔다. 그들에게는 어떠한 상황에서라도 우선 지식인 지도자로 남고 싶은 의지가 모든 것에 앞서 있었다.

인용한 부분은 공허한 말의 나열일 뿐이다. 어떻게든 강자 편에 끼고자 하는 자에게 특유한 사고의 이완이 보인다. '교회와 국가와의 관계는 변증법적'이며, '교회는 (국가가 저지른 죄악의) 고통을 더욱 많이 맛봄으로써 국가의 정의 회복에 봉사해야 한다'고 하면서, 한편으로는 '자연법 너머에는 초자연적인 성스러운 의지가 있어서 교회는 이 의지의 대변자로서' 일본 민족을 위해 봉사해야 한다고 한다. 이것은 일본의 지식인이 같은 일본의 지식인을 상대로 늘어놓는 궤변에 지나지 않는다.

교회는 결코 '창조의 질서'의 담당자가 아니다. 교회는 신의 말을 믿고 복종하는 곳이다. 그런데도 국가를 신이 창조한 질서로 간주하고, 일왕의 지위도 권력자의 지위도 그 질서의 하나로 주장하고 있다. 민족도 국가도 거기서 일어나는 사건도 창조의 질서를 주재하는 신의 허락이 없으면 생겨나지 않는다는 것이다.

이 논리는 중국 침략을 성스러운 전쟁이라고 대놓고 말하기 어려우니까 일단 침묵한 채, 독자들에게 '그렇다, 성전이었다'라고 이해시키려 드는 논리다. 전쟁은 분명히 악이지만, 신이 지배하는 질서의 연장선에 있고, 그 질서가 흐트러질 때 질서 회복을 위해 거행되는 성전도 있다고 말한다. 이 논리가 먹혀들 것 같으면 주저하지 않고 '순국이란 곧 순교'라는 말까지 한다. 나는 이

『종말론과 역사철학』을 읽고 '과연 사람들은 달콤한 관념에 스스로 중독되지 않고는 살아갈 수 없는 것일까' 하고 생각했다.

죽기 위한 논리

오가와는 높은 지위의 군의관 가정에서 자라났으므로 권위에 대해 순종적인 편이었다. 그래도 일본 프로테스탄트 신학의 최고봉이라는 구마노 교수의 주장에 위화감을 느끼는 것은 어쩔 수 없었다. 그가 기독교인이 된 것은, 만주사변이 벌어진 뒤에 오족협화를 위해 목숨을 바치겠다고 유서까지 썼으면서도 공포에 떨면서 중국인을 사살하는 일본인 쪽에 서 있는 자신을 발견했기 때문이다. 그러나 '국가가 죄를 범한 경우, 교회는 그 고통을 더욱 많이 맛봄으로써 국가의 정의 회복에 봉사해야 한다'는 이야기는 전시체제 아래 어떻게 자신의 죽음에 의미를 부여할 것인가라는 문제에 직면해 있던 청년에게는 매력적인 말이었다.

구마노 교수는 신학생들에게 이렇게 말했다.

"이런 시대에 전쟁에 반대하고 우익에 대항하는 것은 미친개를 향해 돌진하는 것과 같아. 물리면 끝이다. 이런 때에는 조용히 신학 공부를 하고 있으면 돼."

하지만, 신학생에게 공부는 용납되지 않았다. 구마노 교수는 신학에 관한 양서를 읽을 수 있었겠지만, 학생들에게는 졸업과 동시에 전쟁이 기다리고 있었다. 이런 속에서 오가와 역시 구마노 교수의 얘기가 뭔가 이상하다고 생각하면서도 만약 '국가가 죄악을 범한 경우, 교회는 그 고통을 더욱 많이 맛봄으로써 국가의 정의 회복에 봉사해야 한다'는 말을, '기독교인은 국민 중 누구보다도 많은 고통을 맛봄으로써 신앙을 실천한다'로 해석해서 받아들였다. 그것은 훗날 무의미한 작전에서 죽어가는 병사가, 혹은 전쟁범죄를 저지른 자가 되어 사형당하는 전범 군인이 자신의 죽음에서 적어도 어떤 의미를 찾고자 할 때 끌어낼 수 있는 작은 논리였다. 죽어가는 청년이 일본 지식인의 논리에서 겨우 끌어낸 명분이었다.

오가와가 일본신학교에서 공부하고 있을 때, 무교회파 야나이하라 다다오(矢內原忠雄)는 분명한 어조로 전쟁을 비판했다. 그러나 프로테스탄트 정통파인 구마노 교수에게 크게 감화된 신학생이 이를 알 리가 없었다. 야나이하라는 1937년 10월, 성서학자인 후지이 다케시(藤井武) 기념강연회에서 다음과 같이 말했다. 자주 인용되는 연설이지만, 일본 기독교의 죄상을 생각할 때 빼놓을 수 없는 것이므로 여기서 인용한다.

우리 일본에서도 기독교는 신용을 잃었습니다. 혹은 잃어가고 있습니다. 기독교의 권위와 함께 일본의 이상은 망해가고 있습니다. 아니, 망했습니다. 자세히 말하지 않겠습니다. 그러나 일본인 모두가, 특히 그중에서도 기독교도는 지금 하나의 문제에 대해 태도를 결정해야 합니다. 태도의 결정을 요구받고 있습니다.

이에 대해 두세 가지를 생각해 보겠습니다. 혹자는 말하기를 기독교는 종교다, 정치 문제는 정치가에게 맡기겠다, 정치가가 정한 것을 따라가겠다고 합니다. 이것이 하나의 답안이고, 하나의 태도입니다. 정치를 피함으로써 기독교를 지키고자 하는 태도입니다. 그러나 그리스도는 말씀하셨습니다. "너희는 이 땅의 소금이다, 소금이 만약 그 맛을 잃는다면 무엇으로 맛을 낼 것인가." 현실 사회의 불의를 비판하지 않는 자는 맛을 잃은 소금입니다. 자신을 지키려고 자신을 잃어버리는 것입니다. 정치 운동을 하지 않는 것과 정치를 비판하는 것은 완전히 다른 것입니다. 비판은 정의의 소리입니다.

두 번째 답안은 '일본이 중국을 치는 것은 성서가 제시하는 가르침이다. 신의 명령이다. 중국은 스스로의 죄에 의해 심판받는 것이기 때문이다. 일본은 이것을 심판하시는 신의 노여움의 지팡이다. 그러므로 일본이 중국을 치는 것은 신의 부르심에 따르는 것이다'라는 논리입니다.

저는 분명하게 말씀드립니다. 이러한 성서 해석이 신의 이름 아래 성립된 교회와 그 신자에 의해 제창되고 있다니 이게 무슨 일입니까? 현실 국가의 명령에는 국민으로서 복종합니다. 복종해야 합니다. 그러나 현실 국가가 말하는 바를 일일이 도덕적으로 신앙적으로 더구나 성서에 대한 해석으로 변호한다면, 기독교의 존재 가치는 없습니다. "신의 심판을 받은 유대 나라보다도, 스스로 자만하여 유대를 친 아시리아의 죄가 더욱 크다." 아시겠습니까? 아시리아의 죄는 유대의 죄보다 더 큽니다. 스스로 두려워하지 않으면 안 됩니다.

어쨌든 오가와는 1939년 신학교를 졸업하고 만주의대에 편입
시험을 치른 뒤 다시 펑톈으로 돌아갔다. 이미 중국에서 의료를
통한 전도의 가능성은 거의 없는 상태였다. 그는 조금이라도 중
국인들에 대한 의료 활동에 도움이 되고 싶다고 생각했다.

4년간 신학교에 다녔던 오가와는 이미 26세였다. 이과계 대
학생은 27세까지 징병이 면제되었지만, 최종 학년인 본과 4년에
징병검사를 받아야 했다. 그때는 신학교의 친구들처럼 일병으로
징집되어 더 많은 고통을 맛보자고 결심하고 있었다.

제3장

마음이 병드는
장병들

"교회는 그 고통을 누구보다도 많이"

오가와가 도쿄 일본신학교를 졸업하고 고향 펑톈으로 돌아왔을 때, 아버지는 만주사변 발발 직전 이세(伊勢)의 적십자병원으로 전근 갔고, 형제들도 남아 있지 않았다. 그래도 오가와의 고향은 만주였다. 주위에 맞춰 사는 일본 내지의 삶이 아니라, 광막한 대지에서 자기 생각대로 대범하게 살아가는 그런 대륙의 삶이 그는 좋았다. 자신은 만주인이며, 내지의 일본인과 같지 않다고 생각했다. 그러나 '나는 누구인가, 대륙을 고향으로 삼은 일본인이란 어떤 존재인가' 하는 질문은 여전히 남아 있었다.

식민지에서 태어난 일본인은 굴절된 민족 정체성을 지닌다. 중국인과 같은 자연환경에서 자라나 그 풍토에 대한 애착도 강하지만 섭취한 문화는 다르다. 그 때문에 조국에 대한 관념이 심정적 조국과 이념적 조국으로 찢어져 있다. 현지 사람의 눈에 비치는 '나'와, 스스로가 이랬으면 좋겠다고 생각하는 '나'가 다르다. 그러나 이런 일본인은 식민지 태생이라는 자아의 벽을 깊이 인식할 힘이 없었다. 일본인이 지도자가 되어 오족을 협화한다고 하는 식민 이데올로기로 자아의 벽이 덧칠돼 있었다.

어쨌든 오가와는 의료 전도의 뜻을 버리지 않고 만주의대에 재입학했다. 이 시절, 기타노 교수로부터 '현지 원숭이를 사용한 발진티푸스 예방 백신 개발 실험' 강의를 받았다. 기타노는 731부대에서 부대장 이시이 시로 다음으로 높은 자리에 있었고 계급은 대좌였는데, 칙명으로 만주의대 미생물학과 교수

(1936~1942년)가 되었다. 후에 기타노는 731부대장(소장)이 되었다. 그는 온화한 얼굴로 칠판에 그림을 그리며 "장기의 병변이 이와 같이 나타나고, 체온이 이렇게 내려가 죽었다"고 설명했다. 오가와는 '만주에 원숭이가 있었나?' 하고 의아해했다. 원숭이가 아니라 중국인이나 러시아인에 대한 인체실험이었고, 실험 장소가 자신이 다니는 의대 미생물학 교실과 해부실이었다는 사실을 그는 전혀 몰랐다. 기타노 마사지는 1939년 2월, 열세 명의 중국인을 발진티푸스에 감염시킨 뒤 그들을 생체 해부해서 얻은 지식을 토대로 발진티푸스 예방 백신에 관한 논문을 발표했다.

1940년 만주국 수도 신징(新京, 오늘날의 창춘)에 페스트가 크게 유행하자, 방역을 위해 의대 의사들과 학생들이 동원되었다. 이 것도 이시이 부대장이 지휘한 페스트 방역 작전이었음을 오가와가 알게 된 것은 전후 20년이 지나서였다.

되돌아보면, 그때 그 일이 침략전쟁과 결부된 의학교육이 아니었을까 하는 의문을 품게 된다. 일본군이 군의관 교육을 위해 생체 해부를 하고 있다는 소문은 1935년 기초의학을 배우고 있던 무렵에 이미 들었다. 법의학 실습에서는 총검으로 사살된 중국인 시체를 자주 봤다. 병리학이나 생리학교실에는 동상으로 죽은 사람의 다리나 손가락 표본이 놓여 있었다. 그것들이 학살당했거나 생체 해부된 후의 인체였는지는 확실치 않지만, 의심스럽다. 인제 와서 생각해 보면 대부분의 박사논문이 중국인의 희생을 바탕으로 쓰인 것이 아닐까 싶다.

오가와는 "결코 그 시절을 살았기 때문에 잘 안다고 말할 수 없다. 오히려 잘 모르는 것이 많다. 나중에 그것이 그랬었구나, 하고 알게 되는 일이 적지 않다"고 반성한다. 신학교를 졸업한 청년이 의료 전도를 위해 배운 임상의학은 슬프게도 상당 부분 살아있는 사람의 배를 갈라서 얻어낸 지식이었던 것이다.

학부 4학년이 됐을 때 오가와는 이미 27세였다. 이과계 대학생이라 할지라도 더 이상 징병검사를 연기할 수 없는 나이였다. '제1을'로 합격이 됐다. '갑종'과 '제1을'은 현역으로 입영해야 했다. 하지만 징병 검사관이 "군은 군의관을 필요로 한다. 앞으로 1년 남았으니 공부해서 의사가 돼라"고 말하며 입영을 연기해주었다. 그해 12월 8일 일본군은 진주만을 공격했다. 결국 '대동아전쟁'25이 시작되는 바람에 12월에 앞당겨 졸업하게 됐다.

동기 대부분은 군의관에 지원했다. 군의관에 지원하면 유아사처럼 3개월간의 연수를 받고 바로 중위가 된다. 그러나 오가와는 처음에 결심했던 대로 초년병(이등병)이 되었다. 마음속에 품고 있던 구마노 교수의 글, '국가가 죄를 범한 경우, 교회는 그 고통을 더욱 많이 맛봄으로써 국가의 정의 회복에 봉사해야 한다'를 그 나름대로 해석한 결과였다.

---

25. 大東亜戦争. 당시 일본 정부가 태평양전쟁을 부른 공식 명칭으로, 서구 열강으로부터 아시아 각국을 해방하는 전쟁이라고 미화한 표현.

의대 시절, 동기들로부터 몇 번이나 기독교 신앙을 버리라는 말을 들었다. 졸업 때 '대동아 클래스회'라 불리는 연회가 열렸다. 군의관을 지원하지 않았던 오가와는 이 연회에서 "너는 좋은 남자지만 단 하나 기독교인이란 점이 유감이야. 이참에 집어치워"라는 동료들의 성화에 시달렸다.

오가와는 "이제 곧 알게 될 때가 올 거야. 이것은 내가 선택한 길, 내가 믿는 길이니까 누가 뭐라 해도 그만둘 수 없어"라고 답할 수밖에 없었다. 비슷한 대화는 군대에 들어간 뒤에도 몇 번이나 반복되었다.

1942년 1월, 오가와는 적전 상륙부대인 후쿠야마 서부 63부대(히로시마현)에 입대했다. 이 부대는 남방 전선에서 죽은 병사를 보충하기 위한 혼성부대였다. 3개월간은 한 발자국도 영외로 나가지 못하고 지옥 훈련을 받으면서 줄곧 얻어맞았다. 야간에 행군한 다음 날에도 땡볕 아래에서 전투 훈련을 계속했다. 완전 무장한 초년병들은 열사병에 걸리기도 했고, 열사병 환자 중 경련을 일으켜 죽는 사람도 있었다. '약한 병사는 전쟁터에 나가기 전에 죽어주는 편이 방해가 되지 않는다, 병사는 부품이며 얼마든지 교체할 수 있다'는 식의 훈련이었다.

'군인 칙령', '전진훈(戰陣訓)', '작전 요무령'도 완벽하게 다 외워야 했다. '황군 군기의 진수는, 외람되게도 대원수 폐하께 바치는 절대 순종의 숭고한 정신에 있다. 특히 전쟁터는 복종 정신 실천의 극치를 발휘해야 할 곳이다. 생사의 갈림길에서 명령 하나에 흔연히 사지로 들어가 묵묵히 헌신하는 실천을 하는 자, 실로 우리 군인정신의 정화여라', 혹은 '산 채로 포로가 되는 수치를 겪지 말고 죽을 것' 등의 내용이었다.

오가와는 '한 자도 남김없이 암기하는 것은 바보 같은 짓이야. 요점을 외워두면 되겠지'라고 생각했다. 그러나 군에서는 군인 칙령 몇 조를 외워보라고 지시했다. 한 글자 한 구절이라도 틀리면 "너는 대학을 나온 놈이 이 정도도 못 외우냐?"고 질책하며 두들겨 팼다. 첫 번째 단추에 세면기를 매달고 다른 병사들 앞을 빌면서 기어가기도 했다.

요령껏 외우고, 요령껏 답하고, 요령껏 처신하지 않으면 안 되었다. 학교 문턱에도 못 가보고 입대한 어떤 군인은 아무리 애써도 외울 수 없어서 도망쳤다가 잡혀 와서 영창에 들어갔다. 어떤 사람은 화장실에서 총검으로 자살했다.

오가와는 의대를 졸업한 데다 기독교인이라는 점 때문에 계속 얻어맞았다. 그래도 그는 견뎌내고 1기 검열, 2기 검열을 통과했다.

훈련은 더욱 지독해졌다. 포복 전진을 예로 들자면, 다리가 후들거릴 정도로 행군하게 한 다음 포복 전진을 시켰다. 너무 힘들어 허리를 조금 들라치면, 머리, 허리 가리지 않고 후려갈겼다. 이렇게 당하다 보니 어차피 죽을 거라면 빨리 전쟁터에나 가서 죽었으면 좋겠다고 생각하게 된다. 그렇게 해서 전쟁터로 나가면, 얼마 되지 않아 유골이 되어 돌아온다. 아직 태평양전쟁 초기, 그나마 유골이 돌아오던 때였다. 유골이 돌아오면 다음 부대가 나간다. 1년 사이에 몇 번이나 유골을 맞이했고, 유족들이 가지러 왔다. 전장에 나간다는 것은 곧 죽으러 간다는 뜻이었다.

오가와는 지식으로서가 아니라 살과 뼈로 초년병 교육을 체험했다. 그는 이 경험을 통해 집단으로는 강한 인간이, 개인이 되면 얼마나 약한가를 알게 되었다. 사람을 철저하게 구석으로 몰아넣고 거기서 폭력을 끌어내는 수법도 이해하게 되었다. 그것은 만주사변 직후, 펑텐에서 일본인 거리 경비를 서던 학생이 위협을 느껴 중국인에게 발포한 것과 같은 방식이었다. 둘 다 개개인의 약함을 인정하지 않고 억누르고 있다가 폭력으로 전화한 경우였다. 오가와는 그것을 나중에 북중국의 전쟁에서 분명히 확인하게 된다.

오가와는 초년병 교육이 끝난 뒤 예비역으로 편입되어 도쿄 나가노의 군의학교로 보내졌다. 그는 중위가 되는 것을 거부했었지만, 군에서는 그에게 군의관 과정을 밟게 했다.

3개월간 받은 연수 교육의 핵심은 '죽는 것'과 '버리는 것'이었다. 군의관은 부상병을 치료할 의무가 있지만, 자신이 부상당해 임무를 다할 수 없게 되면 살아있을 가치가 없으므로 죽는다. 그렇게 거듭 교육받았다. 같은 논리로 "전선에 복귀할 수 있는 병사는 치료하고, 그 외의 병사는 죽게 놔두라"는 교육을 받았다. "중상자를 우선 살려야 한다는 의학의 상식, 인명을 살려야 한다는 안이한 관념은 모두 버리라"는 말 또한 거듭 들었다.

군의관 교육이 끝나자, 한 명 한 명 불려 나갔다. 육군 위생부 견습 사관이 되어 전지로 갈 예정이었던 오가와는 "너는 어디서 죽고 싶으냐?"는 질문을 받았다.

"저는 중국에서 태어났으므로, 중국에서 죽고 싶습니다. 만주에서 태어났으니, 북중국으로 보내주십시오."

당시 남방전쟁은 막 시작된 참이었다. 군의관 대부분은 남방을 지원했다. 북중국은 공산 게릴라의 움직임이 활발했고, 소문이 좋지 않았다. 북중국을 희망한 사람은 딱 둘뿐이었다.

오가와는 "너는 목사 자격이 있다. 군의관이 되어 상관의 지위에서 부하에게 기독교를 전도하면 곤란하다"는 주의를 들었다.

"저는 군대에서 상관의 명령은 천황 폐하의 명령이라고 교육받았습니다. 그러므로 제 신앙, 양심의 과제를 군의 명령이라는 형태로 전하는 일은 하지 않겠습니다. 그것은 신앙에 어긋나는 행위입니다. 다만 저는 중국에서 의료 전도를 하는 데 뜻을 두어 왔습니다. 죽음의 장소로 중국을 골랐지만, 혹시라도 살게 된다면 언젠가는 그 땅에서 의료 전도를 하고 싶습니다."

이것이 1년 3개월의 군인 교육을 헤쳐나온 오가와의 긍지였다.

전쟁 영양실조증

1943년 3월, 오가와는 베이징의 남쪽 스자좡 군병원에 배속되었다. 서쪽의 타이항산맥을 넘으면 산시성 타이위안이 있고, 서쪽으로 더 가면 황허 건너에 중국공산당의 근거지인 옌안이 있었다. 스자좡병원과 6개월 후에 옮긴 베이징 제1병원에서, 군의관 오가와는 겉으로는 강한 척하지만 내면은 한없이 약한 인간과 매일매일 마주하게 된다.

오가와는 내과의 중증병동 담당이 되었다. 그곳은 결핵병동, 전염병동, 기타 중증병동, 이렇게 셋으로 분류되어 있었다. 폐결핵 환자는 징병검사 때 한 번 걸러졌을 터였지만 미처 발견하지 못한 경우도 많았고, 가혹한 군대 생활 탓에 새로 발병하기도 했다.

열악한 집단생활 탓에 감염되는 병사도 적지 않았다. 그러나 그보다도 오가와가 놀란 것은 원인 불명의 중환자가 많다는 점이었다. 원인 불명의 고열, 경련, 구토, 혹은 천식 등의 증상이었다. 환자 대부분이 말라비틀어지고 악취가 심했다. 배뇨가 억제되지 않아 밤낮으로 요실금 현상이 일어났다. 설사가 멈추지 않아 더러운 몸으로 미라처럼 쪼그라들어 죽어가기도 했다.

그는 당시 할 수 있는 검사를 모두 해봤다. 대변과 소변에 대한 세균 검사를 해도 세균은 나오지 않았다. 혈액 검사, 뢴트겐 검사에서도 이상은 없었다. 유전력, 유소년기에 앓았던 병을 물어보아도 특별한 문제는 없었다. 이런 일련의 증상들은 이른바 '전쟁 영양실조증'이란 이름이 붙은 병의 증상이었다.

여기서 '전쟁 영양실조증'에 대해 잠깐 설명한다. 제1차 세계대전 말기, 식량 봉쇄를 당한 독일에서 기아에 의한 부종이 발생하자 '전쟁부종'이라 명명되었다. 이는 단백질 결핍으로 일어나는 질환으로, 순환기 장애로 인한 부종과는 달리 소변의 양이 줄지 않고 오히려 늘어난다. 맥박이 느려지고 혈압이 낮아지며 몸무게가 줄고 설사가 끊이지 않는다. 권태감이 심하고 의욕도 저하된다. 혈액을 검사하면 혈청 단백량이 현저하게 줄어 있다. 제2차 세계대전 말기에는 일본에서도 발생했다. 식량 사정이 악화되면서 탄수화물과 야채밖에 먹을 수가 없자, 단백질과 지방이 부족해 생긴 결과였다.

그런데 중국에 침입한 일본군은 식량이 부족하지 않은데도 전쟁부종과 비슷한 증상을 보이는 환자가 나타났다. 1938년 쉬저우 전투 이후, 일본군 중에서 몸이 마르거나 붓고 빈혈과 만성 설사 증상을 보이는 사람이 많이 나타났다. 군은 이를 '전쟁 영양실조증'이라고 명명했다. 특히 설사가 지속되었는데, 주로 물설사였다. 때로는 피가 섞인 설사가 나오기도 했다. 이렇게 앓다가 피골이 상접해서 죽는 병사가 적지 않았다.

이런 증상을 보인 병사들 가운데는 말라리아, 이질, 아메바성 설사, 결핵 등의 증상을 보이는 경우도 섞여 있었는데, 그런 환자들을 모두 제외하더라도 원인 불명의 영양실조증을 보이는 환자들이 많았다. 병리 해부를 해보아도 간 등의 장기가 위축되어 있고 지방 소실, 위염 등이 보인다는 일반적인 소견밖에 없었다.

오가와는 영양실조증이니까 식량 사정이 나쁘기 때문일 것으로 생각해 조사해 보았다. 그러나 식량 보급은 충분히 되고 있었다. 남방 전선과 달리 북중국 전선에서는 보급이 끊어질 정도로 격렬한 전투는 없었다. 게다가 일본군은 가는 곳마다 약탈했다. 그런데 어째서 병사들이 영양실조증에 걸리는 것이었을까?

사실 병사들은 거식증이었다. 거식증에 걸린 병사들은 먹은 것을 토해내거나 설사로 내보냈다. 건강해야 버틸 수 있는 전쟁터에서 몸이 살아남기를 거부하고 있었다.

의대를 졸업하고 바로 군의관이 된 오가와가 정신의학 지식을 제대로 갖추고 있을 리 없었다. 정신과 의사였다 하더라도 당시의 일본 정신의학은 전쟁신경증[26]에 대해 연구한 바가 거의 없었으니 사정이 다르지 않았을 것이다. 단순히 '단련하면 강해진다, 보국의 집단심리로 죽음에 대한 불안은 해소된다'고 생각한 제국 육군의 관점에서 보자면, 전쟁신경증이란 쓸데없는 개념에 지나지 않았다.

이 전통은 전후 일본의 정신의학과 일본 사회에도 이어지고 있다. 정신의학에 대한 교육은 외국 여러 나라에 비해 너무나도 빈약하다. 예를 들면 거의 대부분의 일본 정신과 의사들은 한신·아와지대지진(1995년)이 일어날 때까지 '재해가 일어났을 때의 정신적 외상 후 스트레스 장애(PTSD)'[27]란 개념에 대해 알지 못했다. 당시 내가 조사한 바로는 정신의학 교과서에서 '재해 이후의 정신적 외상'에 대해 전혀 다루고 있지 않았다. 재해뿐만 아니라 가정, 학교, 직장에서의 정신적 부하로 발생하는 문제에 대해서도 충분한 연구와 대응을 한 경우가 한 번도 없다. 언제나 '마음의 교육'이란 말로 정신론이나 처세론이 횡행하는 가운데,

---

26. 전시에 군인들 사이에서 나타나는 다양한 이상 반응을 통틀어서 이르는 말. 흥분, 경련, 의식장애, 운동마비 등의 증상이 나타난다.

27. 전쟁, 고문, 재해, 사고 등 극도의 스트레스에 대한 반응으로 생기는 정신적인 장애로 불안, 우울, 공황장애, 수면장애 등을 동반한다.

표1 환송 전쟁환자 중 정신질환 비율

연도	1938	1939	1940	1941	1942	1943	1944
%	1.62	2.42	3.33	5.03	9.89	6.64	7.77

전 병원장 諏訪敬三郎이 쓴 「이번 전쟁에서의 정신질환 개황」,
『제2차 세계대전에서의 정신신경학적 경험』, 국립 고쿠후다이(国府台) 병원 발행, 1966년.

표2 전쟁질환 환송 환자 중 정신질환자 비율

	전쟁질환 환송 환자	정신병 비율(%)
1937년(8~12월)	10,295	0.93
1938년	63,007	1.56
1939년	60,314	2.42
1940년	44,393	2.90
1941년	23,085	5.04
1942년	19,416	9.89
1943년(1~8월)	25,250	10.14
1944년(1~4월)	14,145	22.32

浅井利勇 엮음, 「파묻힌 대전의 희생자-
고쿠후다이 육군병원·정신과의 귀중한 병력 분석과 자료」, 1993년.

정신과의 구급 시스템조차 만들어두지 않은 채 현재에 이르고
있다.

전쟁의 양상이 진흙탕처럼 되어감에 따라 전쟁신경증은 확실
히 늘어났을 것이다. 정확한 자료는 없지만, 표1, 표2와 같은 보
고가 남아 있다. 표1은 고쿠라, 히로시마, 오사카의 각 병원에 수
용됐던 환송 전쟁질환자 중 정신질환자의 비율이며, 표2는 1938

년 2월부터 정신질환자 수용을 늘린 고쿠후다이 육군병원의 자료다. 여기에는 뇌 손상, 증상정신병(급성전염병, 신장장애 등 신체질환에 수반하여 발생하는 정신병), 조현병도 포함되어 있으므로 '전쟁에 의한 심인성 정신장애'의 정확한 비율은 알 수 없다. 또한 병력 소모와 더불어 입대자의 자격 요건이 허술해지면서 지적장애인, 정신질환자가 입대할 가능성도 커지고 있었다.

이와 같이 일본의 육군병원에서 정신질환자를 수용하기는 했지만, 전쟁터 제1선에서는 정신의학적 연구가 거의 이뤄지지 않았으며 예방을 위한 대책도 전혀 없었다. 고쿠후다이 육군병원에서 이뤄진 심인성 정신장애 치료가 얼마나 낮은 차원이었는지는 17장에서 다룬다.

이와 같은 상황에서 오가와는 병사들과 함께 행군하면서 혈압을 재는 데서부터 연구를 시작했다. 그는 초년병이었던 1년간 전투 교육을 받았기 때문에 행군 경험도 있었고 지휘도 할 수 있었다. 중국공산당 팔로군에 둘러싸인 북중국의 전쟁터에서 병사들은 중장비를 진 채 강행군을 반복했다. 집단 내에서의 상호 격려만이 이 상황을 극복할 수 있게 해주는 가운데, 흥분한 대열의 몇몇은 갑자기 긴장이 풀어져 혈압이 내려간다. 오가와 군의관은 강한 병사와 약한 병사를 골라서, 어떨 때 긴장이 무너지는지 계속 관찰했다.

그는 병사들의 자율신경계가 해체되는 것은 아닌지 의심했다. 캐나다의 의사 한스 셀리에가 스트레스 학설을 발표한 것은 1936년이었다. 셀리에는 세균 감염, 약물 중독, 외상, 화상, 한랭,

정신적 긴장 등 외적이거나 심리적인 자극과 더불어, 이러한 자극들과 직접 관련되지 않은 일련의 생체반응이 일어나는 현상을 발견하고 이를 '범적응증후군'이라 이름 붙였다. 오가와는 셀리에의 스트레스 학설을 몰랐지만, 일본 육군의 전략과 병사들에 대한 처우가 병사들을 자율신경계 해체로까지 몰아간다고 생각했다.

마음을 무시하는 정신주의

행군은 힘들고 작전은 견디기 힘들었다. 1940년 8월부터 12월에 걸친 팔로군의 대공격으로 타격을 입은 일본 북지나군은 중국공산당의 해방구를 없애기 위해, 훗날 중국이 이른바 '3광 작전(살광[殺光, 남김없이 죽인다], 소광[燒光, 남김없이 태운다], 창광[搶光, 남김없이 빼앗는다])'이라 부른 작전을 실행했다. 일본군 병사들은 자신의 인격을 해체하지 않고서는 받아들이기 힘든 비윤리적 행위를 작전으로 명령받았고, 신체를 극한까지 흥분시키면서 이를 실행에 옮겨야 했다. 견딜 수 없어 도망치면 적 앞에서 도망쳤다는 이유로 사살당했고, 일본에 있는 이들의 부모형제는 '비국민'의 가족이라며 손가락질당했다. 억지로 몸을 추스르더라도, 어느 순간 거부반응이 시작된다.

목사이기도 한 오가와는 정신의학에 대한 전문교육을 받지는 않았지만, 늘 인간의 마음에 관심을 두고 있었다.

"일본으로 돌아가고 싶어요."

말라 초췌해진 병사가 말한다. 그러나 몸무게가 30kg이 채 안 되는 쇠약한 몸으로는 돌아갈 수도 없다. 움직이면 죽을 뿐이다. 주사를 놓거나 무엇이든 먹이려 해도 거부반응으로 죽어간다. 오가와는 그런 관찰기록을 병동일지에 써 내려갔다.

어느 날 군의부의 사찰이 있었다. 사찰 나온 소좌는 오가와의 연구 자세를 높이 평가했던 것 같다. 오가와는 베이징 제1육군병원으로 자리를 옮기게 됐다. 나중에 알게 되었는데, 오가와가 전쟁 영양실조증에 대해 연구하도록 하려는 조치였다.

베이징 제1육군병원에서는 전쟁 영양실조증 연구와 더불어, 두 가지 무거운 업무가 중위로 승진한 오가와를 기다리고 있었다.

하나는 정신과 병동 담당 업무였다. 300명의 환자를 떠맡게 되었다. 일본 육군은 베이징 제1육군병원 규모의 병원에조차 정신과 의사를 두지 않았다. 지원한 군의관 가운데 정신과 의사가 없을 리 없었지만, 그런 전문분야를 인정하지 않았던 것이다. 그들은 오가와에게 "너는 목사였지. 전쟁 영양실조증에 관심이 있는 것으로 안다. 그러니까 정신과 업무를 같이 맡도록 하라"고 명령했다.

다른 하나는 베이징 육군 감옥의 의사 업무를 겸임하는 것이었다. 대학 졸업생, 그것도 의대 졸업생, 게다가 목사인 초년병은 일본 국내의 부대에서는 괴롭힘을 당하는 만만한 존재일 뿐이었다. 그러나 군의관이 되고부터는 1년간의 전투 훈련을 잘 참아낸 것과 더불어 쓸모 있는 인재로 높은 평가를 받았다.

전쟁 영양실조증에 대해 지금까지의 연구 결과를 정리해서 군의단의 회합에서 강연했다. 당시 베이징 육군병원 군의관들의 평균 연령은 44세였다. 젊은 군의관은 전선으로 보냈고, 이곳에는 대학에 재직하던 의학자나 큰 병원의 원장 등이 예비역으로 와 있었다. 오가와는 그들과 토론하면서 몇 가지 실마리를 얻었다. 영양실조 환자는 수액압이 내려간다. 그는 간뇌에 장애가 있지 않나 의심하고 척수에 산소를 주입해 보았다. 이것으로 몇몇 환자의 증상을 개선할 수는 있었으나, 임상 연구는 거기까지가 한계였다. 패전 후 모든 자료가 소각되어 우리는 그의 귀중한 기록을 참조할 수 없다.

정신과 병동에서는 전쟁 경험으로 인해 심인성 반응을 보이는 환자들을 숱하게 만났다. 나중에 게이오대학 출신 정신과 의사 야하타(八幡) 군의관이 배속되어 함께 진료하게 되었다.

오가와는 '전쟁신경증'이란 개념조차 몰랐지만, 다수의 심인성 반응을 확인할 수 있었다. 히스테리성 경련 발작, 보행 장애, 반신불수, 실어증, 자해. 이 모두는 심인성 증상이었으며, 신체의 병변은 없었다. 밤중에 가위눌려 갑자기 일어나 소리 지르는 야경증 환자도 적지 않았다.

여기서 그는 증상이 개선된 후 자살하는 장병들을 보고 충격을 받았다. 어느 병사는 오가와가 병에 걸린 것이 아니라고 설명하자, 일단 그 사실을 이해했다. 그는 입원 생활을 하면서 점차 안정을 되찾았다. 오가와는 '치유 퇴원' 진단서를 써 줬고, 그에게 원대 복귀 명령이 떨어졌다. 그는 퇴원 신고를 하러 병원장에게 갔다. 얼마 후 관내 방송에서 오가와를 찾았다.

"화장실로 바로 오시오." '왜 화장실로 오라는 거지?' 의아해하면서 달려가 보니, 피투성이가 된 병사가 화장실에 있었다. 총검으로 목에서 가슴까지 찌른 채 웅크린 자세로 죽어 있었다.

오가와는 생각했다. '여기서는 환자를 치료하는 게 죽이는 것이다. 병에 걸렸다고 말하면 환자로 살 수 있다. 병에 걸린 게 아니라고 하면, 고지식한 사람은 그걸 그대로 받아들일 수밖에 없다. 그런데 돌아갈 곳은 전쟁터밖에 없다. 거기서 벗어날 길이 없다.' 전쟁터로 돌아가는 것을 죽음으로 거부한 이 병사의 마음을 군의관인 자신이 이해하지 못했다는 자책의 감정이 북받쳤다.

그때부터 오가와는 병든 병사들에게 "살인으로 해결할 수 있는 것은 아무것도 없습니다. 사람을 죽이면 적이 늘어날 뿐입니다. 전쟁이 멈추지 않는 한, 정신적인 질환은 늘어만 갈 것입니다"라고 분명히 말했다. 병사들이 군의관 앞에서 자신의 의견을 말하기는 어렵다. 그래도 오가와는 그들의 반응을 보며 자신의 말에 동의하고 있음을 알 수 있었다. 그것이 오가와가 목숨을 걸고 실행한 전쟁신경증 환자에 대한 최고의 정신요법이었다.

의학교육에서도, 졸업 후의 군의관 교육에서도 '전쟁신경증'은 언급되지 않았지만, 예외적으로 외지의 전쟁터에서 쓰인 정신과 의사의 보고서가 있다. 가나자와의대 교수였던 하야오는 1937년 여름에 소집되어 상하이 제1병참병원(1만 병상 규모)에 예비역 육군 군의관 중위로 근무했다. 그는 당시 1937년 12월 난징 공략부터 1938년 봄 쉬저우 전투 개시까지의 중일전쟁 상황을 기초로 「전쟁신경증 및 범죄에 대하여」(1938년 4월)라는 뛰어난 논문을 썼다.[28]

이 논문은 전쟁신경증과 행군에 의한 급성 착란(아멘티아)에 대해 정확하게 기술했을 뿐만 아니라, 음주와 병사의 범죄 사이의 관련성에 대해 예리하게 지적하고 있다. 그는 '상하이, 난징 등에 술집, 위안소를 다수 개설해서 술과 여자만으로 장병을 위로하는 방법 이외에 건전한 정신으로 전환하기 위한 시설을 잊지 말 것' 등의 언급을 통해 범죄 빈발의 원인을 고발했다.

그는 1년은 중국 중부지방(中支那)에, 그 후 1년은 치바현의 고쿠후다이 육군병원에 2년간 소집되었다. 그러나 일반 군의관들이 이런 논문을 읽을 기회는 거의 없었다.

처형당하는 병사들

오가와의 세 번째 업무는 베이징 육군 감옥으로 통근하는 것이었다.

여기에는 이적행위나 간첩 혐의로 체포된 국민당과 공산당계 중국인, 일본군 도망병이 수감되어 있었다. 군법회의의 판결은

---

28. 高崎陸治 엮음, 『군의관의 전장 보고 의견집』, 15년 전쟁 중요 문헌 시리즈 제1집, 不二出版, 1990

거의 다 사형이었다. 오가와는 수인의 건강관리만이 아니라, 처형에 입회해서 맥을 짚어 사망을 확인하는 일을 해야 했다. 일본군은 중국인은 참수(목을 칼로 베어 죽이는 사형 방법), 일본 병사는 사살하는 것으로 정해두었다. 살해 방법 면에서도 인종차별을 한 셈이다.

이적행위를 한 혐의는 얼마든지 확대해석할 수 있었다. 곡물을 지고 해방지구를 걸어가는 중국인 농민, 해방지구에서 물고기를 잡는 사람도 이적행위 용의자로 잡혀 왔다. 이적행위 용의자에게는 모두 사형이 선고되었고, 예닐곱 명을 모아 한꺼번에 목을 쳤다.

오가와가 가장 곤혹스러웠던 대상은 일본군 도망자였다. 보는 데서 도망치다가는 즉시 사살당한다. 감옥에 송치되는 병사는 며칠 동안 본대에서 떨어져 있던 사람이다. 전선이 흐트러진 상황에서 게릴라전에 대응하다 보면, 어느 쪽이 아군 진지인지 알 수가 없다. 행군하다 지친 나머지 급성 착란을 일으켜 헤매는 병사도 있었다. 어떤 경우든 적 앞에서 도망쳤다고 판정되면 총살당했는데, 부모형제에게는 사고사로 통지했다.

승려는 처형되는 병사를 면회해서 이렇게 설교했다. "너는 살아서는 나라를 위해 몸 바쳐 싸울 수 없었지만, 죽어서는 고국의 혼이 되어 나라를 지켜라."

오가와는 더 이상 참을 수가 없었다. 단련될 대로 단련된 군인이 겁을 먹고 위축되었다. 인간이 이보다 더 약해질 수는 없다는 생각이 들었다. 중국공산당 공작원이 "나를 베어 죽일 수는 있어도 중국 인민의 저항을 멈출 수는 없다"고 말하며 의연히 죽어가는 것과 너무나도 대조적이었다. 이것이 네 번째였다. 만주사변 후 펑톈에서 경비를 서던 학생, 후쿠야마 서부 63부대에서 혹독한 훈련에 몰리는 초년병들, 북중국의 전쟁터에서 전쟁 영양실조증 때문에 작은 덩어리로 보일 정도로 쇠약해져서 숨이 끊어지는 병사들. 그리고 지금, 겁에 질릴 대로 질려 처형장에서 고개를 떨어뜨리고 있는 병사들.

그들을 총살과 불명예로부터 구해낼 방법이 딱 하나 있었다. 그것은 오가와가 "발견 당시 몽롱한 상태여서 위치 판단이 불가능했다"고 진단하는 것이었다. 그러나 만약 진단서가 의심을 받게 되면 대신 오가와가 처형당한다. 오가와는 그것을 각오하고 간수장에게 그렇게 진단서를 쓰겠다고 통고했다. 간수장은 고개를 끄덕였다. 문제가 생기면 오가와뿐만 아니라 감옥의 소장도 처벌당한다. 소장에게도 양해를 구하러 가서 "감히 진단서를 쓰겠습니다"라고 말했다. 소장은 "책임은 우리 둘이 집시다. 병사들을 죽이고 싶지 않소. 잘 결심해 주었습니다"라고 대답했다. 이렇게 해서 30명 정도의 병사가 총살을 면할 수 있었다. 그러나 일본 육군이 도망 혐의로 붙잡힌 병사들을 정말로 용서했다고는 단언할 수 없다. 그 후 그들은 죽을 확률이 높은 남방 전선에 보내졌을지도 모른다. 오가와는 그들이 어떻게 되었는지, 몇 명이나 살아남았는지 모른다.

반면 중국 농민은 오가와도 어떻게 손쓸 방법이 없었다.

어느 날 참수형에 입회했을 때, 목이 제대로 잘리지 않은 한 명이 미리 파놓은 구덩이에 떨어져 피투성이인 채로 중국어로 "일본 살인마!"라고 소리쳤다. 헌병은 그를 권총으로 쏜 뒤 "군의관님, 사망 확인을 해주십시오"라고 말했다. 구덩이 속에는 중국인 일곱 명의 몸과 머리가 뒤섞여 있었다. 그 속으로 내려갈 때 오가와는 '나는 왜 미치지 않는 것일까?' 의아해했다.

오가와가 그런 상황에서도 자신을 지탱할 수 있었던 것은, 골고다 언덕의 형장으로 향하는 예수 그리스도를 향한 신앙이 있었기 때문이었다. 그의 유일한 위안은 교회에 나가는 것이었다. 스자좡에서는 펜테코스테파 교회가 있어 중국인들이 드리는 예배에 참여했다. 베이징에서는 기독교청년회(YMCA) 예배에 참여해, 이후 평생의 벗이 된 기독교도와 만났다. 그러나 일본의 기독교 지도자는 실망스러웠다.

1944년 여름, 가가와 도요히코(賀川豊彦)가 베이징에 왔다. 가가와는 국제적으로 알려진 데다 중국인 기독교인 사이에서도 높은 평가를 받고 있었다. 가가와는 펑톈에 오면 언제나 오가와의 아버지 집에 머물렀다. 가가와를 잘 알고 있던 오가와는 곧바로 그를 찾아갔다.

"선생님의 강연에 중국의 인텔리, 특히 기독교인은 기대를 걸고 있습니다. 지금이야말로 진실을 말할 때입니다. 일본은 잘못을 바로잡고 이 전쟁을 한시라도 빨리 끝내야 한다고 호소해 주세요."

그러나 가가와 도요히코는 죽어가는 사람들과 나날을 보내는 오가와의 바람에 응하려 하지 않았다.

그해 8월 18일, 일본 국내의 일본기독교단 상의원회는 「일본기독교단 결전 태세 선언」을 결의했다. '이와 같은 때를 맞이해 황국을 보필할 사명을 띤 본 교단은 황국 필승을 위해 궐기하여, 단호히 교만한 적을 격추함으로써 천자의 마음을 편케 하리라.' 또한 같은 해 11월 20일에는 「일본기독교단으로부터 대동아공영권에 있는 기독교도에게 보내는 서간」을 발표, 아시아의 각 교회가 일본을 정점으로 하는 동아시아의 질서 건설에 따르도록 요구했다. 이미 이들은 '일본기독교'라고 부를 만한, 이상한 종교 집단으로 변질되어 있었다.

가가와 도요히코는 패전 뒤 오가와에게 사과했다. 오가와는 1948년 귀국해서 다음 해인 1949년 8월 오사카 기타(北)교회 목사가 되었는데, 이때 가가와가 오가와를 초대했다.

"목숨을 걸고 진실을 말해달라고 한 자네의 기대에 응할 수 없었네. 미안하게 생각하고 있어."

오가와는 그 사과를 받아들였다.

감옥의 의사이길 선택하다

1945년 여름, YMCA 예배에 참석한 오가와는 일본이 항복할 날이 얼마 남지 않았다는 것을 알았다. 베이징의 기독교인들은 단파방송으로 정보를 얻고 있었다.

그는 육군 감옥에 갔을 때, 중국어로 "조금만 더 참아요. 반드시 때가 올 거요"라고 중국인 수인들에게 말해주었다. 잡혀 있던 사람들은 고개를 끄덕였다. 간수도 잠자코 듣고만 있었다.

패전과 동시에 오가와는 현지 제대를 신청했다. 그리고 베이징 톈차오의 빈민가에 있던 기독교 관련 기관 애린관(愛隣館)에서 의료 전도를 시작했다. 그는 그곳에서 일요학교를 열어 아이들과도 친해졌다.

1년이 채 안 되어 헌병대가 애린관을 접수했다. 그 뒤 그는 일교 자치회의 의사가 되어 베이징의 감옥이나 구치소에 있는 일본인에 대한 의료에 종사했다. 다시 수인들을 치료하게 된 계기는 일본인의 주검을 인수하면서부터였다. 구치소에서 알몸 상태인 일본인 주검 세 구를 건네받았는데, 사인을 알 수 없었다. 그는 "현장을 보여줬으면 좋겠다"고 부탁해 감옥에 들어갔다. 한 방에 40명 정도가 꽉 차 있는데, 모두 열이 나는 상태였다. 채혈해서 조사해 보니 재귀열(이, 진드기 등에 의해 전염되는 급성전염병으로 고열에 오한이 남)이었다. 더구나 한 명은 폐결핵으로 각혈을 하고 있었다. 이대로 놔두면 미결수인 채로 모두 죽어버릴 것이었다. 오가와는 베이징에 남아 다시 처참한 감옥의 의사 일을 하기로 결심했다.

패전 당시 중국에 있던 일본인은 1947년 11월부터 다음 해 6월까지 대부분 귀국했다. 그러나 전범 혐의로 투옥된 사람이나 오지에 있어서 철수가 늦어진 사람들이 아직 남아 있었다. 그들은 중국 국민당군의 허가를 얻어 베이징, 타이위안, 칭다오 등에 '일본 연락반'을 만들었다.

베이징 일본 연락반은 1946년 7월 말 결성되어 수감자에 대한 차입과 의료활동을 시작했다. 오가와와 안과 의사 나카가와 쇼키(中川晶輝)도 자원해서 의료활동에 나섰다.

오가와는 패전 때까지 중국인 처형에 입회한 감옥 의사였다. 자신이 파놓은 구덩이에 참수당해 묻히는 중국인의 죽음을 확인하는 것이 그의 일이었다. 죽임을 당하는 쪽에서 보면 일본인은 악마 중의 악마로 보일 것이다. 이제 상황이 바뀌었으니, 언제 고발당해서 거꾸로 감옥에 갇힐지 모른다. 그래도 중국에 남아서 감옥에 수용되는 사람이 없어질 때까지 의료에 종사하는 것이 의무라고 그는 생각했다.

당시 일곱 곳의 구치소, 전범구류소, 감옥, 군법처 간수소 등에는 500명이 넘는 일본인과 징용당한 조선인이 수용되어 있었다. 그중에는 밀고되어 잡힌 자도 적지 않았다. 1945년 10월 10일에 국민군이 베이징에 입성할 때까지, 베이징의 경비는 일본군에게 위탁되었다. 그동안 전범 혐의가 있는 군 간부들은 범죄행위를 타인의 행위로 바꿔치기하는 등 서류를 위조해 중국 측에 밀고하고, 자신은 남들보다 빨리 귀국했다. 누군가가 처형당하면 이미 그 범죄는 일본에서도 처벌이 끝난 사건으로 취급되었다. 중국 측은 밀고가 있으면 바로 체포했다. 구류된 수인은 변명서를 쓰면서 자신이 벗어나기 위해 남의 이름을 댔고, 그 결과 사람들은 오이넝쿨에 오이 열리듯 줄줄이 엮여 들어갔다.

옥사 안에서는 상관과 하급 장병 사이에 극심한 대립이 생겼다. 부하는 상관의 명령에 따라 살해한 것이므로 책임은 상관에게 있다고 주장했다. 상관은 병사들의 독단적인 행위를 예로 들며, 그들이 멋대로 죽인 것이지 명령을 한 적은 없다고 부인했다. "살아서 포로가 되는 굴욕을 겪지 않는다"고 말했던 상급 장교가, "실은 전부터 평화를 생각하고 있었다"며 일기까지 들고 와서 변명을 늘어놓기도 했다. 게다가 돈이 판결을 좌우했다. 군의 고급 참모나 특무기관의 간부는 겨자 재배로 번 돈을 숨겨놓고 그것을 썼다.

베이징 헌병대의 니시무라(西村) 소좌는 처형되기 직전에 다음과 같은 글을 남겼다.

전시에는 불쌍한 부하를 보신의 밑거름으로 삼고, 전쟁이 끝나자 먼저 고국으로 귀환한 군 고급간부 분들께 다음의 말을 삼가 올리고 싶습니다. '어리석은 한 부하가 죽음을 앞두고 처음으로 처세보신의 묘체(妙諦, 뛰어난 진리)를 알 것 같습니다'라고. 껄껄.

오가와는 이렇게 다시 전시 처형에 입회하게 된다. 전에는 처형자가 죽었는지 확인하는 일이었지만, 이제는 주검을 인수하는 일로 바뀌었다. 베이징 남쪽, 텐차오 쓰레기장에 전범 처형장이 있었다. 여기서 처형당한 주검은 누군가 거두지 않는 한 그대로 방치되었다.

장제스 총통의 종전 고지문에는, '폭력에 대한 책임추궁을 관용과 온정으로 한다'고 되어 있어서 일본인들은 이 포고에 기대를 걸었으나, 실제로는 많은 일본인이 체포되어 처형당했다.

국민정부의 「전쟁범죄 심판조례」에는 '1931년 9월 18일 만주 사변부터 1945년 9월 2일까지, 만주와 중국 대륙에 있던 일본인 성인 남자는 모두 전범 용의자로 간주한다'고 되어 있었다.

체포된 사람이 살인으로 고소당하면, 거의 사형 판결이 내려졌다. 사형이 실제 실행에 옮겨지느냐 마느냐는 여기서도 돈과 일본군 상층과의 관계에 따라 좌우됐다. 일본 북지나파견군 총사령관인 오카무라(岡村) 대장은 패전 뒤 난징에서 일본 연락반 총반장으로(장제스의 고문역) 변신했다. 그가 저 남자는 사형을 집행하지 말아 달라고 하면 '무기'로 판결이 바뀌었다.

이렇게 해서 일본의 스가모 전범형무소로 보내진 뒤 석방된 군 간부들이 적지 않다. 결국 1946년 9월부터 1948년 3월까지 29명(대만인 1명, 조선인 4명 포함)이 처형당했다.

오가와는 이미 처형당한 주검에 증오심을 드러내며 무리 지어 달려드는 중국인으로부터 주검을 빼내어 오는 작업을 했다. 돌이 날아오기도 했다. 얼마나 중국 민중의 원한이 깊었는지, 주검에 채찍을 휘두르는 사람조차 있었다.

시라토리 요시타카(白鳥吉喬, 48세)는 탄광의 군 관리인이었는데, 중국인 노무자를 가혹하게 다루었을 뿐만 아니라 거액의 재산을 은닉했다. 사형 판결 뒤 2년간 돈거래로 처형을 미루어왔으나, 1948년 3월 12일 결국 톈차오 형장에서 총살당했다.

총성과 동시에 들것을 들고 뛰었지만, 군중들에게 앞이 가로막혀 시체에 다가갈 수 없었다. 중국 헌병이 오가와에게 "잠시 기다려라" 하고 경고했다. 군중 속에서 비교적 나이 든 남자가 나와 시라토리의 죄상을 읽어내려가기 시작했다. 시라토리는 수많은 중국인을 혹사하고, 마음에 들지 않는다고 헌병이나 경비대에 체포당하게 해서 죽게 만든 남자였다. 이 악명 높은 남자의 죄상이 한 가지씩 외쳐질 때마다 각 촌의 대표자가 막대기로 시체를 내리쳤다. 때리는 장면을 사진으로 찍기도 했다. 촌에 가지고 돌아가기 위한 것이었을까?

한 사람, 또 한 사람 시체를 때렸다. 오가와는 일본인이 중국에서 무슨 짓을 했는지 분명하게 깨달을 수 있었다.

인간을 여기까지 몰아넣어서는 안 된다

오가와는 전범 처리가 일단락된 뒤에 베이징에 남아 일본인 교회의 목사로, 또 중국 사회복무소의 의사로 일하다, 인민해방군에 의한 '베이징 해방(1949년 2월 3일)' 직전인 1948년 12월에 귀국했다. 중국에서 태어나 중국에서 자랐으며 중국인에 대한 의료 선교의 뜻을 세웠던 한 남자의 긴 전쟁이 끝났다. 두 형제는 죽었다. 특히 막내 시로(四郎)의 죽음에는 이전에 북중국의 병원에서 진료했던 병사의 모습이 겹쳐졌다. 전후의 증언에 따르면 '오가와 시로 소위는 필리핀에 상륙한 뒤 바로 설사가 시작되어 체력이 쇠잔해졌을 때 말라리아에 걸려 사망했'고 한다. 군국정신이 투철했던 남동생, 다쿠다이(拓大) 공수부대에서 몸을 단련하고 칠생보국(七生報國, 일곱 번 다시 태어나도 나라에 보답하겠다는 뜻)을 외쳤던 동생의 고독하고 쇠잔한 죽음을 생각하면 견딜 수가 없었다.

오가와는 이듬해인 1949년 8월, 오사카 공습으로 불타버린 오사카 기타교회 목사로 초빙되었다. 그는 교회당 재건에 바쁜 가운데 도시샤대학 신학부 청강생이 되어 전쟁기와 패전 이후의 신학을 연구하며 교회와 국가와 전쟁에 대한 사색에 깊이 침잠해 들어갔다.

6년 뒤인 1955년 5월, 오가와는 드디어 자신이 도달한 결론에 대해 강연할 기회를 갖게 되었다. 일본기독교단과는 거리를 두고 있는 일본기독교회의 제1회 교직 수양회에서였다. 제목은 「종말론과 역사적 질서」였다.

종말론은 세계의 종말을 논하는 것이 아니라 종말의 시점에서 역사를 말하는 것으로, 역사적 질서와 관련돼 있다. 종말론적 희망에 서는 교회는 이 세상의 국가적 질서 아래 있는 역사적 현실의 한가운데에서, 이것과 대결하여 흔들리는 일 없이 궁극의 가치에 뿌리내린 결단과 행위를 한다. 이는 진실의 역사를 형성해가는 원동력이 될 것이다. (중략) 평화의 문제는 국가의 생존, 교회의 존재 이유와 관련된 현실의 과제이다. 패전 이후 10년이 되어가는 지금까지 국가 질서의 혼란 속에서 어떠한 변화가 올 것인지 예측도 안 되는 가운데, 가장 필요한 것은 흔들림 없는 종말론적 신앙에 기초한 희망이다.

그는 극한상황에 서서 현실을 제대로 보고자 하는 인간의 희망을 얘기했다.

1953년에는 기타교회 목사를 그만두고, 무사시노의 오지, 가나가와현의 수향(水鄉, 하천이 아름다운 지역)이라 불리는 다나부(田名)에서 진료를 시작하면서 동시에 다나부전도소를 열었다. 중국에서 할 수 없었던 의료 전도를 일본의 산골에서 하려 한 것이다. 만주 태생인 오가와는 일본 농촌을 좀 더 알고 싶다는 생각에, 2년간 아키타현 미네요시가와(峯吉川)의 고쿠호(国保)진료소에서 벽지 진료에 종사했다. 1966년 다시 가나가와현 다나부로 돌아온 오가와는 지금까지 의료와 전도를 계속하고 있다. 1969년에는 '기독교인 유족회' 결성에 참가했다. 그는 또, 앞에서도 서술했듯이 야스쿠니신사 경내에서 "다시는 영령이란 말을 꺼내지 말라"고 호소하기도 했다. 1985년 8월 15일에는 나카소네 총리의 야스쿠니 공식 참배에 항의해서 참배 행렬 앞에 뛰어들기도 했다. 1986년 7월, 평화유족회 전국연락회가 결성되어 대표로 뽑혔다.

오가와는 강한 척하는 인간의 어쩔 도리 없는 나약함을 줄곧 보아왔다. 만주사변 직후 펑톈에서 경비를 서던 학생들의 공포심과 그것을 견디다 못한 살인. 히로시마현 후쿠야마의 초년병 교육 시절, 인격이 퇴행하여 죽음에 빨려들어 가던 병사들의 모습. 스자좡병원과 베이징 제1육군병원에서 전쟁 영양실조증으로 말라비틀어지고 왜소하게 오그라들어 죽어가던 병사들. 혹은 자살하는 병사. 그들은 약탈 전쟁에 적응할 수 없음을 온몸으로 보여주었다. 그리고 도망죄로 총살당하기 직전의 병사들.

오가와에게는 '인간을 여기까지 몰아넣어서는 안 된다'는 신념이 있다.

전쟁은 나라를 다스리는 자들이 자신들의 신념에 따라 일으킨다. 그러나 전쟁터의 현실은 관념을 넘어선다. 관념은 짧은 시간 안에 일어나지만, 전쟁터의 시간은 길고, 그것을 견뎌야 하는 당사자에게는 끝이 보이지 않는다. 기나긴 비인간적인 시간 속에서 거의 모든 사람들이 인격이 해체되는 위기를 맞이한다.

오가와는 만주와 북중국에서 인간이 얼마나 나약할 수 있는가를 보았다. 하시모토 류타로 총리(1996~1998년)도 야스쿠니신사를 참배했다. 그는 그것을 개인적인 '마음의 문제'라고 했다. 어렸을 때 어머니를 잃었고, 자신을 귀여워해 주던 삼촌이 특공대원으로 죽었다. 그 삼촌은 "나를 만나고 싶으면 야스쿠니로 오렴" 이렇게 말했다고 한다. 그러므로 야스쿠니신사 참배는 개인적인 행위라고 변명했다. 전쟁을 직접 겪지 못한 세대는 가미가제특공대를 통해, 그 '영웅적인 죽음'만을 보고 전쟁을 관념적으로 파악한다. 건강한 남성의 죽음은 관념적으로 미화되기 쉽다. 전쟁터의 최전선을 모르는 사람들은 이 관념에 의한 미화에 집착한다. 그러나 오가와는 현실의 시간은 길고 거기서 인간은 철저하게 몸과 마음이 짓이겨진다는 것을 알고 있다.

1981년, 베이징의 수도교회에서 평화를 위한 중일 합동예배가 열렸다. 오가와는 격려 인사를 부탁받았다. 그는 중국어로 이렇게 말했다.

우리는 그냥 '사과하고 용서합시다'라고 말할 수는 없습니다. 저는 이 베이징 땅에서, 제 눈앞에서 구덩이를 파고 목이 베어져 죽어간 중국인들을 보았습니다. 목이 잘리는 순간에도 그 사람들이 그대로 죽을 수 없어 "일본 살인마"라고 외치는 소리를 들었습니다. 그 구덩이 안에 들어가 맥이 멈추었는지 확인해야 했습니다. 저는 아무것도 할 수 없었습니다. 사람의 목숨을 살려야 하는 의사가, 죽이는 일에 협력했습니다. 사람의 영혼을 구원해야 할 목사가, 그들을 죽어가게 내버려둘 수밖에 없었습니다. 저는 공범자입니다.

여러분들이 평화를 위해 기도할 때, 일본이 저지른 전쟁을 빼놓고 생각할 수는 없겠지요. 지금 전쟁의 죄책을 가장 많이 지고 있는 것은 저 자신입니다. 저는 그 점을 고백하지 않고는 성서의 말씀을 전할 수 없습니다.

이것은 죽으러 간 전쟁터에서 살아남은 사람의 증언이다.

나는 3년 전, 가나가와현의 하야마에 있는 오가와 자택을 방문하여, 종일 그의 얘기를 들었다. 그의 집은 교회와 진료소 가까운 곳에 있는 언덕 위에 있었다. 나는 여든이 넘은 나이에도 자신의 신념에 따라 사는 그의 삶에 강한 감명을 받았다.

1995년 7월 말에는 하얼빈에서 열린 '세균·독가스 전쟁 중일 심포지엄'에 오가와와 동행했다. 이틀간의 심포지엄이 끝나고 하얼빈의 밤이 깊었다. 그날 밤, 호텔 커피숍에서는 오가와와 사카모토 다츠히코(坂本龍彦) 두 사람이 밤늦도록 「마적의 노래」를 불렀다. 둘 다 만주 태생이었다. 술이 들어가고 여행의 끝이 다가오자, 먼 옛날의 감상에 젖어든 것일까? 내가 방으로 돌아가려 하자, 오가와가 내 팔을 꽉 붙들고 놓아주질 않았다.

그날 밤, 낭랑하게 울려퍼지는 오가와의 목소리에는 이상을 추구하며 외길 인생을 살아온 사람의 빛나는 긴장이 느껴졌다. 나는 줄곧 이데올로기를 의심하며 유연한 삶을 살고자 했다. 그러나 신앙으로 살아온 사람의 삶에는 언제나 깊이 감동한다. 전쟁과 죄의 자각은, 오가와에게 평생의 과제다.

제4장

전범 처리

의사는 항상 '의료는 중립적이다. 아군에게도 적군에게도 평화시에도 전시에도 의사는 필요하다'고 주장할 수 있다. 의학은 '휴머니즘'과 '의료의 중립'이라는 방패를 적절히 사용해 부당한 의료행위에 대한 비난을 피해간다. 그래도 현실은 그렇지 않다는 것을 알기 때문에, 그 변명은 어디까지나 표면적인 것에 지나지 않는다. 겉으로 하는 해명과 내면에서의 현실 인식의 괴리에서 오는 이중성이 오히려 그들로 하여금 의사라는 직업의 특수성과 특권성을 더욱 강조하게 한다. 전후 일본의 의료는 이 이중성으로 지탱되어왔다. 그들에게 유아사나 오가와의 발언에 귀 기울일 힘은 없었다.

독일에서는 사정이 조금 달랐다. 1946년 12월부터 1947년 7월에 걸쳐, 뉘른베르크 미군 제1법정에서 강제수용소와 연구소에서 인체 실험이나 안락사를 실행하거나 계획한 두세 명의 의사와 친위대 장교에 대한 재판이 진행되었다. 이 재판을 독일 의사들에게 해설하기 위한 다큐멘터리가 『인간 경시의 독재Das Diktat der Menschenverachtung』라는 제목으로 출판되었다. 이 책을 편집한 알렉산더 미처리히(Alexander Mitscherlich)와 프레트 밀케(Fred Mielke)는 서문에 다음과 같이 썼다.

의사들은 그들의 공격적인 진리 추구와 독재의 이데올로기가 교차하는 지점에 섰을 때, 처음으로 공인된 살육자이자 공적으로 임명된 고문관리가 되었다. (중략) 과거의 가공할 행위가 지금 조용히 법정에서 밝혀지고 있다. 그 과거를 정말로 극복하기 위해서는 과거를 있는 그대로 직시하고 파국의 역사적 원인을 깊이 연구해서 밝혀야 한다. 그것만이 우리에게 적합한 객관성이다. 재판관의 판결이 어떤 것이든, 23명의 피고만을 죄인으로 보고 그들을 이상성격의 소유자로 보는 것은 절대 용납되지 않을 것이기 때문이다.

우리에게 허락되지 않은 것은, 인간은 변화시킬 수 없는 사악한 존재라고 해명하는 것이다. 이 재판의 피고들은 자신들이 한 행위를 변명하기 위해, 다른 나라에서도 냉혹하고 잔인한 행위들이 있었다는 증거물을 제출하고 있다. 이것은 그들의 형식적인 권리이다. 그러나 그것은 개인적 차원의 논거가 될 수는 없다. 타인의 죄를 끌어들여 자신의 죄를 부인하는 것은, 제대로 생각한다면 있을 수 없는 일이다. 옛 시대에 사악함이 승리했다고 해서, 우리들 존재의 책임이 없어지는 것은 아니다. (중략) 우리의 죄를 축소하는 것은 우리의 관심사가 아니다. 왜냐하면, 죄를 자각한 상태에서 삶을 이어갈 때, 비로소 우리는 같은 시대를 사는 사람들의 존경을 얻을 수 있을 것이기 때문이다. 그들의 인간적 존경을 얻을 수 없다면, 우리의 인생은 이미 살 가치도 없는 것이다.[29]

미처리히가 쓴 서문은 오늘날에 이르기까지 전쟁범죄를 부인

---

29. Christian Pross·Götz Aly 編, 林功三 譯, 『人間の価値－1918年から1945年までのドイツの医学』, 風行社, 1993

하는 사람들의 논점을 간결하게 지적하고 있다. 그런데 서독의 의사 집단도 역시 이와 같은 지적에 귀 기울일 힘이 없었다. 이 서문은 베를린대학의 교수들에 의해 삭제되었고, 미처리히는 격렬한 인신공격을 받았다. 베를린 의사회는 1988년이 되어서야 나치 독일에서 의사가 한 역할을 검증하고, 희생자에게 사죄하는 성명서를 냈다. "베를린 의사회는 과거의 짐을 지겠다. 우리는 슬픔과 부끄러움을 느낀다."

그러나 일본 의사회와 각 대학은 전후 50년이 지난 지금도 여전히, 침략전쟁 속에서 일본 의학이 어떤 일을 했는지 검증하려고 하지 않는다. 오히려 토론을 하려는 움직임이 일 때마다 이를 억압해왔다. 그리고 이렇게 과거를 돌아보려 하지 않는 의학자들이 지금 '생명의 윤리'를 말하고 있다.

고지마 중대장의 전쟁

그러면, '의학과 의료의 중립성'이라는 표면적인 구실을 방패 삼아 도망칠 수 있었던 의사와는 달리, 일반 장교의 경우는 어떠한 자기변명을 했을까? 시대와 상황이 강제한 살인이라는 변명을 넘어서 한 개인으로서 죄의 자각에 이른 삶은 없었을까? 만약에 있다면, 어떤 경로를 거쳤을까?

우선 고지마 다카오(小島隆男)의 이야기를 들어보자. 이제 곧 여든 살이 되는 고지마는 산둥성에서 벌였던 '토끼사냥' 작전에 대해 몇 년 전부터 증언하고 있다.

고지마는 1917년 6월 14일, 도쿄 간다에서 태어났다. 아버지는 쌀 도매상을 경영했다. 1장에서 소개한 유아사와 같은 구단중학교에 진학했는데, 이 학교는 도쿄의 엘리트 코스로 진학할 수 있는 중학교였다. 당시에도 자가용으로 통학하는 부잣집 자제가 적지 않았다. 영화관에 들어가면 특등석에 앉는 것이 당연했다. 1940년 당시 학교에서 가는 여행에 8mm 카메라를 들고 오는 학생이 두세 명 있었고, 돌아와서 그것을 보며 즐기는 학급 분위기였다. 고지마와 같은 반에는 육군, 해군의 고위직 아들이나 경시총감의 아들, 제전(일본 제국미술원이 주최하는 전람회) 심사위원의 아들 등이 있었다.

고지마는 중학교를 졸업하고 도쿄외국어학교(현 도쿄외국어대학) 러시아어과에 진학했다. 일본군의 용맹한 모습에 피가 끓던 이 청년이 러시아문학이나 사회주의에 관심이 있을 리 없었다. 다만 큰아버지가 러시아어과를 나왔기 때문에 러시아어에 관심이 있었다. 그는 공산주의 적국 소련과는 언젠가 싸우게 될 것이므로 러시아어를 배워 일본을 위해 공헌하자고 생각했다.

교육과 시대는 관계가 밀접하다. 고지마가 입학하기 2년 전, 러시아어과 학생들은 '빨갱이' 혐의로 체포되어 대부분 퇴학당했다. 그러나 시대는 급속하게 군국주의로 기울어, 이제는 러시아어 학습도 해외 팽창의 수단으로 간주되었다.

러시아어과 졸업생은 20명 정도였는데, 남만주철도주식회사(만철)나 육군성에서 이들을 필요로 했다. 만철에서만 20명을 모집했다. 학교는 사람을 구하는 곳에 각각 한두 명을 소개했다. 1939년 3월, 도쿄외국어학교를 나온 고지마는 기타가라후토(北樺太, 가라후토[樺太]는 사할린을 부르는 일본 명칭)석유회사에 입사했다.

러일전쟁 직후의 포츠머스조약(1905년)으로 북위 50도 이남의 가라후토가 일본령이 되었다. 러시아혁명 직후인 1920년, 일본은 니콜라옙스크 사건(시베리아 출병 중인 일본군과 거류민이 빨치산에게 살해당한 사건)을 구실로 북사할린을 점령했다. 1925년 일본은 소련과 '소일 기본조약'을 맺어 45년간 북부의 석유·석탄 채굴권을 획득했다. 일본은 기타가라후토석유회사와 기타가라후토공업회사를 세워 현지에서 채굴을 시작했다. 고지마에게 이 석유회사는 러시아어 실력으로 일본의 팽창에 공헌할 수 있는 일자리였다. 하지만 이미 일본과 소련 사이의 긴장이 격화되고 있었다. 그가 입사한 해인 1939년 5월 만주와 몽골 국경인 노몬한에서 소련군과 일본군 사이에 국경 분쟁이 있었다. 고지마는 막상 본사가 있는 사할린에는 가보지도 못한 채 12월에 징병되었다. 월급쟁이 생활은 여덟 달 만에 끝났다.

고지마는 치바현 사쿠라의 육군 제57연대에 입대해, 일주일 뒤 중국 산둥성에 있던 북지나방면군 제12군 32사단에 배속되었다. 그곳에서 초년병 교육을 받고 간부 후보생을 거쳐 1941년 10월에는 소위가 되었다.

그는 1942년 4월 중국공산당 팔로군과 싸우기 위해 편성된 59사단으로 옮겨가, 기관총 중대의 중대장(중위)이 되어 패전 직전인 1945년 5월까지 150명의 부하를 지휘했다. 그의 부대는 산둥성 전역에서 악명을 떨쳤다.

산둥성에서 저지른 비정한 행위를 서술하기 전에, 고지마의 이후 행적을 먼저 기록한다.

그는 1945년 5월, 신징(지금의 창춘)에 있던 관동군 사령부로 배속되어, 특수정보부대에서 소련군의 암호를 해독하는 일을 맡았다. 그 후 소련의 참전으로 포로가 되어, 이르쿠츠크, 하바롭스크 등에 억류되었다.

1949년 10월 중화인민공화국이 성립되었다. 소련은 자신들이 수용하고 있던 일본인 전범들을 중국 정부에 이관하기로 하고, 1950년 7월 18일 국경인 쑤이펀허에서 969명의 전범을 중국에 인도했다. 고지마도 광공업도시 푸순에 있는 푸순전범관리소에 수용되었다. 중국 정부는 그해 10월 한국전쟁이 격화되자 폭격을 염려해 그들을 조선 국경에 가까운 푸순에서 북부의 하얼빈과 후란의 감옥으로 옮겼다. 한국전쟁이 교착상태에 빠진 1951년 3월 소위 이하 669명은 푸순전범관리소로 되돌아갔다. 하얼빈 감옥에 남아 있던 사람들(중위 이상과 병자)도 1953년 10월에는 푸순전범관리소로 돌아왔다.

1956년 6월부터 7월에 걸쳐 선양의 베이링에서 '최고인민법원 특별군사법정'이 열렸다. 36명이 기소되어 유죄(타이위안의 9명을 포함하면 45명) 판결을 받았다. 이들에게는 8년에서 20년의 형기(포로가 되었을 때가 기준임)가 선고됐다. 1장에 나온 유아사 등 타이위안전범관리소에 수용되었던 사람들을 포함해 1,017명이

기소 면제로 석방되었다. 이리하여 고지마는 1956년 9월, 17년이란 긴 세월이 지나서야 귀국할 수 있었다.

귀국했을 때, 전시에 결혼한 아내는 이미 재혼한 상태였다. 그가 푸순전범관리소에 수용된 지 4년째인 1954년 10월, 일본을 방문한 중국적십자회(단장 리더취안[李德全])가 일본인 전범 명단을 발표했다. 이때 그들의 생존을 확인한 수많은 가족들이 편지나 소포를 중국적십자회에 위탁했다. 그러나 고지마에게 오는 아내의 편지는 없었다. '살아 돌아가서, 다시 만나고 싶다.' 시베리아 억류 중에도 푸순의 감방에서도 줄곧 잊지 못했던 젊은 아내는, 중국적십자회의 발표가 있기 겨우 석 달 전에 재혼했다. 그는 귀국해서야 그 사실을 알게 되었다.

귀국 후 1년간은 직업을 찾지 못하고, 사회 적응에도 어려움을 겪었다. 그 후 일본의 대기업인 이토추(伊藤忠)와 관련된 상사에 취직해서, 정년퇴직할 때까지 25년간 소련과의 무역업에 종사했다.

'토끼사냥'의 실제

이제 이야기를 전쟁 때로 되돌려보자. 황허가 바다로 흘러 들어가는 산둥성 내륙에서 고지마의 중대는 당시 일본 육군이 범한 모든 악행을 저질렀다. 그들은 촌락을 습격해 약탈하고 태우고 몰살시켰다. 초년병을 단련시키기 위해 중국 농민을 나무에 매달아두고 총검으로 찌르는 훈련도 했다. 나무에 매단 중국인의 흥부를 대여섯 명의 병사들에게 차례로 찌르게 하는 것이다.

'토끼사냥'이라 불리던 중국인 강제연행 작전도 펼쳤다.

1942년 9월부터 연말에 걸쳐 중국인 일꾼 사냥이 실행되었다. 이전에도 전쟁 수행을 위해 북중국의 탄광이나 광산, 댐 공사 등에 중국인 노동자가 동원되어 혹사당하고, 그중 많은 수가 죽어갔다. 일본 정부는 국내에서도 노동력 부족에 몰리자, 중국인 남성을 잡아들여 일본으로 끌고 가서 광산 등지에서 강제노동을 시켰다. 고지마 중대가 속한 제12군 사령부에서도 '어떻게 하면 건장한 중국인 남성을 효율적으로 잡아들일 수 있을까'를 연구하기 시작해, 토끼사냥의 방법을 응용한 작전을 세웠다.

한 개 중대(고지마 중대는 150명)가 죽 늘어서서 4km에 걸친 지역을 맡는다. 일본 병사 한 명에 경비원 10명 정도를 붙여서 물 샐틈없이 좁혀 들어간다. 중심이 되는 분대장의 소재지에 일장기를 세우고, 커다란 포위망을 만든다. 이 포위망을 좁혀가면서 중국 농민을 잡아들였다. 하늘에는 비행기가 날면서 각 중대의 진행을 조정했다.

산둥반도가 시작되는 곳에서는 '후릿그물'이라는 작전을 했다. 부대가 횡렬로 늘어서서 해안을 향해 동쪽으로 전진했다. 일주일이 걸려서 농민을 싹쓸이해서 잡아들였다.

고지마 중대도 연일 '토끼사냥' 연습을 한 뒤, 작전에 들어갔다. 기관총으로 위협 사격을 하면서 포위망을 좁혀 들어갔다. 중국 농민들은 밭 안에 웅크리고 있거나, 마을의 어느 한 곳에 모여 숨어 있었다. 그들을 잡아 헌병에게 넘기면, 헌병들은 일을 할 만한 남자들을 골라 손을 뒤로 묶어 줄줄이 엮어서 트럭에 실었다. 조금이라도 반항하는 자가 있으면 죽였다. 고지마 중대는 산 등성 서부, 중앙, 동부에서 세 차례 토끼사냥 작전에 참여했다.

고지마는 자신이 잡아들인 농민들이 어떻게 되는지 알려고 하지 않았다. 그들 중 일부는 일본으로 이송되어 전국 135곳의 사업소에서 노예노동을 해야만 했다. 그 수는 4만 명에 이른다. 이들은 아키타현 하나오카광산, 시즈오카현 니시나광산, 오사카 아지가와 항구 건설 현장 등지에서 혹사당했으며, 그중 많은 수가 죽어갔다. 1945년 6월 30일, 가시마구미(鹿島組)가 운영하던 하나오카광산에서는 학대를 참다못한 중국인 700명이 반란을 일으켰다. 그들은 전원 체포되어 약 100명이 학살당했다. 이들 '하나오카 사건'의 희생자는 고지마와 같은 일본군이 만들어냈다.

고지마 부대가 저지른 잔학행위는 일일이 다 열거하지 못할 정도로 많았다. 하지만 당시 고지마는 그러한 하나하나의 행위에 특별한 의미를 두지 않았다. 그것은 전쟁의 나날 중에 겪는 일상다반사일 뿐이었다. 그가 자신이 저지른 하나하나의 일들에 '희생자'가 있다는 당연한 사실을 깨닫기까지는 오랜 시간이 필요했다.

고지마는 패전 뒤 5년간 소련군 포로가 되어 이르쿠츠크와 하바롭스크에 억류되었다. 고지마는 러시아어를 할 수 있었기 때문에 도시부(都市部)에서 일하라는 명령을 받았다. 배를 곯기는 했지만 혹사당하지는 않았다. 전범 혐의로 조사를 받지도 않았다. 다만 다른 많은 병사들은 귀국하는데, 그는 언제나 잔류조로 분류되었다. 1950년 7월 초, 그때까지 하바롭스크에 남아 있던 억류자는 1,000명 정도였다.

그들은 소련군 장교로부터 "얼마 안 있으면 조국으로 출발할 수 있을 것"이라는 말을 듣고, 그대로 속아 국경 마을인 그로데코보로 옮겨졌다. 중국 쪽 마을은 쑤이펀허였다. 7월 18일, 969명의 일본 포로는 몇 번씩이나 반복해서 타고 내렸던 비좁은 수인 이송용 화물칸에서 내려, 선로를 건너 중국 쪽 열차로 옮겨 탔다. 그곳은 지금까지의 화물열차와 달리 훌륭한 객차가 딸려 있었다. 중국 쪽은 유창하게 일본말을 하는 군인, 의사, 간호사를 배치하고, 하얼빈에서 사 모은 흰 빵과 소시지로 그들을 맞이했다. 고지마는 5년간 언제나 배고픈 신세였던 시베리아 억류자로서 이런 대우의 변화를 어떻게 판단해야 좋을지 전혀 짐작이 가지 않았다.

일본 포로들은 마음이 흔들렸다. 누구 한 사람, 자신이 형법상의 죄를 저질렀다고는 생각하지 않았다. 단지 자신들이 저지른 잔학행위를 알고 있는 중국인이 적지 않으므로 생존자나 유족의 신고로 반드시 보복이 있을 것이라고 두려워했다. 저마다 굳은 표정 아래 불안, 분노, 절망, 변명이 소용돌이치고 있었다.

과거의 일본군이나 특무기관이라면, 붙잡은 중국인을 고문한 뒤 끝내 죽였을 것이다. 처지가 바뀐 이상, 우리가 저지른 짓을 그들이라고 하지 않으리란 법이 없다. 얼마나 도망칠 수 있을까?

아무 말 안 한다……. 이보다 더 나은 선택은 없을 것이다. 공공연하게 드러난 것에만 동의하자. 그러나 내가 관여했다는 것은 완강히 부정할 것. 하지만 수용자 중에는 동료, 관계자가 적지 않다. 그들 중 누군가가 내가 관계됐다는 것을 이미 말했다면 어떻게 되나? 이미 글렀다.

5년간이나 시베리아에 억류되어 혹사당했다. 수많은 사람들이 병에 걸려 죽어갔지만, 나는 견뎌냈다. 그만큼 괴롭힘을 당한 우리를 이제 또다시 전범이라고 보복하다니, 너무나 불공평하다. 전쟁은 국가와 국가가 벌이는 사투다. 전범이란 전쟁을 명령한 사람을 이르는 말이다. 나는 그저 시키는 대로 했을 뿐이다.

이렇듯 그들의 사고는 같은 자리를 맴돌았다. 의심은 감정을 불안정하게 만들었다. 그들의 폭력적 성향, 인간에 대한 불신, 권위주의는 중국 쪽에 투영되어, 거꾸로 자신들을 덮쳤다. 자기 자신의 인간관, 사회관에 포위되어 있었던 셈이다. 969명의 전범들은 중국공산당 정권의 복수가 이제 코앞에 닥쳤다고 믿어 의심치 않았다.

'투영된 사고'에 떠는 사람은 눈앞의 현실을 검토할 힘이 없다. 푸순전범관리소는 이전에 조선인 수용을 위해 일본인이 세운 감옥이었다. 그러나 그곳에서 일본인 전범들은 강제노동을 하지 않았고, 충분한 쌀밥과 부식이 주어졌으며, 친절한 진료를 받았다. 폭행도 없었고 모멸당하는 일조차 없었다. 이들은 중국

쪽의 그러한 예상 밖의 처우를 받으면서도, '이것은 기껏해야 죽일 때까지 살려두는 것'이라든가, '국제법에 따라 처우하고 있을 뿐'이라고 생각했다. 정작 일본군 자신들은 국제법을 완전히 무시했으면서도 말이다. 또는 '일본 정부나 미국과 거래하기 위해 자신들을 재료로 이용할 것'이라는 정도로 상황을 해석했다.

사람은 관념에 의해 자신과 자신을 둘러싼 세계를 고정적으로 파악한다. 이 고정관념이 굳으면, 새로운 현실을 유연하게 보는 힘을 상실한다. 미리 해석을 끝낸 인식과 눈앞에서 일어나고 있는 일 사이의 모순은 무시된다. 수용된 초기에 이 무시는 집단적 무시였다.

한편, 투영된 사고는 자기분석을 결여하고 있으므로 아주 적은 정보에도 크게 요동친다. 흔들리는 의심을 멈추려고 취하는 자세는 오만과 비굴이다. 다른 수용자가 있는 데서는 중국인 관리자에 대해 오만불손한 태도를 보인다. 그럼으로써 수용소 동료들 사이에서 자신의 정체성은 안정되고, 다른 한편 관리자의 반발을 불러일으켜 자신의 투영된 사고를 입증할 빌미를 얻는다. 그러나 동료의 시선이 없는 곳에서 홀로 중국인 관리자를 마주하게 되면 자꾸 비굴해진다. '이런 상황에서 거역해봤자 무의미하다'는 타산적인 변명으로 자신의 비굴함을 무마한다.

수용소 관리자는 강자의 처지에서 오만과 비굴 사이에서 요동치는 일본인 전범들의 불안한 감정을 이용할 수 있었겠지만, 당시 중국공산당은 그와 같은 조작적 태세를 취하지 않았던 것 같다. 관리자들은 큰 소리로 일본 군가를 불러제끼며 집단의 힘을 빌려 불안을 없애려 드는 전범들의 심신증을 정성껏 치료해줬다. 그들은 불손하지 않고서도 살아갈 수 있다는 것을 일본인 전범들이 깨달을 때까지 가만히 기다려줬다.

푸순전범관리소에서 1950년 7월부터 9년간 간호를 맡았던 자오유잉(趙毓英) 부장은 『각성』[30]에 실린 「개조 중인 의료 간호」라는 제목의 글에서, 전범들이 정신적 긴장 때문에 얼마나 자주 두통, 불면, 고혈압 현상을 보였는지 기록했다. 푸순전범관리소에 이송된 1950년 7월 하순부터 8월 초에 걸쳐 실시된 신체검사에서는 고혈압이 50퍼센트를 넘었다고 한다.

중국 정부는 일본인 전범의 사상 개조를 한 다음에 전쟁범죄에 대한 판결을 내리고자 했는데, 그것을 어떻게 할 것인지 계획이 있었던 것은 아닌 것 같다. 다만 일본인 전범의 처우에 직접 관여한 저우언라이(1898~1976. 주은래(周恩來). 중국의 혁명가, 정치가, 외교관)의 이상주의가 짙게 배어 있었던 것만은 확실하다.

푸순관리소의 쑨밍지(孫明齊) 소장, 김원(金源) 부소장, 취추(曲初) 부소장 등이 『각성』에 실은 논문과, 하얼빈에서 김원(후에 소장이 됨)에게 직접 들은 바에 의하면, 저우언라이는 중국 동북인민정부의 공안부에 다음과 같이 지시했다고 한다.

엄중히 경비하여 외부로부터 전범들의 안전을 확보한다. 한 명의 도망자도 한 명의 사망자도 내지 말 것. 내부는 온화한 분위기

---

30. 中国帰還者連絡会 譯編, 『覚醒−撫順戦犯管理所の六年』, 新風書房, 1995

를 조성할 것. 때리거나 인격을 모멸하거나 해서는 안 된다. 그들의 민족적인 풍속, 습관을 존중한다. 그들을 사상 면에서 교육·개조한다.

이 지시에 따라 관리소는 쌀밥을 짓고, 장관과 좌관, 그 이하의 세 계급으로 나누어 상, 중, 하로 부식을 만들었다. 정작 중국인 관리자들은 간부든 병사든 모두 수수밥과 배춧국을 먹는데도 말이다.

이때의 사정은 중국에서 돌아온 전범들이 쓴 수많은 출판물에 상세히 나온다.[31]

애초에 전범관리소는 위의 지시에 따르는 것만으로도 힘에 부쳤다. 직원들 대부분이 일본군에게 괴롭힘을 당한 경험이 있었고, 그중에는 혈육이 학살당한 사람도 있었다. 소장과 부소장은 전범을 수용하기 전에 먼저 간수, 의사, 간호사, 취사원들에게 중국 당국의 방침을 이해시켜야 했다.

1950년 7월에 수용되어 1956년 8월 판결이 내려지기까지, 일

31. 中国帰還者連絡会, 『私たちは中国で何をしたか—元日本人戦犯の記録』, 三一書房, 1987
島村三郎, 『中国から帰った戦犯』, 日中出版, 1975
朝日新聞山形支局, 『聞き書き ある憲兵の記録』, 朝日新聞社, 1985
鵜野晋太郎, 『菊と日本刀』, 谷澤書房, 1985
富永正三, 『あるB・C級戦犯の戦後史』, 水曜社, 1986
永富博道, 『白狼の爪跡—山西残留秘史』, 新風書房, 1995
中国帰還者連絡会 譯編, 『覚醒—撫順戦犯管理所の六年』, 新風書房, 1995
寫真集 『覺醒』, 羣衆出版社, 長城香港文化出版公司, 1991

본군 전범들이 푸순전범관리소에서 지낸 6년간을 시기별로 나누어보면 5기로 나눌 수 있다. 물론 나이, 계급, 직무, 병력(病歷)에 따른 개인차는 있을 것이다.

제1기 1950년 7월~1952년 봄

충격과 허세, 반항의 시기. 전범이라는 사실을 받아들이지 못했다. 관리소 쪽도 사고가 일어나지 않게 몸을 사리는 데 급급해서 여유가 없었다. 중국이 국가로서 안정되고 인민의 복수심이 가라앉을 때까지 시간이 필요했다. 이 기간 한국전쟁이 격화되어 하얼빈과 후란의 감옥으로 이송되었다가, 1951년 3월 말 소위 이하 669명이 푸순전범관리소로 돌아왔다. 중위 이상과 병자는 하얼빈 감옥에 남은 채였다. 1952년 봄에는 저우언라이 총리로부터 죄행 반성 교육을 하라는 지시가 내려왔다.

제2기 1952년~1953년

수용과 학습의 시기. 일본인 수인들은 아직 자신이 전범이라는 사실을 받아들이기 힘들어했다. 이 시기에 음악반을 만들거나 중국 신문이나 일본 문헌에 대한 학습을 시작하고, 가벼운 작업(기와 생산, 종이상자 만들기)에 참여하기도 했다. 1953년 9월부터 레닌의 『제국주의론』, 노로 에이타로(野呂榮太郎)의 『일본 자본주의 발달사』 등에 대한 학습회가 시작됐다. 국제법 해설도 실시됐다. 1953년 10월 23일에는 하얼빈 감옥에 잔류했던 210명도 푸순으로 돌아왔다.

제3기 1954년

탄바이(坦白)와 죄의 인정. 제2기가 끝나갈 무렵부터, 전시의 비인도적 행위에 대한 탄바이(중국어로 '죄행의 고백'이란 뜻)가 시작되었다. 1954년 3월부터 최고인민검찰원 동북검찰단에 의해 개인 조사가 실시되었다. 중국 측에서는 위관급(尉官級) 이하 전범들의 자백을 정리하고 증언을 모았다. 그리고 고급 군관, 헌병, 특무, 경찰에 대한 전문 취조단을 만들어 조사와 자백을 병행해 나갔다. 이 시점에서 중요한 전쟁범죄 계획자와 그 추종자의 구별이 이루어졌을 거라고 생각된다. 전범관리소는 수인들에게 군대끼리의 전투 이외의 모든 잔학행위를 기억해낼 것을 요구했다. 동시에 왜 이와 같은 침략전쟁을 일으켰는지에 대해 소모임으로 학습할 것을 요구했다.

제4기 1955년 초~1956년 2월

죄의 자각과 새출발을 향한 희망. 1954년 10월 말, 일본을 방문한 중국적십자회는 일본인 전범의 명단을 발표했다. 다음 해인 1955년 2월, 살아있다는 것을 안 가족으로부터 편지가 오기 시작했다. 수인들의 죄상 고백도 끝나, 1956년 1월부터는 잔학행위를 창작이나 연극으로 만드는 활동이 시작됐다. 이즈음 중국 정부는 판결에 대한 방침을 굳혔다고 여겨진다.

김원 부소장에 따르면, 동북검찰단과 푸순전범관리소 쪽은 중대한 전쟁범죄를 범한 좌관급 이상의 전범 70명에 대해 최고인민검찰원과 최고법원에 극형에 처할 것을 요청했다. 1955년 말,

그들이 베이징으로 보고하러 갔을 때, 저우언라이 총리는 다음과 같이 말했다고 한다.

일본 전범을 처리할 때, 한 명도 사형시켜서는 안 된다. 또 한명의 무기형도 나와서는 안 된다. 유기수도 가능한 한 소수로 해야 할 것이다. 기소장은 기본 죄행을 분명하게 써야만 한다. 죄행이 확실하지 않으면 기소할 수 없다. 보통 정도의 죄를 지은 자는 불기소 처리한다. 이것은 중앙의 결정이다.

동북검찰단과 푸순전범관리소의 책임자는 푸순으로 돌아와 상부의 지시를 전했다. 그러나 조직의 간부들은 이를 받아들이지 못하였고, 그 때문에 동북검찰단의 책임자가 다시 조직의 생각을 설명하러 상경했다. 이때도 저우언라이는 이렇게 말했다고 한다.

부하가 받아들이지 못하는 것이 아니라 자네들이 받아들이지 않는 거겠지. 자네들이 받아들이면 부하들은 스스로 받아들이게 되어 있다. 일본 전범에 대한 관대한 처리에 대해서는, 20년 후에 자네들도 중앙의 결정이 옳았음을 이해하게 될 거다.

제5기 1956년 3월~8월
판결기. 중국 정부는 공판이 있기 전에, 혁명 후의 중국 사회를 전범들에게 참관시킬 계획을 세웠다. 세 그룹으로 나누어, 제

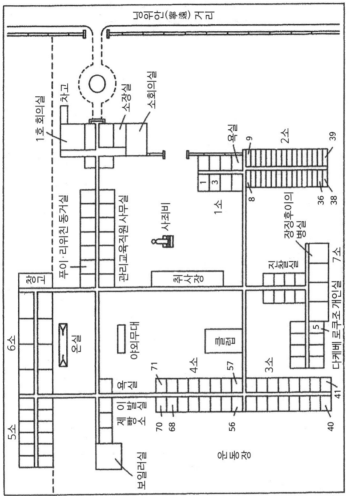

푸순전범관리소 약도

표3 각국의 일본군 전범 재판 결과

국명	재판 기간	사형	종신	유기	무죄	기타	계
미국	45.11~49.09	140	164	872	200	77	1453
영국	46.12~48.03	223	54	502	133	66	978
호주	45.02~46.04	153	38	455	269	24	939
네덜란드	46.08~49.12	226	30	713	55	14	1038
중국(국민당)	46.05~49.01	149	83	272	350	29	883
프랑스(사이공)	46.02~50.03	63	23	112	31	1	230
필리핀	47.08~49.12	17	87	27	11	27	169
합계		971	479	2953	1049	238	5690
중화인민공화국 재판기간	56.06~08	무	무	45	1017	무	1062

1회는 2월 말부터 가까운 푸순탄광이나 안산제철소를 참관시켰다. 제2회는 4월 중순부터 선양, 창춘, 하얼빈, 톈진, 베이징, 난징, 상하이, 항저우, 우한 등을, 1개월 걸려 단체로 여행시켰다. 역사에 그 예를 찾아볼 수 없는, 미결 전범의 사회 복귀를 위한 수학여행이었다.

6월, 중화인민대표대회 상무위원회에서 일본 전범에 대한 '관대 처리'가 결정되었다. 재판은 6월부터 8월까지 열렸다. 앞서 서술했듯 45명이 유죄 판결을 받고, 1,017명이 기소 면제로 석방되어 일본으로 귀국했다. 8년에서 20년의 형이 구형된 사람들은 포로 혹은 전범이 된 이후의 세월을 형기로 인정받아 1964년 4월 9일까지는 전원 귀국했다.

국제법상 이른바 '인도에 반한 죄'로 재판을 받은 일본 B·C급

전범(잔학 행위 명령자, 또는 실행자)에 대한 각국 정부별 비교는 위의 표와 같다. 중화인민공화국 외의 자료 출처는 이와카와 다카시(岩川隆), 「아직도 침묵いまだ語らず」(『潮』, 1976년 8월호)

죄를 자각하기 위한 시간

이제부터는 고지마 다카오의 푸순전범관리소 체험을 이야기한다. 수용된 초기에는 고지마도 집단의 힘을 믿고 간수를 향해 고함치고, 소리 높여 '동기(同期)의 벚꽃' 같은 전쟁 전의 유행가를 부르며 지냈다.

"1년 동안은 마치 무뢰한처럼 지냈지요. '소련은 우리를 속였다. 일본에 돌려보낸다고 해놓고 중국으로 보냈다. 중국도 마찬가지다. 우리를 전범 취급하다니, 우리가 왜 전범이냐? 그런 건 전쟁을 조직한 높은 분들한테나 물어봐라. 우리는 천황의 명령대로, 천황을 위해, 조국을 위해, 부모를 위해 한 거다. 물론 자신의 출세를 위해서이기도 했지만, 그렇다고 그게 처벌받을 이유가 된단 말이냐? 즉각 돌려보내 달라.' 이것이 우리 주장이었어요."

고지마 등 위관 이하의 수인은 5명에서 15명이 방 하나를 썼다. 옆방 소리도 잘 들렸다. 복도를 오가는 간수를 향해 다 함께 소란을 피우는 일도 쉬웠다. 간수들은 집이 불타고 가족이 살해당해서 혁명군에 들어간 중국 청년들이었다. 이들이 얼마나 분노와 모멸감을 억누르며 근무하고 있을지 상상조차 하지 않았다.

"농민을 찔러 죽이고 목을 베고 고문한 것이 범죄라는 생각을 전혀 하지 않았어요. 아무것도 아닌 포로를 죽였을 뿐이라고만 생각했지요. 이것이 국제법에 반하는 것이라든가, 전범으로 처형될 이유가 된다는 데에는 생각이 미치지 못했습니다. 죽였어도 죄의식은 조금도 없었습니다. 하지만 좋은 일은 아니라는 의식 정도는 있었지요. 우리 군대가 남의 나라인 중국에 가서 중국인을 잡아다가 '너는 좋은 중국인이다, 너는 나쁜 중국인이다' 하고 우리 뜻에 따라 맘대로 나눠서, 죽이기도 하고 패기도 했으니까요. '좋은 일은 아니다, 나쁜 짓을 했다'는 생각은 대부분 하고 있었다고 생각합니다. 하지만 그것이 죄가 된다는 데 대해서는, 아니라고 생각했지요. 사람을 죽이는 것은 아무리 작은 일이라도 죄는 죄인데요. 하지만 당시 우리가 받은 교육으로 말하자면, 그것은 전쟁일 뿐이었으니까요."

이 얼마나 '하지만'의 연속인가. 이것이 패전 뒤 5년이 지난 시점에서 고지마 등이 내세우는 논리였다. 이처럼 집단으로 허세를 부리기는 했어도, 내심으로는 움찔움찔 겁먹고 있었다. 굴뚝을 세우고 있는 것을 보면, 우리를 태워 죽이려고 만들고 있는 게 아닐까 하고 생각했다. 아무리 변명하려 해도 자신들의 심성에 비춰볼 때, 그동안 한 짓을 들키면 보복당할 것이라고 믿었다. 고지마는 중국인을 죽였다는 것만은 무슨 일이 있어도 자백하지 말자고 결심했다.

"왜냐하면, 고지마 부대의 부대원을 죽인 중국인을 붙잡으면, 그 말을 듣자마자 우리는 그 자리에서 그 중국인을 베어버리거나 권총으로 쏘아 죽여버렸으니까요. 부하의 원수를 갚아줘야 했습니다. 원한을 풀어준 거죠. 마찬가지로 내가 중국인을 죽였다고 말하면, 그 자리에서 나는 교수형 당할 것으로 생각했습니다. 나에 대해서는 절대 말하지 않기로 결심했기 때문에, 내가 가장 두려워한 것은 부하들이 중국인을 죽이는 것을 알고도 모른 체한 것이었습니다. 그 벌로 처형당할지 모른다는 것이었습니다. 나는 중대장이었으니까요. 작전 중에 포로가 생기면 귀찮아서 짐이 되니까, 반드시 모두 죽여서 처리했습니다."

관리소 쪽에서 보자면 고지마는 이른바 '완고(頑固) 분자'였다.

딱딱한 변명의 갑옷을 두르고 웅크리고 있는 수인들에게 중국 쪽이 취한 방침은 두 가지였다. 하나는 일본군이 저지른 일들을 알려주는 것. 군대 하나하나는 자신이 관여한 전쟁터밖에 모른다. 게다가 자신이 저지른 악행을 지금 당장 직시하는 일은 괴롭다. 그래서 관리소 측은 중국 각지에서 무슨 일이 벌어졌으며 지금도 전쟁 피해가 얼마만큼 지속되고 있는지 등의 외부의 사실을 알리는 방법을 취했다. 다른 하나는 충분한 보살핌이었다. 둘 다 푸순전범관리소에 배속된 혁명군 병사들이 해방군이 되어 배우고 자신의 것으로 받아들인 인간관계였다. 거기에 하나 더, 이 두 가지 방침을 지탱해준 것은 '시간'이었다. 천천히 시간이 무르익을 때까지 기다릴 것. 이렇게 기다려줌으로써 전범들의 태도 변화에 대비하고자 했다.

"중국의 신문을 보면 '항일전쟁 때 일본군은 이러한 짓을 했다'는 피해자의 고발이 자주 실렸습니다. 어떤 부인은 상하이에서 거리를 걷고 있다가 일본군에게 잡혀 위안소로 끌려갔지요. 거기서 불에 달군 인두로 팔에 자국을 내고 위안부로 만들어 버렸습니다. 그 인두 자국이 난 팔을 손으로 가리키는 사진이 실려 있었어요. 어떤 마을에서는 공장을 세우기 위해 부지를 팠더니 사람 뼈가 수도 없이 나왔습니다. '이것은 일본군이 죽인 우리 동포의 유골이다.' 그런 사진 설명이 실려 있었습니다. 이런 것을 보고 듣는 가운데, 우리가 한 짓이 좋은 일이 아니었다는 것을 점점 깨닫게 됐습니다."

자신이 한 짓은 둘째치고라도, 희생자와 그 가족, 그리고 그들의 동포가 있다는 것을, 그들이 지금도 존재하고 있다는 것을 고지마는 겨우겨우 깨달아갔다. 지금까지 그는 '단칼에 벤다' 따위의 허세에 찬 말투나, '처리한다' 따위의, 사람을 물건 취급하는 군대용어를 사용해왔다. 그런 그에게도 어렴풋이 슬퍼하는 사람들의 군상이 보이기 시작했다.

다른 한편, '우리에 대한 대우는 아무래도 이상하다, 내가 생각했던 것과는 전혀 다르다'고 놀라게 되는 상황을 몇 번이나 마주했다.

소련에서 중국으로 옮겨진 지 5년 만에 쌀밥을, 그것도 충분히 먹을 수 있게 되었다. 부식도 서너 가지가 딸려 나왔다. 어느 날, 고지마는 나중에 배고플 때 먹으려고 남은 밥을 숨겼다. 그것을 간수가 보고 물었다.

"고지마, 너, 뭘 숨긴 거지? 어쩌려고?"

"배가 고프면 먹으려고 놔둔 거야."

"안 돼, 찬 걸 먹으면 몸에 나빠. 부족하면 얼마든지 가져다줄게."

젊은 간수는 남은 밥을 가져갔다.

고지마와 같은 방 동료들은 그가 입에서 나오는 대로 내뱉은 말일 것으로 생각했다. 어디 한번 시험해 보려고, 바로 다음 식사 시간에 "밥이 부족하다"고 말했다. 그러자 간수는 새로 지은 밥을 가져다줬다. 단 한 그릇을 위해 따뜻한 밥을 지어 온 것이다.

어느 날 밤에는 만두를 가져다주었다.

"읍내에 나가서 만두를 사 왔다. 취사원이 집에 가버려서 밥을 지을 수가 없거든. 오늘 밤은 이것으로 참아 줘. 내일은 밥을 가져올 테니."

전범들이 먹을 것이라는 걸 알면 아무도 팔지 않을 상황에서 사다 준 것이었다. 물론 수용돼 있던 일본인들은 아무것도 몰랐다.

"우리는 과거에 중국인에게 어떻게 했던가요? 물에 불은 찬밥을 밥그릇으로 푹 퍼서 던져놨지요. 대소변은 갇힌 자리에서 아무렇게나 누게 하고 고문을 하고 볼일이 끝나면 헌병대에 넘겼습니다. 헌병에게 끌려간 이상, 반드시 '처분'됐을 거예요."

한밤중에 당직 의사가 한 방 한 방 들여다보면서 수인들의 건강을 살핀다. 뭔가 다르다.

어떨 때는 간호사가 부장한테 설교를 듣는다. 간호사는 분개하며 말한다.

"더 이상 참을 수 없어요. 전범을 돌보려고 간호사가 된 게 아니라고요. 저 오만한 태도를 봐요. 우리 부모 형제를 죽인 전범들인데, 왜 보살펴야 해요? 죽이면 될 것을."

부장은 시간을 들여 설득한다.

"확실히 저들은 전쟁범죄자다. 그렇지만 지금은 다시 태어나려고 노력하고 있어. 그것을 도와주는 것은 중요한 일이 아닐까?"

'아무래도 이상하다. 중국인은 진심으로 저러는 건지도 몰라. '일본인은 반드시 돌려보낸다'는 말 말이야.' 고지마를 비롯한 전범들의 마음이 전범관리소의 높은 담벽 안에서 조금씩 흔들리기 시작했다.

제5장

탄바이,
죄를 인정하다

푸순전범관리소에 수용된 일본인 병사들은 중국 쪽이 이렇게 돌봐주었기 때문인지, 시간이 가면서 점점 전쟁 전의 유행가를 큰 소리로 불러대고 간수에게 반항하며 소란을 피우는 것은 염치없는 짓이라고 생각하게 됐다.

쑨밍지 소장과 김원 부소장은 거듭 "모든 전쟁범죄를 자백하고, 침략자로서 자신이 지니고 있던 사상이 무엇이었던가 깊이 파고들어, 새로 태어나라"고 말했다. 이 메시지는 전범들에게 희망임과 동시에 수수께끼이기도 했다. '새로 태어남'이란 무엇인가? 그것은 '처벌하지 않겠다, 귀국시키겠다'고 약속하는 것과는 다르다.

또 자백할 수 있는 것과 결코 자백할 수 없는 것이 있다. 자백할 수 없는 범행들이 각자의 뇌리를 스쳐 지나갔다. 상관의 명령이었다는 변명만으로는 피해갈 수 없는, 자신이 원해서 저지른 범행도 떠오른다. 강간을 상관의 명령이라고 변명할 수는 없다. 처벌당하는 일은 매우 드물었지만, 일단 강간은 범죄로 취급되었다. 그 때문에 병사들은 강간한 후 여자를 죽여버렸다.

제59사단 제111대대 부사관이었던 아라이 마사요(新井正代)는 다음과 같은 범행을 기록으로 남겨놓았다.

나는 이틀 전 열여덟 살 정도의 중국 여자를 잡아다 놓았다. 나 자신을 위한 위안 상대로 삼았던 것인데, 언젠가는 어떤 식으로든 처치해야 한다는 것은 알고 있었다. 이대로 죽이는 건 재미없다. 떠오르는 생각이 있어서 그대로 실행했다. 나는 그 여자를 발가벗

겨 강간하고 부엌칼로 찔러 죽인 뒤, 재빨리 살을 썰어냈다. 그것
을 동물 고기처럼 보이게 쌓아 올려놓고, 지휘반을 통해 전원에게
배급했다. 병사들은 인간의 고기인 줄도 모르고 오랜만에 배급된
고기를 반가워하며, 소대별로 튀기기도 하고 굽기도 해서 먹었다.

『우리는 중국에서 무엇을 했나私たちは中国で何をしたか』 중에서

믿기 어려울 정도로 잔혹하다. 이런 범죄는 전우에게도 말할
수 없다. 하물며 승자인 중국인에게는 더욱 말할 수 없었다.

병사들뿐만 아니라, 상급직에 있던 자들에게도 국가의 책임,
상사의 책임, 부하의 책임이라고만 떠넘길 수 없는 살인이 있었
다. 만주국 경무총국 특무처 조사과장으로 만주에서 중국인 탄
압을 총괄했던 시마무라 사부로(島村三郎)는 중국인 수천 명을 납
치·고문하고, 수백이 넘는 사람들을 죽음으로 몰아넣었다. 그런
데도 그에게는 '남들에게 말할 수 없는 살인'이 아직 많이 남아
있었다.

그의 저서 『중국에서 돌아온 전범中国から帰った戦犯』에 따르
면, 그는 만주 북부 자오저우현의 부현장이었을 때, 말 도둑 한
명이 자신의 범행을 자랑하더라는 얘기를 듣고 '화가 치밀어' 이
미 법원(사법기관)에 송치된 사람까지 포함해 다섯 명의 말 도둑
의 목을 베어버렸다. 이들은 자신의 범행을 자랑했다는 말 도둑
과는 무관한 사람들이었다. 시마무라는 교토대 경제학부를 졸업
하고 만주국의 내무관료가 된 사람이었다. 그런 그가 자신의 업
무나 상부의 지시 때문이 아니라 그냥 자기 뜻대로 이미 송치된

자를 빼앗다시피 끌어내서 참수했다. 자신이 소속된 만주국 괴뢰정부의 법을 어기면서까지 격정에 못 이겨 처형한 것이다. 관료 신분인 그에게 이런 행위는 '남에게 말 못 할 살인'이었다. 이처럼 전범 각자에게는 자존심과의 거리에 따라 측량되는 잔학 행위가 있었다. 자존심과 먼 거리에 있는 살인은 상황에 따라서는 고백할 수 있지만, 자존심과 가까운 거리에 있는 살인은 '죽어도 말할 수 없는' 범죄였다. 그 멀고 가까움은 자존심의 질과 각각의 윤리관, 사회관에 따라 달랐다.

게다가 죄를 고백하라고 해서 바로 위와 같은 범죄를 구체적으로 기억해낸 것은 아니었다. 이런 기억들은 훗날 자신이 저지른 죄행을 모두 기억해내려고 애쓰는 과정에서 차례로 끌어올린 것들이었다. 그들이 중국에 온 뒤 저지른 행위는 뭉뚱그려져 하나의 덩어리를 이루고 있었다. 막연히 좋지 않은 기억의 덩어리 속에, '그것까지 자백하면 용서해 줄 리 없는 살인'이 포함돼 있었다. 그들은 그것이 드러날 것을 예견하고 공포에 떨었다.

고지마 전 중위도, 위관급 이하의 전범을 담당했던 오호연(嗚浩然) 지도원에게서 "진리는 반드시 이긴다. 침략전쟁의 죄행은 아무리 감추려 해도 언젠가는 드러날 것이다. 지금은 네가 시치미를 떼도, 스스로 죄를 고백할 날이 반드시 올 것이다"라는 말을 들었다.

돌아갈 수 있을지도 모른다. 돌아가고 싶다. 그러나 자신은 중대장이었으니, 부하가 무슨 말을 할지 모른다. 고지마는 '내가 죽였다고는 절대 말할 수 없다'고 결정하고, 일단 고백서 비슷한 것을 써서 내기로 했다. 몇 월 며칠, 몇 명을 이끌고 어디 어디로 가서 팔로군 몇 명과 전투를 했다. 적의 유기 사체 몇 명, 전과는 소총 몇 정, 기관총 몇 정. 우리 편의 손해는…… 하는 식으로 서너 편 써냈다. 마치 전투보고서 같았다.

서류를 내면 바로 오 지도원이 불렀다. 담화실에 들어가면,

"고지마, 너는 제국주의 사상에 물들어 있다."

그것으로 끝이었다. 다른 아무런 설명도 없이 반장을 불러 다시 방으로 돌려보냈다.

이렇게 되자 불안해서 참을 수가 없었다. 제국주의 사상에 물들어 있다고 했다. 그럼 못 돌아가나? 언제 교수형 당하는 것일까, 언제 총살당하는 것일까?

"당장이라도 당할 것만 같았어요. 밤이면 전혀 잘 수가 없었죠. 이틀, 사흘, 잠들지 못하는 밤이 계속되었습니다. 군대에서, 아무리 괴롭더라도 얻어터지면서도 대충 넘기고 버텨냈던 것은 돌아가고 싶은 마음 하나 때문이었습니다. 소련에서 5년간 견딘 것도 일본으로 돌아갈 희망이 있었기 때문입니다. 그런데 중국인들은 '탄바이를 잘 하는 자는 일본으로 돌려보낸다, 완강하게 저항하는 자는 처벌한다'고 말했어요. '이거 어떻게든 돌아갈 수 있게 해봐야지' 하고 마음을 고쳐먹고, 다시 쓰곤 했습니다."

보고서를 내면, 다시 바로 호출됐다.

"너는 제국주의 사상에 물들어 있다."

오 지도원의 답은 그것뿐이었다. 뭐가 제국주의 사상인가? 아무런 설명도 없었다. 고지마는 더욱더 움츠러들 뿐이었다.

관리소원의 갈등

한편, '사상 개조' 공작에 직접 나섰던 오호연은 어떤 마음이 었을까?

푸순관리소에서 일본인 전범을 담당했던 지도원 대부분은 일본어가 가능한 조선인이었다. 오호연 역시 지린성 둔화 출신의 조선인이었다. 소학교 시절 강제로 일본어를 배웠다. 일본군이 패한 1945년 말, 혁명군에 들어갔다. 사상 개조 책임자로서 자신이 하는 일의 의의는 이해하고 있었지만, 감정은 복잡했다. 그는 『각성』에 이렇게 썼다.

전범들의 이러저러한 잘못된 논리와 불타오르는 광기에 대해, 우리 공작원들은 누구나 몹시 화가 났다. 공작원 대부분은 일본이 침략해 세운 만주국에서 박해받았으며, 일본군의 학살을 직접 목격하기도 했다. 몇몇 동지들은 가족이나 친지가 살해당했다. 내 아버지와 삼촌은 일본 식민 통치로 감옥에서 심한 학대를 당하고 옥사했다.

간수인 왕싱(王興)은 더 지독한 경우를 당했다. 그의 집은 청더의 만리장성 쪽에 있었는데, 그곳은 항일 유격전을 펼치던 지역이었다. 일본군의 제1차 토벌 작전 때 그의 가족 여덟 명 중 일곱 명이 살해당하고 겨우 그만 피바다에서 살아남을 수 있었다. 왕싱은 큰아버지 집에서 자라난 뒤, 중국 인민해방군에 들어가 소대장이 되었다.

1950년 7월, 조직은 그를 푸순전범관리소의 공작원으로 전직시켰다. 그는 매우 기뻐했다. '여기서 공작하다 보면, 옛날의 그 잔학한 일본 침략자를 처벌할 수 있을 것이다. 국가와 가족의 원수를 갚을 수 있다.' 그는 관리소에 와서 일본 전범이 교육을 받지 않으려고 하는 모습을 보았다. 고집불통인 전범들이 관리교육을 하는 공작원에게 허세를 부리면서 모욕하거나 욕설을 하기도 했다. 그는 화가 나서 맘껏 때려주자고 생각했다. 그러나 당시 상급 기관은 수감 중인 전범을 '때리거나 욕하지 말라' '인격을 존중하라'고 엄중하게 지시했다. 왕싱은 일본군의 대토벌 때, 마을 전체가 불바다가 되고 온 가족이 칼에 찔려 죽어가던 광경을 떠올렸다. 아무리 해도 그 지시를 마음으로 받아들일 수는 없어, 침상에 엎드려 이불을 뒤집어쓰고 울며 괴로워했다.

오호연은 비록 왕싱 간수의 사례를 서술했지만, 그것은 간부의 위치에서 분노를 표출할 수 없는 자신의 마음을 드러낸 터일 것이다. 이불을 뒤집어쓰고 운 것은 오 지도원 자신이었을지도 모른다. 가족이 강간당하고 살해당하는 것을 숨어서 바라본 소년, 소녀는 왕싱 간수만이 아니었다. 그들 중에는 성장한 후 해방군에 들어가 푸순관리소에 배속되어, 그곳에서 잊을 수 없는 살인자와 맞닥뜨린 사람도 있었다.

사죄와 이기심

그러나 고지마에게는 돌봐주는 중국인 간수의 감정을 돌아볼
여유가 없었다. 뭐가 제국주의 사상이란 말인가. 점점 더 곤혹스
럽기만 했다. 그 사이에 관리소 측에서 지도한 결과, 일본인 수감
자들이 모두 모여 서로의 악행에 대해 토론하는 자리가 마련됐
다. 그 자리에서 고지마 중위는, 이미 자신이 저지른 잔학행위를
모두 자백한 하급 병사들로부터 비판을 받았다.

"전혀 사죄하고 있지 않다. 자신에게 괜찮은 것만 내놓고 있
다. 진실을 드러내놓고 사죄하려고 하질 않는다."

"중대장이지 않은가? 언제나 명령을 내리고, 고문하고 여자든
아이든 다 찔러 죽이게 했지 않나?"

고지마는 '자백하면 죽일 것'이라고 생각하며 버티려고 마음
속으로 안간힘을 쓰면서도, 동시에 '거의 모두가 탄바이했다. 나
만 고립되고 있는 것은 아닌가' 싶어 초조해졌다. 또, '시간이 흐
름에 따라 결국 거짓이 드러날 것이다. 어디서든 드러날 것이다'
라고 생각하게 됐다. 그는 일본을 점령했던 미군 병사가 저지
른 강간 사건이 몇 년 지나서야 드러난 일에서도 영향을 받았다.
'피해를 입은 여성은 자신을 강간한 미군 병사를 온 세상을 샅샅
이 뒤져서라도 찾아낸다. 나 또한 아무리 모르는 척하고 있어도
반드시 어디서부터든 조사를 당하게 될 것이다.' 고지마의 생각
은 이렇게 변해갔다.

이런 생각을 할 수 있게 된 것조차도 커다란 변화라 할 수 있

다. 중국인 희생자에 대해서는, '그때는 전쟁 상황이었기 때문에 어쩔 수 없었다'는 변명으로 자신을 방어하는 데에만 급급해서, 피해자의 처지가 되어 생각하는 것이 불가능했다. 그런데 처지가 바뀌어, 고국의 가족이 피점령국 국민이 되어서 미군 병사에게 강간당한 사건을 듣고는, 드디어 상처 입은 자의 원한이란 어떤 것인지 상상할 수 있게 되었다. 그러나 그것은 죄의식과는 거리가 멀었다.

"정말 잘못했다는 마음은 별로 없었습니다. 그것은 그 후의 제 행동이 증명하고 있습니다. 이왕 들킬 거라면 말하는 것이 낫다고 생각을 정리한 뒤, 처음으로 내가 탄바이한 사건은 제방 파괴입니다. 제방을 파괴한 것은 사람을 죽인 것과는 다르니까요. '피를 보지 않았다, 사람을 죽이지 않았다, 그러니까 큰 죄는 아니겠지' 싶었습니다. 또 다른 이유는, 제방 파괴를 명령하고 병사들을 지휘해서 실행한 것은 나지만, 주위에 다른 중대장도 있었고 장교도 있었기 때문에, 죄가 어느 정도 분산될 거라고 안이하게 생각해서입니다."

그가 회상하고 있듯, 여기서 우리가 보는 것은 죄와 벌의 거래다. 그는 무엇 때문에 제방을 파괴했는지에 대해서는 까맣게 잊고 있었다. 고지마 중대장은 탁류가 마을들을 얼마나 파괴할지 계산하고 파괴 장소를 결정했다. 제방 파괴로 하류에 사는 많은 노인과 아이들이 익사했으며, 철도는 끊어졌다. 집을 잃고 음식물도 구할 수 없는 가운데, 수많은 사람들이 굶어죽었다. 그 결과와 피해자의 원한을 상상해 보지도 않고, 자신이 저지른 수많은 악행 중에서 어느 카드를 뽑으면 '용서받는 전범'이 될 수 있을까만 고민했던 것이다.

이 고백 후, 늘 그랬듯이 바로 오 지도원이 그를 불렀다. 이번에는 진심으로 기쁜 듯이 악수를 청했다.

"고지마, 너는 진보했다."

'됐어, 칭찬을 들었어. 이제 나는 일본에 돌아갈 수 있을지도 몰라. 하나를 써서 칭찬을 들었으니까, 좀 더 써 주자.'

그래서 다음에는, 고문한 얘기와 칼로 찔러 죽인 일을 네 가지 정도 써서 냈다.

그러나 오 지도원은 기대와 다르게, "제국주의 사상에 지나지 않아" 하고 비판했다.

'하나를 써서 칭찬을 들었는데, 네 가지를 쓰고는 제국주의 사상으로 되돌아오고 말았다. 도대체 어찌 된 일이지? 나도 모르겠다. 잘돼 가는 것 같았는데, 이제 다시는 고국에 돌아갈 수 없게 된 것일까?'

다시금 고지마는 잠 못 이루며 수수께끼 풀이에 고심했다.

그럴 때 같은 방 동료가 토론에 가담했다. 고지마는 탄바이서를 펼치고 상황을 설명했다. 결론은 "'하나를 써서 칭찬을 들었으니까, 네 가지를 쓰면 더 많이 칭찬받을 것이다, 잘 보여서 확실히 일본으로 돌아갈 수 있도록 하자' 당신은 이걸 노렸다. 이기주의적인 사상이다. 자신이 저지른 일에 대한 사죄의 정신은 그 어디에도 들어있지 않다"였다. 서른 전후의 남성들이 이렇게 더듬어가며 차례로 중국 쪽이 요구하는 사상 개조를 이뤄나갔다.

이런 일도 있었다. 1954년 10월, 중국으로 이송된 지도 5년이 지났다. 중국적십자회 방일단이 일본인 전범 명단을 공표했다. 이듬해 봄, 푸순관리소로 전범 가족들의 편지가 왔다. 고지마도 편지를 받고 답장을 써 보냈다.

그러자 오 지도원이 불렀다.

"고지마, 네가 쓴 편지는 내가 이해하는 바로는 오랫동안 헤어져 있던 사람이 쓰는 편지가 아니다."

고지마는 무슨 소린지 이해할 수 없었다. 그는, '나는 중국에 억류되어, 따뜻한 방에서 따뜻한 옷을 입고 쌀밥을 먹고, 무엇 하나 어려움 없는 생활을 보내고 있다'고 썼다. 개인이 지닌 감정을 일일이 표현하는 것은 제국 군인이 할 바가 아니었다. 또 포로가 된 상태, 혹시 전범관리소 측의 뜻을 거스를 수도 있는 내용을 쓸 수는 없는 것 아니겠는가.

오 지도원은 계속해서 말했다.

"오랫동안 못 만난 일본인은, 편지 서두에 '하루라도 빨리 만나고 싶다', 이렇게 쓰는 것이 습관 아닌가? 네 편지는 중국을 칭찬하는 것으로 시종일관하고 있으니, 관리소 쪽에 잘 보이려는 것에 지나지 않는다."

이때 고지마는 심경에 변화를 일으켰다. '더 이상 저항해봤자 소용없겠다.' 중국 쪽이 요구하는 바가 무엇인지는 정확히 알 수 없었지만, 자신을 있는 그대로 드러내는 것인지도 모르겠다는 생각이 들었다.

고지마는 방으로 돌아가, 이번에는 기억나는 모든 악행을 종이에 쓰기 시작했다. 자신이 직접 범한 일은 비교적 기억해내기 쉬웠다. 기억해내려고 의도하지 않아도 마음의 통증과 함께 이미지로 떠오르니까. 반면에 부하에게 명령한 것은 상대의 고통에 공감하고 죄의식에 의해 상기하는 것이 아니었기에 기억해내기가 어려웠다. 자신을 드러내려고 결심했다고는 하지만, 어디까지나 선악의 기준은 타인의 것에 맞춰져 있었다. 즉, 고지마 나름대로 전범관리소 직원이 생각하는 기준은 이럴 거라고 추측하고 거기에 맞춘 것이었다.

갱지를 밥알로 이어 여러 장 붙여가며 중국인을 때린 행위까지 세세히 적어나갔다. 그러나 다 기억해낼 수는 없었다. 부하에게 명령을 내린 일은 분명하지 않았다. 그래도 백 가지가 넘었다. 그중 고백할 가치가 있다고 생각되는 것을 모두 정리해서 오 지도원에게 제출했다.

이렇게 해서 1955년 봄, 다른 병사들보다 늦게, 드디어 고지마 중대장의 '인죄(認罪, 죄를 인정함)'가 성립했다. 고지마가 모든 것을 다 고백한 뒤, 오 지도원은 각 마을에서 올라온 고소장을 한 장 한 장 읽어줬다. 한 장에 한 건씩 적힌 고소장이 두꺼운 한 권의 책으로 묶여 있었다.

예를 들어 산둥성 린칭(臨清)에서 벌인 제방 파괴에 대해서는, 17개 마을에서 고소장이 올라와 있었다. '고지마 중위가 몇 월 며칠 웨이허(衛河)의 제방을 파괴했다. 탁류에 휩쓸려 아무개와 아무개의 아이들이 익사했다'는 내용에 고소한 사람들의 성명이 나란히 적혀 있었고, 마지막 부분에서는 엄중한 처벌을 요구했다. 흙탕물이 톈진 쪽으로 범람하여, 수천 명이 죽고 무인 지대가 되었다. 철도가 파괴되고 곡물은 못 쓰게 되었다. 굶어 죽은 사람, 병에 걸려 죽은 사람도 많았을 것이다. 고소장은 피해의 단편을 전해주는 데 지나지 않았다.

고소장 중에는, 처참한 사진을 첨부한 것도 적지 않았다.

'고지마 부대의 누구누구가 강간 폭행하여, 나는 결혼할 수 없는 몸이 되었다'고 적힌 조서 역시 엄벌을 요구하는 것으로 끝맺고 있었다.

중국 쪽은 독자적으로 조사한 내용과 전범이 자백한 것이 일치하면 죄를 인정한 것으로 판정했다. 그들은 자백을 유도하는 일도 없었고, 자백에 기초해 조사하지도 않았다. 자체 조사와 자백이 접근했을 때, 죄를 자각한 것으로 인정했던 것이다.

"전쟁이 어떤 것인지 이해하시오. 그것만으로도 좋소."

"전쟁이란 이렇게 잔혹한 것입니다. 당신이 한 행위는 중국 인민에게 커다란 재난과 그 뒤에 남는 고통을 주었습니다. 그것을 알기 바랍니다."

중국 측은 일관되게 지속해서 그렇게 말했다. 그뿐, 고소의 내용을 듣고 어떻게 생각하는지, 고지마 내면의 감정까지 묻는 일은 없었다. 어디까지나 가해와 피해의 사실에 대한 인식을 요구했을 뿐이었다.

죄를 되짚어 체험하다

중국으로 이송된 지 5년이 지난 1955년, 피수용자의 인죄는 대부분 끝났다. 새해를 맞아 전범들은 합창이나 연주 같은 문화 활동의 하나로 '전쟁과 평화'라는 연극을 공연했다. 이즈음에는 방을 잠그는 일도 없었다. 사람들은 자유로이 왕래하며 창작 연극을 만들었다. 각본 쓰기에서 시작해, 무대 장치, 대도구와 소도구, 분장, 조명 작업 등을 진행하고, 감독, 배우, 작곡과 연주를 나눠서 맡는 등 참가자들의 특기를 모아, '일본군의 고문과 강간'이나 버라이어티 형식의 '전쟁과 평화'를 상연했다. 예를 들면 고문을 주제로 한 연극은 다음과 같았다.[32]

작전 중 일본군이 덮친 어느 중국인 농가의 방. 봉당(封堂, 마루를 깔지 않은 흙바닥으로 된 방)에 나무로 된 상과 의자가 있다. 한쪽 구석에 취사용 부뚜막이 있다. 누구나 한두 번은 보았음 직한 전형적인 중국의 작은 농가의 모습이다.

농부와 그의 아내가 있다. 연극은 일본 군조(軍曹, 일제강점기 일본군 계급의 하나로 지금의 중사에 해당)가 부하에게 농부를 묶게 한 뒤, 심문하는 데서 시작한다.

"중국군 병사가 이 마을에 도망쳐 들어온 게 틀림없다. 어디 있냐? 말해! 말 안 할 건가?"

---

32. 『우리는 중국에서 무엇을 했나』 중 사와다 지로의 기고.

발로 차고 각목으로 때리자, 머리가 깨져 피가 치솟았다.

"저는 모릅니다."

"너도 한패지? 숨겨줬지?"

"저는 모릅니다. 저는 이 마을에서 농사를 지을 뿐이에요."

"거짓말!"

칼을 뽑아 넓적다리를 찌르자, 농부의 아내가 비명을 지르며 산발한 채로 군조에게 달라붙는다.

"아악, 이 사람은 정말 아무것도 모릅니다. 거짓말이 아니에요."

군조는 각목으로 그녀를 흠씬 두드려 패서 쓰러뜨린다. 농부에 대한 고문이 시작된다. 아궁이에 넣어서 새빨갛게 이글거리는 쇠꼬챙이를 얼굴에 가까이 대고 위협하다가, 농부의 뺨에 갖다 댄다.

농부의 아내가 꺄악 비명을 지르며 펄쩍 뛰어 일어나, 다시 군조에게 매달리다가 발에 차여 쓰러진다.

군조는 조금씩 상황을 감지하기 시작한다. 여기까지 했는데도 말을 안 하는 것을 볼 때, 정말로 모르는 것이다. 하지만 이 상태로 놓아주면 적이 되어버린다. '죽여야지' 하고 결심한다.

농부의 아내도 군조의 살의를 알아차리고, 지금까지의 읍소하던 비탄 어린 표정이 확 바뀌어, 증오를 드러내며 소리를 질러 댄다.

마지막에 남편이 칼에 찔리자,

"이 살인마, 일본 놈아!"

라고 크게 외치다 졸도한다.

농부를 연기한 것은 이전에 관리였던 남자다. 아내 역은 전 육군 대위다. 군조 역은 잘 모르는 사람이었다. 그는 아마도 군대에서 잔뼈가 굵은 부사관일 것이다. 마치 실제 상황인 것처럼 연기하고 있었다.

제1장 '고문'에 이어서 제2장 쓰러진 농부의 아내를 '강간'하는 장면이 계속됐다.

이 창작활동은 어디까지나 피수용자들의 뜻으로 시작됐다. 관리소 쪽의 제안은 아니었다고 한다. 합창반을 지도한 사와다 지로(澤田二郎, 제39사단 제231연대 장교)는, '인죄 운동의 여운이 아직도 귓전에 남아 있다. 이 이상할 정도의 정신적 긴장, 그 속에서 나의 사상이 완전히 변했던 경험이 생생하게 남아 있어, 다른 주제로 문화 활동을 할 마음이 일지 않았다'고 당시의 기분을 전하고 있다.

그들은 뜻밖에 사회극(sociodrama)을 연출하고 있었다. 모레노(J. L. Moreno)는 즉흥극에 의한 집단정신요법을 심리극(psychodrama)으로 발전시켰다. 그는 심리극을, "드라마를 통해 인간 존재의 진실과 주변 환경의 현실을 탐구하는 과학"이라 생각하고, 주로 신경증 치료에 적용하여 체계화했다. 심리극 가운데 사회문제를 과제로 삼는 즉흥극이 사회극이다.

전범들은 그들에게 가장 중요한 과거를 반복하고 있었다. 단, 그것은 즉흥극이 아니라 다수가 준비한 본격적인 연극이었다.

그들은 중국 농가 세트를 만들고, 농가 여성의 가발을 만드는 과정에서, 중국에 파견된 지 얼마 되지 않았던 20대 시절의 자신들로 되돌아갔을 것이다. 돌이킬 수 없는 과거의 출발점으로 돌아가, 지울 수 없는 부도덕한 행위를 재연함으로써, 다른 가능성을 지니고 있던 자신을 되찾으려 했다.

다른 가능성이란, 고문당해 죽어가는 인간의 고통을 느끼는 자신이다. 중국에 파병되어 농민들을 집단으로 찔러 죽이면서 이들은 인간에서 살인마로 변했다. 중국인을 모멸하고 목을 쳐서 죽이고 혹은 참살함으로써 그들의 혼을 없애려 했다. 그러나 그런 행위를 통해 정작 자신들이 '일본 놈 살인마'로 변해갔다.

살해당하는 농부를 연기한 만주국 관리, 눈앞에서 남편이 죽은 뒤 그 시체 옆에서 강간당하고 역시 죽임을 당하는 아내를 연기한 대위. 둘 다 가해자에서 피해자로 처지를 바꾸어, 인간의 분노와 공포와 슬픔을 되짚어 체험하고 있었다. 두 사람 다, 죽임을 당하는 배역을 하면서 느끼게 된 감정으로 말미암아 가슴이 고통으로 터질 듯했을 것이다. 그러나 마치 바로 지금 겪고 있는 듯 생생하게 재현되는 고통은 '내가 이런 고통을 느낄 수 있게 변했구나' 하는, 다시 태어나는 느낌을 동반한 것이었으리라. 그들은 연기를 통해 살인마에서 인간으로 돌아왔다.

연극을 관람하는 전범들 또한 연극의 구성원이었다. 관객임과 동시에 배우였다. 그들은 '실제 상황처럼 연기하는' 군조를 보며 자신의 과거를 보는 듯했을 것이다. 다른 한편으로는 희생자의 원한에 압도당해, 절규하는 농부 역을 하고 있는 만주국 관리와 아내 역을 하고 있는 대위를 자신과 동일시했을 것이다. '저 둘은 현재의 나 자신이다.' 과거와 현재의 자신을 단절시키지 않고 하나의 연속성을 지닌 자기 자신으로 돌아가게 하는 드라마가 관객의 마음속에서 연출되었다.

이 극의 구성원에는 또 하나의 무리가 있었음을 잊어서는 안된다. 전범관리소에 근무하는 중국인들을 빼놓고선 이 극은 성립되지 않는다. 그들은 극악무도한 일본인들이 희생자의 비통한 마음에 온전하게 공감하는 것을 바라보면서, '이들을 용서해도 좋지 않을까?' 하는 심정에 다가가고 있지는 않았을까?

사와다 지로는 그동안의 사정을,『우리는 중국에서 무엇을 했나』에서 다음과 같이 썼다.

한편 관리소 지도원, 반장 등이 일본인이 그런 식으로 변한 것을 자신들의 일인 양 기뻐하는 것을 잘 알 수 있었다. 뭔가 부탁이라도 할라치면 그들은 바로 응해주었다. '여러분의 활동을 도와주고 싶다'는 성의가 잘 드러났다.

그 인죄 운동 때, 우리는 모두 "피해자인 중국 인민에게 사죄합니다"라고 말했는데, 그러고서야 겨우 바로 내 곁에 피해자의 가족이 있다는 걸 깨닫게 되었다. 관리소의 지도원, 반장, 의사, 간호사, 취사 담당 등이었다. 그들 가운데 가족이나 친척 누군가가 죽임을 당하고, 재산을 빼앗기고, 집이 불타고, 모욕당하며 얻어맞고, 강간당하는 등의 피해 가운데 한 가지라도 당하지 않은 사람은 없지 않았을까? 그런 사람들이 지난 4~5년간 일본인 전

172

범인 우리를 돌봐주면서도 한 번도 난폭한 말을 내뱉거나 때린 적이 없었다.

이와 같이 무대를 둘러싼 관객들은 그들 뒤에 서 있는 제2의 관객이 바로 극 안의 희생자였음을 깨닫고, 다시 한번 놀랐다.
  연기하는 사람과 관람하는 사람, 그리고 제2의 관객. 이 세 집단이 극을 통해 대화함으로써 그 자리는 죄를 자각하고 용서하는 자리가 되었다. 그 뒤로도 나는 고지마 외에도 몇몇 전범 귀환자에게서 이와 같은 창작극 얘기를 들었다. 전후 일본인은 결코 이와 같은 연극을 실현하려 하지 않았다. 우리는 제2의 관객을 발견하지 못했다.

관대 처리

  죄를 고백한 뒤, 고지마와 다른 전범들은 빨리 각자에게 걸맞은 형을 선고받고 용서받기를 바랐다. 마음은 온통 일본으로 돌아갈 날에 대한 기대로 가득 찼다. 중국 농민에 대한 학살 작전을 입안한 장관급 또는 좌관급 전범은 중형에 처해질 것이라는 불안에 떨었지만, 고지마처럼 위관 이하의 전범은 '인간으로 다시 태어났다'는 해방감에 들떠 있었다.
  1956년 2월의 선양, 푸순 시찰 여행, 4월에 시행된 북, 중앙, 남중국 연수 여행에 고지마도 참가했다. 중화인민공화국 최고인민검찰원 특별군사법정에서의 재판은 6월 9일부터 8월 21일에 걸쳐 열렸다. 45명이 기소되었다. 나머지 1,017명에 대해서는 몇 조로 나뉘어 법정 출두 명령이 내려졌으며, 그 자리에서 기소 면제, 당일 석방이 선고됐다.

고지마는 마지막 날인 8월 21일에 법정에 불려 나갔다. 354명의 일본인 전범을 호명한 뒤, 검찰원은 다음과 같이 말했다.

"조사 결과, 이들 전쟁범죄자는 일본이 우리나라를 침략한 전쟁 기간에 국제법 준칙과 인도의 원칙을 공공연히 짓밟고, 우리 인민에게 정도의 차이는 있을지언정 여러 범죄행위를 저질렀다.

그들은 그 범죄행위로 보아 마땅히 재판에 부쳐져 상응하는 처벌을 받아야 한다.

그러나, 일본이 항복한 뒤 10년간의 정세와 현재 놓인 상태를 고려하고, 수년에 걸친 중일 양국 인민의 우호 관계 발전을 고려하여, 또 이들 범죄자는 범한 죄가 중대하지 않거나 혹은 죄를 뉘우치는 마음이 비교적 뚜렷한 자들임을 고려하여, 전국인민대표대회 상무위원회의 「현재 구류 중인 일본 전쟁범죄자 처리에 관한 결정」의 규정에 따라 관대히 처리, 기소를 면하고 즉시 석방할 것을 결정하는 바이다."

전국인민대표대회 상무위원회의 결정에서는 검찰관이 논한 것과 같은 취지를 명기하고 나서, 다음과 같이 서술하고 있다.

지금 구류 중인 일본 전쟁범죄자에 대한 처리 원칙과 이에 관한 사항은, 다음과 같이 정한다.

1. 주요하지 않은 일본 전쟁범죄자, 혹은 뉘우치는 마음이 뚜렷한 일본 전쟁범죄자에 대해 관대히 처리하고 기소를 면제할 수 있다.

2. 일본 전쟁범죄자에 대한 재판은 최고인민법원이 특별군사법정을 조직해서 연다.

3. 특별군사법정에서 이용하는 언어와 문서는 피고인이 이해할 수 있는 언어, 문자로 번역해야 한다.

4. 피고인은 스스로 변호하거나, 중화인민공화국의 사법기관에 등록한 변호사에게 의뢰하여 변호를 받을 수 있다. 특별군사법정은 또한 필요하다고 인정될 경우, 변호인을 지정하여 피고인의 변호에 임하도록 할 수 있다.

5. 특별군사법정의 판결은 최종 판결이다.

6. 수형 기간 중 태도가 양호한 경우는, 형기 만료 전에 석방할 수 있다.

돌아갈 수 있다는 마음

고지마가 속한 조는 기소 면제를 선고받은 마지막 조였다. 6월 21일 첫 번째로 기소 면제되어 당일 석방된 조 이후 세 번째였다. 이들은 첫 번째 조와는 달리 무슨 말인지 못 알아들어 한동안 멍하니 서 있을 필요는 없었다. 결정을 듣는 순간, 그저 '돌아갈 수 있다'는 환희가 가득 차 올라왔다. 지금까지의 죄의 자각도, 어떤 형벌이든 달게 받겠다던 반성도 한순간에 날아가 버렸다.

기소 면제의 이유는, 첫째, 중일 양국 인민의 우호 관계가 발전했고 전쟁은 멀어졌다고 하는 국제정세의 변화, 둘째, 모든 전범이 자신이 저지른 범죄에 대해서 어느 정도 반성하고 있다는 점, 셋째, 명령에 따라 행동한 것이라는 점 등이었다.

이 상무위원회의 결정, 그리고 법정에서의 기소 면제 결정문은 전범을 향한 것임과 동시에 중국 정부가 중국 인민에게 포고 혹은 해명하는 것이기도 했다. 아직 일본군의 악행으로 인한 후유증에 시달리고 있는 인민이 많았다. 일본인 전범들을 극형으로 다스려 달라는 요구도 끊이지 않았다. 역사적으로 보자면 당시 중국 정부는 건국기의 사회적 모순에서 국민의 시선을 돌리게 하고 국민 통합을 드높이기 위해 극형을 선택할 수도 있었다. 더구나 일본과의 국교는 회복되지 않았고, 아직 법적으로 전쟁 상태가 종결된 것도 아니었다. 이와 같은 상황 속에서 중국 정부는 굳이 일본과의 우호 진전을 외치며, "그들은 반성하고 있으니 용서하라"고 중국인들을 설득했다. 물론 그 설득에는 일본을 향한 손짓이 포함돼 있었다고 여겨진다.

그러나 전범들에게 이렇게 결정된 이유를 생각할 만한 침착함은 전혀 없었다.

"이제 돌아간다는 마음 하나였습니다. 불기소 이유에 대해서는 전혀 생각하지 않았습니다. 그 당시에는 그럴 수밖에 없었죠. 그러니 정말로 내가 나빴다는 생각으로 사죄하고 돌아온 게 아

니었어요. 정말 잘못했다고 생각했다면, 이렇게 쉽게 돌아오지
는 않았을 겁니다. 그 후의 행동이 그걸 증명하죠.

그날 밤 야간열차로 톈진을 향해 떠났습니다. 기차 안에서
잠을 이룰 수가 없었어요. 톈진에 도착한 첫날, 둘째 날, 셋째
날…… 일주일 정도 있었는데 여전히 밤이면 잠들지 못했죠. 일
본에 돌아갈 수 있다는 생각에 흥분해서요. 그 정도로 내 마음은
온통 일본에 돌아간다는 생각뿐이었습니다. 나는 정말이지 '감
쪽같이 속았다' 하는 기분이었어요. 평생 죄를 짊어지고 살아야
한다는 둥, 그럴듯한 소릴 해댔지만, 귀국했을 때의 내 모습은 중
국 쪽이 말하는 제국주의 사상 그 자체가 아니었을까요?"

재판이 끝나자 이들은 자유의 몸이 되었고, 일단 푸순전범관
리소로 돌아갔다. 지도원, 간수, 의사, 간호사, 취사 담당 등 모
든 직원이 악수로 맞아주었고, 뜰에서 송별회도 열어주었다. 그
후 소련에서 이송될 때 가지고 있던 개인 물품이 정중하게 각자
에게 되돌려졌고, 새 옷이랑 일용품, 용돈으로 중국 화폐 50원
(元)이 나왔다. 당시 중국 노동자의 평균 수입은 한 달에 40원이
었다.

이렇게 해서 일본 선박 고안마루(興安丸)를 타고 17년 만에 귀
국한 고지마가 자신의 죄의식을 되돌리는 데는 다시 몇 년이 걸
렸다. 그전에 우선, 그는 살기 위해 싸워야만 했다.

사회주의 국가에 억류되었다 돌아온 그들을 기다리고 있었던
것은 '세뇌당한 사람' '빨갱이'라는 낙인이었다. 취직이 안 되고,
공안 경찰의 정기적인 방문을 받아야 했다. 그를 받아주겠다고

적극적으로 나서는 곳은 증원을 서두르고 있던 자위대뿐이었다. 대학 시절의 교수님과 선배가 애를 써줬지만, '중국 귀환자'라는 이유로 아무 데서도 일을 시켜주지 않았다. 다른 한편으론, 자위대에서 제국 군인이 그대로 살아 돌아왔다는 이유로 입대할 것을 권했다. 고지마는 이런 일본의 현실을 마주하고, '과연 중국에서 말한 것이 틀림없구나' 하고 생각했다.

부모님이 건재하셔서 쌀 도매상을 하고 있었으므로 1년간 신세를 졌다. 그리고는 어렵사리 이토추 관련 회사에 들어가 소련 대상 무역 업무를 맡았다. 전범관리소에서 배운 사상과 일본의 현실을 곰곰이 생각하는 나날이 한동안 계속됐다. 고지마가 개인으로서 전쟁범죄와 맞서게 된 것은 한참 뒤의 일이다.

제6장

슬퍼하는 마음

전할 수 없는 답답함

귀국 1년 만에 겨우 소련 무역과 관련된 직업을 얻은 고지마는 이후 25년간 소련을 드나들었다. 처음에는 목재, 나중에는 화학품을 담당하면서 한 해에 예닐곱 번은 소련에 갔다. 나홋카에 2년, 모스크바에 1년, 나중에 다시 2년 거주하는 등 소련에서의 생활은 총 10년에 이른다.

고지마 등이 중국에 억류되었던 동안, 그렇게 단결을 자랑하던 중국과 소련은 혁명노선을 두고 격렬하게 대립하는 사이가 되었다. 1956년 흐루쇼프가 스탈린을 비판하면서 시작된 '중소논쟁'이 60년대에는 중국과 소련의 국가적 대립으로 진행되어, 70년대에는 양국 사이가 냉각되었다. 그러나 고지마는 중소 논쟁과 민중의 우호는 별개라고 생각했다. 그래서 소련 무역 담당자에게 "나는 중국에서 이런 경험을 했다"고 숨김없이 얘기했다. 그것은 중국에 대해 은혜를 갚는 행위였다. 상대방은 업무상의 상담은 건성으로 들으면서도 그의 중국 얘기는 열심히 들었다.

물론 일본인에게도 중국에서 겪은 체험을 얘기했다. 하지만 대다수의 젊은 일본인들은 "이제 와서 무슨 말을 하는 거냐?"는 식으로 반응했다.

"전쟁이었으니까 어쩔 도리 없었을 것 아니냐? 열강에 의한 식민지 정책은 전에도 있었고, 식민지 쟁탈 전쟁도 그렇다. 왜 일본이 태평양전쟁을 일으킨 것만 새삼스럽게 문제 삼는 것이냐? 소련도 중국도 마찬가지로 지독한 짓들을 하지 않았느냐?"

고지마는 마음이 전달되지 않아 답답했다. 중국에서 철수할 때 그 비참함이 이루 말할 수 없었다는 말을 들은 사람은 많아도, 전쟁을 직접 체험하지 않은 이상 그 느낌을 이해할 수는 없었던 것이다.

이 답답함은 중국인 유족의 고통에 조금이라도 귀를 기울인 경험이 있었기에 생겨난 것이었다. 그것은 전쟁의 잔혹상을 충분히 전달할 수 없다는 데서 비롯되었다. 자신들의 고통을 일본인 전범들이 진심으로 이해하는 것은 불가능하다고 느끼던 중국인들의 깊은 비애를 보았기에 생겨난 것이다. 고지마의 답답함은 부분적으로 중국인들이 느낀 답답함과 통한다.

'차마 입 밖에 내어 말하기 힘든 잔혹한 행위를 말한다 한들 이런 내 심정을 이해해주지 않을 것이다. 중국인이 당한 그 고통을 일본인들에게 이해시키려면 어떻게 하면 좋을까?'

그는 그렇게 자문자답해보았다. 이는 중국에서 돌아온 전범 대부분이 안고 있던 문제였다. 고지마는 자신이 죄를 인정해가던 과정을 되돌아보았다. 죄의식을 가장 강하게 느꼈던 것은 희생자의 유족을 만났을 때였다. 그런데 오늘날의 일본인은 아직도 전쟁의 피해에서 벗어나지 못하고 사는 중국인들이 있다는 사실을 잊고 있다.

"피해자를 만나 그 사람들의 목소리를 들어야 합니다. 그렇게 하면 우리가 상상하던 이상을 알 수 있을 것입니다. 예를 들어, 그 전쟁에서 일본인도 300만 명이 죽었다고 합니다. 하지만 일본인 유족 대부분은 자신의 가족이 어디서 죽었는지, 어째서 죽었는지 등에 대한 사실은 대략 알고 있을 겁니다. 행방불명된 사람은 비교적 적습니다. 그런데 중국에는 몇 백만이나 되는 사람들이 행방불명된 가족을 찾지 못하고 있습니다. 이 비참한 상황을 이해하지 못하는 것 같아요."

여기서 강조하고 있듯, 고지마는 자신이 중국인 유족의 슬픔을 생각하면서 스스로의 죄를 깊이 자각해 들어갔다고 생각하고 있다. 그러나 그것은 고지마의 의식적인 해석이다. 과연 그럴까?

죄의식을 파고들다

나는 고지마의 전쟁 체험을 들으면서 줄곧 '설명적'이라고 느꼈다. 이러저러한 이유를 대고 "그러니까 나는 심한 짓을 했다"고 말한다. 그러나 죄책감이란 좀 더 직접적으로 체험을 상기하는 것이다. 지금은 생각하고 싶지 않더라도, 불쑥불쑥 일상의 의식에 침입해오는 느낌이다. 만약 그렇지 않다면 그는 전 중대장으로서 자신의 행위를 재해석할 수는 있었겠지만, 한 사람의 인간으로서 진실로 상처 입은 것은 아니게 된다. 그에게조차 상처가 되지 않았다면, 다른 장병에게 전쟁에서의 죄책감을 요구하는 것은 거의 절망적인 일일 것이다.

나는 분석을 심화하기 위해 고지마에게 계속 질문을 던졌다. 자신이 저지른 잔학 행위를 타인에게 전하는 것이 얼마나 괴로운 일인지가 그와의 대화를 통해 드러났다.

예를 들어 이런 일이 있었다. NHK 방송국에서 취재에 응해달라는 요청이 있었다.

"일본군은 중국 농민을 붙잡아서 칼로 찔러 죽이는 방식으로 초년병을 교육했습니다. 그 훈련에서 중국인을 찔러 죽인 사람을 만나봤습니다. 그것을 직접 명령한 분대장도 드러났습니다. 지금 그 훈련을 조직한 중대장을 찾고 있습니다. 고지마 씨는 중대장이셨는데 그와 같은 경험이 있으신 것 같으니, 취재에 응해주지 않으시겠습니까?"

취재 당일 전쟁을 모르는 젊은 세대가 고지마의 집을 방문했다. 여기자는 "그런 경우 어째서 거절할 수 없었습니까? 거절하면 어떻게 되었습니까?" 하고 시시콜콜 질문했다. 고지마가 하나하나 대답하면서 설명하는 데 세 시간이 걸렸다. 그들이 돌아간 뒤, 고지마는 (사람을 찔러 죽이던) 과거의 총검 훈련이 선명하게 되살아나 머리에서 떠나지 않았다고 한다.

"신병들의 배짱을 키우려는 목적으로 실시한 이 훈련은, 소총대 장총 끝에 55cm 길이의 칼을 꽂아서 합니다. 그런데 우리가 가진 건 기관총대라서 장총이 없었어요. 55cm의 칼뿐이었습니다. 이 칼을 들고 갑자기 찌르는 겁니다. 찌르면 칼날이 손잡이까지 푹 들어갔습니다. 첫 번째는 괜찮습니다. 두 번째 병사도 찌릅니다. 세 번째 정도가 되면 피가 손에 묻어 피투성이가 됩니다. 그 상황이 잠자리에서도 떠오릅니다. 잠을 잘 수가 없어요."

그는 푸순전범관리소에서 경험한 인죄 과정에서 깨달은 대로, 가능한 한 중국에서 있었던 사실을 전하고자 해왔다. 그러나 말을 하고 나면 반드시 평화로운 일상에서 비정상적인 과거의 전쟁터로 되돌아간다. 기억 속의 감각은 말로 상기하는 것보다 조금 늦게 솟아오른다. 그런데 집에는 피의 기억과는 너무나 먼 가족이 있다.

이런 얘기를 듣고도, 나는 고지마의 죄의식을 파고드는 질문을 그치지 않았다.

"당신은 지금 피 묻은 손을 떠올리는 겁니까? 아니면 살해당하는 중국인의 얼굴을 떠올리는 겁니까?"

"피입니다."

"손 쪽입니까? 상대에 대해서는 생각하지 않나요? 자신에 대해서밖에 생각하지 않나요?"

"병사의 손에 피가 묻게 돼요. 내가 생각한 것은, 우리가 돌아간 뒤에 저 걸레가 된 시체를 가족이 찾아내어 가져가겠구나, 하는 거죠. 그럴 때 그들의 슬픔이 어떠했을까를 생각하면, 잠을 이룰 수가 없어요. 가족은 울며불며 만신창이가 된 가슴을 보고 미쳐버리지는 않았을까……."

여기서도 고지마는 남겨진 가족의 감정이라는 회로를 거쳐 행위의 잔인함을 얘기하고 있다. 먼저, 살해당하는 자의 원통함, 인간이 이 정도로 비이성적일 수 있다는 데 대한 절망을 느끼고, 그다음에 유족의 비통함을 상상하고 있는 것이 아니다. 나는 다시 물어보았다.

"지금 말씀하시는 걸 듣고 있으면 살해당한 사람이 추상화되어 버려서 얼굴을 느낄 수가 없어요. 살해당하는 사람의 얼굴은 기억이 안 나나요?"

"얼굴은 생각나지 않는군요. 그냥 찌른 부분만⋯⋯."

"그렇다면, 역시 물체로밖에 인식하지 않은 거네요."

고지마는 입을 다물었다.

이때 우리의 대화는 이미 세 시간 넘어 계속되고 있었다.

내 질문은 가혹했다고 본다. 거기에는 고지마를 방문한 젊은 기자가 "어떻게 죽였지요?"라고 세세한 부분까지 묻고, "왜 명령했지요?"라며 비판하는 것과는 또 다른 가혹함이 있었다. 가혹하다는 것을 알면서도 나는 계속 물었다.

1993년 10월, 나는 그날의 고지마의 표정을 확실하게 기억하고 있다. 이미 저녁노을이 지고 있었는데, 전등은 켜지 않았다. 고지마는 불을 켜는 것을 잊고 있었다.

등이 꼿꼿한 전직 군인은 눈을 크게 뜨고 나를 가만히 바라보았다.

나는 숨이 막혔다. 70대 후반의 노인, 16년이나 전쟁의 노리개가 되었고 그 후로 침략전쟁의 진실을 얘기해 온 사람에게, 나는 너무 심한 분석의 잣대를 들이대고 있었다. 가혹한 비판은 전쟁범죄를 부인하는 대다수의 사람들에게 향해야 하지, 소수의 성의 있는 사람들에게 할 것이 아니다. 그렇게 생각하면서도, 나는 고지마가 "정말로 나쁜 짓을 했다는 생각을 하며 일본으로 돌아온 것이 아니에요. 그것은 귀국한 뒤, 서서히 알게 됐지요⋯⋯"라고 말한, 훗날 그의 인생을 뒤흔든 '서서히 알게 되었다는' 감정을 알고 싶었다. 죄의식을 일깨우는 감정, 그것이 고지마에게 있었는지 아닌지, 지금은 그것조차 알 수 없다. 그래서 나는 요구했다.

고지마는 낮은 목소리로 말하기 시작했다.

"글쎄요……. 그것은 말하고 싶지 않아서, 가족에게도 말한 적이 없어요."

"내가 장교가 되고 얼마 지나지 않아서, 국민당 군대와 교전을 한 적이 있답니다. 일본군이 행동을 시작하면, 국민당 군대는 두 시간 이내에 군복을 벗고 편한 옷으로 갈아입어요. 여기서 편한 옷이란 보통 옷을 말합니다. 그러니까 군인인지 농민인지 모르지요. 그래서 작전지역에 들어가면 남자는 모두 죽이라는 명령이 내려옵니다.

그 때문에 새벽에 전개 대열로 전진하면서 마을을 통과할 때, 밭에 나가는 농민을 발견하면 병사가 달려가 찔러 죽입니다. 멀리서 밭일을 하는 자를 봐도 총으로 쏘지요.

그런데 그날은 농민을 죽이다 적의 병력이 우세해서 그만 포위되고 말았습니다. 비행기와 대포의 지원으로 저녁이 다 되어서야 겨우 철수할 수 있었죠. 후방 마을에 집결해서 보니, 중대장이 전사했고, 그 외에도 열 몇 명이 전사한 거예요. 부상자도 있었죠. 다들 제정신이 아니었어요. 그야말로 "마을 사람들을 싹 다 죽여버려" 하는 지경이었지요. 남자도 여자도 다 죽였습니다.

나는 황허 제방 위에 있는 집 한 채를 발견하고, 병사들을 데리고 가서 안을 조사했습니다. 그랬더니 집안에 남자 노인과 젊은 부부, 어린아이가 둘, 이렇게 다섯 가족이 있는 거예요.

병사들은 "대장, 어떻게 하지요?"라고 물었어요. 나는 "죽여라" 이렇게 말했지요. 그래서 병사들이 그 다섯 명을 일렬종대로 세우고 한 방에 쏘아 죽였습니다. 딱 붙여 세우고는, 한 방 타앙 쏜 거예요.”

“다음날, 출발에 앞서 병사들을 데리고 그 집에 가봤습니다. 노인은 숨이 끊어지고, 젊은 부부도 큰아이도 죽어 있었습니다. 그런데 작은아이가 부엌에 뒤로 넘어진 채로 큰 눈을 똑바로 뜨고는 나를 노려보고 있었어요. 아직 살아있었던 거예요.”

고지마는 수많은 중국인을 고문한 뒤, 부하들이 “대장, 어떻게 할까요?” 하고 물으면, 남녀 가리지 않고 찔러 죽이게 했다. 그 모든 경우에 ‘내가 직접 손댄 게 아닌걸’ 하는 변명을 준비해놓고 있었다. 이 일도, 늘 그랬던 것처럼 살해 명령 중 하나쯤으로 잊고 있었다.

그로부터 오랜 세월이 흘렀다. 1956년 귀국한 후 겨우 직장을 구하고 재혼했다. 아들도 낳았다.

“이 일에 대해 나는 누구에게도 말한 적이 없어요.

아이가 다섯 살이 됐을 땝니다. 밤중에 문득 깨어나 아이 얼굴을 보면, 그날 새벽의 중국 아이 얼굴이 겹쳐지는 거예요. 더 어렸을 때는 느끼지 못했어요. 같은 나이 때가 됐기 때문이겠죠. 또렷한 눈망울이 내 얼굴을 가만히 바라본답니다. 똑 닮았어요, 그 얼굴이. 정말 참을 수 없더군요.

아이가 크자, 그런 느낌이 없어졌어요.”

이렇게 말하고 그는 눈을 감았다. 눈꺼풀에, 그리고 뇌리에, 그 아이와 아들의 어렸을 적 얼굴이 겹쳐져 흔들리고 있었을까?

나도 잠자코 있었다. 마당으로 내어 지은 응접실에 내리쪼이던 빛은 사라지고, 저녁 노을의 여운이 고지마의 머리에 커다란 그림자를 드리우고 있었다.

그의 아내가 두 번, 세 번 새로 타다 준 차는 벌써 전에 다 마셨고, 우리 사이에는 비어버린 찻잔만이 있었다. 그는 속삭이듯 "이 일에 대해 나는 누구에게도 말한 적이 없어요"라고 말했다. 가족의 기척에 신경을 쓰는 것 같았다.

내 질문은 얼마나 가혹한 것이었나. 나는 과거의 행위에 대해서만이 아니라, 과거의 행위를 어떻게 느꼈는지 물었다. 체험을 억압하기 위한 망각의 시간을 넘어서, 남겨진 감수성을 추궁해 들어갔다. 그래도 고지마의 고백을 들었을 때, 나는 처음으로 마음이 놓였다. 그는 끊임없이 공격성을 강화하고 그것을 합리화하기 위해 정신을 경직시켰던 근대 일본에서 태어났으면서도, 아직 마음에 상처 입을 수 있는 여지가 남아 있었다.

고지마는 구체적인 사실을 중시하는 남성이다. 감정을 억제하고 공상을 배제한다. 그것은 근대 일본의 교육이 추구한 바이다. 또한, 시대가 전쟁을 수행할 실무자를 요구했기 때문이기도 했다. 이 일본 남성에게 기대됐던 성격 특성은, 푸순전범관리소에서 가족에게 보낸 편지에 잘 나타나 있다. 오호연 지도원은 '제국주의 사상'이라는 말로 고지마가 감정 표현을 극도로 자제하고 있다는 점을 지적했다.

귀국 후에도 그는 사실에 대한 사고에만 의지해 살아왔다. 상사원으로서 무역에 종사하고 가정을 유지하면서, 그는 많은 책을 읽고 전쟁에 대해 생각해왔다. 감상과는 거리가 먼 삶을 살아왔지만, 죄의식에 생명을 주는 감정을 지니고 있었다. 물론 푸순에서의 체험이 없었더라면, 슬픔을 느낄 힘을 다시 불러일으킬 수 없었을 것이다. 더구나 고지마는 귀국 후 오랜 시간에 걸쳐 서서히 전쟁에서 지은 죄를 자각했다고 했는데, 그것을 일깨워 준 것은 앞서 쓴 것과 같은 체험이었다.

가해의 땅으로의 여행

쇼와(昭和)가 끝난 해(1989년) 여름, 고지마 일행 다섯 명은 침략전쟁의 옛 땅을 여행했다. 푸순과 타이위안의 전범관리소에 수감되었던 사람들은 귀국 후 중국귀환자연락회(중귀련)를 결성했다. 그들은 이미 70대에서 80대였다. 1989년에는 이미 사망하거나 몸을 움직일 수 없는 사람이 많았다. 인생의 마지막에, 자신이 무슨 짓을 저질렀는지 다시 한번 확인하고 피해자에게 사죄하고 싶었다. 그리고 전쟁의 잔학성을 알 리 없는 젊은 세대에게 재난을 당한 사람들의 심정을 전하여, 전쟁의 상처는 지금도 계속되고 있음을 그들도 생각하게 하고 싶었다.

고지마 등 중귀련 회원 다섯 명은 톈안먼사건[33] 직후의 긴장된 베이징을 지나, 산둥성으로 향했다. 산둥성의 성도 지난에서 서

---

33. ① 1976년 4월, 대중 시위를 무력 진압한 사건. ② 1989년 6월 4일 새벽, 민주화를 요구하며 베이징의 톈안먼 광장에서 농성하던 학생과 시민들을 무력 진압한 유혈사태. 여기서는 1989년 사건을 가리킨다.

쪽으로 허베이성에 이르는 지역은 제59사단이 남김없이 죽이고 태우고 빼앗는 '3광 작전'을 전개한 곳이다.

그날, 다섯 명의 방중단 가운데 한 사람이 지적한 지난 동쪽 30km 지점에 있는 장추(章丘)로 들어갔다. 방중단의 요청으로 중국우의촉진위원회(외무성의 외곽단체)는 시청에 여덟 명의 피해자를 대기시켜 놓았다. 이들과 만나 전쟁 피해에 대한 얘기를 듣기 시작했을 때, 한 명이 바로 책상에 엎드려 말을 잃었다. 차마 듣기 힘든 사실들이었다. 골수에 사무친 원한이 중국인 피해자의 입을 통해 전해졌다.

내일은 린칭. 호텔로 돌아온 고지마는 '역시 여기 올 만한 힘은 나한테 없었는데, 큰일을 벌였구나' 하며 긴장했다.

린칭은 산둥성의 북서쪽 끝에 있으며, 허베이성에 접한 도시다. 동쪽의 황허에서 이어지는 대운하와 웨이허가 합류하는 물자의 집산지다. 제59사단이 여기 주둔했었다. 고지마 중위는 중대장으로서 린칭에 2년간 머물렀다. 제방 파괴 장소를 기억해내고 거기에 데려가 줄 것을 요구한 것은 고지마였다.

'린칭에서는 이 정도로 끝나지는 않을 거야. 중대장이라는 간판을 내걸고 살인을 저질렀다. 그로부터 40여 년밖에 지나지 않았어. 나에 대해 알고 있는 사람들이 몇십 명은 될 것이다. '그놈이 린칭에 나타났다'고 하면, 그 사람들이 모두 달려올 것이다.'

"내일은 제방 파괴 장소로 안내하겠습니다. 증인도 기다리고 있습니다. 또 하나, 제가 다른 장소도 준비해 두었습니다. 1944년 정월, 일본군이 와서 팔로군을 80명 정도 죽인 곳입니다. 다음 해인 45년 정월에도 일본군이 침입해서 마을 사람들을 30여 명 때려죽였습니다. 거기도 안내하겠습니다."

오랜 전쟁이었다. 자신들이 학살했다는 것은 기억나도, 어디였는지 잊어버린 사건이 있다. 고지마는 부장의 설명을 듣고 당시의 일들이 선명하게 되살아났다. 일본군은 점령지에서 팔로군 게릴라를 대상으로 토벌전을 감행했다.

"섣달그믐날 오후, 토벌에서 돌아오는 길에 주둔지인 린칭 근처에서 용케 팔로군이 있는 곳을 알아냈습니다. 늘 하던 대로 주변을 포위하고 한쪽은 열어 놓았지요. 그리고는 도망쳐 나오는 사람들을 쏘았습니다. 우리는 기관총 부대였으므로 마을 밖에서 기다리다가 100명 정도를 쏘아 죽였습니다.

새해가 밝았습니다. 맑게 갠 새해 아침, 그곳을 떠나기에 앞서 시체가 겹겹이 나뒹구는 밭에서 황거요배(皇居遙拜, 황궁 방향으로 고개를 숙여 절을 하던 예법)를 했습니다. 전투를 벌인 일과 황거요배를 한 기억이 뚜렷해요. 부장의 말을 듣자 '그 마을이었군' 하고 장소를 기억해낼 수 있었지요."

45년 전의 정경이 떠오르면서, 고지마는 '큰일 날 장소에 가게 됐다'는 생각에 빠졌다.

'나한테 침을 뱉을지도, 욕설을 퍼부을지도 모르고, 수가 틀리면 몰매를 맞을지도 몰라.'

마치 푸순전범관리소에 갓 들어갔던 시절의 고지마로 되돌아간 것 같았다.

잠을 설치고 린칭으로 들어갔다. 차는 큰길에서 벗어나 5km

정도 좁은 길을 달렸다. 밭을 향해 있는 마을이 보이기 시작하더니, 어느새 사람들이 무리 지어 서 있는 모습이 보였다. '저 마을이군' 이렇게 생각하는 사이에 도착했다. 400명에서 500명 정도의 사람들이 작은 마을에 모여 있었다. 멀리서 보아도 빨간 옷을 입은 여성과 아이들이 많이 보였다. 옛날에 일본군이 마을에 들어가면 여성과 아이들은 자취를 감추었다. 당시의 일들이 떠올랐다. 고지마의 몸에서 과거의 고지마 중대장이 모습을 드러내고 마을을 바라보는 듯했다. 어디 한번 '일본 살인마'를 보자고 모여든 사람들의 눈빛 앞에서, 고지마는 오랜 인생을 살아온 노인과 고지마 중대장, 이 두 그림자를 지닌 방문자가 되어 있었다.

흙으로 이루어진 마을, 흙으로 만든 문. 차에서 내려 마을로 걸어간다. 환영하는 사람들의 악수. 촌장, 촌장의 남동생, 그들과 연고가 있는 남자 세 사람이 어떤 집으로 그들을 안내했다.

노인이 말하기 시작했다. "일본군이 뭣 때문에 마을로 오는지 몰랐다. 어떨 때는 밀가루를 빼앗아 갔다. 어떨 때는 목면을 가져갔다. 또 어떨 때는 닭, 돼지, 소, 거기다 땔감까지 빼앗아 갔다. 부족하면 마을 사람을 붙잡아 고문하고, 때려죽였다."

다음 남자는, "나는 부모가 일본군한테 죽었다. 그래서 친척 집에 맡겨져 고생하면서 컸다. 큰아버지 큰어머니, 그리고 다른 여러 집을 전전했다. 먹을 것이 없어서 탈곡한 뒤에 남은 등겨를 먹은 적도 있다"고 말했다.

또 한 명은 웃옷을 벗더니, 커다란 흉터를 보여주었다. 어떻게 칼로 내리쳤고 그런데도 어떻게 살아남았는지 설명하며 일본군의 잔학성을 토로했다.

그러나 말하는 어조는 조용했다. 고지마 일행에게는 그 모습이, 소리치고 싶은 것이 넘칠 정도로 많지만 강한 힘으로 분노를 안으로 삼키고 겨우겨우 말하고 있는 듯이 보였다.

이들은 전 일본 병사가 방문할 것이라는 연락을 바로 전날 받았다. 동요하지 않도록 하려고 일부러 직전에 알렸을 것이다. 그리고 마을을 대표하는 세 명에게는 방문자는 가해자이지만 이러이러한 교육을 받고 일본에 돌아가, 지금은 중일 우호에 기여하고 있다고 설득했을 것이다.

세 사람의 이야기를 들으면서, 고지마는 30여 년 전 오호연 지도원이 그에게 보여주었던 두꺼운 고소장 파일을 기억해냈다. 제방 파괴에 대해서는 열일곱 마을에서 고소당했다. 고소장마다 누구의 아이가 익사했다는 등의 내용이 쓰여 있었고, '고지마 중위를 엄벌에 처해 달라'는 말로 끝맺고 있었다.

"이 세 사람이 그때 나를 지명하여 엄벌을 요구했던 사람들과 무관할 리 없다. 린칭에서 내 얼굴을 보는 모든 이들이 나를 알아보든가, 들어서 알고 있을 것이다."

그렇게 생각하자 등골이 오싹해졌다.

"옛 침략군대의 중위가 푸순전범관리소에 6년간 수용되어 지낸 뒤에 새 사람으로 다시 태어나서 돌아갔다, 이게 얼마나 어수룩한 변명인지 통렬히 느꼈습니다. 죄를 저질렀다, 나쁜 짓이었다, 유족에게 죄스럽다, 이런 것들을 겉으로만 생각하고 있었을 뿐이죠. 정말로 그 사람들의 피에 사무친 울분에 찬 목소리는 들고 있지 않았어요. 이렇게 과거의 전쟁터에 와서 사죄로 끝낼 일이 아니었습니다. 우리는 '45년이 지난 일에 대한 사죄'라고 쉽게 생각했습니다. 그 사람들의 고통, 애통, 쓰린 마음을 생각하면, 무엇을 한다 한들 이루 다 보상할 수 있겠어요. 결국 생명이 붙어있는 한, 중일 우호를 위해 노력할 수밖에 없습니다."

고지마는 "현지에 가서 피해자에게 사죄하고, 그것으로 마음이 안정됐나요?"라고 묻는 기자에게 부드럽게 대답했다. 그러나 마음속에서는 피해자의 육성이 울려 퍼져서, 할 말을 잃고 있었다. '어떻게 하면 좋을까? 무엇을 할 수 있을까?'

고지마 일행, 중귀련 회원 다섯 명이 산둥성 푸순을 방문한 여행은 그해 1989년 8월 15일 NHK스페셜 〈전범들의 고백 : 푸순·타이위안 전범관리소 1,062명의 수기〉로 소개되었다.

죄를 자각하고 살다

산둥성 푸순 여행에서 돌아온 고지마의 집에, 베이징에 사는 여성으로부터 규슈의 중귀련 회원(전 헌병) 앞으로 온 편지가 회람용으로 전달되었다. 편지는 일본으로 강제연행된 큰아버지의 행방을 묻는 내용이었다.

제 큰아버지는 산둥반도의 돌출된 끝에 있는 룽청(荣成)이라는 현에서, 1942년 일본군의 인민 사냥 대작전 때 붙잡혀, 웨이하이

웨이(威海衛, 웨이하이의 옛 이름)까지 끌려가셨는데, 그곳에서 행방불명이 되었습니다. 큰아버지를 찾아 주셨으면 합니다. 아버지는 늙으셔서 몸이 안 좋은데, 끊임없이 큰아버지 일을 걱정하십니다. 딸로서 그저 아버지를 바라보고만 있자니 견딜 수가 없습니다. 어떻게든 큰아버지의 행방을 알아내서 아버지를 안심시켜 드리고 싶습니다. (……) 큰아버지가 어디서 살해당하고 어디 그 시신이 묻혔는지 조사해 주십시오.

고지마는 당시의 기억을 더듬어 보았다. 그때는 룽청현에서 4km 떨어진 곳에 염전이 있었다. 250명의 예비대를 데리고 배로 칭다오에 상륙하여 염전에 소금을 빼앗으러 갔다. 그리고 2,000명의 중국인을 부려서 4,000톤의 소금을 일주일 걸려 산둥반도 남해안으로 옮겼다. 또 다른 때에, 자신도 토끼사냥 작전이라는 일꾼 사냥을 했다. 자신은 그녀의 요구에 누구보다도 잘 답할 만한 위치에 있는 셈이었다. 중국 여행에서 생각한 대로, 죄를 자각하고 산다는 것은 바로 이러한 요구에 답하는 것이 아니겠는가.

고지마는 어느 군대, 무슨 현 출신 부대가 이때 일꾼 사냥 작전을 실행했는지 조사하기 시작했다. 칭다오의 혼성 제5여단이 2만 명의 군대를 동원하여 남에서 북으로 40km에 걸쳐서 병사들을 진군시켰다. 동쪽 해안을 향해 들을 넘어 계곡을 넘어 직선으로 중국 농민을 몰아넣는 이른바 '후릿그물 작전'을 실시한 것이다. 작전은 꼬박 일주일이 걸렸다. 붙잡힌 중국인들은 일본 해군 기지 웨이하이웨이에 집결돼 각지로 분배됐다.

그는 부대명을 알아낸 뒤, 계속해서 군인연금 관련 신문에 광고를 내거나 중귀런 회보에 기사를 써서 추적해 들어갔다. 후릿그물 작전에 가담한 여덟 명의 전 군인들로부터 연락이 왔다. 이들에게 구체적인 사정을 물어보았으나, 자세한 것은 알 수 없었다. 한번은 군마현 누마타시 근교의 뇨이지(如意寺)라는 절에 살해당한 중국인 50여 명의 유골이 안치되어 있는데, 그중에 찾는 사람의 이름이 있다는 말을 듣고 조사하러 갔다. 그러나 다른 사람이었다.

결국 베이징에서 문의한 쑤민(蘇敏)의 요구에는 답하지 못했다. 그러나 조사를 통해서 고지마는 전후세대로 이뤄진 '강제연행을 생각하는 모임'이 있다는 것을 알게 되었다. 고지마는 일본에 강제연행당한 4만 명의 중국인의 소식을 추적하는 사람들과 교류하게 됐다. 이후 고지마는 그들의 일을 돕는 일로 침략전쟁의 죄를 갚는 활동을 계속해오고 있다.

고지마는 강제연행되어 사망한 사람들의 유족을 대할 때마다 일본인들의 공감력 결핍을 통감하곤 한다. 하나오카광산에서 혹사당하다 학살당한 사람들의 위령제에 참가해서도 언제나 일본인들은 아무것도 이해하지 못하고 있다는 걸 느꼈다.

"매년 6월 30일 하나오카 사건이 일어난 날(정확히는 7월 1일이라고 함)을 기려 위령제를 열고 있습니다. 살아남아서 중국으로 돌아갈 수 있었던 분이나 살해당한 사람의 유족을 두세 분 일본으로 초대해서 아키타현 하나오카와 도쿄 츠키지(築地) 혼간지

(本願寺) 절에서 위령제를 올립니다. 나도 거기 참가해서 중국에서 오신 분들을 만납니다.

그럴 때, 어떤 생존자는 위령비에 새겨진 이름을 하나하나 손으로 더듬다가 실신하기도 합니다. 일본 쪽 사용자는 중국인에게 강제 노동을 시키면서 밥도 충분히 주지 않고, 때리고, 차고, 병에 걸린 채로 방치했습니다. 겨울에는 입을 옷이 없어서 시멘트 포대를 몸에 두르고 추위에 떨며 일했다고 합니다. 그렇게 고향에 남은 가족을 생각하면서 죽어간 동료의 이름을, 손끝으로 느껴보는 거겠죠.

또는 아버지가 살해당한 딸이 법요가 시작되자 끝날 때까지 내내 울고 있었습니다. 50년이 흘러도 유족의 슬픔은 조금도 가벼워지지 않습니다. 그들은 잘못을 저지른 것도 아닌데, 밭에서 일하다가 그대로 붙잡혀 일본으로 연행당했습니다. 추위와 배고픔 가운데, 원한을 삼키며 죽어갔습니다. 돌아가고픈 일념뿐이었겠죠. 그런 중국인들을 생각하고, 또 그들의 억울함을 생각하고, 가슴이 찢어지는 유족의 슬픔을 생각하면, 우리는 아무것도 이해하고 있지 못하다는 걸 느낍니다."

고지마는 1998년 6월 14일에 여든 살이 됐다. 그는 전쟁에서 상처를 입은 중국인과의 접촉을 가능한 한 계속하려고 애써 왔다. 유족의 비애를 통해 죽어간 사람들의 통한을 느끼기 위해서다.

슬픈 감정을 느낄 수 있는 것이야말로 고지마를 감정을 지닌 인간으로 존재하게 해준다. 죽인 자도 슬퍼할 수 있다. 그는 푸순전범관리소에서 6년의 준비기간을 거쳤고, 자신이 죽인 아이의 얼굴을 고스란히 떠올리는 체험을 했다. 이때, 고지마가 죽인 사람들은 비로소 얼굴과 감정을 갖기 시작했다. 그것은 고지마가 인간다운 감정을 되찾는 일이기도 했다.

전쟁에 직접 관계하지 않은 세대도 고지마 같은 사람에게 침묵을 강요할 것이 아니라, 그의 진짜 슬픔, 전쟁에서 저지른 죄를 의식하고 사는 의미를 들어봐야 한다. 그럼으로써 그들도 경직된 역사관으로부터 자유로워질 수 있다. 지식과 마찬가지로, 아니 지식 이상으로, 감정을 소중히 키우고 풍요롭게 가꾸어야 한다. 노병의 슬퍼하는 마음에 공감함으로써 전후세대도 감정을 풍부하게 할 수 있다고 나는 생각한다.

제7장

과잉 적응

고지마의 죄책감에 대한 인식과 그것을 지탱하는 감정에 대해 분석해 보았다. 이번 장에서는, 징병당한 일반 장병의 체험을 통해 인간은 어디까지 잔혹해질 수 있는지, 그것은 어떠한 심리 과정을 거쳐서 가능해지는 것인지, 잔학 행위로 기울지 않도록 저항할 수 있는 정신이 있다면 그것은 어떤 것인지 살펴본다.

고지마는 산둥성에서 '일꾼 사냥'을 실시했고, 화베이에서는 3광 작전이라 불린 점령지 소탕 작전을 담당한 중대장이었다. 소련에서 중국으로 보내진 전범 용의자는 969명. 그 가운데 산둥성에 주둔한 북지나방면군 59사단의 장병이 약 400명이었다. 그 다음으로 많은 부대는 2백여 명에 이르렀던 후베이성 제1전선에 있던 중지나파견군 39사단이다. 양 사단 관계자가 600명이 넘고, 나머지는 다른 사단의 장병 및 관동군 헌병, 전 만주국 경찰, 사법 관계자 등이었다.

도미나가 쇼조(富永正三, 1998년 당시 83살)는 두 번째 그룹인 39사단에 속했다. 그는 이지적인 사람이었다. 대학에서는 사회과학의 한 분야인 농업경제학을 전공했다. 그와의 대화를 통해, 잔학행위의 심리 과정을 분석해 보기로 하자.

현실을 직시하는 능력

도미나가는 1914년 5월 구마모토현 시모마시키군의 농촌에서 태어났다. 대지주 집안이었다. 그가 중학교를 졸업할 때는 가

산이 기울고 있었지만 일곱 남매는 모두 고등교육을 받았다. 맏형도 상선회사에서 일하고 있어서 경제적으로 특별히 어려움을 겪지는 않았다.

다만 육친과의 관계는 박복했다. 『어느 B·C급 전범의 전후사』[34]에서, 그는 다음과 같이 서술했다.

나는 어릴 때부터 가족의 죽음을 마주할 기회가 많았다. 소학교 전후에는 할아버지와 형을, 중학교 시절에는 부모님을 잃고, 연이어 졸업 직전에는 어머니 대신 나를 돌봐주시던 할머니를 잃었다. 이렇게 해서 시골 생가에는 나 혼자 남겨졌다. 당시 두 형은 상하이에 있었으므로 친척들이 뜻을 모아 나를 우쓰노미야에 있는 큰누나네 집으로 보냈다. 그런 관계로 나에게는 일종의 무상감이라 할 만한 것이 생겨났다. 학생 시절에는 자주 혼자서 오래된 절을 찾아가거나, 신사의 숲을 돌아다녔다. 때로는 일주일쯤 사람들과 말하지 않을 때도 있었다. 고독은 나에게 고통이 아니었다.

도미나가는 어린 시절 연거푸 가족과 사별했다. 특히 사랑하는 할머니와 어머니를 잃고 홀로 살아가야만 했던 체험이, 고독을 고통으로 느끼지 않는, 집단에 섞이는 것을 즐겁다고 느끼지 않는, 그런 인간을 형성해갔다. 그는 다른 사람에게 의지하지 않

---

34. 富永正三, 『あるB・C級戦犯の戦後史』, 水曜社, 1986

고 외로움과 외로움을 감싸 안는 강인한 자세를 선택한 것 같다.

그가 몸을 의탁하게 된 누나의 남편은 군인이었다. 육군 중좌로, 우쓰노미야사범학교의 배속장교였다. 그러나 그가 여기서 군국주의에 물들었던 것은 아니다.

하루는 이런 일이 있었다. 매형에게 "군인도 직업이에요. 관리나 회사원과 본질은 다르지 않죠"라는 의견을 말했다. 매형은 크게 노했다. "제국 군인을 회사원과 같다고 생각하다니, 무슨 말이냐? 군인은 천황의 오른팔이며, 나라를 지키는 무사다. 비상시에는 목숨을 버리고 나라를 위해 순국하는 것이 군인의 의무다."

누나도 "지금까지 신세를 져놓고, 무슨 말을 하는 거니? 사과해라" 하고 울면서 화를 냈다. 누나는 "내게 힘이 있다면 너를 죽이고 나도 죽고 싶어. 그렇지 않으면, 남편을 볼 면목이 없어"라면서, 사과할 것을 요구했다.

그러나 소년 도미나가는 사과할 마음이 없었다. 아무리 목숨을 건다고는 하지만, 그렇다고 군인이 특별히 거만을 떨어도 좋은 건 아니라고 생각했다. 다만 그것은 군인의 오만함에 대한 반발이었지, 결코 반전사상이나 군대를 부정하는 사상은 아니었다.

도미나가가 중학교를 마칠 무렵, 만주사변이 일어났다. 일본의 군국주의는 차근차근 힘을 키워가고 있었다. 구마모토현은 군인을 존중하는 지역이다. 도미나가는 마을 자본가의 집에서 태어났다. 그는 동급생 가운데 중학교에 진학한 단 두 명의 엘리트였다. 청년이 된 도미나가는 당연히 그런 사회를 긍정하고, 그

속에서 나름의 역할을 하는 장래를 그리고 있었다.

대학은 도쿄대학 농학부 농업경제학과에 진학했다. 자유주의자로 불리던 가와이 에이지로(河合榮治郎) 교수의 사회정책, 오우치 효에(大內兵衛) 교수의 과학적 사회주의 관점의 재정학 등의 강의를 들었다. 나중에 이 두 교수는 군부와 문부성의 공격을 받아 대학에서 쫓겨났다. 마르크스, 엥겔스의 몇몇 저작도 읽었다. 마르크스의 『공산당 선언』은 대학 도서관에서 일부러 노트에 옮겨 적기도 했다. 그러나 그는 그것을 지식으로만 배웠을 뿐, 사상적으로 끌리는 일은 없었다.

"대학 시절 내 사상은 우익에 가까웠죠. 군국주의란 말을 나는 몰랐습니다. 군대에 들어가는 걸 결코 바라지 않았지만, 그것을 받아들일 소지는 충분히 있었죠. 징병검사는 당연한 것으로 받아들였고, 갑종 합격이 된 이상, 입대해야만 한다고 생각했습니다." 도미나가의 회상이다.

그는 입대하기 전 10개월 정도 취직해서 일했다. 1939년 대학 졸업 후 도하타 세이이치(東畑精一) 교수의 소개로 만주양곡회사(만주농산공사)에 들어갔다. 그곳은 만주국 내의 곡물을 매점하여 배급하는, 통제경제의 본거지였다.

이듬해인 1940년 2월, 도미나가는 구마모토 보병 제13연대 보충대에 입영했다. 1년 반 후인 1941년 8월에는 중국 후베이성 징먼현(荊門縣) 쯔링푸(子陵鋪)에 있던 제39사단 보병 제232연대에 견습 사관으로 전속됐다. 이후 1945년 5월까지 징먼, 당양, 이창 등, 한수이에서 창장(長江, 양쯔강의 별칭)에 걸친, 제1선에서 전투에 종사했다. 1943년 7월에는 연대의 제10중대장이 되었다.

전쟁 말기 만주 방위를 위해 전진하며 7월 말 피폐해진 펑톈의 북쪽 카이위안에 도착했으나, 8월 30일 전투 없이 소련군에 의해 그대로 무장해제당했다.

이후 5년간, 건국 초기의 중화인민공화국으로 이송되는 1950년 7월까지, 도미나가도 소련에 억류되어 강제노동에 종사했다.

그는 중앙아시아 카자흐스탄 카라간다 주변의 라게르(lager, 러시아어로 전쟁포로, 정치범 등을 수용하는 강제수용소) 여섯 곳을 전전하며 수용소 생활을 했다. 침착하고 냉정한 성격 때문인지 옮겨가는 곳마다 대표가 되어, 그에 따르는 책임추궁 끝에 추방되기를 반복해, 여러 라게르를 전전해야 했다. 쑤이펀허에서 중국 쪽에 인도된 이후의 경과, 처우, 심리적 변천은 다른 수용자와 거의 같다. 중국 당국에 잡힌 이상, 반드시 죽임을 당할 것이라는 불안. 그 불안을 떨쳐내기라도 하려는 듯한 오만한 태도. 명령에 따랐을 뿐인데, 전범 취급당하는 불합리함에 대한 분노. 수십만이라는 소련 억류자 가운데 '어째서 우리만 이런 일을 겪어야 하나' 하는 공정치 못한 운명에 대한 불만. 잔혹하게 중국인을 살해한 데 비하면 너무나 정중한 중국 쪽 태도에 대한 당혹감.

도미나가 역시 복잡한 감정 사이를 오갔다. 다만 그는 감정의 계곡에서 봉우리로, 불안에서 공허한 기대로, 진폭이 크게 흔들리는 사람은 아니었다. 현실을 살펴서 변화가 없으면 없는 대로 받아들이고, 변화가 있으면 어떻게 대응할 것인지 곰곰이 생각하며 지냈던 것 같다.

도미나가나 고지마의 얘기를 듣고 있으면, 가혹한 상황 속에서 살아나온 사람의 강인한 정신을 느낀다. 그들의 정신은 경직된 권위나 공격성과는 다른, 현실을 직시하는 능력에 의해 지탱되고 있다. 그들의 사례는 포로를 대상으로 한 정신의학 연구 결과를 정리한 내용과 잘 부합한다.

예를 들어 피글리(C. R. Figley)가 편집한 『베트남 참전 군인들의 스트레스 장애Stress Disorders Among Vietnam Veterans』(1978)에는 헌터(E. J. Hunter)가 쓴 「포로체험 : 그 장기적·단기적 영향」이란 글이 실려 있다. 이 글은 남베트남에서 포로가 된 미군 병사에 관한 연구를 요약한 것이다. 헌터에 따르면, 그 자신 남베트남에서 포로 생활을 했던 커셔(F. Kusher)는 1974년 미군 의학 잡지에 다음과 같이 정리해 놓았다고 한다.

생존자는 적극적으로 행동하고, 청결을 유지하고, 유머 감각을 유지하고, 열심히 일하고, 그리고 그 환경에 잘 대처했다. 그에 반해 사망한 자들은 포로 생활이라는 주어진 환경을 거부하거나 이에 저항했다. 자신을 비하하고 서로 돕기를 거부했던 그들은 늘 억울함에 시달리고, 위축되었으며, 절망에 빠졌고 결국에는 강제 노동으로 내몰렸다.

적에게 비굴하게 대한 사람들도, 투쟁심으로 저항한 사람들도, 결국에는 살아 돌아오지 못했다고 서술하고 있다. 매일 매일 현실을 살피는 것을 잊지 않았던 사람들이 살아 돌아올 수 있었다. 그것은 죽음의 수용소에서 살아남은 빈의 정신과 의사 빅터 프랭클의 말과 일치한다. 그는 '나치의 강제수용소에서 해방에 대한 기대치가 너무 컸던 사람들은 환상이 깨짐과 동시에 사는 것을 멈췄다'고 서술한 바 있다. 남베트남 미군 포로들이 처한 상황이나 나치의 강제수용소는 푸순전범관리소의 비교 대상으로 합당하지 않겠지만, 그래도 도미나가의 생존법은 역시 같은 경향을 보인다. 그 핵심은 나날의 생활에 대한 관심을 잃어버리지 않는 데 있다.

감정의 과잉방어

푸순에 수용되고 얼마 지나지 않아 한국전쟁이 격화했다. 중국 쪽은 폭격을 염려해 수용자들을 하얼빈으로 이송했다. 도미나가 등 위관 이하의 장병은 하얼빈에서 북쪽으로 50km 떨어진 후란 감옥으로 이감됐다. 그곳은 푸순전범관리소와는 달리 흙으로 지은 다 쓰러져가는 집이었다. 방은 좁고 물도 부족해서 목욕도 못 하고 겨울을 보냈다.

이듬해인 1951년 3월, 인민지원군(중국의용군)이 미군을 밀어붙여 정전협정이 눈앞에 다가왔다는 설명이 있고 나서, 푸순 귀환이 발표됐다. 다만 앞에서도 서술했듯이, 중위 이상의 군인, 만주국의 고급 관리, 병자 등 2백여 명은 하얼빈 감옥에 잔류했다. 도미나가도 하얼빈에 남았다.

하얼빈 잔류자들의 대부분이 한국전쟁의 추이를 지켜보며 생각에 잠겼다. 그동안 '중국군은 약하다' '중국인은 열등하다'고만 생각해 왔다. '정예 일본군이 미군과 싸워서 졌다. 그러니 우리보다 강한 미군이 드디어 중국군을 몰아내고 만주로 들어올 것이다, 우리 포로들을 해방시켜 주리라.' 그렇게들 기대했다. 그 미군을 중국의 인민해방군이 밀어붙이다니…….

관리소 공작원의 태도도 그들을 생각에 잠기도록 만들었다. 그들은 '나 자신이었다면 이렇게 할 것'이라고 생각했던 것과는 전혀 다른 대우를 받으며 놀랐다. 일본군은 중국인을 짐승처럼 다루었다. 그렇게 당했음에도 중국인들은 전혀 보복하려는 태도를 보이지 않았다. 어째서일까? 처음에는 경계했지만, '그게 그들의 진심이다, 일본인의 생활 습관까지 고려하면서 인격적으로 대해주고 있다'는 걸 알게 되었다.

이 두 가지, 약할 거라고만 여겼던 중국군이 미군을 밀어붙였다는 사실과 자신들을 모욕하지 않는 중국인의 태도가 수용된 자들의 반성을 불러일으켰다. 그러나 그것은 일본인이라는 집단 안에서 하는 반성이었다. 개인으로서 자신의 죄를 인정하기에는 아직도 넘어야 할 정신적 장벽이 높았다.

"'인간은 이렇게 대해야 해. 우리가 한 일은 잘못이었어.' 우리는 처음으로 자신의 과거를 비판적인 눈으로 보기 시작했습니다. 그때 먼저 부닥친 논리는, '내가 저지른 일은 분명히 나쁜 짓이었지만, 그것은 명령에 따른 것이었다, 명령이 없었다면 하지 않을 수 있었다'는 생각입니다. '나쁜 것은 명령한 사람이다.「군인칙유(勅諭)」에서도 '상관의 명령을 따를 것, (명령이 떨어지는) 즉시 그 명을 받들어야 한다'고 말하고 있지 않은가? 우리가 나쁜 짓을 하긴 했지만, 정말로 나쁜 것은 명령을 내린 사람이다, 우리는 오히려 피해자일 뿐이다.' 이런 생각이 뇌리에서 사라지지 않았습니다."

도미나가의 자문자답은 마치 '자, 당신이라면 어떻게 하겠어요?'라고 묻는 것 같았다.

옛 일본 병사의 대부분이, 그리고 패전 후 일본인의 대다수가, 전쟁기의 잔학행위를 알게 될 때마다 자신들이 나쁜 짓을 했다는 생각을 했을 것이다. 그러나 그런 생각이 떠오르자마자 바로, '전쟁이란 그런 거야'라는 식의 사고로 방어하고, '그 이상은 말하면 안 돼' 하며 몸을 사렸을 것이다. 그리고는 다양한 이유를 붙인다. '잠자는 아이를 깨우지 마라, 국익에 손해를 끼친다, 배상을 청구하면 어떻게 하나.' 전후세대도 이와 같은 감정적인 과잉방어를 계승하며 살아온 게 아닐까?

이와 같은 질문을 전제로, 도미나가의 얘기를 들어보자.

하얼빈으로 옮기고 나서 전범들은 자신들의 침략행위가 죄악이었음을 깨닫는다. 왜 그런 전쟁을 했을까? 학습을 시작했다. 일본어로 된 책을 읽을 수 있었다. 처음에는 소설을 읽던 사람도 경제학이나 사회사상에 관한 책에 관심을 두기 시작했다. 도미나가는 가이조샤(改造社)에서 출간한 『마르크스 엥겔스 전집』을 읽기 시작했다. 그는 다른 사람들의 손을 거쳐 그에게로 온, 다카바타케 모토유키(高畠素之)가 번역한 마르크스의 『자본론』을 읽다

중단했다 하면서 다시 읽었다. 대학생 때 읽었지만, 이번에는 집중력도 이해력도 그때와는 달랐다. 그는 확대 재생산론이나 공황론을 도식으로 만들어 모두에게 돌려 박수를 받았다.

베이징에서 아시아·태평양 평화회의가 열린다는 말을 듣고, 242명이 서명한 「침략 반대 평화 옹호」의 글을 일본대표단에 보낸 것이 이때(1952년 10월)다. 이렇게 한 해 두 해가 흘러갔다. 하지만 집단이 아닌 개인으로서 전쟁범죄를 자각하기에는 아직 멀었다.

새해가 밝아 1953년이 됐다. 1월에 각 방의 대표(주로 대위나 중위)들 열댓 명이 불려 나갔다. 도미나가도 거기 섞여서 하얼빈 조의 관리교육과장이었던 김원의 훈시를 들었다.

"너희들은 이미 초보적인 학습을 했다. 이제 그 성과도 확인할 겸, 우선 과거 중국에서 한 행위를 하나도 남김없이 써 보는 것이 어떻겠나? 스스로 자진해서 고백한다는 것은 매우 훌륭한 행위다. 잘못을 인정하고 고치는 것은 진보이며, 암흑으로부터 광명의 길로 나아가는 일이다. 그러나 매우 어려운 일이기도 하므로, 잘 생각해서 임하기 바란다."

"방으로 돌아와서 이런 내용을 같은 방 사람들에게 전달하자 모두 조용해졌습니다. 점심시간이 되어도 다들 잠자코 있었어요. 침묵 속에서 밥을 먹었습니다. 오후가 돼도 마찬가지였습니다. '드디어 올 것이 왔구나' 하는 한숨 소리만 들렸습니다. 저는 김원 과장이 한 말, 죄를 자백하는 것이 암흑에서 광명의 길로 한 걸음 내딛는 일이라는 걸 잘 알아들었습니다. 그렇지만 마음속에서는 '이건 구정물을 토하도록 하려는 것'이라는 생각만 맴돌았습니다."

도미나가와 같은 방 동료들은 갱지를 열 장씩 받았다. 부족하면 얼마든지 주겠다고 했다. 모두 종이를 앞에 둔 채 팔짱을 끼고 침묵하고 있었다.

도미나가는 전쟁을 하던 시절을 되돌아보았다. 연습 삼아 긴 칼로 중국인의 목을 치기도 했다. 초년병에게 포로를 찌르도록 했고, 약탈과 방화는 기회가 있을 때마다 한 번도 거르지 않았다. 하나만 자백해도 충분히 사형의 사유가 될 것이었다. 생각 끝에 도미나가는 '어차피 사형당할 거라면 숨겨도 마찬가지일 테니, 해당하는 주요 범행을 모두 쓰자'고 결단을 내렸다.

"저는 아주 단순한 생각에서 쓰기 시작했습니다. 제가 써 내려가기 시작했더니, 다들 깜짝 놀라더군요. 옆 사람도 펜을 집었다가는 다시 놓아버렸습니다."

무겁게 내리누르는 방안 분위기 속에서, 도미나가는 다음과 같이 죄상을 정리했다.

하나, 1941년 9월, 보병 제232연대에 견습 사관으로 갔을 때, 연대 집합교육 마지막 날 후베이성 징먼현 쯔링푸에 있던 연대 본부 동쪽 대지에서, 연대장 오자와 도라지로(大澤虎次郎)의 명령에 따라, 연대장과 대대장, 중대장을 비롯한 장교들 앞에서 교육계 다나카(田中) 소위의 지도로 견습 사관 22명의 '솜씨 시험'이라 칭하는 포로 참살이 실행되었는데, 저는 네 번째로 실행했습니다.

둘, 1944년 5월, 후베이성 당양현 쐉롄사(雙蓮寺)에 있는 중대 뒤 소나무 숲속에서, 대대본부가 '교육용'으로 넘긴 포로(밀정)를 초년병 교육관 사이토(齋藤) 소위의 지휘로 초년병에게 찔러 죽이 도록 명령했습니다.

셋, 1941년 9월 후베이성 징먼현 쯔링푸 북방지구의 전투에 소 대장으로 참여해, 무기를 버리고 투항해 오는 중국군 병사를 포 로로 삼기 귀찮다는 이유로 경기관총으로 사살하도록 명령했습 니다.

넷, 1941년 12월, 후베이성의 징먼, 당양 북방 산악지대에서 실 시된 동기(冬期) 산악 작전에 소대장으로 참여해, 연대장 호리 대 좌의 명령에 따라 통과 지역의 민가 100호 이상을 방화, 소각했 습니다.

다섯, 1943년 12월 창더 작전 잔류기간에 후베이성 당양현 라 오창(老長) 북방에서 제1대대(대대장 야마나카[山中] 소좌)가 바이창 사(白椒寺) 진지를 공격, 마을 주민 1백여 명을 참살할 때, 저는 중 대장으로 참가해 연대장 하마다(濱田) 대좌의 명령에 따라 제1대 대의 오른쪽을 경계하면서 대대의 행동을 지원했습니다.

도미나가는 이 내용을 그날 중으로 다 쓰고, '이 정도면 충분 하겠지' 하고 생각했다. 죽기에 충분하다는 뜻이었다.

도미나가의 날짜 기억은 정확하기도 했다. 보통 최초의 범행 은 뚜렷이 기억하는 편이다. 그러나 나중에 계속되는 살인, 방화는 희뿌옇게 한 덩어리로 떠오르는 경우가 허다하다. 그런데 그는 정확하게 몇 년 몇 월까지 기억해내고 있었다.

다음 날 아침, 그는 위에 적은 내용을 정서했다. 이것을 간수에게 '탄바이서'라 말하며 건네려 했다. 그런데 간수는 무시하고 가버리는 게 아닌가. 30분 정도 지나서 다시 복도를 도는 간수를 불러 세우자, 그는 미심쩍은 얼굴로 겨우 이를 받아줬다. 그는 도미나가가 그렇게 쉽게 탄바이서를 쓸 수 있으리라고는 털끝만큼도 생각 못 해 봤을 것이다.

도미나가는 '이제 끝났다'고 생각했다. 숨을 들이마시고 담배를 피워 물었다. 벽에 등을 기대고 앉아 책을 펼쳤다. 감방 안의 한숨 소리가 계속되고 있었다.

점심을 먹고 좀 쉬고 있자니, 간수가 "373" 하고 그를 불렀다. 어느 나라 수용소든 수용한 자의 성명을 빼앗고 번호를 붙여 부른다. 중국 수용소도 예외는 아니었다.

간수를 따라 어제 갔던 회의실로 들어가니, 김원 과장이 굳은 표정으로 기다리고 있었다. 그는 도미나가가 제출한 글을 손에 들고 질책했다.

"이것은 탄바이서가 아니다. 탄바이서란 몇 날 며칠을 고민한 끝에 진심으로 반성하지 않고는 쓸 수 없는 것이다. 너는 괴로워하지도 않고, '죽일 테면 죽여라' 하는 기분으로 썼다. 너는 중국 인민에 대한 악질적인 반항자요, 성실하게 탄바이 학습을 하고 있는 동료들의 방해자다."

그리고 "너를 당장 지하 감방으로 격리한다"고 명했다.

도미나가는 지하 감방으로 끌려갔다. 계단을 내려가 전혀 빛이 들어오지 않는 캄캄한 복도를 지나갔다. 일본이 패한 이후로 사용하지 않은 것 같았다. 습기를 띤 곰팡내가 지독했다. 간수는 문 하나를 따더니, 도미나가를 그 안에 넣고 열쇠를 잠그고 사라졌다. 판자가 깔린 다다미 여섯 장 정도 크기의 방. 사방은 콘크리트 벽이었고, 한가운데 흐릿한 알전구가 있고, 그 아래 다기를 놓는 상 같은 낮은 책상이 놓여 있었다.

여기서 김원이 취한 수단은 분명히 폭력(물리적 강제)이다. 그러나 일본 군인으로서 폭행, 학살에 익숙해진 도미나가에게는 그다지 폭력으로 여겨지지 않았다. 중국 당국은 일본군 전범들에게 자발적인 고백을 요구하면서, 대화와 물리적 강제를 가려 쓰고 있었다. 일본군에 대한 물리적 강제는, 같은 시기 중국에서 지주 계급이나 기독교 선교사에게 가해졌던 폭행과 비교하자면 가벼운 징벌에 지나지 않았다. 그러나 도미나가에게 깊은 반성을 요구하는 데 징벌은 필요 없었다. 그는 대화만으로도 충분히 반성할 사람이었다.

다른 한편, 결벽증에 꼼꼼한 성격인 김원은 짜증과 함께 갈등이 일었을 것이다. 감옥 밖에는 중국 민중의 증오가 있다. 그런데도 관리소원들은 오로지 전범들을 지키려고 애쓰고 있다. 도미나가 같은 사람들은 그걸 전혀 알아차리지 못하고 있다. 왜곡된 민족 우월의식에서 중국을 침략해놓고, 지금까지도 "우리는 포로이지 전범은 아니다"라고 주장하는 일본인 전범들의 오만함에, 김원도 분개하고 있었다. 그의 마음속에서는 증오와 인도적 처우를 해야 한다는 갈등이 함께 솟구쳤다. 게다가 전범관리소 간부로서, 세월은 흐르는데 인죄(認罪) 교육이 잘 진행되지 않는데 대한 조바심도 섞여 있었다.

김원은 『각성』에 수록한 글, 「역사적으로 경험한 바 없는 위대한 실천 : 일본과 괴뢰 만주국 전범 개조 공작의 기억」에서, '매일 학습이 시작되기 전, 나와 장멍스(張夢實)와 왕용성(王永生) 세 사람은, 한 시간 전에 교실에 가서 깨끗이 청소해 놓았다. 우리는 이 교실을 전쟁터라 생각했으므로 그 준비를 완전하게 하고 싶었다'고 썼다. 그는 청소를 통해, 전범들의 완전한 반성을 추구했던 것이다. 사실의 열거가 아니라, 괴롭힌 사람들에 대한, 마음에서 우러나는 회오와 공감을 동반한 반성을 기대했다. 그러나 자신이 원하는 바가 무엇인지는 군인인 김원 스스로 분명하게 알고 있었다. 그것은 도미나가를 지하의 독방에 격리하는 징벌 명령으로 표현됐다.

원념을 만나다

도미나가는 작은 책상 앞에 앉아서 '나도 드디어 갈 때까지 갔구나' 하고 생각했다. 그러나 동요는 없었다.

간수의 발소리가 사라지자 사방이 고요해졌다. 눈이 어둠에 익숙해지자, 창문 하나 없는 콘크리트 벽 곳곳에 긁어 쓴 흔적이 보이기 시작했다. 눈을 찌푸리고 한참을 바라보니, '타도 일본 제

214

국주의'라는 글자가 보였다.

'일본 살인마' '견결(堅決, 굳센 의지와 태도라는 뜻) 투쟁'이란 글자도 보였다. 일어서서 보니, 피 묻은 손톱으로 썼는지, 검은 피가 말라붙어 있었다. 피가 스며든 한자를 보는 순간, 도미나가는 등골이 오싹해졌다. 반만주국 항일 운동을 하던 중국인들이 여기 갇혀 온갖 고문을 당하고, 죽기 전에 써서 남겨놓은 것들이었다. 분노와 원한의 메시지였다. 도미나가는 패전한 지 8년이 지나서야 비로소, 죽어간 이들의 원념(怨念)과 마주했다.

도미나가는 소련 억류 중 두 번, 그가 대표하는 대오의 잘못을 책임지고 영창에 간 적이 있었다. 그때의 육체적 고통과 이번에 마음으로 겪는 고통은 달랐다.

카자흐의 라게르는 위병소 뒤편 오두막을 영창으로 쓰고 있었다. 오두막의 땅바닥은 물을 뿌려 얼려 놓았다. 도미나가는 그 위에 펼쳐놓은 자리에 앉아서 하룻밤을 지새워야 했다. 방한 외투를 뚫고 뼛속까지 얼어붙게 하는 추위가 엄습해 왔다. 처음엔 '까짓것' 하고 버티지만, 이내 지쳐서 졸음이 몰려온다. 그러나 곧 혹독한 추위를 느끼고 퍼뜩 눈을 뜬다. 이러기를 하룻밤 내내 반복했다. 얼어 죽을지도 몰랐다.

그러나 지금의 이 고통은 그때의 육체적 고통과는 다르다. 여기는 이전에 죄를 범한 땅. 처형당할지도 모른다는 불안에 시달리며 일본군에 의해 죽어간 중국인의 원념과 마주하는 고통.

김원 지도원은 "불성실한 태도"라는 말로 비판했다. 불성실이란 어떤 것일까? 그는 "죄를 인정하는 것이, 암흑에서 광명으로 내딛는 첫걸음"이라고 했다. 여기서 암흑과 광명은 무슨 뜻일까? 암흑은 죽음, 광명은 삶인가? 그것은 스스로 결정할 일이라고도 했다. 하지만 살리고 죽이는 권한은 중국 쪽이 쥐고 있다. 중국 당국에 '살려주고 싶다'는 선의가 있는데도 내가 그걸 잘 모르는 것일까? 그렇다고 일부러 그들이 살려줄 법한 행동을 골라 하는 것은 기만이지 않나.

도미나가는 사실을 간결하게 '참살' '찔러 죽이도록 명령했다' '사살하라고 명령했다'라고 썼다. 그러나 죽어간 사람들의 처지가 되어 본다면, 그런 간단한 말로는 끝낼 수가 없다. 그런데 도미나가는 왜 그렇게 쓸 수밖에 없었을까.

도미나가는 각각의 비행 앞에 '연대장의 명령에 따라' '대대본부에서 교육용으로 넘겼다'라는 식으로 썼다. 그는 '내 의지가 아니었다, 상관의 명령이었기에 어쩔 수 없이 베었다'고 생각하는 것이다. 하지만 죽임을 당한 쪽에서 보면 이런 생각은 대충 넘어가려는 것으로밖에 보이지 않는다.

더구나 쌍롄사에서 신참 교육용으로 찔러 죽인 중국인 포로의 경우, '대대본부에서 넘겼다'면, 그가 대대장의 명령을 받았을 터이다. 그러나 그런 명령이 전달된 기억은 없다. 아마도 사이토 소위와 부관 사이에 합의한 것을 중대장인 그가 인정했을 것이다. 결국 그 자신이 명령한 것이다.

도미나가는 죽어간 사람들의 피가 스며든 낙서를 마주하고서야, 그동안 탄바이서를 쓴답시고 변명만 앞세우며 단순히 사건을 열거하기만 했다는 걸 깨달았다.

어째서 이런 것조차 스스로 헤아리지 못하게 되어버린 걸까?

살인마로의 전락

도미나가는 전쟁터에 와서 겪은 첫 참살을 자세히 기억하고 있었다. 내가 도미나가를 직접 인터뷰하기도 했지만, 그 자신이 『어느 B·C급 전범의 전후사』에 당시의 심경과 더불어 죄행의 전모를 써놓았으므로, 그 내용을 요약해서 인용한다.

내 손에 걸려 죽은 피해자는 24명의 포로 가운데 한 명이었다. 그 전날 우리(견습 사관)의 지도 교관이었던 다나카 소위가, 연대 본부 영창 앞으로 우리를 안내했다. 그는 흙바닥에 보리 짚을 깐 마구간 같은 방에 갇힌 사람들을 가리키며 말했다. "이게 너희의 솜씨를 시험하기 위한 재료다." 너무 말라비틀어진 모습에 놀라서 그 이유를 물어보니, 내일 일정을 위해서 며칠 동안 먹을 것을 거의 주지 않았다고 했다. 이 사람들이 어떤 경로로 포로가 됐는지는 묻지 않았다. 아마도 그해 여름에 실시된 '장베이(江北) 작전'의 '전과'였을 것이다.

당일 우리가 현장에 도착했을 때, 24명의 포로는 손을 뒤로 묶이고 천으로 눈이 가려진 채 앉아 있었다. 그 앞에는 가로 10m, 폭 2m, 깊이 3m 이상의 큰 구덩이가 파여 있었다. 연대장 이하 장교가 자리에 앉자, 다나카 소위는 연대장을 향해 절을 하고,

"지금부터 시작하겠습니다"라고 말했다. 그는 사역병에게 명하여 포로 한 명을 일으켜 세웠다. 사역병은 저항하는 포로를 발로 차며 끌고 와 구덩이 앞에 앉혔다. 다나카 소위는 우리 얼굴을 빙 둘러보더니, "인간의 목은 이렇게 베는 거다"라며 군도(軍刀)를 칼집에서 꺼냈다. 그는 준비되어 있던 물통에서 바가지로 물을 떠 양날에 뿌렸다. 오른손으로 군도를 쥐고 물을 털고 나서, 포로의 등 뒤에 두 다리를 벌리고 섰다. 허리를 낮추고, 군도를 오른쪽 위로 올려 자세를 잡더니 아래로 내리쳤다. 목은 1m나 튀었고, 좌우 경동맥에서 분수처럼 두 줄기 피 기둥이 솟아오르면서 몸통은 구덩이로 굴러떨어졌다. 우리는 처음 보는 너무나도 처참한 광경에 숨이 막혀버릴 것 같았다. 모두 아연해서 서 있을 때, 다나카 소위가 오른쪽 끝에 있는 병사를 지명했다. 이후 차례로 앞으로 나아갔고, 나는 네 번째였다.

나는 이 계획이 발표된 뒤, 이런 행위는 사람의 도리에 어긋나고 국제법에도 위반되는 것이 아닐까 하는 생각에 약간 저항감을 느꼈다. 그러나 나에게는 더 급박하고 절실한 문제가 있었다. 그것은 내가 부임한 중대에서, 내 부하인 부사관, 병사들이 모두 역전의 용사들이라는 점이었다. 나만 전투 경험이 없었다. 부하들을 지휘해야 하는데, '포로 하나도 베지 못한다'는 말을 들으면 소대장으로서 야전 지휘를 할 수 없다. 이러한 마음이 나를 거꾸로 적극적으로 만들었다.

나는 연대장을 향해 절하고 앞으로 나아갔다. '볼썽사나운 태도를 보여서는 안 된다'고 바짝 긴장했는데, 의외로 절도 있게 몸이 움직였다. 구덩이 앞에 마르고 쇠잔한 포로 한 명이 수건으로 눈이 가려진 채 끌려 나와 있었다. 매형이 보내준 아와타구치파(栗田口派)의 칼을 뽑아, 칼날에 물을 뿌리고 포로 뒤에 섰다. 포로는 이미 단념했는지 머리를 늘어뜨리고 움직이지 않는다. 실패는 용납되지 않는다고 생각하니 더욱 긴장됐다. 크게 심호흡을 했더니 마음이 조금 안정됐다. 단단히 땅을 딛고 서서 오른쪽으로 팔을 들어 올려 자세를 취했다. 기합과 동시에 단번에 내리쳤다. 턱 하고 뭔가 묵직한 느낌이 손에 전해졌다. 목은 날아오르고, 몸통은 피를 뿜으며 구덩이로 굴러떨어졌다. 피비린내가 진동했다. 칼날의 피를 물로 씻어낸 뒤, 물을 털고 종이로 닦자, 칼날이 빠진 곳이 한 군데 있었다. 아마 턱뼈에 걸렸을 것이다. 칼날에는 번들번들 지방이 묻어서 아무리 닦아내도 지워지지 않았다.

자리로 돌아오자 드디어 '임무'를 다했다는 느낌이 들었다. 나는 '인간이기'보다는 '야전 소대장이기'를 선택한 것이다.

이렇게 22명의 견습 사관이 차례로 피의 세례를 받았다. 그중에는 손이 빗나가 머리를 자르는 바람에 눈가리개가 벗겨져 미처 뒹구는 것을, 다나카 소위의 "찔러" 하는 지시에, 황급히 뒤에서 심장을 찔러 죽이는 돌발 상황도 있었다. 마지막으로 포로 한 명이 남자, 다나카 소위는 장교들을 향해 "희망자 계십니까?"라고 물어보았다. 그러자 고참 중위가 미리 준비한 새 칼을 칼집에서 꺼내더니 아무렇지도 않게 앞으로 나왔다. 그리고는 익숙한 솜씨로 순식간에 해치웠다. 24명의 시체가 피바다 속에 있었다. "이것으로 마치겠습니다"라는 다나카 소위의 보고를 받고 연대장은 만족한 표정으로 자리를 떴다. 나는 포로의 목을 베어 떨어뜨린 순간부터 '이제 제대로 된 군인이 됐다'는 실감이 났다. 생각해 보면 이 만행의 순간부터 우리는 인간이기를 멈추고 살인마로 전락한 것이다.

도미나가답다. 사건의 세세한 부분까지 경과를 기술하고 냉정히 자기 분석을 하고 있다. 이와 같은 자기 분석이 지하 감방에 들어갔던 시점에서 모두 형성된 것은 아닐 것이다. 그 후 3년 8개월에 걸친 전범관리소 생활로 더욱 심화했을 것이다.

그에게 전환점이 된 것은, '죽임을 당한 자의 처지에서 보았을 때 나는 어떤 인간인가'를 생각할 수 있게 된 시점이다.

"지하 감방에서의 체험이 그때까지 매여 있던 '명령이니까 어쩔 수 없었다'는 생각을 변화시켰습니다. 억울하게 죽어야 했던 사람에게는 '명령이었으니까' 하는 말만으로는 통하지 않지요. 그렇다면 우선 실행자로서 책임을 져야 합니다. '실행자는 실행자로서 책임이 있다. 그다음에 명령자의 책임을 추궁하는 것이 순서가 아닐까?' 이렇게 실행자로서의 나를 인식하면서 처음으로 자신과 대결할 수 있었습니다."

도미나가의 고백에는 일본 군대라는 하나의 시스템이 어떻게 단순한 청년을 살인 수행의 부품으로 변화시켰는지에 관한 중요한 관점이 제시된다. '전쟁은 인간을 잔혹하게 만든다'고들 한다. 그러나 이와 같은 일반화는 사고의 태만에서 비롯된다. 구체적인 전쟁이 있고, 각각의 군대가 있으며, 그런 구체적인 시스템 속에서 인간은 잔혹해진다.

도미나가는 제국대학을 졸업한 후 징병되자, 다른 고학력자들처럼 당연히 견습 사관을 지원했다. 그리고 야전 소대장(소위)이 되었다. "내 부하인 부사관, 병사들은 모두 역전의 용사들이다. 나만 전투 경험이 없다. 이런 부하를 지휘하려면, 포로 한 명도 못 벤다는 말을 들어서는 안 된다. 소대장으로서 임무를 수행할 수 없다. 나는 '인간이기'보다는 '야전 소대장이기'를 선택했다."

소속 집단에 적응하고자 하는 노력, 그리하여 엘리트로서의 지위를 유지하려는 마음, 즉 일본형 상승의식이 그를 잔혹성을 느끼지 못하는 살인 기계로 만들었음을 볼 수 있다. 어떻게 하면 이러한 잔혹한 행위를 거부할 수 있을까? 미국 심리학자 스탠리 밀그램의 '아이히만 실험'을 참조하면서, 좀 더 깊이 분석해 들어가 보자.

제8장

복종으로의
도피

신참 교육, 참수

우리는 전쟁 중의 잔학행위에 대해 들었을 때, "전쟁이란 그런 거다. 인간을 짐승으로 만든다"고 일반화하기 쉽다. "영국과 미국도, 소련도, 중국도 다 그랬다"는 반론을 덧붙이면서 자기 나라의 범죄를 중화하는 사람도 있다. 이것은 개개의 사례를 검토한 뒤의 귀납이 아니라, 미리 해버린 일반화이며, 사실을 잊으려는 의도를 숨기고 있다.

도미나가가 옛 군진일지(軍陳日誌)처럼 전범 행위의 결과만을 기술하고 그 경과는 분석하지 않은 채 "상관의 명령이었기 때문에 어쩔 수 없었다"고 자기변명을 했던 것도, 미리 해버린 일반화였다. 그러나 내용을 분석해 들어가다 보면 비로소 자기 의지로 명령에 응했다는 것을 깨닫게 된다.

도미나가는 포로를 '솜씨 시험'의 재료로 삼는 것은 '사람의 도리에 어긋나며 국제법에 반하는 것이 아닐까' 하고 미미하게나마 저항감을 느끼기도 했다. 그러나 그는 좀 더 확실하게 야전 소대장으로 인정받기 위한 통과의례 쪽을 선택했다. 교육받은 일본인 대부분은 직함과 자신을 별개의 것으로 생각하지 않는다. 오히려 명령이 있기 전부터 자신을 직함에 일치시키려고 애쓴다. 그런 남자들에게 살인이라는 입사식(入社式)을 통과하는 데 따른 내적 갈등은 없었다.

자신의 부하가 될 부사관, 병사는 모두 버젓이 한 사람 몫의 군인 노릇을 해내고 있다. 그들은 사람을 죽이는 데 거리낌이 없다. 그들의 지휘관으로서 아직 검증되지 않은 나에게 상관은 "베라"고 말한다. 권위에 의한 명령, 그리고 부하에게 약점을 잡히고 싶지 않은 마음. 이 두 가지에 힘입어 그는 순순히 제국 육군에 적응하는 길을 택했다.

집단에 잘 적응하면 출세로 이어진다. 그러나 도미나가는 출세를 위해 포로를 벤 것은 아니다. 그것은 어디까지나 서열사회에 사는 자로서 하나의 지위를 누리기 위해서였다. 따라서 그는 자신이 벤 중국인에게는 전혀 관심이 없었다. '아와타구치파(粟田口派)의 칼을 뽑아 칼날에 물을 뿌리고, 단단히 땅을 딛고 서서 오른쪽으로 팔을 들어 올려 자세를 취했다……' 이렇게 귀속집단의 일원으로서 볼썽사나워지지 않으려고, 능숙한 적응자의 모양새에 연연했다. 죽임을 당하는 상대도, 죽는 자로서 볼썽사납지 않으면 그만이었다.

일본군은 처형할 때 흔히 천으로 눈가리개를 한다. 이 경우도 그랬다. 눈을 가림으로써 상대를 풀 죽게 하여 처형을 손쉽게 하려는 것이다. 동시에 각자를 우월한 승리자와 열등한 패자의 자리에 놓는 데 집착한 결과이기도 하다. 망설임 없이 죽이는 자, 고개 숙이고 죽는 자. 이것은 대부분의 침략자가 추구했던 병적인 미의식이다. 또한 상대의 얼굴을 가리는 것은 살인자가 감정을 억제하여 후에 자신이 죽인 자를 불현듯 상기하지 않도록 하기 위한 심리적 방어 수단이기도 하다.

도미나가도 눈가리개를 한 사람을 죽였기 때문에 상대의 얼굴이 떠오르는 일은 없었다. 그런데도 지하 감방에 들어가 일본군에게 죽어간 중국인 포로의 피를 토해 놓은 듯한 낙서를 보았을 때, 그동안 질서정연하게 집단에 적응해 살아온 자세는 무너져 갔다. 상대는 패배자 일반이 아니라 고통스러워하는 인간, 가족이 있고 사회관계 속에서 사는, 함부로 죽여서는 안 되는 인간으로 바뀌었다. 그가 억제해왔던 상상력이 되살아났다.

죽인 상대를 상기하여 한 사람의 인간으로 살려내는 작업은, 도미나가 자신이 집단 속의 일원에서 한 사람의 인간으로 회생하는 길이기도 했다. '어쩔 수 없는 전쟁' '명령에 따른 행위'라고 생각하는 한, 사람은 능동적인 개인일 수 없다. '명령자와 실행자의 책임은 별개다. 실행자에게는 실행자의 책임이 있다. 실행자로서 책임을 지고, 그러고 나서 명령자의 책임을 추궁해야 한다.' 도미나가는 이렇게 생각하자 비로소 '개인'이 될 수 있었다. 여기에는, 자신이 어쩔 수 없이, 시키는 대로 행동한 인간이 아니라, 스스로의 의지로 행동한 인간이었다는 자각이 필요했다.

자신이 군대라는 외적 세계에 적응하여 승진 시나리오에 따라 살았다는 것이, 지금까지 살아온 삶에 대한 도미나가 자신의 분석이다. 그러나 일본형 승진 시나리오를 거부한 사람도 있었다. 도미나가는 그동안 잊고 있던 일화가 생각났다.

"우리 스물두 명이 포로의 목을 벴을 때, 단 한 사람도 반항하지 않았어요. 그런데 나중에 초년병에게 이 목 베기를 시켰을 때, 우리 중대는 아니었지만 한 사람이 거부했습니다. 승려 한 명이 '불교도로서 할 수 없습니다'라며 거부했어요. 참 훌륭하다고 생각했지요.

포로의 목을 베는 것은 교육이었습니다. 따르지 않으면, 일반 병사의 경우 진급과 관계되지요. 누구를 상등병으로 할 것인지 결정할 때, 당연히 그런 자는 뒤로 밀립니다.

'군인이라면 적어도 상등병은 돼야지' 하는 게 일반적인 생각이었습니다. 어떻게 해서든지 상관의 인정을 받고 싶고, 그러려면 눈에 띄어야 한다고 부추기는 분위기였습니다. 그런 분위기에서 (목 베기를) 거부하는 것은 보통 사람으로서는 할 수 없는 일이지요. 그 승려는 처벌받지는 않았지만, 진급은 늦었을 겁니다."

이 작은 사건도 일본적 집단주의의 자장(磁場) 안에서 전개되었다. 교육은 일단 대대장의 명령으로 실시하는데, 중대장인 도미나가도 참수를 장려하는 권위의 두꺼운 층을 구성하고 있었다. 그러한 행위를 부추기는 문화가 있고, 다른 가치관을 지닌 사람이 소극적으로 거부한다. 그는 "포로를 죽이는 것은 용납할 수 없다"고 주장한 것이 아니라, "(불교도로서) 나는 할 수 없다"고 말했다. 이 저항에 대해, 일본적 집단주의에서는 명령자가 처벌하지는 않는다. 그러면 명령자, 즉 처벌하는 자가 개인으로 부각되기 때문이다. 대신 집단 전체가 '저 자식은 못 써'라고 판단하여 진급시키지 않음으로써, 보이지 않는 처벌을 한다. 보이지 않는 처벌에서 처벌하는 자는 숨어 있다. 처벌하는 것은 집단이다. 물론 그가 "포로를 죽여서는 안 된다"고 적극적으로 항의했다면 공개적으로 처벌당했을 것이다.

그 불교도는 상등병이 될 수 없는 것 이상의 생사가 걸린 불이익을 당할 수도 있었다. 그것을 각오하고 그는 불교의 5계 중 첫 번째 '살생하지 말라'는 계율을 지키려 했다.

그러면, 폭력을 강요하는 명령 앞에서 인간이 윤리적으로 저항하는 것은 종교라는 다른 가치체계에 의거해서만 가능한 것일까? 권위로 강요되었을 때, 사람은 어디까지 잔혹해질 수 있을까? 이미 실행한 행위에 대해 죄책감을 느낄 수 있는 사람은 어떤 사람일까?

권위가 허락한 잔학행위

스탠리 밀그램은 1960년부터 1963년까지 자극적인 심리실험을 했다. 권위와 복종에 대한 실험적 연구는 19세기 말부터 있었는데, 밀그램의 실험은 나치의 아우슈비츠를 거친 현대인의 인간성에 대해 깊이 생각하게 해준다.

실험 디자인은 매우 단순하다. 그는 시간당 4달러의 보수를 내걸고 대학의 심리학 연구에 협력해줄 사람을 모집했다. 찾아온 피험자는 실험자의 설명을 듣고, 이미 기다리고 있던 다른 피험자(사실은 실험의 공모자이며, 피해자 역할을 하기로 한 47세 남자)와, 누가 '교사'가 되고 누가 '학생'이 될지 제비뽑기를 한다. 이 제비뽑기는 피험자-교사, 공모자-학생이 되도록 사전에 설계되어 있다. 즉 피험자는 스스로 학생을 벌주는 교사 역할을 선택한 것이 아니라, 우연히(운명이라고 바꿔 말해도 좋다) 교사 역할을 하게 됐다고 생각하도록 설계해 놓은 것이다.

실험은 '파란 상자/좋은 날/야생의 오리' 따위를 읽고 난 다음 '파란' 다음에는 어떤 단어가 오는지 기억력을 시험하는 것으로 시작한다. 학생(공모자)이 틀리면 교사(피험자)는 15볼트에서 450볼트까지 단계별로 충격을 가하는 전기충격 스위치를 눌러야 한다. 각 스위치에는 '미미한 충격' '중간 정도의 충격' '강한 충격' '아주 강한 충격' '극심한 충격' '아주 극심한 충격' '위험 – 굉장한 충격', 그 이상은 XXX라고 표시해 놓았다.

학생이 틀리면 그를 옆방으로 데려가 전기의자에 묶는다. 그리고 '물집이나 화상을 막기 위해' 전극 연고를 바르고, "전기충격은 매우 아플지도 모르지만, 피부에 손상이 남지는 않습니다"란 설명을 해준다. 옆에서 듣고 있는 교사는 전기충격의 잔혹성을 충분히 알게 된다.

실험은 조건을 바꿔가면서 계속됐다. 예를 들면, 교사(피험자)에게 학생(공모자)의 목소리가 들리는 실험조건에서 학생의 반응을, 75볼트까지는 불평하지 않고 그 이상이 될 때 불만을 말하는 것으로 미리 짜놓는다. 120볼트가 되면, 학생은 "아파!" 하고 큰 소리를 내고, 125볼트에서는 신음하고, 150볼트에서는 절규한다. "선생님, 제발 풀어주세요! 이제 더 이상 실험을 하고 싶지 않아요! 이제 싫어!" 하고 외친다. 270볼트에서는 비명을 지른다. 300볼트 이상에서는 기억력 테스트에 답하는 것을 거부한다.

그러나 무답은 모두 오답으로 처리된다. 교사에게는 "당신은 이 실험을 계속해야 합니다"란 경고가 나간다.

전기충격이 얼마나 불쾌하고 잔혹한 것인가를 몸으로 알게 하기 위해, 각 피험자가 교사 역할을 하기 전에 45볼트의 약한 전류를 시험 삼아 경험하도록 했다. 또한 실험 중, 전기충격 단계를 하나씩 올릴 때마다 전압 수준을 소리 내어 읽도록 했다. 교사가 자신이 무엇을 하고 있는지 잊지 않도록 하기 위해서였다.

교사는 30번째의 충격 수준인 450볼트에 달하면, 이 최고전압 수준으로 실험을 계속하라는 말을 듣는다. 그리고 이를 2회 시행하면, 교사에게 실험 정지를 알린다.

당신이라면 이 무서운 전기충격을 가하겠는가?

밀그램은 정신과 의사, 심리학 전공 대학원생과 교수, 그리고 중간계급 성인들, 이렇게 세 그룹 합계 100명에게 실험 결과를 예측하도록 했다. 각 그룹은 거의 비슷하게 "피험자 전원이 실험에 따르는 것을 거부할 것이다. 단, 1%나 2%를 넘지 않는 병적인 사람들만이 최고 수준의 충격까지 진행할 것이다"라고 답했다. 그들은, 인간은 폭력으로 강제되지 않는 한 자기 자신의 주인으로 행동할 것이며, 죄 없는 사람을 괴롭히지 않는다고 믿고 있었다.

그러나 실험 결과는 그들의 신념과 예측을 완전히 배신했다. 벽을 통해 항의하는 목소리가 들리는 조건(I)에서 62.5%가 450볼트, 즉 최대치까지 전기충격을 가했다. 피해자를 멀리 떨어뜨려 놓고 300볼트로 충격을 가할 때부터는 쾅쾅 벽을 두드리는 조건

(II)으로 바꾸자, 더 늘어나서 65%가 최대치까지 가했다. 이 경우, 한 명도 빠짐없이 300볼트까지 충격을 가했으며, '극심한 충격'에서 '매우 극심한 충격'이라고 쓰인 이행점인 300볼트에서 중지한 경우는 겨우 12.5%였다. 가정에서 사용하는 약한 전압마저도 얼마나 무서운지 잘 아는 사람들이 모두 300볼트까지 징벌했던 것이다.

눈앞 1m 이내에 피해자를 묶어놓고 실험을 한 경우(III)는, 40%가 최고치까지 전기충격을 가했다. 교사(피험자)가 그만하겠다고 하는 학생(피해자)의 손을 붙잡아 누르면서 전기충격을 보내는 조건(IV)에서는, 30%가 최고치까지 해냈다. 학생과 가까워질수록 교사가 실험에 따르지 않으려 했다는 점은 분명하다. 그래도 거의 대부분 150볼트까지 '강한 충격'을 가했다.

남들보다 일찍 실험을 중단한 사람은 어떤 사람들일까? 밀그램은 '권위와 대결하는 개인'이란 장에서 두 사람을 소개했다.

신학교에서 구약성서를 가르치는 교수는, 조건 III(피해자와 근거리)으로 실험할 때 150볼트에서 중지했다.

실험진행자 : 계속하는 것이 실험을 위해 절대적으로 필요합니다.

피험자 : 압니다만, 왜 실험이 이 사람의 생명보다 우선하는지 모르겠습니다.

실험진행자 : 피부 조직에 손상이 계속 남는 것은 아닙니다.

피험자 : 그건 당신의 의견입니다. 학생이 그만두고 싶어 한다

면, 나는 그를 따르겠습니다.

그는 '불복종을 주장한 것이 아니라, 피해자의 명령에 따르는 형태로 복종해야 할 대상을 바꾸었다'고 밀그램은 분석한다. '이 사람에게 문제의 해결은 권위에 복종하기를 거절하는 것이 아니라 악한 권위 대신 선한 권위(신의 권위)에 따르는 것이었다.'

또 한 사람, 32세의 기술자, 랜세리어는 자기 개인의 책임으로 실험을 거부했다.

실험진행자 : 당신이 계속하는 것이 절대적으로 필요합니다.

피험자 : 하지만, 그만해 달라고 울부짖는 사람을 상대로는 할 수가 없습니다.

실험진행자 : 망설일 것 없습니다.

피험자 : 자기 일은 스스로 결정해야 합니다. (발끈하며, 의심스럽다는 듯이) 어째서 스스로 결정하면 안 되지요? 나는 자유 의지로 이곳에 왔습니다. 연구 계획을 도울 수 있다고 생각해서죠. 하지만 그 때문에 사람을 다치게 해야 한다면, 혹은 내가 그의 처지에 있다면, 나는 이 방을 나갈 겁니다. 계속할 수 없습니다. 죄송하지만…… 이미 너무 지나치지 않았나 싶군요.

그는 신학교의 교수처럼 권위를 믿는 신자가 아니라, 개인주의 성향이 강한 네덜란드 개혁파 교회 교인이었다. 온후하고 지적인 태도였다.

도미나가가 기억해낸 승려는 신학교 교수의 태도에 가깝다. 그는 불교의 5계에 따라 포로의 참수를 거부했다. 그에게는 세속적 명령보다 높은 종교적 명령이 있었다.

이들 소수의 예외를 뺀 피험자 대부분은 실험진행자의 말에 순순히 따른 반면, 학생(피해자)에게는 무관심했다. 실험이 끝나고 피해자를 괴롭힌 데 대해 추궁하자, 이구동성으로 "실험을 지시한 사람에게 책임이 있다"고 대답했다.

왜 이런 결과가 나왔을까?

밀그램은 '어떤 목적을 수행하고자 하는 사회 조직에서 사람은 손쉽게 '대리 상태'가 되며, 자신을 타인의 요구를 수행하는 도구로 간주하게 된다'고 말한다. 그는 베트남전쟁의 미라이 학살(미군이 수백 명의 민간인을 살해한 사건)을 언급하면서, 복종에 대해 아래와 같이 정리했다.

1. 도덕적이라기보다 행정적 관점에서 임무를 수행하는 사람들이 있다.

2. 실제로 관계한 사람들은 임무로서 한 살인과 개인적 감정의 표현으로 한 살인을 구별한다. 그들은 자신이 하는 모든 행동의 도덕성 여부를, 높은 자리에 있는 권위자가 내린 명령에 얼마나 충실히 따르는가를 기준으로 판단한다.

3. 충성, 의무, 규율이라는 개인적 가치는 위계질서의 기술적 필요에서 나온다. 개인은 그런 가치를 고도의 인격적인 도덕적 규범인 것처럼 느끼지만, 체제의 관점에서 보면 커다란 조직을

유지하기 위한 기술적 전제조건에 지나지 않는다.

4. 말이 종종 번복된다. 언어적 도덕 개념과 행위가 모순되어 갈등하지 않도록 하기 위해서다. 에둘러 하는 표현이 즐겨 사용된다. 이것은 별난 취미 때문이 아니라, 개인을 그 행위가 뜻하는 도덕적 의미와 마주하지 않게 하기 위함이다.

5. 부하의 마음속에서 책임은 줄곧 윗사람이 지는 것으로 되어 있다. 부하는 '권위에 의한 허가'를 요구한다. 사실 윗사람에게 계속해서 허가를 구하는 것은, 어떤 의미에서 자신이 도덕적 원칙을 위반하고 있다는 점을 감지하고 있음을 보여주는 징후라고 볼 수 있다.

6. 행위는 늘 건설적 목적에 의해 정당화되며, 고매한 이데올로기에 비추어 숭고한 것으로 간주된다. 위의 실험에서는 학생(피해자)에게 전기충격을 가하는 행위를 정당화하기 위해 과학이 사용됐다. 독일에서 유대인 말살은, '유대인 해충'을 없애는 '위생적' 처치로 여겨졌다.

7. 사태가 파괴를 향해 치닫는 것에 반대하거나 그것을 화제로 삼는 것은 늘 일종의 무례함으로 취급됐다. 예를 들면, 나치 독일에서는 '최종 해결(대량 학살을 통해 유대인을 체계적으로 전멸시키려 했던 계획)'과 가장 가까운 관련자들 사이에서도, 살인을 화제로 올리는 것은 실례로 간주되었다. 실험 중인 피험자들은 실험진행자에게 반대할 때, 대개 겸연쩍은 듯한 태도를 보였다.

8. 권위를 잘 따를 때는, 부도덕한 명령을 수행하는 데 따르는 긴장을 완화하기 위해 여러 가지 심리학적 순응이 일어난다.

9. 복종은 반대 의지나 철학이 극적으로 대결하는 형태로 일어나는 것이 아니라, 사회관계, 영달의 희망, 아주 당연하게 받아들이는 기술적인 관행이 만연한 분위기 속에서 나타난다. 일반적으로 우리가 볼 수 있는 것은 양심과 고투하는 영웅적인 인물이나 권력적인 지위를 악용하는 병적으로 공격적인 인간이 아니라, 주어진 임무를 잘 수행해낼 수 있다는 인상을 주려고 노력하는 관리이다.

시스템화에 어떻게 저항할까?

인류가 다른 영장류 이상으로 잔혹한 동물이라는 근거는 없다. 하지만 인류 문명은 권위 아래 단결하여 목적을 수행하기를 장려해 왔다. 같은 목적을 달성하기 위해 커다란 집단이 응집하여 실행하는 것이 개인 단위나 작은 집단이 하는 것보다 확실히 효율이 높다. 그 때문에 오늘날의 사회는 권위를 분산시키면서도 권위 자체에 대해서는 사람들이 손쉽게 복종하게끔 심리를 조장하고 있다. 더구나 분산된 것으로 보이는 권위는 실제로는 견고하게 구조화되어 있다.

순종적인 것이 선(善)으로 간주된다. 판단력은 목적 달성을 위해서만 요구되며, 목적 그 자체에 대한 회의나 비판은 기피된다. 그리고 업무는 집단의 관점에서 수행된다. 살인이나 반사회적 행위조차도 업무일 수 있다. 사람들은 개개의 작은 권위에 순종하는 것처럼 보이지만, 권위는 시스템화되어 있어서, 결국은 전체 권위에 순종하는 결과가 된다.

그렇다면 어떻게 해야 좋을까? 선택지가 몇 가지 있다.

하나는, 문명이 부단히 장려하는 권위에 대한 복종의 심리를, 당장은 바꾸기 힘든 것으로 인정하고, 이러한 인식 위에서 커다란 권위인 국가의 동향을 비판해 나가는 자세다. 정치나 경제 정책에 대한 비판은 물론, 권력을 분립해 서로 감시하는 관계가 시스템화되어 있는지를 살펴야 한다. 우리는 시민으로서 정치성을 충분히 발휘해야만 한다. 그러기 위해서라도 비판의 자유(언론의 자유)는 기본 조건이다.

방위와 관련해서는, 군대의 의사결정 시스템을 조사하고 개선하기를 게을리해서는 안 된다. 지금까지는 일본의 자위대가 헌법에 위반된 것인지 아닌지 논쟁하고, 그 연장선상에서 UN 평화유지군 파견[35]을 문제 삼는 데 그쳤다. 그 밖에는, 예산 편성 때 군비 내용을 추궁하는 정도였다. 이것은 하드웨어에 대한 검토이다. 소프트웨어에 대한 검토는 전혀 이루어지지 않고 있다. 자위대 내의 상하 인간관계와 리더십의 바람직한 모습이 무엇인지

---

35. 1991년 걸프전에서 일본은 미국의 요청으로 총 107억 달러의 비용을 부담했다. 이를 계기로 이른바 '국제 평화에 대한 일본의 공헌'을 둘러싼 논의가 고조되는 가운데, 일본 정부는 1992년 6월, UN 평화유지활동과 관련한 두 개의 법안을 통과시켰다. 국제연합 평화유지활동은, 받아들이는 나라의 동의를 전제로 국제연합이 분쟁 당사국에 평화유지군, 선거 감시단 등을 파견하는 것이다. 일본은 이 법에 따라 1992년 10월, 캄보디아에 육상 자위대를 평화유지군으로 파견했다. 이 파견에 대해 해외 파병과 무력 행사는 일본 헌법에 위배된다는 비판이 일었다.

논의하고 비합리적 권위주의를 온존하면서 상호 비판을 막고 있지는 않은지 검토해야 한다.

군대 내의 의사결정 문화는 장비 이상으로 군사를 움직이는 주요 동력이다. 그런데도 패전 직후 이와 관련된 연구[36]는 아주 미미했고, 그 뒤 어떻게 자위대 문화가 형성되어 왔는지에 대해서는 연구가 이루어지지 않고 있다. 그 어떤 조직도, 가족처럼 완전히 사적인 단위가 아닌 한, 의사결정 문화를 밖에서 계속 검토하지 않으면 일탈하게 된다. 그러나 자위대에 대해서는 그러한 검토가 진행되지 않고 있다.

제2의 선택지는, 군대에 관계되는 모든 것을 거부하는 것이다. 밀그램의 연구는 병역의 의무가 있는 나라에서 양심에 기초하여 병역을 거부할 것, 또는 다른 사회복지 활동으로 대체할 것을 지지했다. 그는 '권위주의 경향이 강한 사람 중에 실험에 복종한 피험자가 많고, 가톨릭교도가 유대교도나 프로테스탄트보다 복종적이며, 고학력인 사람이 저학력인 사람보다 반항적이고, 법률, 의학, 교육 등 정신적 직업에 종사하는 자가 공학, 물리학 등 기술적 직업에 종사하는 자보다 더 완강히 저항했다'고 서술했다.

또한 그는 '병역기간이 길수록 복종의 정도가 강했으나, 전직 장교는 병역기간과 관계없이 부사관으로 복무한 자보다 복종 수

---

36. 예를 들면 이즈카 코지(飯塚浩二)의 『일본의 군대』(東大出版會, 1950. 이와나미서점의 '동시대 라이브러리' 시리즈에 수록.)

준이 낮았다'고도 말했다. 그러나 이러한 차이는 거의 의미가 없다. 결국 '개인이 어떻게 행동하느냐를 결정하는 것은, 그가 어떤 종류의 인간인가 하는 것보다는 오히려 그가 어떤 종류의 상황에 놓여있느냐에 달려 있다'고 그는 결론지었다.

그와 같이 상황 결정론에 서는 한, 병역 의무자들은 '권위의 선한 의사를 믿든가', '처음부터 병역을 거부하든가', 둘 중 하나를 고를 수밖에 없다. 그러나 이와 같은 사고로는 사회를 개선할 수 없다. 양심에 의한 병역거부는 존중되어야 하지만, 위기에 처한 국가는 병역거부자가 많아지는 것을 용서하지 않는다. 결국 사람들은 권위의 선한 의사를 맹신하는 쪽으로 기울고 만다.

제3의 선택지는 비인도적인 명령을 거부하는 인간이 되는 것이다. 거기에는 두 가지 분기점이 있다.

하나의 분기점은, 국가로 집약되는 세속적 권위에 대해서, 그것을 넘어서는 권위를 갖는 것이다. 신과 대화하며 사는 인간은 강하다. 도미나가가 말해준 전쟁터의 승려도, 사회심리학자 밀그램이 예로 든 신학교 교수도, 종교의 절대적 권위에 의지해서 비인도적 행위를 거부했다. 2장에서 서술한 오가와도 프로테스탄트 신앙인으로서 이성을 유지했다. 내가 조사한 소련의 강제수용소에서도 신앙이 있는 수인들이 강인했다. 오늘날의 유럽이나 중동이나 인도 등지에서도, 사회적 모순에도 불구하고 전통 종교가 인간의 도덕을 지탱하고 있음을 본다. 그러나 신앙을 지녔다고 해서 모두 불합리한 명령에 대한 반항자가 되지는 않는다. 그러려면 신앙인의 내면에서 '신께 기도하는 자신'과 '상황에 따라 사는 자신'이 대립하고 갈등하는 긴장이 요구된다. 그러나 세속적 조직인 교단이나 교회는 늘 국가 권력과 타협해 왔다. 그것은 크리스천인 오가와가 전후 반세기에 걸쳐 비판해 온 문제였다. 불교계에서도 극히 드물지만 정토진종(淨土眞宗) 같은 곳에서 죄에 대한 책임을 지는 것이 교단의 사명임을 천명해왔다.

다른 하나의 분기점은, 자신이 놓인 상황을 비판적으로 바라볼 줄 아는 개인으로 성장하는 것이다. 명령받은 일이더라도 자신이 그것을 스스로의 책임 아래 실행하고 있는지 확인하기를 잊지 않는, 그러한 자아를 지속해서 추구해 나가는 것이다. 이와 같은 개인은 동시에 자신이 저지른 비인도적 행위에 대해 죄를 자각하는 사람이기도 하다. 현대의 신앙인도 신에게 기도하며 자신의 책임을 자각하기 위해 노력해 왔다고 여겨진다. 두 분기점은 어느 한 지점에서 만나는 것이 아닐까.

밀그램의 실험 결과는 개인의 저항력은 약하다는 점을 전하고 있다. 그러나 우리의 희망은 그것밖에 없다. 나는 사회적으로 첫번째 선택지를 고르고, 개인으로서는 제3의 선택지에서 노력할 수밖에 없지 않나 생각한다.

도덕상의 죄와 형이상의 죄

이렇게 생각하다 보면 권위에 맞서는 자세에 대한 나의 고찰은, 독일 철학자 카를 야스퍼스의 『죄책론Die Schuldfrage』과 대조적으로 보인다. 야스퍼스는 과거에 대해 질문하는데, 나는 15년 전쟁의 죄를 스스로 추궁할 수 없었던 사회에서 성장해 온 자로서, 현재와 장래를 어떻게 살 것인지 질문한다. 두 질문은 같은 것일지도 모른다.

야스퍼스는 유대인 아내와 가까스로 살아남아 하이델베르크에서 패전을 맞이했다. 그해 8월, 그는 죄를 자각하지 않는 대학인, 그리고 독일인을 향해 다음과 같은 강연을 했다.

독일 국내에서 정부에 반항해 스스로 죽음을 선택하고, (스스로 선택하지 않았다 하더라도) 적어도 그 때문에 죽어간 사람이 수천 명. 그 대부분이 이름도 알려지지 않은 채 죽어갔다. 우리 생존자는 죽음을 선택하지 않았다. 우리의 벗인 유대인들이 납치당했을 때, 우리는 거리로 뛰쳐나와 울부짖으며 우리도 역시 그들과 함께 분쇄당해 버리는 위험을 감행하지 않았다. 우리가 죽어 봤자 아무 소용 없을 것이라는, 틀리진 않았지만 약하기 짝이 없는 이치를 앞세워서 살아남는 길을 고른 것이다. 우리가 지금 살아있다는 것이 우리의 죄다.

이와 같은 죄의 자각에서, 그는 다음 해인 1946년 『죄책론』을 저술했다. 그는 죄의 개념을 네 가지, 형법상의 죄, 정치상의 죄, 도덕상의 죄, 형이상의 죄로 구분하고, 이에 따라 독일인이 지은 죄를 추궁한다.

형법상의 죄란, 뉘른베르크 국제군사재판소 규정이 결론지은

'평화에 대한 범죄' '전쟁범죄' '인도에 대한 범죄' 등을 범한 행위에 대한 책임이다. 정치상의 죄란, 국민은 그가 속한 국가가 한 행위에 대해 책임을 져야 한다는 것. 정치에 무관심했던 점, 정치 권력을 나치에게 넘겨준 점도 정치상의 죄다. 도덕상의 죄는, '명령에 따랐다'고는 하지만 나치 정권을 지지하고, 거기에 관여했다면 죄가 있다는 것이다. 다만 도덕상의 죄의 심판자는 자기 양심이며, 타자는 그 사람과의 정신적 교류를 통해 책임을 물을 뿐이다. 형이상의 죄에서는, 범죄가 저질러질 때 그것을 지지하거나 관여하지 않았다 하더라도 그것을 막기 위해 아무것도 하지 않았다면 신 앞에서 죄가 추궁당할 것이라고 야스퍼스는 말한다.

그는 '도덕상의 죄와 형이상의 죄는, 오직 개인만이 이것을 자신이 속한 공동체 안에서 스스로의 죄로 파악하는 것이다. 이 죄는 끝나는 일이 없다'고 글을 맺었다. 이 저작은 결코 죄의 자각에 도달하지 못할 전후 세계에 대한 깊은 좌절을 예언했는데, 그것은 적중했다. 야스퍼스는 『죄책론』을 저술한 뒤 독일 사회에 절망하여 스위스의 바젤로 떠났다.

제2차 세계대전 이후를 산다는 것은 이와 같이 질문을 던지는 것이 아니었을까? 만일, 전쟁에서 살아남은 세대가 야스퍼스와 같은 질문을 던졌다면, 전후 일본 사회도, 일본인의 자아 형성도 변했을 것이다. 하지만 지금에 와서 이런 문제 제기는 무의미하다. 우리는 죄를 추궁하고, 그에 대해 현재의 시점에서 대답하지 않으면 안 된다. 그 때문에라도 소수나마 전쟁에서 지은 죄를 자각하는 사람들의 말을 계속해서 들어보자.

회심자에 대한 편견

지하 감방의 도미나가에게로 다시 가보자. 그는 죽어간 중국인의 피의 유서와 마주 앉아 깊은 생각에 빠져들었다. 젊은 시절, 자신은 다른 사람들과는 달리 휴머니즘을 알고 있다는 자부심이 있었다. 그러나 결국 같은 짓을 하고 말았다. 만약 법학부에서 공부해 전시의 국제법에 대한 지식이 충분했다면 조금은 다른 행동을 취했을지도 모르겠다. 여하튼, 다른 이들과 똑같이 '전쟁터에서는 무슨 짓을 해도 괜찮다'고 생각했다…….

'분명히 나쁜 짓을 했다. 그러나, 군대에서 상관의 명령은 천황의 명령이며, 항명자는 사형당한다. 상관의 명령만 없었다면 죄를 짓지 않았을 것이다. 우리는 피해자가 아닌가? 이렇게 중국 쪽의 포로가 되어 죄를 추궁당하는 것은, 단지 '운명'으로밖에는 이해할 수 없다……. 지금까지는 이렇게 생각하고, '자신의 의지가 아니라, 상관의 명령으로 어쩔 수 없이 목을 벴다'고 변명했는데, 죽어간 자의 처지에서 보면 '너는 상관의 명령으로 어쩔 수 없이 벤 것이니까, 용서해 주겠다'고 할 수는 없는 일이다. 실행자는 실행자로서 책임이 있고, 명령자는 명령자로서 책임이 있다. 그렇다면 먼저 실행자로서 책임을 지고, 그리고 나서 가능하다면 명령자의 책임을 추궁하는 것이 순서일 것이다…….'

이러한 사색을 일기에 쓰고, 새로이 20장에 이르는 탄바이서를 제출했다. 김원 과장은 두 번째 탄바이서를 받은 뒤, 도미나가를 지하 감방에서 나오게 했다. 그는 1개월 이상을 어둠 속에서 지냈다.

밝은 방으로 돌아오자마자, 도미나가는 극심한 요통과 이장열(弛張熱, 체온이 상승했다 내려가기를 반복하지만, 정상 체온으로 떨어지지는 않는 고열 증상)로 고생했다. 1952년 3월, 하얼빈의과대학부속병원(전 관동군 육군병원)에 입원해 '결핵성 요추염'이란 진단을 받고, 안정을 위해 상반신에 깁스를 했다. 병원에서는 최고의 치료와 정중한 간호를 받았다. 귀중한 수입품인 스트렙토마이신을 매일 주사로 맞고, 마약도 사용됐다. 통증이 너무 심해서 이틀에 한 번 마약 주사로 통증을 완화해야 잠들 수 있었다. 이렇게 2주일이 지나자 열도 통증도 멈췄다. 식욕은 없었지만, 충분한 식사가 주어졌고 매일 사과도 나왔다. 당시 일본에서는 이만한 치료를 받을 수 없었을 것이다.

1년 반이 지난 1953년 가을, 도미나가는 하얼빈에 남아있던 210명과 함께 병원에서 푸순으로 이송된 뒤 교외 요양소에 들어갔다. 이전에 남만주철도주식회사 보양소였던 그곳은 시설이 훌륭했다. 매일 맛있는 음식이 나왔다. 여기서 처음으로 일광욕을 하라는 지시를 받았다. 처음에는 그늘에서 시작하여 점점 직사광선에 익숙해지도록 배려해주었다. 마을에서 떨어진 한적한 요양소에서 바깥바람을 쐬면서 조금씩 식욕도 생겼다.

도미나가는 이때 막연하게 머리에 떠오르던 생각들을 『어느

B·C급 전범의 전후사』에 기록했다.

　맑은 하늘에는 가을 특유의 빗자루로 쓸어놓은 듯한 엷은 구름
이 흐르고 있었고, 나 자신 그 안으로 녹아들 것만 같았다. 문득
어린 시절이 생각났다……. 옆 마을 소학교 운동회에 200미터 달
리기 선수로 초청받아, 상품으로 연습장 한 권을 받았다. 그것을
옆구리에 끼고 친구랑 함께 사탕을 빨면서, 벼 이삭이 고개 숙인
논길을 걸어 돌아왔다. 까마득히 높은 감나무 꼭대기에서 때까치
가 깍깍 울어 주위의 공기를 갈라놓았다. 눈부신 가을 햇살이 쏟
아져 내렸다.
　땀에 젖은 얼굴로 "다녀왔습니다" 하고 힘차게 현관으로 들어
섰다. "어서 오너라" 하고 할머니가 웃는 얼굴로 맞아주셨다. "이
거 오늘 받은 상품!" 하고 내놓으니, 할머니는 얼굴을 온통 주름
살투성이로 만들며 기뻐하셨고, 그것을 불단으로 가져가 올려놓
으셨다. 그리고는 불단에 올려져 있던 과자를 간식으로 주셨다.
화로 옆에 앉아 계시던 몸이 약한 어머니도 기뻐하시며 차를 따
라 주셨다……. 그로부터 동급생 중 단 두 명만이 중학교에 진학
해 긴긴 학교생활이 이어졌다. 겨우 끝내고 사회에 나와 결혼하
는가 싶었는데 바로 군대로, 그리고 중국의 전쟁터로…….
　정신이 번쩍 들어 '이대로 좋은 걸까?' 하고 살짝 주위를 둘러
본다. 걸을 수 있는 사람들은 주변을 걸어 다니고 있고, 해바라기
를 하면서 얘기에 몰두하는 사람들도 있다. 중국에서는 어째서
우리를 이렇게 대우해 주는 걸까? 사실 어떤 대우를 받더라도 할

말이 없는 우리인데……?

시골 출신의 소년이 시대의 파도에 휩쓸려 여기까지 왔다. 소년과 마찬가지로 행복하게 살았어야 할 중국인들. 소년은 일본군 전쟁범죄자가 되었고, 중국인 수천만의 사람들은 일본군에 의해 죽어갔다. 그리고 지금, 세월은 아무 일도 없었다는 듯이 양쪽 모두를 나이 들게 해버렸다. 거의 꿈을 꾸지 않는 도미나가였지만, 조금쯤은 몽상의 입구에 다가갔던 것일까? 다른 인생을 보내고 중년을 맞이하는 자신, 침략전쟁에 고통받지 않은 중국인들의 이미지. 그는 그런 몽상 속에서 대륙의 가을 하늘을 바라보고 있었을 것이다.

그는 1년 반 동안 요양소에서 투병 생활을 하고, 1955년 여름 푸순전범관리소로 돌아왔다. 3년 반 만에 깁스를 풀었다. 이제 들것으로 이동하던 생활을 끝내고, 맞춤 가죽 보호대를 착용하고 보행 연습에 들어갔다.

1955년 겨울, 커다란 일반실로 돌아왔을 때, 도미나가는 모두들 표정이 아주 달라진 데 놀랐다. 이전의 어둡고 긴장된 얼굴이 아니라, 정말로 해방된 밝은 얼굴들이었다. 그들은 1954년에서 55년에 걸쳐 인죄 학습을 철저히 실행했다. 도미나가가 학습에 뒤진 걸 초조하게 느꼈을 정도였다.

그 뒤 중국에서의 경과는 다른 전범자와 마찬가지였다. 각자 중국에서 저지른 전쟁범죄에 대해 소모임으로 토론을 거듭하고, 신생 중국을 참관하는 여행에 참여했다. 도미나가도 그 모든 과정을 거친 뒤, 1956년 8월 21일 마지막 3조로 최고인민검찰원의 기소 면제 결정을 받고 석방되었다.

도미나가를 비롯한 몇몇은 톈진까지 배웅나온 오호연 지도원이 열어준 송별회에 참석했다. 연회가 끝날 즈음 오 지도원이 말했다. "여러분의 귀국 후 생활은 결코 편하지만은 않을 것입니다. 어떤 일이 있더라도 다시 총을 메고 중국에 오는 일은 없도록 해주십시오. 여러분들의 건강을 빕니다."

도미나가는 이 석별의 말이 지금도 귓전에 남아 있다고 한다. '다시 중국을 침략하는, 그런 어리석은 짓을 생각할 자는 없다'고 일본인 대부분이 생각할 것이다. 그러나 그것은 침략한 쪽의 생각이고, 상처 입은 사람의 마음은 그렇지 않다. 상처 입은 사람은 비참한 체험을 잊어버리고 싶어도 불현듯 떠올리게 되고 만다. 떠오른 순간, 그 사람이 겪었던 과거의 체험은 지금 바로 눈앞의 현실이 된다. 송별회에 참석한 도미나가는 오 지도원의 말을, '그런 어리석은 짓은 두 번 다시 있을 수 없다'는 식의 태도가 아니라, 침략당한 쪽의 심정이 되어서 들을 수 있는 사람으로 변해 있었다.

귀국 이후 생활 재건은 어렵기 그지없었다. 한 살을 갓 넘어 헤어졌던 딸은 고등학교 2학년생이 되어 있었다. 딸이 '아버지'라고 불러주기까지 반년이 걸렸다. 그도 가정생활의 감각을 되찾으려면 시간이 필요했다.

취직은 아무리 애써도 되지 않았다. 커다란 요추 보호대를 입고 직업을 찾으러 다니는 것은 고통이었다. 도쿄의 실업대책사

업을 통해 사무 일용직 일을 구해서, 그것으로 하루하루를 이어 가기도 했다. 도쿄대 도하타 세이이치 교수의 주선으로 이력서를 낸 일도 있었다. 그런데 이력서에 첨부한 편지에 '전쟁은 지긋지긋하다, 앞으로 나는 반전 평화의 삶을 살고 싶다'고 쓴 탓에, "도미나가는 머리가 이상해졌으니, 당분간 쉬어야 한다"는 소문이 돌았다. 그래서 도하타의 인맥을 통해 아시아경제연구소 같은 곳에 취직하는 것은 어렵게 되었다. 사람들은 '중국 귀환자는 세뇌당한 사람'이라는 정치적 편견에 사로잡혀 있었고, 일자리를 찾아 헤매는 그에게로 공안 조사관이 때때로 찾아왔다.

귀국해서 6년 뒤인 1962년에야 취직이 되었다. 대학 후배가 근무하는 사립 고등학교에 1960년부터 강사로 나가던 중, 겨우겨우 상근직으로 채용됐다.

한편, 1960년 안보 투쟁 때는 중국귀환자연락회의 동료들과 일중우호협회의 깃발을 들고 시위에 참여했다. 도미나가는 시위 구호 중, '안보 반대'보다도 '기시 타도'란 구호에 더 마음이 갔다. 기시 노부스케는 무모한 전쟁을 수행한 A급 전범이었으나, 당시 수상 자리에까지 올랐다. 기시에 대한 분노는 침략전쟁의 사실을 인정하지 않는 일본인을 향한 것이기도 했다. 그것은 또 '실행자는 실행자로서 책임을 진다, 그리고 나서 명령자의 책임을 추궁한다'는, 저 지하 감방에서 생각한 논리에 기초한 것이기도 했다.

1987년 8월 15일, 패전기념일에 평화유족회의 집회에서 조용조용 얘기하는 도미나가의 모습을 볼 수 있었다. 1998년 여든세 살이 된 도미나가는 요추 만성염증의 후유증으로 걸을 때마다 조이는 듯한 다리와 허리의 통증에 시달렸지만, 중국귀환자연락회 회장으로서 여기저기서 발언하고 다녔다.

그의 뇌리에는 때때로, 무기를 버리고 투항했던 중국 병사가 부하에 의해 사살되던 광경이 떠오른다고 했다. 도미나가는 자신이 처음에 직접 머리를 벤 사람은 눈가리개를 하고 돌아앉아 있었는데, 그렇게 죽은 사람보다, 자신이 "상관없다, 쏴라" 하고 명령을 내려 죽게 한 투항한 중국 병사, 그 나이 든 중국인의 모습이 더 자주 떠오른다고 했다. 그 누구도 아닌 바로 자신이 내린 명령에 따라 그 남자는 죽었다. 도미나가가 짊어진 죄의식이 사살되어 쓰러지는 남자의 환영을 불러일으키는 것이다.

도미나가는 자신이 일본 군인으로 순응해 가는 과정을, "나는 학생 시절부터 어느 쪽인가 하면 강경파였다, 그래서 그대로 전쟁으로 빨려 들어가 버렸다"고 답했다. "그대로 전쟁에 몰입해 버린 청년이, 이미 많은 중국인을 죽인 부하에 대한 열등감 때문에, 중국인의 목을 베는 신참 교육장에서, 인간에서 일본 살인마로 변모했다"고 설명한다.

나는 그의 이야기를 들으면서, '그대로 전쟁에 빨려 들어간' 심리의 깊은 곳에는, 소년 시절에 다섯 명의 가족을 묻어야 했던 체험도 관계가 있을 거라고 여겼다. 혼자만 남은 소년에게, 당시 일본의 문화는 어떤 메시지를 보내고 있었을까? 소중한 사람을 잃었어도, 사람과 사람의 유대는 믿을 만한 것이라고 전했을까? 아니었을 것이다. '인생은 그대로 순응할 수밖에 없는 것이다, 이상은 이상일 뿐, 별것 아니다'라고 느끼게 했을 것이다.

나의 이런 말에, 도미나가는 "나 자신의 상실감은 특별한 것이 아니다"라고 부정했다. 하지만 나는 지금도, 도미나가가 겪은 소년 시절의 무력감, 그 무력감을 돌보려 하지 않는 권위적이고 폭력적인 문화가, '그대로 전쟁에 빨려 들어가는 청년'을 키운 것이 아닌가 생각한다. 내가 죄의식을 묻는 것은, 타자의 슬픔을 감싸 안는 문화를 만들어내지 않으면 평화는 없다고 생각하기 때문이다.

제9장

죄의식 없는
악인

일본인의 공격성

일본은 평화롭다, 범죄도 적다는 말을 자주 듣는다. 과연 그럴까? 미국처럼 많은 인종이 섞여 있고 난민을 받아들이며 전 세계의 거의 모든 분쟁에 관여하지 않을 수 없는 사회와 비교하여 '일본은 평화롭다, 범죄가 적다'고 자만할 수 있는 것일까? 심지어 '일본인은 평화에 취해 있다, 물과 안전은 공짜라고 착각하고 있다'라는 비약까지 나온다. 그런 전제 위에서 방위라는 명분으로 공격심리를 환기하려는 정치가와 평론가도 있다.

그러나 일본처럼 균질한 문화를 유지하고 있는 사회 중에는 일본과 비슷하게 평화롭고 범죄가 적은 곳이 많다. 사회적 조건을 무시한 채, '평화롭고 범죄가 적은 일본'이라는 신화가 신봉되고 있다.

그럼 질문을 바꿔서, '일본은 공격성이 적은 사회인가?'라고 물으면 어떤 답이 나올까?

나는 집 밖으로 나가면 자주 정신적으로 지친다. 트럭 운전사는 작은 승용차에 바싹 다가가서 경적을 울려 위협하고, 그것으로 모자라 욕을 퍼붓기도 한다. 역이나 전철 안에서 위압적으로 행동하는 사람도 적지 않다. 마치 국회의 무슨 위원회 같다. 거리를 배회하는 젊은이들의 표정도 험악하다. 집단주의를 강요하는 방송은 과잉상태에 이르러, 곳곳에서 큰소리로 폭력을 휘두른다. 눈에 보이는 큰길 한편에서, 아이들의 '따돌림'은 잔혹하기 그지없다. 일본의 조직폭력배 야쿠자는 사라질 줄 모른다. 분명

흉악 범죄는 줄어들었지만, 결코 공격성이 낮은 사회라고는 할 수 없다. 청소년의 흉악 범죄는 도리어 늘고 있다. 아주 작은 자극에도 기분 나빠하는 사람이 많다. 내면에 공격성을 숨긴 긴장의 강도가 강한 사회가 전쟁에 치를 떤다고 해서 정말로 평화를 사랑하는 사회로 바뀌었다고 할 수 있을까?

평화는 이성에 의해 유지된다. 침략전쟁은 얻는 것보다 잃는 것이 너무나 크다. 비율이 맞지 않는다. 또, 많은 인간을 죽이는 행위는 불쾌하다. 이렇게 생각하는 것은 이성에 기초한 것이다. 그러나 전쟁에서는 늘 비합리적인 충동이 이성을 억압하고, 짐짓 위엄을 가장한 논리로 변신한다. 전쟁과 전쟁 사이에는 주목받지 못했던 공격성이, 전쟁이 나면 집단적인 폭력의 회로를 통해 사방으로 퍼져나간다. 이와 같은 전쟁 메커니즘에 대항하는 것이 전쟁을 반대하는 평화운동만으로 가능할까? 물론 이성의 강화는 무의식이 충동으로 나아가는 것을 저지할 수 있다. 하지만 그와 동시에 공격성에 대한 적극적인 분석과 각성이 필요하지 않을까?

패전 당시, 일본인의 공격성은 어떻게 변용되었던가? 극대화되었던 공격성은 과연 감소했을까? 그 후, 일본 사회는 공격성을 어떻게 처리하고 혹은 이용해 왔던가? 스스로의 공격성을 자각하는 일이 있었던가?

나는 때때로 현시점의 일본 사회를 생각할 때, 『들어라, 학도병의 소리를』[37]이나 『복간 세기의 유서』[38]를 펼쳐 든다. 죽음을 앞두고 쓴 글에는 반성만이 아니라, 변명과 감상도 드러난다.

공격성의 부인

예를 들면, 3장에서 언급한 바 있는 시라토리(오가와 의사가 분노한 중국 군중으로부터 그의 시체를 필사적으로 빼내었다)의 유서(『복간 세기의 유서』에 수록)를 보자. 그는 다수의 중국인을 혹사하고, 마음에 들지 않는다는 이유로 헌병과 경비대에 넘겨 죽게 했다는 죄명으로, 베이징의 텐차오 형장에서 총살당했다. 그는 가족 앞으로 남긴 유서에서, '나는 전혀 관계없는 미타니(三谷) 부대의 학살사건 때문에 죽는다. 중국인들은 그 복수로 나를 희생시키려 한다. (진상을 규명하여……) 내가 8년간 중국인을 위해 심혈을 기울여 달성한 업적에 부당하게 더해진 오점을 지워달라'고 말하고 있다. 자식들에게는 '어머니가 하시는 말씀을 잘 지키고, 강하고 바르고 밝게 몸과 마음을 단련하여 황국을 크게 넓히는 전사가 되어라. 아버지는 아직껏 그 누구도 속인 바 없고, 그 누구도 괴롭힌 일 없다'는 말을 남겼다.

1938년 난징을 침략했을 때, 누가 먼저 1백 명을 베어 죽이느냐는 경쟁을 벌인 무용담으로 일본 국내 신문에 크게 보도되었던 무카이 도시아키(向井敏明, 전 육군 소좌로 1946년 1월 난징에서 총살형 당함)와 노다 쓰요시(野田毅, 전 육군 소좌로 1948년 1월 광둥에서

37. 일본전몰학생기념회 엮음, 『きけ わだつみのこえ』, 岩波文庫. 도쿄대협동조합출판부에서 나온 초판본은 1949년 출간.

38. 스가모(巣鴨) 유서편찬회 엮음, 『復刻 世紀の遺書』, 講談社, 1984

총살형 당함)의 유서는 다음과 같다.

무카이의 유서에는 '나는 천지신명께 맹세코 포로와 주민을 살해한 일이 전혀 없습니다. 난징 학살사건의 죄는 절대로 받아들일 수 없습니다. (……) 내가 죽음으로써, 중국 항전 8년이 패배로 끝난 데 대한 한을 씻고, 일중 친선, 동양 평화의 단서를 이룬다면 이렇게 버려짐을 행운으로 알겠습니다'라고 씌어 있다. 또 '노다 군이, 신문기자에게 말한 것이 기사화되어 죽음의 길동무로 대가족의 기둥을 잃게 한 점, 엎드려 사죄한다고 전해달라 했습니다. 어느 누가 나쁜 게 아닙니다. 사람이 모여 얘기를 하다 보면 농담이 나오게 마련입니다. (……) 공정한 사람이라면, 내가 한 일은 분명히 전투행위이지 범죄가 아니었다고 말할 겁니다'라고 서술하여, 그 일이 기자의 곡해였다고 변명하고 있다. 목을 벤 이야기를 농담이라 말하는 사람이 할 수 있는 최대한의 변명이다.

노다도 마찬가지로 유서에서 다음과 같이 썼다. '포로, 비전투원 학살, 난징 학살사건의 죄명은 절대로 받아들일 수 없습니다. 거부하겠습니다. 죽음이 선고된 것에 대해서는 하늘의 명이려니 체념하고, 일본 남아의 최후가 어떠해야 하는지를 보여 드리겠습니다. (중략) 우리의 죽음이 중국과 일본에 계기를 마련하여 양국이 제휴하게 되고, 동양 평화의 다리가 되어, 나아가서는 세계 평화가 도래할 것을 바라 마지않습니다.'

그는 다른 유서에서는, '쓸데없는 전쟁을 그만둬라. 일찍이 일본의 대동아전쟁 방식은 잘못되어 있었다. 독선적으로 자신만이 우수 민족이라고 생각한 데에 오류가 있었다. 일본인 전부가 그랬다고는 말하지 않겠지만 모두가 자만했던 것은 사실이다. 그런 생각으로 일본의 이상이 실현될 리 없다'고 쓴 뒤, '천황 폐하 만세! 중화민국 만세! 일본국 만세! 동양평화 만세! 세계평화 만세! 죽어서 호국의 혼이 되겠다!'고 끝맺고 있다.

둘 다 중화민국 정부에 의해 처형당했는데, 죽음을 앞에 두고 자신의 죽음에 어떻게든 의미를 부여하고자 했다. 누구나 같은 논리다. 자신은 '일본 군인 혹은 군속으로서 당연한 일을 한 것뿐이고, 전쟁범죄는 저지르지 않았으며, 중국인을 괴롭히지 않았다. 그러나 전쟁에 진 이상, 일중 평화를 위해 희생자로 죽는다'는 것이었다.

여기서는 자신이 저지른 잔학한 행위를 상기하고 후회스러워치를 떨며, 다른 사람들의 비난과는 관계없이, 정신적으로 상처입은 인간을 찾아볼 수 없다. 분명히 재판은 날림이었을 것이고, 거론된 증거에 잘못된 것도 있었을 것이다. 그러나 고발 여부와 관계없이, 다른 나라에 무단으로 들어가 무엇을 했는지, 자신의 과거를 응시하려는 자세를 전혀 찾아볼 수 없다.

그들은 자신의 공격성을 전혀 자각하고 있지 않다. 자기 자신의 공격성은 부인하면서 오히려 적에게 강한 공격성이 있었고, 자신은 그러한 상대의 공격성에 고스란히 희생된 것이라고 굳게 믿고 있다. '투사'의 심리적 메커니즘을 교묘히 사용하고 있다.

죄의식은 자신의 공격성을 타자에게 투사하는 것이 아니라, 자기 자신의 내면을 공격하는 것에서 생긴다. 지나친 죄의식은 우리를 자살이나 정신장애로 몰아갈 위험성이 있다. 그러나 다른 사람을 파괴하는 쪽보다 자신의 고통을 선택하는 것이 양심이다. 그런데 위에서 예로 든 세 사람은 상대에게만 공격성이 있다고 느끼고 있으므로, 거기서 죄의식이 생겨날 리 없다. 상대의 공격성은 자신의 공격성에 대한 반응이며, 혹은 자신의 공격성이 투영된 것이라는 것은 생각해 보지도 않은 사람들이다.

이들의 유서를 읽고 있으면, 개성 없는 동질의 논리에 질리고 만다. 일본인은 각자가 개인으로서 전쟁에 어떻게 관계했는가를 물으려 하지 않았다. 마찬가지로 패전을 했어도, 사형에 직면해서도, 개인으로서 각자의 삶을 사는 것으로 보이지 않는다. 그것은 전쟁 지도자 중의 한 사람인 도조 히데키(1948년 12월 스가모에서 사형당함)의 유서와 다를 바 없다.

나 자신으로서는 국민에 대한 책임을 지고 불만 없이 형장으로 간다. 단, 이 일로 동료들에게 책임이 미치게 된 점, 또 하급자에게까지도 형이 내려진 점은 실로 유감이다. 천황 폐하에 대해, 또 국민에 대해서도 죄송스럽고, 깊이 사죄한다. 원래 일본의 군대는 폐하의 인자하신 뜻에 따라 행동해야만 했으나, 일부 과오를 범하여 세계의 오해를 받은 것은 유감이다.

동아시아의 여러 민족은 이번 일을 잊고, 장래 서로 협력해야 할 것이다. 동아시아 민족도 역시 다른 민족과 마찬가지로 이 천지에 살 권리를 가져야 하며, 유색인종임을 오히려 신의 은총으로 여긴다.

일본은 미국의 지도에 기초하여 무력을 전면적으로 포기했다
(헌법 제9조를 말함 – 지은이 주). 이것은 현명했다고 생각한다. 그러
나 세계 모든 국가가 전면적으로 무장을 배제하는 것이라면 좋겠
다. 그렇지 않다면, 범인이 날뛰는 형국이 된다.

나는 전쟁을 근절하기 위해서는 인간에게서 욕심을 없애야 한
다고 생각한다. 현재 세계 각국은 여하튼 자국의 존재나 자위권
의 확보를 주된 관심사로 삼고 있다. (이것은 상호 욕심을 버리지 않았
다는 증거이다.) 국가로부터 욕심을 없앤다는 것은 불가능한 일이
다. 그렇다면 이 세계에 앞으로 전쟁을 없애는 일은 불가능하다.
이래서는 결국 인간이 자멸해버리는 것이 아닌가 싶겠지만, 사실
이 그러하다. 그러므로 제3차 세계대전은 피할 수 없을 것이다.

이번 처형을 계기로 삼아, 적·아군·중립국의 국민 피해자를 위
한 추도 위안제를 열어주길. 세계평화의 정신적 초석으로 삼고
싶어서다.

도조는 직접 잔학행위를 한 사람은 아니다. 헌병정치를 펼쳐
사람들을 억압하고 전쟁을 지휘한 육군 대장이자 총리대신이었
다. 그에게 인간으로서의 죄의식을 기대해본들 소용없을 것이
다. 그렇기는 하지만, 그의 막힌 데 없는 논리와 다른 전범의 유
서는 어쩌면 이렇게도 닮은 것일까. 더구나 도조의 장문의 유서
는, 장래의 재건군(즉, 자위대)은 용병제를 고려하는 것이 좋겠다

는 데에서부터, 학교 교육의 방향, 야스쿠니신사 합사 등에 이르기까지를 서술하고 있다. 이것을 보고 있으면 마치 그 후 일본이 반세기에 걸쳐 도조의 의사를 그대로 따라온 것처럼 보인다.

일본의 문화는 무엇 하나 변한 것이 없지 않은가. 우리는 무엇을 바꾸려 했고, 무엇이 그대로인가.

다음으로 가장 호전적으로 산 우익, 특무 기관원의 반성 내용을 분석해 보자.

두꺼운 외피를 두른 공격자

나가토미 히로미치(永富博道)는 지금까지 소개했던 장병들과 달리, 지독한 악행을 저질렀다. 고쿠도칸(國土館)전문학교 학생 시절, 우익 학생운동 활동으로 난징 학살에 가담했고, 이후 스스로 원해서 상하이 특무기관에 들어가, 1941년부터 북지나에 파견되어 제37사단 중기관총중대 병사로서 산시성에서 온갖 난폭한 짓을 저질렀다. 그 잔혹함이 얼마나 지독했던지, 부하였던 중국인으로부터 '염라대왕'이라 불렸다. 패전으로 현지 제대한 후에도 잔류 일본군을 조직하여 국민당계의 군벌 옌시산(閻錫山)과 협력해 인민해방군과 싸웠다. 그가 해방군에게 체포당한 것은 1949년 4월이었다. 스무 살에 중국에 건너간 지 12년이 흘러 있었다.

그는 타이위안전범관리소에 수용되어, 7년 후인 1956년 6월 특별군사법정이 열렸을 때 금고 13년형을 받고 푸순전범관리소로 이송된 뒤, 1963년 9월 석방되었다.

그가 얼마나 잔인했는지, 특별군사법정의 기록을 보자. 나가토미는 『흰 이리의 발자취 : 산시 잔류 비사』(新風書房, 1995)에, 기소장과 법정 기록을 발췌해 실었다.

예를 들면, 1943년 1월 정보공작대를 지휘해 산시성 원시현(聞喜縣)의 베이바이스(北白石)라는 마을에서 저지른 학살에 대해 다음과 같이 서술했다.

일본군은 그들에게 물을 지게 했는데, 그들은 지려고 하지 않았습니다. 나는 주민이 강한 항일 정신을 지녔다는 점에서, 이 마을에는 반드시 다수의 무기와 식량이 숨겨져 있을 것으로 판단했습니다. 곧바로 공작대에게 주민들을 민가 마당에 모으도록 명령했습니다. 마당에는 수많은 남녀가 있었고 아이들도 있었습니다. 우리는 이 중에서 15명을 끌어내어, 모두 지켜보는 앞에서 내가 먼저 고문을 했습니다. 나는 주민 하나를 옷 앞자락을 쥐고 구타한 뒤, 공작대에게 총대와 몽둥이로 패게 했습니다. 이 주민은 얼굴을 얻어맞아 눈이 파열되고 몸은 빨갛게 부어올라, 피눈물이 범벅이 되어 나가떨어졌습니다.

아이들은 '파파~' 하고 울부짖었습니다. 내가 그들의 아버지나 어머니를 때리면, 그 아이들은 그 상황을 바라보아야만 했습니다. 그리고 나서 나는 그들을 한집에 몰아넣고, 저녁에 다시 고문했습니다. 주민들은 아무것도 모른다고만 했고, 나는 부하들을 시켜서 다시 고문하게 했습니다. 이튿날 아침, 나는 공작대에 명령해, 마을 서쪽에 있는 분지에서 전원 살해했습니다.

그 고문이란 것은 이러했다.

커다란 돌과 열 자 길이의 통나무를 날라왔습니다. 그리고 목을 그 사이에 끼고, 입안에 총검을 넣어 세게 휘둘렀습니다. 혀가 잘려 너덜거렸고 이도 빠져 밑으로 떨어졌습니다.

근처 상샤유커우(上下峪口) 마을에서는 농민 여덟 명을 빨간 술이 달린 창으로 엉덩이를 찔러 죽였다. 세 명은 그가 찔러 죽이고 나머지는 부하들에게 따라 하도록 했다. 또 원시현 헝쉐이진(橫水鎭)에서는 남자 한 사람을 고문한 뒤, 마차 뒤에 밧줄로 묶어 질질 끌고 다녀 죽게 했다. 불에 달군 젓가락으로 음경을 자르거나, 물고문으로 부풀어 오른 배를 발로 짓밟는 고문도 즐겼다. 또 비위안현(泌源縣) 정중(正中) 마을에서는 겁에 질려 굴에 숨어 있던 여자와 아이 열두 명을 찾아내, 마른풀로 태워 죽였다. 그가 죽인 중국 농민의 숫자는 특별군사법정에서 기소된 사건만 해도 111명이다. 그 자신은 200명이 넘는다고 말하고 있다. 실로 염라대왕이 따로 없을뿐더러, 본인도 그렇게 불리는 것이 아주 싫지는 않았다고 한다.

나가토미는 도미나가와 마찬가지로 구마모토현 출신이다. 1916년 아소(阿蘇)의 오래된 집에서 장남으로 태어난 그는 군국주의를 숭앙하는 가정에서 엄격한 가정교육을 받았다. 집안 어른들은 유년 시절 몸이 약했던 그를 단련시켜, 그 약함을 과잉 보상하려 했던 것 같다. 어렸을 때, 가정교육이라는 미명 아래 주위로부터 가해진 공격성은, 민감한 약자를 두꺼운 외피를 두른 공격자로 변화시켰다.

더구나 구마모토는 군국주의가 매우 강한 지역이었다. 구마모토 사람들은 지금도 향토 군단을 태평양전쟁 때처럼 '6사단'이라고 부른다. 일본에서는 구마모토의 남자들을 최강의 군인이라고 믿고 있다. 예를 들어 구마모토대학에는 1984년까지 '체질의학연구소'가 있었다. 지금은 의학부 부속 '유전발생의학 연구시설'로 축소 전환되었는데, 이곳은 난징 공략 등에서 전과를 올린 (난징 학살에서도 중요한 가해 집단으로 여겨지는) '일본 제일의 6사단'이 뛰어나게 강할 수 있었던 이유를 의학적으로 해명하기 위해, 구마모토의과대학이 당시 아라키 사다오(荒木貞夫, 전 제6사단장) 문부대신에게 제안하여 개설되었다고 한다.

지역의 주요 신문인 「구마모토 일일신문」은 전후 15년이 지난 시점에서도 『구마모토군단사』를 출판했다. 그 책의 저자는 재향군인회의 활동이 여전히 활발하며 상무심(尚武心)을 배양하는 기풍이 양성되고 있다고 자만하고 있다. 그뿐만 아니라, 이미 1960년 당시에 난징 학살을 부정하는 주장을 폈다.

그런 구마모토현의 시골에서 자란 나가토미 소년은, 아버지를 따라 조선 평양의 중학교로 옮기게 된다. 평양에서 기독교를 알게 돼 세례를 받았다. 그러나 강자를 추구했던 그는 기독교의 교

262

리에 젖어 들 수 없었다. 어렸을 때부터 수련한 검도를 통해 천황 숭배에 물들어 있던 그는 목사에게 그리스도와 일왕 중에 누가 더 위대한지 물었다. 목사가 당혹해하며 '그리스도'라고 하자, 그는 '기독교는 안 돼'라고 생각했다. 생각하고 비판하는 것의 소중함을 모르고, 굳건히 믿는 것, 믿고 행동하는 것, 확실하고 굳건한 것이 전부라고 생각했던 청년은, 기독교를 버리고 도쿄의 고쿠노칸전문학교에 진학했다.

고쿠도칸에는 구마모토 출신의 국수주의자 미노다 무네키(養田胸喜) 교수가 있었다. 미노다는 교토대 다키가와(瀧川) 사건[39]과 천황기관설[40] 배격 운동의 도화선이 된 사람이다. 그는 '국체 명징(國體 明徵, 천황 중심의 국가 체제를 명확히 하는 일) 운동'을 일으켰

39. 교토제국대학 법학부의 다키가와 유키토키(瀧川行辰) 교수가 톨스토이의 형법관에 대해 강연한 내용이 불온하다고 사법 당국이 문부성에 처벌을 요구해 벌어진 사태. 그의 저서 『형법 독본』에서 간통죄와 내란죄에 대한 설명이 이른바 '국체(國體)'에 위반된다는 이유로 발매를 금지했다. 1933년 4월, 문부성이 다키가와 교수의 사직을 교토대학 총장에게 요구하자, 이에 법학부 교수회는 학문의 자유와 대학의 자치를 침해한다고 보아 전 교원 39명이 사표를 제출하며 반발했다. 학생들도 총퇴학 성명을 내고 이를 지지했다. 그러나 5월, 문부성은 다키가와 교수의 휴직을 강행했고, 법학부 교수 7명을 면직시켰다. 이 사건으로 대학 자치는 위기에 처하고 대학의 파쇼화가 진행되기 시작했다.

40. 천황기관설은 미노베 다쓰키치(美濃部達吉)의 학설로, '천황은 단체인 국가를 대표하는 최고 기관이며 주권은 국가에 있다'는 내용이다. 헌법 해석에 의해 일왕의 권한을 제한하고 의회 내각의 책임을 주장하는 이 학설은 정당 정치의 이론적 바탕이 되기도 했다. 그러나 천황의 권능을 절대적인 것으로 보는 군부와 국가주의자들이 이 학설을 공격했다. 일본 정부는 1935년 4월, 미노베의 저서 4종을 발매 금지했고, 그해 8월과 10월 두 차례 '국체 명징'에 대한 성명을 발표해 '천황기관설'을 공식적으로 부인했다. 이 사건을 계기로 군부의 정치적 진출과 사회의 파쇼화가 본격적으로 진행되었다.

고, 군부·관헌과 연계해 언론 통제와 사상 탄압을 선동했다. 나가토미는 고쿠도칸 근처에 사는 미노다의 집에 드나들면서 광신적인 국수주의자가 되어갔다. 우익의 거두 도야마 미쓰루(頭山滿)의 문을 일곱 번 두드려 그의 문하생이 되었으며, '권익 옹호' '폭지(暴支, 난폭한 지나. 중국을 말함 – 옮긴이) 응징' 따위의 말에 취해, 조국 일본이 세계를 제패하는 꿈에 불타올랐다. 아라키 사다오 당시 육군 대장이나 야마모토 에이스케(山本英輔) 당시 해군 대장 등의 집에도 드나들게 되었다.

1937년 7월 루거우차오 사건이 일어나고 중일전쟁이 터졌다. 도쿄의 각 대학과 전문학교에는 우익학생연합 '애국'이 결성됐다. 학생운동의 일환으로 그해 12월, 상하이에서 난징까지 일본군이 공략한 각 도시를 시찰하는 여행이 있었다. 귀국 보고를 통해 전국의 학생을 중국 침략의 길로 몰아세우려는 의도였다. 이 일은 나중에 학생들 스스로 학도병 출진 운동을 벌이는 데까지 발전한다.

청년 나가토미는 고쿠도칸의 대표로 11개 학교 대표와 함께 처음으로 중국으로 건너갔다. 그리고 처음으로 중국인을 살해했다. 학생 동아리 활동의 하나로 전쟁터로 여행 가서 살인을 저지른 것이다.

마음껏 살인하다

상하이의 장완(江灣)에서 우쑹(嗚淞)의 포대로, 다창전(大場鎭)에서 자베이(閘北)로 폐허를 돌아보고, 자베이에서 화물열차를 타고 난징으로 향했다. 촌락에 사람 그림자라고는 없고, 강에 떠오른 벌거벗은 중국인 시체는 물이 얼어 떠내려가지 못하고 그 자리에 있있다.

난징이 침략당한 뒤 아직 2주일이 채 지나지 않은 때였다. 학생들은 난징성이 가까워지면서 겹겹이 쌓인 시체에 놀랐다.

난징성 안에는 '국제난민구'가 설정돼 있었다. 남아있던 미국인 선교사와 의사, 독일인 실업가들로 '난징 난민구 국제위원회'도 만들어졌다. 국제위원회는 난징의 일정 지역에 주민을 피난시켜, 일본군 병사에 의한 살육을 막으려 했다. 그러나 일본군 병사들은 피난민으로 넘치는 난민구에 들어가 강간과 살인을 거듭했고, '패잔병 소탕'의 명목으로 병역 연령에 해당하는 남자들을 집단 연행해 죽이고 있었다.

나가토미 일행도 난징 특무기관의 직원들에 이끌려 진링(金陵)여자문리학원 등 난민구 내의 건물을 시찰했다. 나가토미 일행은,

"도쿄에서 온 학생들이신가. 마음에 드는 여자애가 있으면 데려가도 돼. 우리는 매일같이 즐기고 있으니 말이야."

"처음에는 휘발유를 뿌려서 죽였는데, 귀찮아져서 중기관총으로 처리하지."

따위의, 일본 장병들의 말에 점점 흥분되어갔다.

이때 피난민 중에서 끌어낸 남자들을 20명 정도 차에 싣고 양
쯔강가의 시아관(下關)으로 데려가 살해했다. 나가토미는 처음
살인을 한 당시의 일을 잘 기억하고 있었다.

몇 천은 되어 보이는 시체가 겹겹이 쌓여 있었다. 그 사이로 난
좁은 길을 지나갔는데, 몸이 부들부들 떨렸다. 처음 보는 광경이
었으니까. '나는 검도 4단, 약한 모습을 보여서는 안 된다'고 생각
했다. 그러자 더 흥분됐다.

양쯔강 제방에 다다르자, 인솔해온 장교가 학생들에게, "너희
들, 자유롭게 이 중국인들을 죽여 봐라. 돌아가면 이야기 선물이
될걸?" 하고 권했다.

그래서 학생 중 유도를 잘한다는 사람은 목을 조르고, 가라테
선수는 때려죽이려 했지만, 쉽게 죽지 않았다.

장교는 "내가 시범을 보여주지!" 하더니, 일본도에 물을 뿌려
단번에 목을 베어 떨어뜨렸다. 그들이 참수에 정신을 팔고 있는
사이에, 남자 하나가 도망쳐 강의 탁류 속으로 뛰어들었다. 나가
토미는 순간 병사의 총을 빌려, 떠올랐다 가라앉았다 하는 남자
를 쏘았다. 이것이 우익 학생의 교육 실습이었다.

나가토미는 아무런 의문도 갖지 않았고, 그 어떤 죄책감도 느
끼지 않았다고 한다. 군대가 하는 것은 모두 옳다고 믿고 있었다.
'천황께 적대하는 중국인은 한 사람이라도 더 죽여야만 한다. 천

황 폐하야말로 세계를 지배할 살아있는 신'이라는 생각이 더욱 강해질 뿐이었다.

상하이에서 위세가 등등해져 귀국한 '애국' 학생연맹은 각 학교에서 일본군의 활약을 선전하고, "지금은 대학이나 전문학교에 있을 때가 아니다"라며 학도병 출진을 선동했다.

자기 현시

나가토미는 귀국하자마자 도야마로부터 한 번 더 중국에 가라는 말을 듣는다. 중간 보스가 되어 이리저리 쑤시고 다니는 것을 좋아하는 그의 성격을 간파해서였을 것이다. 그는 상하이 특무기관에 들어갔고, 일본 학생을 상하이나 남중국 등으로 보내는 전위 역할을 맡았다. 상하이 특무기관에서는 우장현(嗚江縣) 선무반에서 복무했다. 고쿠도칸에서는 귀국하여 졸업시험을 치르는 전갈이 왔지만, 그는 '그까짓 것 아무래도 좋다'고 무시했다. 지금은 천황 폐하를 위해 중국 평정에 힘쓰는 것이 남자가 할 일이라고 생각했다. 졸업시험을 치지 않았는데도 고쿠도칸은 그를 졸업시켰다. 1938년 7월에는 안칭(安慶)에 특무기관을 개설하기 위해 파견되어, 그곳에서 2년 반 동안 일했다.

특무기관은 일본 육군의 정보기관으로, 1918년 시베리아 출병 때 하얼빈에 설치됐다. 1931년 만주사변 이후 각지에 만들어지면서 지부, 출장소도 늘어났다. 특무기관은 작전 대상 지역에서 벌이는 직접적인 작전 이외에도 정치·경제 공작, 선전, 첩보, 모략 등의 일을 했다. 모략, 암살을 전문으로 하는 특무기관도 있었다. 각 특무기관은 군의 편제 밖에 있으면서 그것을 관장하는 기관장의 이름으로 불렸다. 기관장은 현역 상급 장교였으며, 기관원은 군속으로 분류되어 육군에서 급여를 받았다.

나가토미는 특무기관에서 암약하다가 1941년 2월 군대에 들어가, 북지나방면군 제1군 제5독립경비대 제27대대본부의 정보실에서 패전 때까지 일했다. 언제나 모략과 정보 관련 일에 종사했다.

"그러니까, 당신은 특무활동이 좋았던 거군요?" 하고 내가 물었다.

그는, "좋다 나쁘다 할 게 없습니다. 군대에서 속박당하는 생활은 싫었기 때문에, 영외에 거주하면서 자기 하고 싶은 대로 할 수 있는, 그런 것이 나한테 맞았던 거지요"라고 말했다. 질문에 아니라고 답하면서도, 결국 긍정하고 있다. 이런 성격은 우익에서 흔히 볼 수 있는 것으로, 이들은 소집단 속에서 자기를 드러내고 싶어 한다.

그는 팔로군이나 국민당의 정보를 수집해 군대에 보고하는 일이 무엇보다 나라를 위해 도움이 되는 일이라 생각했다. 적게는 오륙 명, 많을 때는 마흔 명 정도의 부하를 이끌고 촌락에서 촌락으로 돌아다녔다. 식량, 경비, 정보공작대원의 급여 따위를 모두 중국인 촌락에서 약탈했다. 그것은 그들에겐 너무도 당연한 일이어서 '약탈'이란 낱말조차 떠올리지 않았다. 명령했는데 물건을 내놓지 않는 자는 모두 적이었다.

"전쟁범죄라니, 그런 생각은 전혀 없었지요. 살리는 것도 죽이는 것도 내 자유였습니다. 모아놓고 패고, 이거 안 되겠다 싶으면 팍팍 죽이는 거지요."

부녀자를 '예뻐해 주는 것'은 오히려 좋은 일을 하는 것으로 생각했다.

"중개인에게 소녀들을 100엔씩 주고 사서, 우장현에 종군위안소를 연 일도 있습니다. 그 일에 대해서도 저는 '팔려 갈 것을 되사주었다, 고생할 것을 살려 준 거다'라고 생각했을 정돕니다."

패전 뒤 북지나파견군 제1군(사령관 스미타 라이시로[澄田睞四郎] 중장)은 타이위안에서 옌시산의 산시군과 비밀 협정을 맺고 계속 남아있었다. 난징의 일본군 총사령부가 복귀할 것을 설득했지만 스미타는 그 명령을 전하지 않았다. 이런 경위로 1장의 유아사 의사가 타이위안에 남게 되었다. 유아사 등 다수의 군인은 정보 부족과 귀국 뒤의 생활에 대한 불안 때문에 잔류한 데 반해, 군의 상층부인 고모토 다이사쿠 등 우익은 분명한 식민지 지배 의지가 있었다. '불타버린 일본을 부흥하기 위해, 산시성의 지하자원(석탄, 철광산)이 도움이 될 것이다. 옌시산의 산시군을 도와 공산군과 싸워서, 풍부한 자원을 장악하여 일본 경제부흥의 일익을 담당하자'는 것이었다.

나가토미 일행은 귀국하려는 장병을 꾸짖고 잔류할 것을 선동해, 그 후 4년에 걸쳐서 내란에 참여했다. 나아가 그는 1948년 상하이로 가서, 산시성 독립을 위한 의용군을 일본에서 모집할

기관을 만들고자 했다. 그의 모략을 즐기는 성향과 단순한 사고가 절묘하게 결합한 행동이었다. 산시에 잔류해 팔로군과 싸운 무용담은 앞서 언급한 나가토미의 저서 『흰 이리의 발자취』에 상세히 나와 있다.

패전 후 4년에 걸쳐, 중국 내륙에서 내란을 선동한 일본군이 있었다는 사실은 별로 알려지지 않았다. 나가토미의 저서는 귀중한 기록이지만, 나는 그 글을 별로 좋아하지 않는다. 그는 니우투어싸이(牛駝塞)에서 벌어졌던 잔류 일본인 부대(10총대)와 팔로군 사이의 공방을 다음과 같이 기록했다.

해방군 전사가 폭약을 등에 지고 총검을 든 채 기어 올라온다. 그 폭약에 불이 붙었다 싶더니 니우투어싸이의 정면에 있던 높이 수십 미터의 토치카(적의 공격에서 아군을 보호하는 엄폐 진지)가 한순간에 먼지가 되어 날아가 버렸다. 그 안의 포탄에 불이 붙어 천장에서 불기둥이 솟아올랐다. 하늘을 태울 기세다. 새하얀 건물이 칠흑 같은 어둠 속에 뚜렷이 모습을 드러냈다. 그리고 그 흰 벽에, 돌격해 오는 해방군 전사와 일본군 병사가 총검으로 백병전을 벌이는 모습이 투영돼, 마치 그림자 연극을 보는 듯했다. 나는 참호를 오가며, 가지고 온 큰북을 울리면서 "힘내라, 힘내라" 소리 질러 병사들을 격려했다. 내가 울리는 큰북 소리가 포격이 멈춰 조용해진 산속에 울려 퍼져, 호위하고 있던 부대에까지 들렸다고 한다.

그는 새삼스럽게 반세기가 지난 시절의 무용담을 그리고 있다. 자신의 내면을 분석하는 데는 취약하고, 행동을 기술하는 데는 능통하다. 당시의 일본인, 그리고 지금의 일본인에게 이어지고 있는, 변함없는 성격 경향이다.

1949년 4월 24일, 타이위안은 함락되고, 나가토미는 포로가 되었다. 그를 포함한 포로들은 성내 병사에 수용됐다. 야식 때가 되면, 해방군 병사들은 각자 휴대한 쌀을 꺼내어 포로들을 위해 밥을 지어주고, 자신들은 조밥을 먹었다. 포로는 병사에서 자고, 해방군은 야외에서 잤다. 나가토미로서는 상상조차 할 수 없던 일이었다.

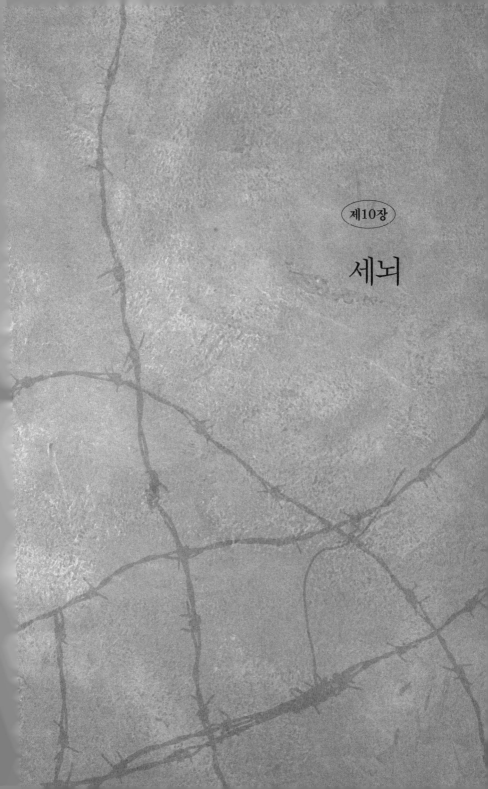

제10장

세뇌

잃어버린 감정

패전으로부터 4년, 여전히 산시성에서 위력을 떨치던 일본 육
군 잔류자들은 1949년 4월 24일 타이위안에서 무장해제당했다.
대부분의 잔류 일본인은 포로수용소에 수용돼 타이위안 거리의
토목공사에 동원되었는데, 산시성 잔류군 간부들은 어째서인지
방치되었다. 나가토미 일행 열 명은 잘 빠져나가나 싶더니 12월
이 돼서 드디어 체포되었다.

나가토미는 이 동안에도 우익 군국주의자로서 '일본 부흥'을
계획했다.

"마적이 실패했으니, 이번에는 해적이다. 상하이에는 중앙은
행 총재인 T, 정치가 S, 장제스의 시의였던 K 등이 있다. 그들을
규합해 보하이만(渤海灣), 지나해(支那海) 연안으로 나가, 타이완
을 거점으로 일본과 밀무역을 하면서 일본 군인을 모아 재기를
계획하자."

그래서 배에 경험이 있는 자, 무선통신을 할 수 있는 자를 찾
았다. 캄캄한 밤중에 취사장 뒤로 사람들을 불러내어 임무를 지
시하기도 했다. 모략을 생각하는 것은 이미 그의 습성이 되어 있
었다. 해적단 구상이 몽상으로 끝난 뒤에도 나가토미는 중국공
산당의 정보를 조금이라도 더 얻으려 했다. 일본에 귀국한 뒤에
도움이 될 것으로 생각했기 때문이다.

그러던 그도 연말에는 체포됐다. 허베이성 융녠(永年) 훈련단
에 수용됐다가, 1년 후에는 다시 타이위안으로 호송되어 1956년

6월에 판결(13년의 금고형)을 받고 푸순전범관리소로 이송될 때까지 6년간 타이위안전범관리소에 수용돼 있었다.

나가토미는 수많은 악행을 저질러놓고서도, 자신이 체포되었을 때 보복당할 것이라고는 전혀 생각하지 않았다고 한다. 그것은 매우 기묘한 일이다. 그 정도로 오만하게 중국인을 멸시했다는 얘기일 것이다. 때로는 중국인과 모략을 함께 하고, 때로는 첩보활동에 부하로 썼으면서도, 그는 중국인이 자신과 마찬가지로 분노하고 슬퍼하는 인간이라는 사실조차 잊고 있었다. 게다가 일본적인 '어리광'의 심리도 거기 더해졌을 것이다.

육년의 수용소에서는 노동과 학습과 탄바이가 그의 일과였다. 수용소 내 건물의 보수, 도로 개보수, 벽돌 만들기 등 중노동은 귀국에 유리할 것이라는 생각에서 열심히 했다. 늘 그랬듯이 이런 '행동'이 그의 전부였다. 반면에 '탄바이'에 대해서는, 상대가 무엇을 요구하고 있는지 이해할 수 없었다.

죄행이라고 하는데, 무엇이 죄행인지 알 수 없었다. 중국인을 죽인 거라면 셀 수 없을 지경이었다. 그것을 일일이 기억해내라는 말인가?

"어쨌든 살해에 대해 탄바이를 쓰긴 했습니다만, 죄의식이 전혀 없었습니다. '나는 중국인을 많이 죽였다. 나는 우국지사다. 영웅이다. 천황 폐하를 위해 이만큼 충성을 다했다. 그것은 또한 부모에 대한 효도이기도 했다. 훈장을 받았으니까. 많이 죽여서 훈장까지 받았는데, 뭐가 나쁘단 말이냐?' 그렇게 생각했습니다."

그는 내심 그렇게 생각하면서, 형식뿐인 탄바이서를 써내려 갔다.

"뭐 숨기는 것은 없나?"

"숨길 까닭이 없다. 다른 사람의 전과까지 쓰고 싶을 지경이다."

관리소 지도원과 이런 식의 문답을 반복했다.

지도원은 화를 내는 법도 없이, "나가토미, 자신이 한 일을 자~알 생각해 봐라"는 말만 남겼다. 하지만 나가토미는 그가 요구하는 것이 무엇인지 몰랐다.

지도원이 "자~알 생각해 봐라"라고 말했던 것은, 그가 생각만으로 반성하는 것이 아니라 인간의 감정을 되찾기를 바랐기 때문일 것이다.

지도원과 그런 문답을 주고받은 지 40여 년이 지났지만, 나는 그에게 다시 한번 물어보았다.

"나쁘다고 생각하지 않았더라도, 뭔가 마음에 걸리는 건 없었나요?"

"그런 것은 전혀 없었어요."

"꿈을 꾸거나 하지 않았습니까?"

"아니요, 꿈도 꾸지 않았어요."

"요즘도 꿈을 별로 꾸지 않나요?"

"안 꿔요."

"관리소에 있을 때는 어땠나요?"

"그때도 별로 안 꿨어요."

"나쁜 일을 하지 않았다고 생각하더라도, 문득 울부짖는 소리
가 생각난다던가, 그냥 어쩌다가 그때의 광경을 떠올린다던가,
그런 일은 없었나요?"

"별로 없었어요."

"완전히 길들여져서였을까요?"

"그런 건 당연하다는 기분이었어요. 나쁜 일을 했다는 생각 같
은 것은 없었습니다."

나가토미는 죄의식의 결여를 천황제 사상, 거기서 비롯된 민
족 멸시 탓으로 설명한다. 확실히 그런 면도 있을 것이다. 그러
나 그의 죄의식 결여는 지적인 인식 차원보다 깊고, 감정의 표층
보다도 더욱 깊은 곳에 있는 감정의 마비, 무감각에 있다고 해야
할 것이다. 상대에 대해 가엾다, 참혹하다, 너무하다고 느끼는 일
도, 자기 자신이 힘들다, 괴롭다고 느끼는 일도 없다. 자타의 비
통함에 대해 무감각하다.

그것이 그 개인의 성격이며 타고난 것이라면 WHO 국제 질
병 분류에 따라 반사회성 인격장애[41]로 진단하거나, 이전의 독일
정신의학에 따르면 정신병질 인격의 정서결여자(거기에 발양성 성
격[42]이 부가된 것)로 진단했을 것이다. 그러나 그러한 감정 마비는

---

41. Dissocial Personality Disorder, 타인의 감정에 냉담하고 무관심하며, 사회적 규
범을 무시하고 무책임한 특성을 보인다. 지속적인 인간관계를 유지하지 못하고, 욕
구를 잘 참지 못하며 공격적인 성향이 있다.

한 개인의 증상이 아니라 당시 일본인의, 아마도 현재까지 이어지는, 사회적 성격이었다고 해야 할 것이다.

나가토미의 감정 마비는, 외상 후 스트레스 장애(PTSD)[43]의 증세가 나타나지 않는 정신구조를 보여준다. 죽음의 위협을 체험한 대부분의 사람들은 그때의 공포를 잊으려 애쓰지만, 잊으려 하면 할수록 불쑥불쑥 그 기억이 계속 떠올라 괴로워한다. 그래서 회상하지 않기 위해서라도, 또는 회상에 휘둘려서라도, 마음의 문을 닫고 무감각과 감정 마비의 증상을 보인다. 그런데 나가토미는 끔찍한 일을 겪기 전에 이미 감정을 느끼지 않는 구조를 지니고 있었다.

그것은 나가토미가 받은 가정교육과 학교 교육에서 형성된 것이다. 허약했던 소년은 무를 숭상하는 아소의 집안에서 철저하게 단련되었다. 이겨내느냐 죽느냐 하는 폭력적 수양은 소년의 부드러운 감정을 딱딱하게 굳혔고, 내부에서 자라나는 감정을

---

42. 發揚性 성격은 슈나이더(K. Schneider)의 정신병질 인격 유형의 하나로, 명랑한 기분이 특징이며 대개 다혈질적인 기질, 고도의 활동성 등을 동반한다. 낙천적이고 어떤 경험에도 꺾이지 않으며 언제나 현실에 적극적으로 대응한다. 반면, 심각성, 철저함, 비판력, 분별력이 없으며 경솔하고 신뢰할 수 없다. 자신감이 넘치며 죄의식을 느끼지 않는다. 지적으로 뛰어나며 균형 잡힌 사람 중에는 사회적으로 유능하다고 인정받는 일도 있다.

43. 지나치게 혹독한 스트레스에 대한 반응으로 생기는 정신적인 장애. 강한 공포, 경악, 절망, 불안 등의 심리상태를 보인다. 고문, 폭행, 재난, 사고로 자신과 가족의 생명이 위협받는 일, 다른 사람이 습격당하거나 살해당하는 것을 목격한 일 등이 원인이 되어 발생한다. 심리적 외상을 준 사건이 생생하게 떠오르는 한편, 그 외상과 관련된 자극을 회피하게 되어 외계에 대한 반응이 둔해진다.

억압했을 것이다. 스스로의 슬픔과 기쁨의 감정조차 깨닫지 못하게 된 사람이, 어떻게 타인의 감정에 대해 충분한 상상력과 공감을 발휘할 수 있겠는가?

이리하여 그의 감정은 매우 이데올로기적인 질서를 갖게 된다. 명예나 수치와 관련된 감정은 비대해지는 반면, 자신이나 타인의 슬픔과 기쁨의 감정에는 냉담해진다. 타자와 대등한 관계를 맺지 못하고, 인간관계는 늘 상하관계가 된다. 예외적으로 자신이 비호하는 대상에 대해서만 연민의 감정이 부분적으로 남는다. 그것을 통해 경직된 감정에 숨결을 불어 넣으려 하지만, 그가 지닌 연민이나 애정은 일방적인 것에 지나지 않는다. 잔인한 사람 중에는 어린아이나 화초에 일방적인 애착을 느끼는 경우가 적지 않다.

예를 들어 나가토미는 체포되었을 당시, 아직 타이위안에 남아있던 처자와 면회가 허락되었을 때의 정경을 『흰 이리의 발자취』에서 다음과 같이 적었다.

"미안하구나, 아버지는 건강하단다. 어머니 말씀 잘 들어야 한다. 다시 만나러 올게"하고 뺨을 비볐다. 눈에서는 눈물이 멈추지 않고 흘러나왔다. 다른 이들도 가족과의 짧은 만남에 눈물을 흘리며 언제까지나 서로를 끌어안고 있었다. 아내는 돌 위에 앉은 채로, 아버지에게 안긴 딸들을 바라보면서 슬픔을 억누르며 눈물을 닦아내고 있었다.

이 장면에서는 죄의식의 결여와 자신의 운명에 대한 빈곤한 상상력이 어린 딸에게로 향하는 연민과 기묘하게 공존하고 있는 것을 볼 수 있다. 그의 감정은 경로에 따라 반응한다. 자신의 가족이라는 경로로 바뀌었을 때만 정감의 바늘이 진동한다. 그러나 다른 상황에서는 사고(천황제 이데올로기)가 감정을 얼려버린다.

'우국지사'의 흔들리는 마음

그도 타이위안전범관리소에 들어가 1년쯤 학습을 하고 다른 사람들의 탄바이를 듣다 보니, 중국 쪽이 무엇을 요구하는지 알게 되었다. "숨기고 있다"고 지도원이 말한 것은, '죽어가는 사람들이 어떤 마음이었을지 생각하라'는 뜻이었다. 가만히 있지 못하고 움직이는 것을 좋아하는 나가토미는 관리소에 갇혀서, 처음으로 자기 자신과 마주하게 됐다. 그리고 겨우 가족이라는 경로를 통해, 일본 군인에 대한 중국인의 증오를 이해했다. "아내나 딸이 미군에게 당했다면, 절대로 용서하지 않았을 것이다"라는 말을 같은 수인들에게서 듣고, 그도 조금씩 반성하게 됐다.

"'내가 죽인 사람들은 얼마나 원한에 사무쳤을까. 죽고 싶지 않았을 거다. 처자며 부모며, 가족이 걱정돼서 얼마나 괴로웠을까. 지금까지 나는 우국지사다, 영웅이다, 하고 스스로 자만에 빠져 있었는데, 참으로 어이없구나' 하고 점점 깨달아 갔습니다."

이런 생각을 하게 되고서야 겨우, 살아서 귀국하지 못하는 게 아닌가 불안해지기 시작했다.

'저항하는 중국인을 벌레만도 못하게 참살했다. 종전 뒤에는 일본 군국주의를 부활시키기 위해 수많은 일본 군인을 중국에 남게 했고, 더욱이 의용군을 모집하기 위해 상하이에 갔었다. 다른 사람은 징병당해서 중국에 온 사람, 그리고 어쩔 수 없이 남은 사람들이지만, 나는 그렇지 않다. 스스로 원해서 왔고, 귀국하려는 사람들을 위협했다. 잔류 부대를 지휘해서 전쟁을 계속했다. 이것은 용서받기 어려울 것이다.'

더구나 나가토미가 부하로 부렸던 비밀 병사나 공작대에 속했던 중국인이 같은 전범관리소에 수용돼 있었다. 당연히 그들은 나가토미가 내린 명령에 따랐다고 자백했다. 어느 날 왕전둥(王振東) 소장이 불러서 가보니, 나가토미의 부하였던 공작대장 량시톈(梁喜田)이 기다리고 있었다. 나가토미가 죄행을 기억하도록 데려다 놓았던 것이다. 하지만 아무리 부하의 설명을 들어도, 일상다반사로 저질렀던 참살을 자세히 기억해낼 수는 없었다. 곤혹스러워하며 그와 헤어졌다. 그 뒤 량시톈은 처형당했다고 들었다.

시간이 지나자 타이위안의 신문도 배부됐다. 신문에는 매일같이 산시군(옌시산의 군대)의 반혁명 분자가 인민재판에 회부되어 총살당했다는 기사가 실렸다. 나가토미는 이런 신문을 보여주는 것은 각오해 두라는 뜻일 거라고 확신했다.

이미 사형으로 정해져 있을 것으로 생각하자, 거꾸로 살고 싶

은 욕구가 강렬해졌다. 그러나,

'내 죄는, 아무리 생각해도 용서받지 못할 것이다.'

'그래도 밖으로 끌려 나가 대중재판에서 욕설을 들으면서 죽는 것만은 싫다. 그것만은 봐줬으면 좋겠다. 어차피 죽는 거라면 모두가 있는, 온정을 느낄 수 있는 이 방에서 죽고 싶다.'

나가토미는 이렇게 생각하고, 목매어 죽을 끈을 만들었다. 내일은 죽자고 결심한 날 밤, 감방의 창틀을 비추는 달빛을 보고, 그는 '살고 싶다'는 생각에 어쩔 줄 몰랐다.

'죽을 수 없다. 어떻게든 살고 싶다. 살아서 감옥의 창틀 사이로 보이는 달과 태양을 보고 싶다. 이 방에서 한 발자국도 못 나가도 좋으니, 살아있고 싶다. 살아있다는 것은 얼마나 행복하냐. 아내도, 아이들도, 이제 못 만나도 좋으니까, 살 수만 있다면! 이 방에서 공기를 마시며 살고 싶다.'

이것은 가히 감정의 폭발이었다. 군국주의 이데올로기로 만들어진 갑옷을 입고 있던 감정이, 억압을 뚫고 '괴롭다'고 외쳐 댔다. '그토록 악행을 거듭해온 사내가 이 무슨 어리광이냐'라고 말할 수도 있겠지만, 나가토미의 자아는 죽음에 직면해서야 비로소 자신의 적나라한 감정의 부르짖음을 들었던 것이다.

그런데 다음 날 아침, 각 방의 자물쇠가 열리고 모두 다 안마당으로 불려 나갔다. 몇몇 사람들의 자살 기도 움직임을 눈치챈 것인지, 왕전둥 소장은 "지금 이런 말을 할 때가 아니지만, 중국 정부는 인도주의에 입각해 일본인을 한 명도 처형하지 않을 것이다"라고 말했다. 중국 정부는 일본군에게 협력한 중국인은 처형하고, 그들을 부렸던, 죄가 더 무거운 일본인은 처형하지 않는다는, 안팎이 다른 정치적 이중 기준을 가지고 있었다. 왕전둥 소장은 1984년 일본에 왔을 때, "나의 부친은 나가토미에게 죽임을 당했다"고 처음으로 밝혔다.

나가토미는 '살았다'고 안도했다. 왕 소장의 훈화가 하루라도 늦었다면, 자신은 죽었을 것으로 생각했다.

감정 폭발이 있은 뒤로, 그는 태도가 바뀌었다. "내가 어떤 상태로라도 살아있고 싶다고 생각한 것처럼, 죽음에 직면한 사람이라면 누구라도 그렇게 생각할 겁니다. 그런데 나는 이 인간의 본성을 짓밟으며 용서 없이 죽여왔던 겁니다. '정말로 지독한 짓을 했다, 어떤 형벌이라도 달게 받겠다'는 마음이 되었어요."

여기서도 나가토미는 죽임을 당한 중국인들이 자신이 느낀 것처럼 느꼈을 거라고 단순한 감정이입을 하고 있다. 그러나 그것은, 자신의 가치관을 다른 사람들도 똑같이 갖고 있을 거라고 확신하고, 동조하지 않는 자는 유약하다고 매도해온, 과거의 모습과 다르지 않다. 분명 중국인은 '죽임을 당하고 싶지 않다'고 생각했겠지만, 침략자 앞에서 '어떤 상태로라도 살아있고 싶다'고 생각하지는 않았을 것이다. 오히려, 분노에 떨었을 것이다. 혹은 집요한 고문에 의해, 살 의지조차 잃고 죽어갔을지도 모른다. 그래도 이 확신은 극우의 거두 도야마나 미노다의 제자로서, 오로지 극우의 심성으로 살아온 나가토미가 경험한 최초의 감정이입이었다.

1956년 6월 15일, 나가토미는 앞에서 서술한 유아사 등과는

달리 기소됐다. 타이위안의 특별군사법정에서, 그의 만행으로
여덟 명의 가족과 친족이 불타 숨지고 자신만 가까스로 살아남
은 여성이 증언했다. 그는 그 증언을 듣다가, 북받쳐 오르는 슬픔
을 이기지 못하고 몸을 던져 머리를 바닥에 짓찧었다. 법정의 기
록사진을 보면, 그는 처음부터 끝까지 마음을 못 가누고 눈물을
흘리며 서 있다.

그는 최후 진술을 다음과 같이 끝맺었다.

"확실히 내가 범한 죄행은 중국 인민으로서는 관대히 다룰 수
없는 중대한 죄행입니다. 나를 갈가리 찢어도 나에 대한 증오를
가라앉힐 수는 없을 겁니다. (중략) 나는 여러분 앞에서 다음과
같이 맹세합니다. 이제 내가 할 일은 범한 죄를 보상하는 길밖에
없다고 여기고, 그 일에 일생을 바치겠습니다. 나는 중국 인민의
인도주의적인 배려를 명심하고, 그 은혜에 보답하여 평화를 위
해 목숨을 바치겠습니다. 마지막으로 나는 남북 바이스(白石) 마
을, 지에위안(界元) 마을, 시칭(西淸) 마을의 피해자께, 재판장, 정
부 기관단체의 여러분, 그리고 중국 인민을 대표하여 이 자리에
와 계신 여러분께, 다시금 진심으로 사죄드립니다. 부디 용서해
주십시오. 여러분의 어떠한 제재도 저는 달게 받겠습니다."

판결은 13년의 금고형. 체포 이후의 기간이 형기에 포함되어
남은 기간은 7년이었다. 타이위안에서 기소되어 유죄 판결을 받
은 사람은 9명이었고, 이들도 1964년 4월을 마지막으로 모두 귀
국했다. 국민당 정권하의 중국(사형 149명, 무기 83명)과, 동남아시
아와 도쿄 스가모에서 있었던 B·C급 전범의 처형(국민당 치하에

서의 처형을 포함하여 총계 971명, 무기 479명)에 비하면 매우 관대한
판결이었다.

판결 뒤 타이위안에서 푸순전범관리소로 이송된 나가토미 등
은 오전에는 책을 읽으며 학습하고, 오후에는 양계, 채소 재배,
논 개발 등에 종사했다. 교육형(敎育刑)을 받은 것이다.

그는 푸순관리소에서의 생활을 다음과 같이 썼다.

어느 날, 수용소의 지샹룽(齊享隆) 선생이 나에게 새를 키워보
라고 어린 새 두 마리를 주셨다. 아소의 시골에서 작은 새를 잡으
려고 덫을 놓기도 하고, 새총으로 동박새를 쏘기도 하던 소년 시
절이 생각나서, 곧장 대나무로 새장을 만들었다. 그러나 지나치
게 공을 들인 탓인지 두 마리 모두 얼마 지나지 않아 죽어버렸다.
새가 죽으면 다시 갖다주셨는데, 잘 자라질 않았다. 포기하려 할
무렵 갓 태어난 새를 둥지째 가져오셨다.

'이번에야말로 죽이지 말아야지' 하고 소중히 키운 새가 자라
나서, 자유로이 방안을 날아다녔다. 그 귀여운 모습은 우리 모두
를 기쁘게 하여, 방 식구들의 귀여움을 독차지했다. 라디오에서
음악이 흐르면, 새는 음악과 겨루듯이 아름다운 소리를 냈다. 지
선생은 석방될 때까지 나에게 여러 마리의 새를 가져다주셨다.
작은 새를 통해 무엇인가를 배우라는 뜻이었을까? 손바닥에 앉
은 가여운 작은 새를 바라보면서, 생명의 존귀함을 알고 위로할
줄 아는 마음을 지닌 부드러운 인간이 되라는 뜻일 것이다.

여기에는 천황제 이데올로기에 미쳐 날뛰며 나날을 보내던 나가토미는 없다. 질박하고 강하게 단련되어가는 과정에서도, 아직은 부분적으로 마음에 상처를 입기도 했던 소년 시설로 되돌아가, 작은 새들을 돌보고 있다. 더욱이 지샹룽 지도원이 새를 키우라고 지시한 뜻을 헤아리고 있다. 그러나 이렇게 작은 것을 가여워할 수는 있어도, 다른 사람과 대등한 인간관계를 만들어 가는 것은 쉽지 않다. 그것이 귀국 후 나가토미의 과제였다.

그는 1963년 9월 석방되어 26년 만에 귀국했다. 취직은 어려웠다. 공안 경찰의 미행, 잠복이 계속되었다. 겨우 취직한 일본 도로공단의 사무실에도 전화가 걸려오고, 때로 연행되기까지 하는, 집요한 추적을 견디지 못하고 퇴직했다. 이런 과정을 통해 우익 나가토미 청년이 폭력으로 일궈온 일본이란 사회가 어떠한 곳인지를 깨닫게 되었다. 그 뒤 나가토미는 침뜸 치료원을 개업했다. 자영업으로 생계를 유지하면서 그는 반전 평화와 일중 우호를 호소해 왔다. 나가토미는 요청하는 곳이 있으면 전국 어디든, 아무리 작은 집회라도 기꺼이 갔다. 육중한 풍채, 걸걸한 목소리로 자신이 중국에서 얼마나 잔혹한 짓을 했는지 얘기했다.

그가 얼마나 외골수인지는, 1994년 여름의 증언 여행을 봐도 알 수 있다. 이미 78세의 고령이었던 그는 5년 전에 사도가시마(佐渡島)로 증언 여행을 가던 중에 넓적다리뼈가 골절되면서 가슴이 부딪혀, 걷는 것도 말하는 것도 어려운 상태였다. 그런데도 그는 지팡이에 의지해 집회장으로 발길을 옮겼다. 중국귀환자연락회가 엮은 『돌아온 전범들의 후반생』[44]에서 그의 강연 일정을 살펴보자.

8월 2일 오무타(大田) 종합복지센터에서 전쟁 체험을 얘기했다. 참가자는 48명.

8월 3일 후쿠오카 여성미세스 시청각교실에서 증언, 60명.

8월 4일 사가현 근로복지회관에서 증언, 70명.

8월 5일 고쿠라(小倉) 북(北)중앙회관에서 증언, 30여 명.

8월 6일 오이타(大分) 콘파루 센터에서 증언, 120명.

8월 16일, 18일, 20일 자신이 실행위원장을 맡고 있는, 도쿄 시부야의 야마노테교회에서 개최한 '평화를 위한 전쟁전(展)'에서, 3일간 증언 활동을 함. 이 전람회에 입장한 사람은 연인원 4,145명.

8월 19일 사이타마현(埼玉縣) 히라카타(平方)중학교에서 증언, 600명.

8월 30일 '731부대전(展)·세타가야(世田谷)'에서 증언.

증언 활동은 나가토미뿐만 아니라, 유아사, 고지마, 미오(제11장) 등도 쉴 틈 없이 하고 있다. 그들은 남아있는 인생을, 젊은 세대에게 침략전쟁의 사실을 전달하는 것으로 불태우려 하는 것 같다. 특히 잘 움직이지 않는 몸을 이끌고, 반전 평화를 전하기 위해 집회장으로 향하는 나가토미의 모습은 섬뜩하기조차 하다.

---

44. 中国帰還者連絡会 編, 『帰ってきた戦犯たちの後半生』, 新風書房, 1996

그는 1956년 6월, 타이위안에서 한 맹세를 한결같이 실행하면서, 죽임을 당하지 않은 전범, 죽지 않은 전범으로서 살아왔다.

경박함으로, 타산으로

나는 나가토미의 이야기를 들으면서, 역시 일본 문화에는 죄를 느끼는 힘이 부족하다고 생각했다. 자신이 범한 잔학한 악행의 광경을 상기하면서도 고통스러워하지 않는다. 과거의 체험을 반복해 상기하는 고통을 통해, 어째서 그토록 확신에 차서 행동할 수 있었는지 분석하고 심화했어야 하는데, 그는 그렇지 않았다.

물론 그가 귀국한 1960년대 일본 사회에는 그가 저지른 일들의 의미를 물어보는 사람이 없었다. '어떤 점에서 상처를 입었으며, 상처 입지 않는 마음이란 무엇인가?'라는 의문을 제기한 사람은 없었다. 그저 '중국 귀환자'라든가 '세뇌'라는 딱지를 붙여 따돌리려 했을 뿐이다.

이는 전쟁 시기에 나가토미가 한 행위와 근본적으로 통한다. 개인으로 돌아와 사색하지 않는다. 그러므로 개인으로서 책임을 자각하는 일은 결코 없다. 다른 사람에 대한 억압과 따돌림. 그는 그런 억압과 싸우는 것만으로도 힘에 부쳤다.

그래도 반전 평화 활동을 계속한 나가토미는 귀중한 일을 해냈다. 푸순과 타이위안의 전범관리소에서 귀국한 사람 모두가 침략전쟁을 반성했다고 해서, 그가 한 것처럼 힘차게 반전의 뜻을 실천한 것은 아니다. 1956년 중국에서 돌아온 전범들은 중국귀환자연락회(중귀련)를 결성했지만, 전원이 이 모임과 긴밀하게 연락하며 지내지는 않았다.

나가토미와는 반대로, 귀국한 뒤에 다시 우익사상으로 돌아선 예외적인 인물도 한 명 있다. 이모리 시게노부(飯守重任) 도쿄 지방법원 판사였는데, 그는 해저티 사건[45]의 재판장으로서 안보 반대 투쟁에 참여한 피고에게 탄압 처분을 내려, 중귀련에서 유일하게 제명되었다. 그 뒤 이모리 판사는 가고시마지방법원 법원장이 되었다.

1969년 나가누마(長沼) 나이키미사일 기지 소송에도 이모리는 적극적으로 뛰어들었다. 일본 정부는 홋카이도의 나가누마에 보안림 지정을 해제하고 미사일 기지를 건설하려고 했는데, 지역주민들은 이에 반발하여 행정소송을 제기했다. 그런데 삿포로지방법원장 히라가 겐타로(平賀健太郎)가 동 지방법원의 해당 소송 담당 판사인 후쿠시마 시게오(福島重雄)가 속한 재판부를 총괄하던 히라다 히로시(平田 浩) 판사에게, 재판에 개입하는 '히라가 서한'을 건네주었고, 이 일이 외부에 알려지면서 논란이 되었다.

몇 년이 지난 1973년 삿포로지방법원에서는 일본 헌법에 비무장 평화주의를 규정하고 있는데 자위대를 두는 것은 헌법원리

---

45. 1960년 미일안보조약 체결과 관련하여 아이젠하워 대통령의 방일 일정을 협의하기 위해 방문한 제임스 해저티(James Hagerty)가 시위대에 둘러싸여 있다가 헬리콥터로 탈출한 사건.

에 반하며, 따라서 자위대의 일부인 항공자위대의 미사일 기지 건설을 위한 보안림 지정 해제는 공익과 무관하다고 판결했다. 이는 패전 뒤 육·해·공군, 기타 전투 역량을 보유하지 못하게 되어 있는 일본 헌법이 제정된 이래 처음 나온 획기적인 판결이었으나, 고등·최고재판소에서는 위헌 판단을 하지 않았다.

1969년 이모리는 자민당 외곽단체인 국민협회의 기관지에 쓴 글을 통해, 담당 판사가 '사적인 편지인 히라가 서한을 공표한 것은 반체제적 배신행위다. 재판관이 반체제적인 청법협[46]에 가입하는 것이야말로 문제이며, 최고재판소는 청법협 회원인 재판관에게 탈퇴를 권고해야만 한다'고 주장했다.

다음 해인 1970년 5월, 이모리는 「잘못된 정치적 중립은 나라를 위험하게 한다」는 글을 발표했다. 그는 '체제란, 헌법 체제인 민족사적 천황 제도, 계급협조 노선의 의회제 민주주의 제도, 수정자본주의 제도의 세 가지 제도를 가리키며' '천황과 자본주의에 관한 헌법의 규정에는 전쟁 후에도 전쟁 전에도 근본적인 변화가 없었다'고 서술한 뒤, 그에 반대하는 '반체제 세력에 대해서는 중립이 있을 수 없다'고 역설했다. 그러므로, '나는 일본 공산당원이 공무원이 된 것을 발견하는 경우, 당연히 공무원 신분을 박탈해야 한다고 해석하고 있으며, 반체제 정당으로서 일본 공산당에 가까운 사회당의 당원도, 기본적으로 공무원법에 표기

---

46. 青法協, 청년법률가협회. 헌법을 옹호하고, 평화와 민주주의를 지킬 것을 규약으로 내걸었다. 청법협 회원은 우익의 공격을 받으면서 점점 재판관으로 임용되지 않게 되었다.

된 '관직에 필요한 적격성을 결여한 경우'이므로 공무원 자격을 주면 안 된다고 생각한다'고 해고 사건 재판의 지침을 내놓았다. 최고재판소는 그에게 도쿄고등법원으로 옮길 것을 명령한 뒤, 이 명령을 거부한 이모리를 해직했다. 재판관을 그만둔 그는 교토산업대학 교수가 되었다.

이모리의 글은 죽은 언어를 반복하고 있을 뿐, 사고의 윤기가 느껴지지 않는다. 그리고 계급, 계급투쟁, 수정자본주의라는 마르크스주의 용어를 핵심어로 사용하고 있어서, 한때 목청 큰 마르크스레닌주의자가 아니었을까 의심스럽기까지 하다. 그는 어떤 정신구조를 지닌 사람일까?

중귀련에는, 중국에서 전범관리소에 수용되었을 때 전범들이 쓴 문서가 많이 보관돼 있다. 그중 「가톨릭 신자인 벗에게 보내는 편지」란 제목으로 그가 쓴 긴 글(200자 원고지 120장 정도)이 남아있다. 편지글 형식을 취한 수기이다. 이 수기의 내용도 매우 표면적이며 공허한 선전 유인물 같다.

부분적으로는 자신의 심정, 죄행을 언급하고 있지만, 대부분은 자본주의의 필연적 붕괴와 공산주의 만세를 설득하는 내용으로 되어 있다. 이 글을 소개하기 전에, 간단히 그의 경력과 죄행에 대해서 알아보자. 그는 도쿄대 법학부 학생일 때 가톨릭 신자가 되었다. 졸업하고 판사가 되자 공산당원을 사회 질서의 파괴자로 보아 탄압했다. 그는 월급이 많은 데 매력을 느껴 1938년 만주국 펑톈고등법원 판사로 임관했다. 1940년부터 패전 때까지 그는 만주국 중앙사법부 참사관으로서 '양곡관리법'과 '특산물

전관법'등 통제경제법률 입법에 관여해, 중국 동북부 농민에 대한 곡물 약탈을 추진했다. 1941년에는 자신이 관할하는 곳의 '치안유지법' 입법자가 되었다. 만주국에는 의회가 없었으므로 법률을 쉽게 만들 수 있었다. 이 법률에 대해 그는 다음과 같이 서술하고 있다.

나는 진정으로 항일 애국 활동을 하는 중국 인민을 철저하게 탄압하는 것이 올바른 조처라고 생각하고 있었다. 이 법률을 입법한 결과, 이른바 러허푸정(熱河甫正) 공작만 보더라도, 중국 인민해방군에 협력한 애국 중국 인민을 1,700명이나 사형시키고, 약 2,600명을 무기징역 및 중형에 처할 수 있었다. 내가 입법한 '치안유지법'의 조문은 애국 중국 인민의 선혈로 적셔졌다. 이 법률로 애국 중국 인민이 1만여 명이나 체포되었다. 이 법률이 피해자의 가족, 친척, 지인들에게 미친 간접적인 파괴적 영향 및 일반 중국 인민에게 미친 심리적 압박은 이루 다 잴 수 없을 만큼 심각한 것이었다.

그러나 그는 이러한 입법과 판결, 그리고 각지의 법원과 검찰청의 감찰로 중국인의 생활이 어찌 되었는지를 자신의 체험을 통해 분석하려고는 하지 않았다. 그의 사고는 권력의 중추에서 일한 데서 멈췄다. 개인으로서도 가톨릭 신자로서도 타인과 어떠한 감정의 교류도 갖지 않았던 자신에 대해 분석을 심화시키려 하지 않았다. 나머지 3분의 2에 해당하는 글은 마르크스의

『자본론』에 대한 긴 소개와 반미 애국 선동으로 채워져 있다.

당신은 어쩌면 미국인 장교나 상사 임원과 조금 접촉하고 있을지도 모른다. 또 가톨릭교도이니 미국인 지인이 없다고 할 수 없을 것이다. 아마도 그들은, 당신의 눈에는 교양있는 신사이며, 일본을 진심으로 원조하러 온 인물로 비칠 것이다. 그러나 그들이 자본주의 노선에 따라 일본을 '원조'하는 이상, 그들의 정체는 착취자 이상도, 이하도 아니다.

마지막 부분은 다음과 같은 절절한 내용이었다.

우리는 이제, 자본주의를 종교에도 도덕에도 반하는 제도로서 철저하게 부정하자. 그리고 공산주의를 논리적으로 올바른 경제제도, 사회제도로서 우리의 종교와 결합해 긍정하자. 일본의 독립과 민주화를 위해, 그리고 제국주의를 낳는 침략전쟁을 방지하고 세계의 항구적인 평화를 쟁취하기 위해 투쟁해야 하지 않겠는가?

그는 푸순전범관리소에서 이 편지를 눈물을 흘리며 발표했다고 한다. "지금 최고재판소 장관인 다나카 고타로(田中耕太郎)는 내 형이다. 귀국하면 그와 대결하여 그를 민주적으로 변화시키는 것이 내 임무다"라는 말까지 했다고 한다.

나는 「가톨릭 신자인 벗에게 보내는 편지」와, 십여 년 뒤에 쓰인「잘못된 정치적 중립은 나라를 위험하게 한다」를 나란히 놓고, 잠시 말을 잃고 말았다. 이 정도의 대학 교육, 이 정도의 재판관, 이 정도의 기독교 이해. 그는 자신의 지성 수준에서 그 나름대로 '세뇌' 상태를 계산하여 그런 정도로 세뇌당한 것으로 보이기 위해 애썼던 것이다. 그는 일본 매스컴이 흑백논리에 사용하는 '세뇌'를 만들어낸 사람이다.

그는 이 글들을 쓸 때 거짓을 가장한 것이 아니라, 진심으로 그렇게 생각하고 흥분했을 것이다. 그러면서 이렇게 쓰면 중국 당국이 기뻐할 것이란 타산도 있었을 것이다. 중국으로 건너간 것도, 만주국의 육성 발전을 위한다는 시기적절한 정열과 출세를 향한 은밀한 타산의 미묘한 배합의 결과였다. 이런 배합에 뛰어난 그는 언제든지 집단의 요구에 응해 자신의 색깔을 바꾸며 살아갈 수 있을 것이다. '나는 왜 이렇게 느끼는가' '왜 나는 이렇게 생각하는가'를 묻는 시각은 생겨나지 않는다. 그는 일본의 고등교육이 완성해낸 작품이었을 뿐이다.

시대로부터 당한 세뇌

7장에 나온 도미나가는 『어느 B·C급 전범의 전후사』에서, 한때 한방에 있었던 이모리의 모습에 대해 다음과 같이 썼다. 그에게서 직접 듣기도 했지만, 그의 책에서 인용한다.

그로부터 얼마 뒤, 전직 판사가 들어왔다. 그는 일본 가톨릭 교회 대표였던, 당시 최고재판소 장관의 친동생으로 알려졌다. 시베리아와 중국에서 함께 지냈던 사람의 얘기로는 "펜보다 무거운 것은 들어본 적이 없다, 피아노가 없는 집에서는 살 수 없다……" 등등, 부유한 가문에서 귀하게 컸음을 뽐내는 언동이 많아 주위 사람들의 반발을 샀다고 한다. 그가 들어올 때의 모습은 내게는 아주 이상하게 보였다. 병실에 들어올 때는 누구나 소지품을 줄여 보통 세면도구만 가지고 오는데, 그는 불이 났을 때의 피난민처럼 있는 대로 등짐을 지고 손에도 잔뜩 들고 방에 들어섰다. 게다가 그 소지품이란 것이, 울퉁불퉁한 반합에 빈 깡통 재떨이, 더러운 천 등, 온통 허접쓰레기였다. 자기 것은 하나도 빼놓지 않고 들고 다녀야 마음이 놓이는 모양이었다. 너무나 풍요롭게 '우아하게' 자란 그로서는 이 시베리아의 혹독한 생활이 뼈에 사무쳐, 그 반대급부로 그렇게 된 것일까? 그러고 보니 하얼빈의 감옥에서 운동할 때, 그들 그룹과 섞인 적이 있었는데, 그때 그가 자기 그룹에서 홀로 떨어져 나와 우리가 운동하고 있던 광장 구석 쓰레기 적치장으로 와서 담배꽁초를 줍는 것을 본 적이 있다.

결국 그는 진정으로 자기 자신과 마주하지 못했다. 귀국 뒤 그는 능란하게 재판관에 복귀했고, 푸순전범관리소에서 공부했던 마르크스·레닌의 자본주의 분석을 뒤집어 사용했다. 그리고 자기 자신을 조작해 다루었듯이, 그의 앞에 나타나는 사람들을 조작의 대상으로 보면서 일생을 마쳤을 것이다.

나가토미는 감정의 표면 아래로 내려갔지만, 아직 마음에 상처 입는 것을 용납하지 않는 문화 속에서 자라난 자신을 직시하려 하지 않는다. 그러나 그는 인생의 후반생을 반전운동에 바치며 살았다. 나가토미의 얘기를 듣고 있자면, 전쟁에 직접 관여한 자를 모두 푸순전범관리소에 넣는 것 이외에는, 표면적이라도 일본인들을 바꿀 길이 없었던 게 아닐까 싶다. 그러나 수천만에 이르는 우리 부모들을 교도해 줄 정도로 많은 교도원은 어디에도 없다. 설령 그들이 입소했다고 한들, 과잉 적응된 정열과 은밀한 타산을 적절히 배합할 줄 아는 사람에게 말을 거는 것은 어렵다. 그들은 시대가 바뀔 때마다, 사회가 변화할 때마다 세뇌가 필요한 사람들이다. 그리고 그런 사람들에 의해 일본 전후 사회가 형성되어 갔다.

제11장

'시켜서 한 전쟁'에서
'스스로 한 전쟁'으로

헌병의 공명심

헌병은 일반 장병과 달라서 사상 면에서 군국주의로 무장돼 있고, 또 중국인을 직접 집요하게 괴롭히는 자리에 있었다. 그들은 왜 어려운 시험을 치르면서까지 헌병이 된 것일까? 그들이 중국인에게 가한 고문은 그들의 마음에 죄의식으로 남아있을까?

일본의 헌병은 군사 사법경찰이라는 역할보다 강권적인 공안 경찰의 임무에 더 충실했으며, 주로 사상 단속을 맡았다. 1924년 5월, 육군대신 우가키 가즈시게(宇垣一成)는 헌병대장 회의에서, "평화와 전쟁 두 가지 전략을 통해 군의 존재를 위태롭게 하는 각종 기획에 대한 수사에 만전을 기하는 것은 헌병이 노력해야 할 주된 임무로서, 군사경찰의 핵심은 여기에 있다"고 훈시했다. 1928년에는 헌병 내부에 '사상계'를 설치해 중일전쟁의 전개와 나란히 방첩·정보수집 활동을 강화해갔다.

특히 해외 침략지역에서는 사람들의 모든 활동을 반일 활동이라 간주해 단속 대상으로 삼았다. 또한 군사력을 배경으로 현지 경찰보다 높은 지위에 서서 주민을 감시했다. 도조 히데키는 만주국을 창설한 뒤 관동군 헌병사령관이 되었으며, 입각한 이후에도 '헌병 정치'라 불리는 군국주의를 강화했다. 이번 장부터는 두 명의 헌병을 분석한다.

1993년부터 94년에 걸쳐 전국을 돌며 열린 '731부대전'에서 위암 수술 뒤의 마른 몸으로 증언을 계속한 미오 유타카(三尾 豊, 당시 83세, 1998년 사망)는 모략으로 만주사변을 일으킨 뒤 만주를 군사적으로 지배했던 관동군의 헌병이었다.

미오는 지금까지 헌병으로 복무하면서 저지른 고문과 학살을 반성하고, 몇몇 평화집회에서 증언해왔다. 하지만 인체실험을 하고 세균병기를 사용했던 731부대와 관련한 일에 대해서는, 자신의 행위는 악행 축에 들지 않는다고 생각했다. 명령에 따라 중국인을 731부대까지 호송한 적이 한 번 있을 뿐, 그 이상은 아니라고 확신하고 있었다. 그런데 체포한 사람을 731부대로 호송했던 때의 증언을 시작하자마자, 인간을 실험재료로 나르는 자가 있었기에 731부대가 기능했다는 점을 깨닫지 않을 수 없었다.

1943년 10월, 다롄 헌병대는 소련의 첩자를 검거하고 관계자 17명을 체포했다. 이를 헌병대는 '다롄 사건'이라 불렀다. 사건의 발단은 만주 86부대(무전 수사 특별부대)가 다롄 시내에서 정체불명의 전파가 발신되는 것을 포착하고, 다롄 교외의 헤이스자오(黑石礁)라는 곳이 발신지임을 알아낸 데서 시작한다. 다롄 헌병대는 발신자가 그 촌락에서 사진관을 운영하는 심득룡(沈得龍)임을 확인한 뒤 사진관을 포위하여 그를 체포하고 무전기를 압수했다. 미오는 이때 검거반의 반장으로 열 명의 헌병을 지휘했다.

심득룡은 고문당한 끝에 자신은 "조선인이며 조선독립군 무전 첩보원이다. 일본군의 이동과 병기 및 물자의 이동 정보를 러시아의 치타로 보내는 임무를 맡고 있다"고 자백했다. 또 톈진을 경유해서 다롄으로 들어올 때 편의를 제공한 두 명의 중국인이 있었다는 사실도 자백했다.

미오는 이 두 명도 체포하라는 명령을 받았다. 열흘쯤 톈진에 머물면서 현지 헌병의 협력을 얻어 방적공장 경영자인 왕후이쉬안(王輝軒)과 왕쉐녠(王學年)이라는 청년을 체포해 다롄으로 연행했다. 다른 헌병이 정보제공자인 리중산(李忠善)을 선양에서 체포해 왔다.

그로부터 1개월, 매일 밤낮을 가리지 않고 고문, 기만, 회유를 통해 조직의 전모를 캐려 했으나, 왕후이쉬안이 심득룽에게 잠자리를 제공했고, 왕쉐녠은 심득룽과 모스크바 사람들의 생활에 대해 얘기를 나눴다는 것 정도를 알아냈을 뿐이었다.

그 후, 다롄 헌병대장은 중국인 수인을 731부대로 '특이급(特移扱, 특별이송취급.-옮긴이)'하기로 하고, 미오에게 하얼빈으로 데려가라고 명령했다.

미오는 이때, '심득룽과 리중산은 소련의 첩자지만, 왕후이쉬안과 왕쉐녠 두 사람은 편의를 제공했을 뿐이다. 내가 직접 조사한 거라 잘 알고 있다. 그들까지 731부대로 보내다니 심하다'라고 생각했다. 그러나 '특이급'하는 것은 헌병대로서는 공적이 된다. 미오는 두 사람을 조사했으므로 그들까지 그렇게 할 필요는 없다는 의견을 내세울 수도 있었지만, 그대로 실행해버렸다. 이와 관련하여 다롄 헌병대장은 관동 헌병대 사령관으로부터 표창을 받고 대좌로 진급했다.

'특이급'에 대해 설명하면 다음과 같다.

731부대는 세균전 수행을 위해 일본 육군이 1933년에 창설한 '관동군 방역급수부' 본부의 약칭이다. 전후에는 부대장인 군의 관 이시이 시로 중장의 이름을 따서 이시이부대라고도 불렸다. 1939년에 창설된 본부는 하얼빈에서 남쪽으로 25km 떨어진 핑 팡(平房)에 비행장을 포함한 대규모 인체실험시설을 갖추고 있었 다. 다롄의 위생연구소, 신징(新京, 오늘날의 창춘)의 100부대, 안다 (安達)의 세균전 특별실험장 등 9곳에 지부를 두고 있었다. 관련 부대가 베이징(1855부대), 난징(1644부대), 광저우(860부대), 싱가 포르(9420부대) 등에도 있었다.

본부인 핑팡에는 1939년부터 패전 때까지 약 3천 명이 실험 용으로 보내졌다. 어린이를 포함한 중국인, 러시아인, 조선인, 몽 골인, 소수의 구미인이 실험동에 격리되어, 인체실험과 실험 후 의 생태병리 해부로 죽어갔다. 731부대로 이송되는 희생자를 관 동군 헌병대는 특이급(특별이송취급)이라고 불렀다.

군사경찰인 헌병대는 용의자를 체포, 조사한 뒤에 만주국의 법원(삼심제)에 송치해야 한다. 법제상 재판하지 않고 살해 결정 을 할 수는 없다. 그러나 들어가면 반드시 죽는 731부대 이송은 단 한마디의 통첩으로 실행에 옮겨졌다.

관동군 헌병대장 앞으로 온 「특이급에 관한 통첩」의 판단기준 표[47]를 보면, 첩자의 범주에 '특이급 상당 인물'로 '죄상이 가벼 우나 석방 불가'란 글귀가 있다. 이것으로 미루어 볼 때 헌병에

---

47. 高橋正衛 編, 『統·現代史資料 (6) 軍事警察』, みすず書房, 1982

표4 「특이급에 관한 통첩」의 판단기준표

구분	죄상	구비조건			
		전력	심향	의견	기타
첩자 (모략원)	사건 송치 당연. 사형 또는 무기가 예상되는 자			역이용 가치 없음	
	첩자 모략원으로서 출입하면서 현재 활동 중인 자		친소 또는 항일	역이용 가치 없음	
	사건 송치하지만 불기소 내지는 단기형으로 출옥이 예상되는 자	주소 불명에 의지할 곳 없는 자 아편중독자	친소 또는 항일 자질 불량	개정의 정을 인정 못함. 재범 우려가 큼	
	과거의 활동 경력이 있는 자	비적 또는 이에 준하는 악랄 행위		갱생 불능	
	다른 공작에 관계가 있거나 혹은 중요한 기밀을 알고 있어 그 생존이 군과 국가에 심히 불리한 자				
	특이급 상당 인물				죄상이 가벼우나 석방 불가
사상범 (민족주의·공산주의 운동사범)	사건 송치 당연. 사형 또는 무기가 예상되는 자				
	다른 공작에 관계가 있거나 혹은 중요한 기밀을 알고 있어 그 생존이 군과 국가에 심히 불리한 자				
비고	각 대장은 위의 표준에 따라 각 인물의 처분에 임하여 만주국의 국정을 감안하고 국정 혹은 미칠 영향, ㅁㅁ상의 반응 등을 충분히 고려, 검토한 뒤에 확신을 갖고 사령관에게 특이급을 신청할 것.(ㅁ는 판독할 수 없음)				

체포된 사람은 누구라도 특이급이 될 수 있었다. 또 사상범과 관련해서도 군=국가에 불리하다고 여겨지는 자는 모두 인체실험에 사용할 수 있다고 되어 있다. 만약 731부대가 일본 본토에 있었다면 수많은 사상범과 정치범이 특이급이 되었을지도 모른다.

미오 반장이 조사한 두 사람도 '특이급 상당 인물'로 하얼빈 핑팡으로 보내졌다. 그들을 다롄에서 하얼빈으로 이송했을 때의 일을 그는 확실하게 기억하고 있었다.

"나는 부하 네 명을 지휘해서 호송인 넷을 단단히 포박했습니다. 우리는 조사를 마칠 때에는 그들에게 '헌병에게 협력한 자로서 석방하겠다'고 약속했었습니다. 그들은 '너희들 악마들이 한 말은 전부 거짓이었다. 어디로 데려가느냐?'는 표정으로 나를 바라보았습니다. 마음속으로는 분노와 불안을 억지로 삭이고 있었을 겁니다.

나는 내 아버지와 같은 나이인 왕후이쉬안(당시 50세)을 조사했는데, 그가 아무런 잘못도 저지르지 않았기 때문에 당연히 석방될 것으로 생각했고, 따라서 그에게도 그렇게 말했던 겁니다. 젊은 왕쉐녠은 체포당할 때 부인과 아기가 있었습니다. 열차 안에서는 헌병이 한 명씩 그들과 마주 보고 앉아서 하얼빈역까지 이송했습니다. 내가 속인 자와 마주 앉아 가는 아주 긴 여행이었습니다.

하얼빈역에는 731부대 소속 헌병이 기다리고 있었습니다. 그 헌병은 나와 같은 계급으로 나보다 젊어 보였는데, 고약한 느낌을 주었습니다. 부하 헌병들에게 거칠게 지시하여 호송한 네 명에게 수갑을 채우고, 용도를 다한 포승줄을 우리에게 집어던졌습니다. 검게 칠한 차에 그 네 명을 걷어차며 태우고 철문을 닫았습니다. 우리는 이송 임무에서 벗어나 안도의 한숨을 내쉬는 한편, 그들이 같은 헌병이면서도 분위기가 전혀 다른 데 놀랐습니다."

미오는 다음과 같은 사건도 기억하고 있었다. 얼마나 안이하게 특이급이 결정되었는지 보여주는 사례다.

"다롄 헌병대에 우편검열반이라는 것이 있었습니다. 헌병이 우편국원으로 위장해서 우편국의 밀실에서 불온문서를 찾아내는 것입니다. 1944년의 일인데, 한 헌병이 베이징에서 발행하는 신문의 논설에 대한 반론이 투고란에 실려 있는 것을 어쩌다가 발견했습니다. 그는 이 투고자를 찾아내서 체포하고, 반만주 항일분자로서 특이급으로 처분했습니다. 재판도 하지 않고 731부대로 보내버린 것입니다. 헌병은 공적을 노리고 사건을 날조합니다. 이 헌병도 얼마 뒤 진급했습니다."

피해자와 직면하여

그러나 미오는 '나는 이런 엉터리 짓은 하지 않았다. 네 명의 희생자를 이송하는 일을 했을 뿐이다. 두 텐진 사람에 대해서는 안됐다는 마음이지만, 대장의 명령이라 어쩔 수 없었다'고 생각하고 있었다. 그런데 50년이 지나, 731부대에 대해서 알고 있는 것을 얘기하게 되면서 점차 괴로움을 느끼게 되었다.

특히 1993년 7월, 센다이에서 열린 731부대전에서 강연할 때, 그는 더 이상 그 자리에 있을 수가 없었다. 중국에서 731부대 희생자의 아내가 일본을 방문해 증언했다. 미오도 전 관동군 헌병으로서 증언하기로 되어 있었다. 그녀와 나란히 앉아 이야기했다. 그녀는 청중을 향해 "내 남편은 731부대에서 살해당했다. 얼마나 참혹하게 죽어갔는지……. 헌병이 남편을 데려갔다. 헌병이 남편을 잡아가지 않았다면, 731부대에는 가지 않았을 것이다. 헌병들아, 내 남편을 돌려다오"라고 말했다. 청중을 향해 말했지만, 그녀는 분명히 옆에 있는 미오 전 헌병에 대한 원한을 전하고 있었다. 자신은 모르는 사건의 유족이었지만, 미오는 몸이 굳어졌다.

미오는 부탁을 받으면 만주에서의 헌병 체험을 증언하고, 반전 평화를 호소해 왔다. 10년 전에 위암 수술을 받아 62kg이던 체중은 44kg으로 줄었다. 그래도 평화를 촉구하는 집회에는 참석해왔다. 하지만 그가 진정으로 마음에 고통을 느꼈을까?

그의 마음 한구석에는, '나는 전투부대원들 같은 큰일은 저지르지 않았다. 군도로 목을 베는 따위의 짓은 하지 않았다'는 변명이 자리하고 있었다. 731부대에 관해 얘기해 달라는 부탁을 받았을 때, 자신은 부대 본부에서 무슨 일이 있었는지, 아무것도 모른다고 말해왔다. 하지만 죽임을 당하는 자에게, 또는 남겨진 유족들에게, 다른 가해자와의 비교나 자신을 위한 변명 따위가 무슨 의미가 있을까?

'이미 여든이 넘었다. 병이 악화되어도 좋다. 죽을 때까지 유족의 생각을 듣고, 내가 무엇을 했는지 생각해 보자.' 미오는 센다이 증언 이후, 그렇게 결심했다.

미오는 왜 헌병이 된 걸까? 헌병은 다른 병사들보다 급여가 높다. 집이 가난해 충분히 교육받지 못한 병사 중 기억력이 좋은 사람들이 헌병이 되고 싶어 했다. 미오는 기후현의 산골짜기 빈농의 집에서 차남으로 태어났다. 소학교를 나온 뒤 스물한 살에 기후의 68연대에 징병당할 때까지 그는 집에서 농사와 양잠을 도왔다. 1934년 입대해서는 중국 동부의 소련 국경에 가까운 무단장에 주둔했다.

무단장은 처음에는 자그마한 중국인 마을이었는데, 이삼 년 사이에 군사도시로 바뀌었다. 일본군의 지배가 확고하게 자리 잡지 못했기 때문에 매일 토벌 작전이 벌어졌다. 산촌에서 힘든 생활을 해왔던 미오 청년은 군대 생활에 잘 적응했다.

"'일본에 돌아가도 생활에 어려움을 겪을 테니 차라리 직업 군인이 되자'는 생각에 부사관 후보까지 됐습니다. 그러던 중 '이왕이면 헌병이 좋겠다. 급여도 많고, 일반 부대하고 달라서 영외 거주도 할 수 있다. 읍내에 사는 공무원과 같다'고 생각했습니다."

그러나 헌병 지원병은 많고 시험은 어려웠다. 1년 이상 군대에 근무한 남자들이 1차 신체검사로 추려졌다. 그런 다음 어려운 필기시험을 통과해야만 했다. 합격자는 고졸, 대학 야간부 졸업, 중졸이 대부분이었다. 미오는 필사적으로 교과를 암기했다. 미오가 시험을 봤을 때는 약 1천 명이 응모해 150명이 합격했다. 그 후 3개월간 단기 집중교육을 실시한 후, 학습을 잘 견딘 이들 중에서 다시 신원조사를 하여 친족 중에 사상적 문제가 없다고 확인된 사람들만 헌병으로 채용됐다. 미오는 1차 채용에서 떨어져, 일단 만기 제대한 뒤, 1936년 4월에 채용됐다.

그는 치치하얼, 무단장, 다롄 등에서 근무하다 패전을 맞았다. 군대 생활은 11년간이었고, 그중 헌병 생활은 9년간이었다.

헌병이 되고 처음 맡은 임무는 유치장 감시였다. 치치하얼의 헌병분대는 중국공산당 베이만성(北滿省)위원회가 조직한 인민전선 가담자들을 일제히 검거(치치하얼 공산당 사건)했다. 헤이룽장민보사의 사장, 교사, 철도국원, 사범학교 학생 등 120명을 체포하여, 확증도 없이 고문으로 자백을 강요했다. 늘 그래왔듯이 업적에 쫓긴 날조 사건이었다. 유치장에서 아침에 끌려 나간 학생이 낮에는 터진 피부 사이로 속살이 빨갛게 보이는 채로 엉금엉금 기어 돌아오곤 했다. 데려온 헌병은 "물을 주지 말라"는 말을 남겼다. 물도 못 마시고 식사도 못 한 학생들은 물을 달라고 신음했다. 자기보다 3년쯤 더 헌병 생활을 했을 뿐인 그 헌병이 어째서 물을 주지 말라는 심한 소릴 했을까 생각하면서 미오는 물을 주었다. 그 후 그는 무단장 소속 헌병으로 전출되었는데, 미오는 자신이 학생들에게 물을 주었기 때문이 아닐까 생각했다.

헌병이 되어 돌아온 무단장에서는, 일반 병사들과 달리 부대 소속 헌병이 얼마나 막강한 권력을 지니고 있는지, 그렇기 때문에 중국인들이 얼마나 무서워하는지를 실감했다. 헌병은 중국인과 같은 복장을 하고 각지에서 정보를 수집해 부대를 유도했다. 정보수집은 폭력과 일체를 이루고 있었다. 예를 들어, 부대가 산속에 혼자 있는 조선인 여인을 발견한다. 아마도 공비(항일군)의 스파이일 것이다. "조사하라." 부대에서 그 여인을 넘겨받은 상관이 명령한다. 죽도로 패고, 성기에 죽도를 쑤셔 넣기까지 했다. 그래도 아무런 정보를 얻을 수 없었다.

헌병은 항일군의 증오의 대상이었다. 미오도 3년 뒤 저격당해 중상을 입었다.

다시 치치하얼 헌병분대로 돌아가 보자. 당직근무를 서던 밤의 일이었다. 동료가 러시아인을 끌고 와 유치장에 매달아 놓고 가버렸다. 아침까지 그대로 내버려 두면 어깨뼈가 으스러질 것이었다. 미오는 방에 들어가 발밑에 받침대를 놓아주었다. 늘 하던 식으로 그냥 의심이 가는 자를 붙잡아다 고문한 것이었으므로 그 러시아인은 결국 석방되었다. 미오는 나중에 그 러시아인의 집에 초대받아 케이크를 대접받았던 것을 기억하고 있다. "그러나" 그는 말한다.

"그 정도의 불심(佛心)은 아직 남아있었지요. 그런데, 이후 그것마저 아예 사라져 버렸어요. 헌병은 권력이 있습니다. 만주국의 경찰이나 헌병단, 철도경호대를 휘하에 두고, 군인이든 일반인이든 끌어다가 조사할 수 있지요. 말하자면 무서운 게 없어요. 이렇게 되면, 안 해도 되는 일까지 하게 됩니다. 주어진 임무만으로는 만족하지 못하고, 공적을 세우기 위해 무엇이든 합니다."

다음으로 그는 무단장 헌병대로 옮겨가, 시아청쯔(下城子) 지소에도 나갔다. 여기서는 사증 업무나 기수(機搜) 공작(짐 검사, 물자 조사)을 했다.

사증 업무란 여권 검사이다. 왜 여권인가? 관동군은 소련 국경에 가까운 베이만(북만주) 일대를 특별군사지역으로 정해, 거주 증명증 없이는 그곳에 살 수 없도록 했다. 소련에서 몰래 들어오는 조선인이나 중국인 스파이를 찾아내기 위해서였다. 스파이는 큰 액수의 돈과 위조 증명서를 가지고 있었기 때문에, 헌병은 사람이 많은 열차, 배, 역, 부두, 여관 등에 검문소를 두고 몸 검사와 짐 검사를 했다. 증명서에는 비밀 잉크로 표시를 해두었다. 가령 열차에서는 철도경호대에게 거주 증명증을 모아오게 한 후 헌병이 조사하고, 의심이 가는 자는 붙잡아서 헌병대로 연행했다. 거기서 1개월쯤 잡아두고 고문을 하면서 조사하고, 혐의를 찾을 수 없으면 석방하는 것은 늘 있는 일이었다.

이즈음 미오는 이미 고문에 익숙해져 있었다.

"어느 날, 화베이에서 돈 벌러 나와서 몇 년 걸려 겨우 얼마 안 되는 돈을 모아 오랜만에 고향의 부모에게 돌아가는 노동자를 잡아들였습니다. 행색은 남루한데 돈을 가지고 있다는 이유만으로 감금했지요. 이 사람을 매일 끌어내어 발가벗기고 등이며 엉덩이며 닥치는 대로 죽도록 때렸습니다. 살갗이 터져 속살이 드러났어요. 6척 나무판에 눕히고 손발을 줄로 묶고는, 촛불로 손발을 지글지글 태웠습니다.

이런 고문을 해도 아무것도 나올 게 없었어요. 너무 빨리 석방하면 간부가 보는 앞이라 체면이 안 서서, 그대로 유치장에 넣고 3개월간 내버려 뒀습니다. 매일 제대로 밥도 주지 않고 강냉이에 물만 먹인 탓에 병이 들어버렸지요. 나중에는 처리하기 곤란해서 석방했는데, 거의 장애인이 돼서 비척비척 헌병대를 나갔습니다.

언젠가는, 화베이에서 돈 벌러 온 아버지를 만나러 왔던 아들이 중화민국 돈(만주국은 별도로 화폐를 발행했다)을 가지고 있다는 이유로 붙잡혀와, 조사실 서까래에 거꾸로 매달려 죽도로 맞다가 어깨뼈가 부러져버렸습니다. 산둥성에서 온 순박한 농부였습니다. 뭐가 있을 리 없지요. 공적을 올려야 한다는 생각에 미쳐있던 나는 그 농민을 6척 나무판에 묶어놓고 물고문을 했습니다. 그 후 만주국 경찰에 넘겼는데, 아마 살아나지 못했을 겁니다."

이런 나날을 보내면서도 미오는 마음이 삭막해지는 일은 없었다고 한다. 마음의 황폐함을 느낄 수 있는 정신을 지니고 있지 않았던 것이다.

고문 매뉴얼

헌병이나 일반 장병이 한 고문은 단순히 현장에서 전승되었던 것이 아니다. 방법과 요령을 정리해서 기록하고 조직적으로 실행했다. 예를 들면 관동군 참모본부의 「포로심문요령」에는 다음과 같은 내용이 나온다(『속·현대사 자료 6권 군사경찰』).

제63 고문 대상이 된 육체에 고통을 주면서 진실을 말하는 것 외에 고통을 제거할 방법이 없음을 지속해서 알린다.

제64 고문은 통상 대상이 의지박약하여 고문에 굴할 것이라는 예견이 충분히 설 때 실시한다.

제65 고문 수단은 실시하기 쉬운 것으로 하되 잔인하다는 느낌 없이 최대한 고통을 지속시키고, 상해의 흔적을 남기지 않도록 주의해야 한다. 그렇지만 생명에 대한 위협을 조성해야만 할 경우, 상해를 남길 것에 대한 우려를 거두고 반드시 지속해서 실시할 필요가 있다.

1. 정좌를 시킨다.

2. 연필을 각 손가락 사이에 깊이 끼우고 손가락 끝부분을 끈으로 묶은 후, 이것을 심하게 움직인다.

3. 하늘을 향해 눕게 하고(다리를 조금 높게 할 수 있다), 물을 코와 입에 동시에 붓는다.

4. 옆으로 눕게 하고, '상처 부위'를 밟는다.

5. 키에 못 미치는 선반 아래 세운다.

제66 혹시 실수로 상해를 입혔을 경우 대국적으로 생각하여 우리 편에게 유리하게 처리해야 한다.

제67 고문으로 진술을 얻을 때는 특히 그 자리의 고통을 회피하는 진술이 아닌지 확인하고 그 진실을 뒷받침할 필요가 있다.

제68 고문 실시 후에는 고문을 받은 자가 스스로 고문을 받은 것은 당연한 조치였음을 긍정하고, 또한 명예심, 자존심 때문에라도 밖에 나가 발설할 수 없도록 조처해야 한다. 그렇지 못할 자는 실수로 상해를 입혔을 경우에 준해 처치한다.

제69 고문 실시는 관계자 이외에는, 특히 다른 포로들에게 알려지지 않도록 하며, 고문할 때 소리가 새어 나가지 않도록 조처해야 한다.

이런 글을 '요령'이라 하다니, 참으로 개탄스럽다. '잔인하다는 느낌 없이 최대한 고통을 지속시키고, 상해의 흔적을 남기지 않도록 주의해야 한다'는 비열한 내용을 적고, '반드시 지속해서 실시할 필요가 있다'(제65)고 더욱 강조하며 기법을 열거한다. 상해를 입혔을 때는 '우리 편에게 유리하게 처리해야 한다'(제66)고 명령하고, 나아가 제68항에서는 고문당한 것을 당연히 여기고 입 밖에 내지 않도록 조처하라고 한다.

그 밖에도 고문 중의 현상으로 '갈증을 호소하며 물을 달라고하는 것은 더 이상 고통을 참기 힘들어 자백하기 직전일 때가 많다'고 세세한 주의를 써 놓았다. 미오가 헌병이 된 지 얼마 안 됐을 때 들은 바 있는, "물을 주지 말라"는 명령은 이러한 매뉴얼에 기초한 것이었다.

나는 전혀 다른 장소에서 일본 육군의 「포로심문요령」과 비슷한 글을 읽고 망연해졌던 적이 있다.

1989년 3월, 캄보디아의 수도 프놈펜의 '치안 제21국'에 들어갔을 때의 일이다. 그곳은 폴포트 일파에 의해 약 2만 명의 사람들이 고문당하고 처형으로 내몰린 시설이다. 이전에 리세(고등학교)였던 교실은 칸막이가 쳐져 있었고 각각의 방에는 철골만 남은 침대, 철 족쇄, 전기충격 장치가 놓여있었다. 바닥에는 핏자국이 검게 말라붙어 있었다. 벽에 걸린 칠판에는 고문받을 때의 요령이 백묵으로 꼼꼼하게 적혀 있었다.

'묻는 말에 답하라. 일부러 멍청한 척 굴지 말아라. 그것은 혁명을 모독하는 짓이다. 너에게는 자신의 실책에 대해 말하는 것도, 혁명의 본질에 대해 말하는 것도 용납되지 않는다. 채찍질, 전기충격에 소리 지르지 말아라. 캄보디아 크롬(남베트남 남델타에 사는 크메르인의 말)을 사용하지 말아라. 위반하는 자는 열 번 채찍으로 맞거나 다섯 번 전기충격……'

'치안 제21국'의 본부장 두크는 전 리세의 수학 교사였다고 한다. 마치 어린아이에게 산수를 가르치듯이 고문 순서가 쓰여 있었다. 고문에 못 견뎌 비명을 지르면 더 극심한 고문이 이어진다…….

「포로심문요령」에는 이와 똑같은 사고방식이 담겨 있다. 이러한 것은 다른 문화에도 전파되는 것일까? 아니면 유사한 상황에서 인간은 같은 생각을 하는 것일까? 아마 그 둘 다일 것이다. 그리고 군인이 됐건 교사가 됐건 관료가 됐건, 인간을 조작하고 관리하는 대상으로 간주했을 때, 요령이나 기능의 포로가 되어버리는 것은 아닐까?

체포, 그리고 귀국

특별군사지역에서 헌병은 자주 기수(機搜) 공작을 하곤 했다. 미오는 철도원으로 위장해 무단장역에 들어오는 물자를 조사했다. 예리한 쇠꼬챙이로 일일이 찔러보고, 물고기 뱃속에 무선기 부품이 들어있을지도 모른다고 의심하여 물고기의 배를 갈랐다. 그 와중에 중국 사람들은 귀중한 식량과 물품을 잃어야 했다.

미오는 다롄의 헌병대로 전출한 지 4년 만에 패전을 맞았다. 1945년 8월 23일 소련군이 다롄을 점령했을 때, 헌병들은 일반 장병과는 별도로 체포됐다. 일본 헌병대 안에 소련의 스파이가 숨어들어 있어서, 소련 영사관에는 이미 이들의 리스트 등 관련 서류가 있었다.

미오는 3개월간 조사를 받은 뒤, 소련군에게 체포당한 전쟁범죄자들과 함께 화물선에 태워져 블라디보스토크로 이송됐다. 근처 월슈로프 감옥에서 3개월간 갇혀 지낸 후, 20일 걸려 중앙아시아의 타슈켄트로, 그리고 다시 코칸트 근처의 콜호스(소련의 집단농장)로 보내졌다. 그곳에서 먹을 것이 부족해 배를 곯으며 1년간 일했다. 그 후에 다시 극동 하바롭스크의 수용소로 옮겨졌다. 일본군 포로 내부에서 일어난 민주화운동에서 '헌병=반동분자'로 규탄당해, 여기서도 괴로운 나날을 보냈다.

1950년 7월 18일, 그도 역시 중국 관할 전범자가 되어 소련에서 중국으로 이관됐다. 쑤이펀허에서 중국 쪽 열차에 탔을 때 그는 '이젠 죽었구나' 하는 불안을 느꼈다. 그러다가 예상치도 않던 인간적인 대접을 받으면서 '살았구나' 했다. 이때의 복잡한 생각들은, 고지마나 도미나가 등과 같았다. 그 후의 '심리적인 경과, 허세와 반항, 당혹, 표면적인 탄바이에 의한 거래, 현실 검토, 자성, 죄를 인정하고 얻은 재생'이라는 일련의 과정도 마찬가지이다.

다만 미오는, 자신은 헌병이었던 만큼 특별히 증오의 대상이 되고 있다는 자각과, 그러나 9년간의 헌병생활에서 군도로 포로를 베는 따위 제1선의 부대가 저지른 잔학행위는 하지 않았다는, 몰래 간직한 변명이 있었다. 다롄 사건에서 '특이급'이 된 중국인을 하얼빈으로 호송한 죄행은 물론 자백하고 사죄했으나, 그 장면을 떠올리며 괴로워하지는 않았다.

1956년 여름, 미오는 고안마루를 타고 일본의 마이즈루항으로 돌아왔다. 소련에서 겪은 굶주림을 생각하면 그의 생환은 기적이나 다름없었다. 그러나 그가 다른 이의 슬픔을 충분히 슬퍼할 수 있는 부드러운 정신을 되찾기까지는, 그 뒤로도 삼십여 년이라는 세월이 필요했다.

무엇보다도 그가 돌아온 일본 사회는 전쟁을 반성하는 생환자들의 소리를 들을 힘이 없었다. 전쟁을 선동하는 보도를 한 것에 대해서는 '시켜서 한 보도'라고 변명하고 있었다. 패전 후, 평화를 주장해온 신문조차 귀국자에 대해 '총참회 전범들'이라고 표현하기를 서슴지 않았다. 예를 들어 「아사히신문」(1956년 8월 2일자)은 다음과 같이 적었다.

'전범 석방자'는 입만 열면 '참회' 일색이다. 이제 막 고국 땅에 상륙한 이들에게 이 '참회의 수수께끼'를 푸는 열쇠를 알아내기란 쉽지 않지만, 그 단서가 될 만한 두세 가지 얘기를 다뤄보겠다. "일본 국민은 당신들을 결코 전범으로 보고 있지 않다. 관동군 최고책임자인 야마다 오토조(山田乙三)도 이미 귀국했는데, 당신들이 10년이나 억류당한 것이 부당하다고 생각하지 않는가?" 이런 질문을 던졌는데도 돌아오는 답변은 '그런 것은 관계없다. 어쨌든 우리의 행위는 결과적으로 중국 인민을 괴롭혔다. 인도에 반한 것이었다'였다.

수용소에서는 노동을 하지 않았고, 하루 두세 시간의 학습뿐이었다고 한다. "맛있는 걸 듬뿍 먹이고 일도 시키지 않고 생각만 하게 했다면, 누구라도 하라는 대로 '반성'을 하지 않겠는가?" 한 원호국 간부의 말이다.

이 기자는 후생성 원호국 간부의 의견임을 내세워 스스로의 도피처를 마련해 놓고 있다. 그 이해의 정도란, 유아사 의사가 귀국할 때 환영 나온, 이전에 함께 생체 해부를 했던 의사들이 "어쩌다 전범이 다 됐어요? 혹시 '그 전쟁이 옳았다'고 주장한 것 아니에요? 대충 속여넘겨도 좋았을 텐데"라고 한 것과 그 인식의 정도가 대동소이하다. 이 정도의 감수성, 이 정도의 상상력, 이 정도의 신문. 나는 지금 새삼, 전쟁신경증을 철저한 폭력으로 억압하고, 마음의 상처조차 의식할 수 없도록 만든 문화 속에서 우리가 살고 있다는 것을 느끼지 않을 수 없다.

미오도 '총참회' '세뇌'라는 딱지에 괴롭힘을 당했다. 2년쯤 고향에 돌아가 있었는데, 생활이 어려워 도쿄로 나와 취직할 곳을 구하려 해도, 경찰이 사주에게 연락해 바로 해고당했다. 그 후 2년간, 아무리 노력해도 정규직으로는 취직할 수 없었다. 시베리아 억류 시절에 알게 된 전 군의관이 위암의 조기 발견을 위한 연구를 하고 있어서, 그들과 함께 뢴트겐차로 순회 건강검진 서비스를 시작했다. 이 사업은 성공해서 커다란 공익법인으로 발전했다. 그러나 생활이 풍요로워지고 바빠졌다고 해서 그가 전쟁을 잊었던 것은 아니다.

개인으로서 죄를 짊어지다

미오는, 부탁을 받으면 반전 평화를 위한 증언을 하는 데 열심이었다. 내 수중에는 그가 1971년 7월, 오사카의 나카노시마(中之島) 공회당에서 800명의 청중을 앞에 두고 이야기한 요지가 있다. 거기서 그는 "많은 전쟁 참가자들이 '중국에서 저지른 일은 전쟁이었기 때문에 어쩔 수 없었다, 상관의 명령에 따른 것이었으므로 다른 도리가 없었다'라고 말합니다. 국가가 벌인 전쟁이라는 커다란 폭력 속에 자기 책임을 숨기고 있습니다. 그러나 나의 폭행은 나 자신의 비루한 공명심, 즉 실적을 올리기 위해 저지른 일이었습니다. 이 책임에서 절대로 벗어날 수 없습니다"라고 말했다.

미오는 물론 전후세대가 그의 증언을 들어주길 바란다. 그러나 나는 젊은 세대뿐만 아니라, 그 이상으로, 나이 든 사람들도 들으러 왔으면 하는 생각이다. 증언을 끝낸 그에게, "같은 지역에 있었는데, 나는 그런 경험을 하지 않았다"라고 항의하러 온 사람도 있었다. 그래도 그는 강연을 들으러 왔으니 관심은 있는 셈이었다. 미오는 반발을 통해서라도 무엇이 사실인지 직시해주길 바라왔다.

이렇게 증언을 계속해왔는데, '731부대전'의 증언에서 지금까지는 없었던 가슴의 통증을 느꼈다고 한다. 특히 센다이의 증언때 중국인 유족에게서 "헌병들아, 내 남편을 돌려다오"란 말을 들었을 때, 지금까지의 증언에 대한 회의와 부끄러움을 느꼈다. 그만큼 실행자로서 책임을 느끼고 다른 이들에게도 자각할 것을 호소해 왔으면서, 731부대의 범죄에 대해서 그는 '단지 수감자를 이송했을 뿐'이라고 생각해 왔다.

그 후 얼마 지나서, 미오는 하얼빈 핑팡에 있는 '731 죄증(罪證) 진열관'의 관장이 보낸 고발장을 받았다. 그 고발장은 안산(鞍山)시에 사는 류싱자(劉興家)가 쓴 것이었다. '조부 류완후이(劉萬會, 특이급으로 처리된 심득룡의 장인)는 다롄 사건에서 체포당한 뒤 돌아오지 않았다. 조모는 고통 끝에 한을 풀어달라는 유언을 남기고 죽었다. 조부의 최후를 알고 싶다'는 내용이었다.

미오는 생각나는 바가 없어 당황했다. 류완후이라는 사람을 모른다. 자신은 네 명을 731부대로 이송했는데, 그들 외에도 관련된 세 명이 석방되지 않았다고 한다. 직접 관계는 없었지만, 이 탄원에 답을 하고 싶었다. 그는 중병을 앓은 몸으로 조사를 시작했다. 관동주청의 경찰부장은 다롄위생연구소(731부대의 지부이면서 그 사실을 숨겨왔다)에서 인체실험이 있었다고 공술했다. 그러나 이에 대해 전 헌병들에게 문의했지만 그들은 아무것도 몰랐다.

미오는 센다이에서 유족의 증언을 들은 이후로, 가능하다면 자신이 호송했던 네 명의 유족에게 사죄하고 싶다고 생각하게 됐다. '만나서 사죄하는 것으로 내가 저지른 죄에 대한 자각을 심화시켜야 한다. 괴롭지만 이렇게 하고서 인생을 끝맺자'는 결심이었다.

1994년 10월, 그는 중국을 방문해 네 명 중 소식을 알아낼 수 있었던 단 한 사람, 왕후이쉬안의 아내를 만나기 위해 베이징으로 갔다. 그때 안산에 들러, 앞에서 언급한 고발장을 쓴 류싱자와 그의 아버지를 만나, 조사한 바를 보고하고 사죄했다. 다음 해인 1995년 7월, 나는 왕후이쉬안의 아들을 만나 사죄하려는 미오와 함께 하얼빈을 여행했다.

만남을 앞두고 비쩍 마른 미오의 얼굴색은 창백해져 있었다. 여행하는 동안, 나는 수면제로 그의 수면을 도와주었는데, 그는 만남 전날 밤 극심한 긴장에 시달렸다. 그래도 나는 그가 유족과 단둘이서 만날 것을 권했고, 그 뒤에는 아무 말도 하지 않았다. 여든다섯 살의 노인이 '시켜서 한 전쟁'에서 '스스로 한 전쟁'을 찾아내고, 일본인 중 한 사람으로서가 아니라, 한 사람의 인간으로서 죄를 짊어지려 하는 행위라고 생각했기 때문이다.

하얼빈에서, 미오와 시노즈카 유타카(篠塚豊, 전 731부대 소년대원)와 함께, 나는 옛 일본영사관 터를 찾았다. 만주국 괴뢰정권이 만들어진 뒤 영사관은 폐지되고, 시라카바료(白樺寮)라는 관동군의 기숙사가 되었다고 한다. 그곳은 사실 731부대의 사무소였다. 지하실은 비밀 호칭인 '특이급'으로 모아들인 수인을 일시적으로 수용하는 곳이었다.

지금은 화위안뤼서(花園旅社)란 간판이 걸린 싸구려 여관이 되어 있었다. 노상에서 지하로 직접 내려가는 계단을 통과하니, 그곳은 지하 호텔로 바뀌어 있었다. 이전의 감방이 그대로 길쭉하고 비좁은 객실로 사용되고 있었다. 겨우 지나다닐 만한 여유를 남기고 보잘것없는 침대가 네 개 나란히 놓여있었다. 창문은 천장 가까이에 작게 나 있을 뿐이었다.

미오는 "한 방에 20명 정도를 가둬놨을 거예요"라고 작은 목소리로 설명해줬다. 수인을 '마루타'로 취급하다 보니, 헌병의 눈에는 방 1개가 20명이 들어가는 공간이 된다. 방은 모두 15개인데, 300명을 가득 채운 날도 있었을까? 그런 것들을 생각하고 있자니, 동행한 중국인이 중국어로 하는 소리가 들렸다.

"너희들, 지독한 짓을 했지?"

우리 세 명은 좁고 낮은 계단을 올라와 밖으로 나왔다. 뒤에는 일본 육군이 처음 만든 특무기관이던 하얼빈 특무기관이 있었다. 우리는 인파에 휩쓸리며 뒤를 바라보았다. 반세기 전에 세운 칙칙한 건물들이 늘어서 있었다. 그 하나하나가 시간의 꺼풀을 벗겨내면, 일본 군국주의의 군은 표정으로 바뀐다. 그 그늘에서 아무도 모르게 이 땅에 살던 사람들이 죽임을 당했다.

나는 미오를 다시 한번 바라봤다. 그는 오랜 헌병 생활에서 얻은 꼼꼼함과 감정 변화의 낌새를 알아채는 기민함을 몸에 익히고 있었다. 그것은 중국인을 회유하여 정보를 얻어내고 서류를 정리하는 사이에 훈련된 직업적 성격이었다. 귀국 후 이러한 성격은 그가 살아가는 데 도움을 주는 한편, 직업에 의해 더욱 강화됐다.

그러나 미오는 증언이라는 행위, 직접 만나서 사죄하는 행위로 그런 성격의 껍데기를 벗겨내려고 노력해왔다. 그는 죄의식을 잊지 않으려고 계속해서 몸으로 부딪쳐 왔다. 그는 요즘 간과 폐에 전이된 암 조직을 제거하는 수술을 받고 병상에 누워 있다. 그의 쇠약해진 몸 안에서는, 반생에 걸쳐 되찾은, 죄를 느끼는 심장이 뛰고 있다.

제12장

공명심

이상적인 병사

이 장은 미오에 이어 오로지 자신의 전쟁범죄를 되씹으며 희생자 유족에게 용서를 빌어온 헌병 쓰치야 요시오(土屋芳雄)의 이야기다.

쓰치야는 전쟁범죄를 사죄한다는 것이 어떤 것인지 나에게 가르침을 준다. 사죄한다는 것은, 단순히 "죄송합니다" "두 번 다시 안 그러겠습니다" 하며 고개 숙이는 것이 아니다. 자신이 왜 잔학한 행위를 했는지 분석하고, 그것을 피해자에게 말하고, 나아가 어떻게 그 죄를 짊어지고 살아가고 있는지를 전하는 것이다. 용서는, 분석과 얘기와 삶 속에서만 구할 수 있다. 쓰치야는 그런 당연한 일을, 귀국 뒤 외곬으로 실천해 왔다.

쓰치야는 성실하기 이를 데 없다. 야마가타현의 극빈 농가에서 태어난 청년은 타고난 뛰어난 두뇌와 체력으로 헌병 업무에 열중했다. 헌병 시험을 본 것은 어떻게 해서든 높이 승진해서 부모님께 집을 지어드리고 싶다는 생각에서였다. 그래도 처음 고문을 했을 때 혐오감을 느끼고 "오장(伍長)이 되면 헌병을 그만두겠다"고 상관에게 말했다. 그러나 그 후 공명심에 불타올라 수많은 중국인을 체포·고문하는 동안에, 그는 '특고(特高, 특별고등 경찰의 준말로 군국주의 시대에 정치·사상 분야를 담당한 경찰)의 신'이라 불릴 정도가 됐다.

쓰치야는 생물학적으로 매우 뛰어난 소질을 타고났다. 사고력, 주의력, 기억력이 모두 뛰어나고, 건강할뿐더러 강인했다. 그는 성실하고 마음이 따뜻한 부모 밑에서 착실하고 의심할 줄 모르는 청년으로 자라났다. 그러나 극단적으로 가난했다. 그는 전쟁 시기에 일본 국가가 요구하던, 건장하고 인고를 견딜 줄 아는 병사의 조건을 모두 충족하는, 이상적인 남자였다. 그는 가난했기 때문에 소학교밖에 다니지 못했다. 그러나 성실한 성품이라 소학교의 선생님을 존경했고, 선생님은 천황제 군국주의와 만주 개척의 야심을 그에게 주입했다.

일본은 좁은 섬나라지만, 그래도 지방마다 문화가 다르다. 유아사 군의관이나 고지마는 도쿄의 도시 문화 속에서 자랐고, 도미나가나 나가토미는 규슈 구마모토의 무(武)를 숭상하는 문화가 몸에 밴 것처럼, 쓰치야는 도호쿠(東北) 지역 특유의 농촌 문화가 낳은 남자였다. 이들은 인내심이 강하고 순종적이지만, 같은 계층 사람들에 대해서는 경쟁심이 강하다. 그리고 무엇보다 근면하고 착실했다.

그는 타고난 뛰어난 소질에 힘입어 군국주의에 과잉 적응하고 가난을 극복했지만, 그 종착역은 인간성의 상실이었다. 그가 유일하게 지니지 못한 지성은 비판 정신, 사물을 상대화해서 보는 힘이었다. 그것은 일본 교육이 가장 싫어하는 성격의 지성이어서, 그가 깨달을 기회는 없었다.

쓰치야는 1969년 가을부터 「반생의 회오半生の悔惡」라는 제목으로 중국에서 저지른 죄악을 기록하기 시작했다. 그는 그것을 자손들에게 남길 유서로 삼을 생각이었다. 다음 해부터 도로포장 정비에 반대하는 농민운동의 선두에 섰기 때문에 집필은 12

년간 중단됐다. 1982년부터 다시 펜을 들고, 농한기마다 책상과 마주하기를 3년. 200자 원고지 1,900매, 여섯 묶음의 수기를 완성했다. 전직 헌병답게 한 글자도 흐트러짐 없이 원고지를 메웠다. 집필 도중에 이 수기를 기초로 한 『지옥의 나락에서 : 쓰치야 헌병 소위의 개인 역사』[48]와 『듣고 쓰기 : 어느 헌병의 기록』[49], 두 권의 책이 출판됐다. 여기서는 쓰치야에게서 직접 들은 이야기와 「반생의 회오」를 기초로, 그의 생활사와 만주에서 겪은 일들을 정리한다.

빈곤에서 탈출하는 길

쓰치야는 1911년 야마가타현 무라야마군 남쪽 니시고무라(西鄕村)에서 태어났다. 지금은 야마가타현 가미노야마시(上山市)에 속한다. 자오산(藏王山) 자락에 있는 농촌이다. 그는 일곱 남매의 장남으로 자랐다. 아버지는 철도 보선 인부로 일했고 어머니는 소작을 했다.

할아버지가 술을 마셔 빚을 졌기 때문에, 집안은 마을에서도 가장 가난했다. 대대로 내려오던 토지는 고리대금업자와 지주에게 빼앗기고, 아버지가 겨우겨우 모은 돈으로 아들 앞으로 사 놓

---

48. 長岡純夫, 『われ地獄に墮ちん―土屋芳雄憲兵少尉の自分史』, 日中出版社, 1985
49. 朝日新聞山形支局, 『聞き書き ある憲兵の記録』, 朝日新聞社, 1985

은 밭도 도면이 잘못됐다는 생트집을 잡혀 옆의 지주에게 빼앗겼다. 일가가 사는 집은 다 쓰러져가는 여덟 평짜리 오두막. 거적을 깔아 겨우 흙바닥을 면했다. 이 방 두 칸짜리 오두막에 부뚜막과 아궁이가 있었고, 조부모, 부모, 아이들이 함께 자고 일어났다. 지주는 집세로 연간 24엔(1931년 당시 쌀 한 섬이 7엔 39전)을 또 박또박 받았다.

소작료는 4대 6으로, 소작인이 4할 지주가 6할을 갖는 것이 일반적이었다. 어머니가 가뭄으로 쌀이 나질 않았으니 소작료를 내려달라고 탄원해도, 지주는 결코 내려주지 않았다. 지주가 가져가는 쌀가마에 어머니가 달라붙어 우는 정경이 쓰치야의 어린 마음에 새겨졌다.

이 정도로 가난했지만, 부모도 조부모도 정이 넘치는 사람들이었다. 아버지는 끊이지 않고 생겨나는 조부의 빚을 화내는 법 없이 갚아나갔다. 보선 공사로 몸을 주체할 수 없을 정도로 지쳐 돌아오면서도, 과자를 사서 빈 도시락통에 넣어 아이들에게 선물로 주었다. 아무런 낙이 없는 나날을 보내던 조모도 손자들에게는 부서진 쌀 알갱이를 모아 방아에 찧어 쌀과자를 만들어 주었다.

그의 집안은 지독하게 가난했음에도 가족관계가 따뜻했기 때문에 마을 사람들이 자주 찾아왔다. 부랑아를 재워주는 일도 있었다.

170호가 모여 사는 촌락에서 90퍼센트는 일하고 또 일해도 겨울을 넘기기가 힘에 부치는 소작인들이었다. 쓰치야 가족은 그

중에서도 가장 가난한, 그러나 포근한 가족이었다. 그리고 가족을 포함한 마을 사람들은 지킬 것은 지키고 도울 일은 도우면서 살고 있었다. 이것이 쓰치야가 자란 환경이었다. 1918년 고등소학교(패전 전의 교육제도에서 소학교 6년 과정에 고등과 2년을 합친 학교)에 들어가서 고등과 2년까지 합계 8년간 공부했다. 유순하고 뭐든 잘하는 아이로, 쭉 반장을 맡았다. 별명은 '가난한 반장.'

소학교에서는 일왕의 사진에 절하며 "신의 자손이신 천황 폐하, 우리 국민 7천만은, 천황 폐하를 신으로 우러러 모시옵니다"라는 내용의 '수신(修身)'을 배웠다. 고등과 2학년일 때 존경하며 따랐던 젊은 마쓰무라(松村) 선생님으로부터 '만주 개척'에 관한 얘기를 듣고 야심을 품었다. 이리하여, 가난한 현실을 어찌해볼 도리 없는 그에게 침략의 꿈이 뿌리내렸다.

고등과 졸업 후, 논밭이 없는 쓰치야 집안의 아들은, 이전에 아버지가 그랬듯이 지주의 머슴이 될 수밖에 없었다. 그는 지주 집의 작업장 2층에 머물며, 주인님의 눈 밖에 나지 않으려 애쓰면서 스무 살에 징병될 때까지 5년간 일했다. 그동안 그는 3년 동안 청년훈련소에 다니며 군사훈련도 받았다.

1931년 7월, 그는 징병검사를 받았다. 장남이 일하지 않으면 그의 가족은 생계를 이어나가기 어려웠다. 그 때문에 쓰치야는 군대에 가지 않기를 바랐지만, 결과는 갑종 합격점이 나왔다.

쓰치야는 임기응변과 결단력을 함께 갖춘 사람이다. 병역에서 벗어나고 싶었지만, 일단 징병검사에 합격하자 자원하기로 결심했다. 그것도 만주에서 철도 경비를 하는 독립수비대를. 그는 '갑종 합격'을 알려준 징병관에게 그 자리에서 결심을 전했다. 징병관은 "좋다, 기특하다"고 말해줬다.

만주의 독립수비대를 지원한 것은 두 가지 이유에서였다. 하나는, 마을의 청년훈련소 1년 선배가 궁주링(公主嶺) 독립수비대에 들어갔는데, 거기라면 초년병에게 가하는 기합에서 벗어날 수 있지 않을까 생각했기 때문이었다. 다른 이유는 1년 반 후 만기 제대한 뒤 만주에 남아 일해서 돈을 모아, 고향에 새집을 짓고 싶었기 때문이었다.

같은 해 12월, 청년 쓰치야는 중국 지린성 창춘 남서쪽에 있는 궁주링의 관동군 독립수비대에 들어갔다. 이미 그해 9월, 이 독립수비대에 의해 만주사변이 일어났다. 그는 보병 제1대대 3중대 소속이 되었다. 그가 야마가타의 보병연대에 대해 들었던, '초년병 괴롭히기'는 당하지 않았다. 그는 안심이 되는 한편, 어떻게 해야 근무 평가를 잘 받아 승진할 수 있을지 심사숙고했다. 남들보다 빨리 상등병이 되고 싶었다. 가능하다면 오장의 임무를 맡는 상등병이 되고 싶었다.

그는 무엇이든 기민하게 해냈다. 군대에서는 제일 먼저 끝내는 것이 좋은 평가를 받는다. 밥을 빨리 먹는 데는 쓰치야를 따를 자가 없었다. 밥을 국에 말고, 반찬도 모두 넣어서 훌훌 마셔버렸다. 누구보다도 빨리 "잘 먹었습니다"를 외치고 자신의 식기를 개수대로 가져갔다. 음식을 씹지 않고 삼켜버리는 것은 몸에 좋지 않다. 어려서부터 어머니가 하시던 말씀이었다. 그러나 밥을 빨리 먹는 것은 군대 내에서 기민함을 눈에 띄게 하는 효과적인 행동이었다.

그는 모든 분야에서 요령이 좋았다. 상관 앞에서 잘 보여 점수를 따려고 경쟁하는 것이 아니라, 변소 청소를 빼놓지 않고 꾸준히 해서 자연스럽게 상관의 눈에 띄곤 했다.

「군대 내무령」에는 '명령은 바로 받들어 실행한다. 그 옳고 그름을 논하거나, 그 원인과 이유 등을 질문하는 것은 결코 허락하지 않는다'라거나, '말은 간단명료하게 하고 태도와 동작은 엄정하고 활달해야 한다'라는 것이 있다. 그는 암기한 「군인칙유」나 「군대 내무령」에서 요구하는 군인상을 간파하고 있었다. 요컨대, 상관이 기대하는 장병의 모습을 능숙하게 해내면 된다. 기민하고 성실하고 모호한 데가 없는 모습을 보이면 된다. 그것은 가난한 반장이 머슴이 되어 견뎌야 했던 희망 없는 고된 노동에 비하면, 승진으로 이어지는 보람 있는 요령이었다. 고향과는 달리, 그곳에서의 고된 일은 승진과 결부되어 있다고 그는 생각했다.

이리하여 그는 우수한 신병이 받는 병정근장(兵精勤章)을 3중대 초년병 60명 중에서 두 번째로 좋은 성적으로 받았다. 상등병이 되는 길에 한발 다가선 것이다.

물론 이 동안에 그는 중국 농민을 죽이는 시험에도 들었다. 입영하여 2개월이 채 안 된 1932년 1월, 경찰로부터 넘겨받은 농민 행색의 중국인 여섯 명이 초년병의 '배짱 키우기 교육'의 희생양이 됐다. 우선 그중 세 명이 초년병이 보는 앞에서 참수당했다. 이어서 찔러 죽이기. 쓰치야 이등병은 첫 번째로 지명됐다.

주저함 없이 큰 소리를 지르며 찔렀다. 사람을 죽음으로 몰아넣더라도, 그날 밤도 그 이후로도 악몽을 꾸다거나, 가위에 눌려 잠이 깨는 일은 한 번도 없었다. 일본 육군에 대한 그의 적응은 물 흐르듯이 진행됐다. 그 후에는 항일군이 잠입했을 것으로 추정되는 마을을 습격하는 일이 여러 번 있었다.

그러나 쓰치야의 승진은 좌절당했다. 그를 높이 평가하던 초년병 담당 군조 두 명이 잇따라 전사했기 때문이다. 새로 온 군조는 그의 평가 점수를 낮췄다. 결국 그는 만기 제대한 후 만주에서 돈을 벌겠다던 결심을 버리고, 헌병에 지원했다. 쓰치야는 이때의 심경 변화를 다음과 같이 얘기한다.

"당시, 군대에 들어간 후, 첫 번째 병역에서 상등병이 되지 않으면 고향에 돌아갈 수 없다고들 했지요. 나는 상등병이 됐지만 서열이 열 번째였어요. 이래서는 오장 임무를 맡기 어렵다는 생각에 화가 났습니다. 교관이나 반장(두 명의 초년병을 담당하는 군조)이 있었을 때, 2등으로 병정근장까지 받았는데, 의지했던 상관이 전사하자 인사계 특무 조장은 나에 대한 평가를 엉터리로 했습니다. '좋다, 그렇다면 헌병이 돼서 원수를 갚겠다', 이것이 내가 헌병에 지원한 동기입니다. 헌병이 뭔지 아무것도 모르면서.

한편, 군대에 대한 생각이 바뀌었어요. 군대만큼 가혹한 곳은 없다고 알고 있었는데, 고등소학교를 졸업하고 11일째부터 막일꾼으로 단련된 데 비하면, 군대만큼 편한 곳도 없었어요. 밥도 고기도 맘껏 먹여주고, 위문 상자도 산더미처럼 쌓였죠. 괴롭히는 고참들은 토벌에 나가서 없고, 군대가 안주할 만한 곳으로 여겨졌습니다. 게다가 헌병이 되면 월급도 많아지니 더 좋을 것이란 생각이 들기 시작했습니다."

도호쿠 농촌의 빈농이 지주와 소작인이라는 고정된 사회관계에서 벗어나는 것은 불가능하다. 쓰치야 청년에게 군대는 자신의 재능으로 입신출세할 수 있는 새로운 환경이었다. 헌병이 된 뒤, 일상의 근무에 정진하고 진급시험에 합격하면 헌병 상등병에서 헌병 오장으로, 그리고 헌병 군조로 올라갈 수 있다. 그는 천황제 군국주의 안에서 입신의 길을 찾아냈던 것이다.

1933년 5월, 그는 헌병 상등병 후보자 시험에 합격했다. 5대 1이 넘는 경쟁률을 뚫고 150명이 뽑혔다. 만주사변 후의 전선 확대 탓에, 관동 헌병대도 증원을 서두르고 있었다. 합격자 중 12명은 대졸, 85명이 중졸, 나머지 3분의 1이 소학교 졸업이었다. 뤼순의 헌병교습소에서 지낸 3개월 동안, 그는 법률을 집중적으로 학습해 보조 헌병이 됐다. 그리고 8개월 후에는 헌병 상등병이 됐다. 헌병에게 추가 지급하는 급여와 영외 생활비를 더해, 급여가 일반병과 상등병의 다섯 배인 49엔 90전이었다. 이제 고향에 송금하는 것도 가능해졌다.

고문에 깜짝 놀라다

쓰치야는 1934년 4월, 출정한 지 2년 4개월 만에 관동헌병대 치치하얼 헌병분소의 헌병이 되었고, 같은 해 11월에는 동부 국경의 도시, 펑양진(平陽鎭)에 파견되었다. 여기서 처음으로 고문을 실습한다.

그는 "이 도시로 장을 보러 왔다"는 농민을 연행해 오장의 지도로 폭행했다. 나무 몽둥이로 두드려 패고 난 뒤, 손을 뒤로 묶어 매달고 그 상태에서 돌을 매달아 어깨 관절에 통증을 가했다. 물고문에, 불에 달군 쇠꼬챙이로 지지는 고문, 삼각으로 깎은 나무 막대기를 정강이에 굴리는 주판 고문, 이불 꿰매는 바늘로 손톱 밑을 찌르는 고문이 이어졌다. 닷새 동안 계속된 고문 사이사이 오장은 "네 본거지는 어디냐? 패거리는? 말해! 말 안 해?" 하고 소리 질렀다. 혐의다운 것이라고는 하나도 없었지만, 고문을 계속했다.

물고문을 할 때는 음식도 물도 주지 않고 남자를 발가벗겨 천장을 향해 긴 의자에 눕게 한 뒤 의자에 묶는다. 그리고 커다란 주전자로 입과 코에 쉬지 않고 물을 부었다. 숨을 쉴 수가 없어 남자는 헐떡이며 물을 삼킬 수밖에 없다. 폐로 물이 들어가지 않도록 주의해야 한다. 배가 부풀어 오르면, 그 위에 걸터앉아 물을 토하게 한다. 남자는 이미 기절한 상태다. 기절한 남자를 고문한다고 자백할 리 없지만, 몇 번이나 반복했다. 오장의 기술 지도에 따르면서도, 그는 '이 사람은 악마인가?' 하고 혐오감에 치를 떨었다.

"그때는, '역시 이건 나쁜 일이야' 하는 의식이 있어서, 이따위 짓거리는 세상에 없을 거란 생각을 했어요. 헌병이 이런 짓을 할 거라고는 생각지 못했거든요. 시키는 대로 물고문을 하면서 '아이구머니나, 지독한 짓도 다 하네' 했지요. '이런 짓거릴 하다가는 좋게 죽지 못하지, 벌 받을 거야' 하고 생각했습니다."

결국 그 남자에게서는 잡아들였을 때 들었던 "장원다(張文達), 서른세 살, 근처 농촌에서 장 보러 왔다"란 말 이상의 것을 알아낼 수 없었다. 그래도 중상을 입힌 남자를 중국인에게 보일 수는 없었다.

다시 말해, 앞에서 서술한 「포로심문요령」에 나오는, 상해를 입혔을 때는 단호하게 처리해야 한다는 조항을 지켜야 했다. 만주국 일본인 군관인 중위가 참수 연습용으로 그를 데리고 갔다. 쓰치야 헌병은 그가 묘지로 끌려가 목이 떨어지는 것을 보았다.

쓰치야는 이때, "그만둬야겠다"고 동료에게 말했다. 2개월 뒤, 치치하얼 헌병분대로 돌아온 쓰치야 헌병은, "오장이 되면 그만두겠다"는 말을 했다고 한다. 아직도 독립수비대에서 오장이 되지 못했던 것에 대한 한이 남아 있었던 모양이었다. '그만두더라도 오장이 될 때까지는 열심히 하고 나서 그만두자.'

헌병분대는 서무와 경무(군사경찰)와 특고(사상 문제 담당)로 나뉘어 있었다. 이후 패전 때까지 10여 년간, 그는 특고 전문 헌병으로서 '업적'을 올렸다.

치치하얼은 헤이룽장성의 성도 하얼빈에서 북서쪽 270km에 있는 농산물 집산지였는데, 당시에는 소련군과 대치하는 군사 거점이었다. 헌병대 청사는 1층이 헌병분대, 2층이 헌병본부였다. 이곳은 현지 사람들에게는 '불귀문(不歸門)'이라 불리던 공포의 대상이었다. 헌병들은 여기서 매일 아침 황거요배를 하고 일왕에 충성을 맹세한 후 일을 시작했다.

치치하얼에 돌아간 지 얼마 안 돼, 1935년 6월 헌병대는 치치하얼 공산당 사건을 날조했다.

인민전선을 만들었다는 혐의로 신문사 사장과 기자, 교육청장과 교사, 철도국원 등 120여 명을 일제히 체포, 고문하여 조서를 작성한 뒤 45명을 육군형무소에 투옥했다. 이 사건 조사 중 고문으로 한 명이 사망하고 교육청장은 자살했다. 투옥된 사람 가운데 5명은 사형, 나머지는 징역 15년에서 무기형까지 처했다. 앞 장에서 다룬 미오가 헌병이 되어 처음으로 관계한 사건이기도 하다. 쓰치야 헌병은 이 사건에서 치치하얼 철도국 열차 사령 일을 하던 서른 살가량인 쥐(鞠)라는 남자를 고문했다. 3일간 계속한 물고문으로 죽기 직전까지 몰고 갔다. 이틀 후 다른 헌병이 다시 물고문 하다 죽이고 말았다. 펑양진에서 첫 고문 실습을 할 때 '벌 받을 것'이라고 생각했던 그가, 이때는 물고문을 멈춰야 하는 극한을 터득할 정도로 변해 있었다. 몸이 차게 식는 상태, 가쁜 숨소리, 가슴과 배의 부풀어 오른 상태를 보고 판별할 수 있게 된 것이다. 고문이 잔혹하다는 느낌은 사라지고, 그것도 하나의 기술이 되어갔다.

'유능한 헌병'으로 변신하다

여기까지는 쓰치야 헌병의 직업훈련 시절의 얘기다. 이후 그는 고문 기술자가 되어간다. 다음 해인 1936년 11월, 그는 밀정을 써서 장후이민(張惠民), 장칭궈(張慶國) 등 8명의 소련 첩보원을 체포했다. 이들은 검찰에 송치되지도 않고 모두 '엄중 처분', 즉 총살당했다. 그들은 중국의 독립을 염원해 소련에 정보를 넘겨주고 있었다.

이 사건에서 그는, 그다운 끈기와 기지로 장칭궈를 체포한 뒤, 이미 그의 특기가 돼버린 물고문으로 정보를 알아내어 그의 형인 장후이민을 체포했다. 계속해서 리더인 장후이민을 물고문했으나 완강히 버티자, 그의 처자를 이용해 궁지로 몰았다. 처분이 끝난 뒤, 치치하얼 헌병분대에 관동군 헌병대 사령관 도조 히데키로부터 '황군의 방첩 모략 대책에 획기적인 공헌을 했다'는 감사장과 금일봉이 내려왔다. 그는 염원해 마지않던 오장으로 승진해, 특고 헌병으로서 자부심을 만끽한다. 이러한 시스템에 의해 일본의 군국주의는 완성되어 갔다.

장후이민 등이 처형된 지 3개월이 지난 1937년 4월, 쓰치야 헌병은 또 다른 사건을 적발했다. 여관의 숙박부를 넘기다가 의심스러운 아편 중독자 두 명을 늘 하던 대로 아무런 혐의도 없이 체포했다. 이때는 분대장 이와사키(岩崎) 소좌에게 "증거도 없는데 체포하다니 무슨 짓이냐. 명령 위반으로 군법회의에 보내겠다"는 질책을 들었다. 그런데도 물고문을 시작하자, 두 사람은 바로 철도 폭파 공작을 자백했다. 그들은 아편 중독으로 직장을 잃고 소련 스파이로 고용됐다. 아편에 중독된 그들은 신념을 추구하는 항일 공작원이 아니었으므로 쉽게 폭파 계획의 전모를 털어놓았다. 두 사람의 자백으로 그는 한 사람을 더 체포하여, 헌병대 사령부의 명령에 따라 하얼빈 헌병대로 신병을 넘겼다. 쓰치야는 그들이 731부대의 실험재료가 되었을 거라고 짐작했다.

쓰치야 헌병은 장후이민 사건에 이어 또 한 번 '방첩 모략 대책'에 공을 세운 셈이었다. 사건 후, 히로시마 헌병대로 전근이 결정된 이와사키 분대장이 쓰치야 오장을 불렀다.

"헌병을 그만두고 싶다고 말했다던데, 정말인가?"

입 밖에 냈던 것은 사실이므로, 그는 "정말입니다" 하고 대답했다.

이와사키 소좌는 고과표를 꺼내어, "범죄 수사에 관해 특별한 기능을 가졌음"이란 부분을 읽어주고, 그에게 다시 생각해 볼 것을 권했다.

"그 순간 기뻤습니다. 분대장이 내 역량을 인정해 줬다, 그런 높은 분이 평가해 주는 말을 듣고 그 일이 나쁘다고 생각했던 마음이 사르르 바뀌어 버렸습니다."

자신의 능력을 인정받은 쓰치야 헌병은, 만주에서 사업을 시작할 꿈도 고향에 돌아가겠다는 생각도 잊어버렸다. 게다가 야마가타로 돌아간다면 미래에 대한 전망은 암담할 뿐이었다. 그 자리에 머물게 된 그는 하던 대로 급여에서 20엔씩 떼어 부모님께 보냈다. 같은 해 7월 루거우차오 사건이 터졌고, 일본군은 중국 본토로 전선을 확대했다. 동시에 항일군도 조직되어 갔다.

북만주에서도 동북인민혁명군의 베이만성위원회 아래 항일연합군 제3로군이 조직되어 게릴라전을 전개했다. 헌병대는 반만 항일군의 협력자(일본 쪽은 통비자[通匪者]라 불렀다)를 밝혀내려고 중국 농민에 대한 탄압을 강화했다. 예를 들면 1939년 9월의 너허(訥河) 공작에서 통비자라는 명목으로 중국 농민 172명을 검거해 그 가운데 약 70명을 투옥하고 2명을 처형했다.

쓰치야 헌병은 1937년 말, 군조로 승진하면서 치치하얼 헌병대 본부에서 일하게 됐고 관사도 받았다. 1939년 가을에는 고향 여성과 결혼했다. 그는 내륙 도시 치치하얼의 구석구석을 다 파악했으며, 군인과 민간에 두루두루 생사여탈의 경찰권을 행사하는 헌병대의 실력자로서 눈빛을 빛내며 돌아다녔다. 헌병가(憲兵歌)에서 '형태 없어도 판단할 수 있고 소리 없어도 구분해 들을 수 있네. 천황의 전투 지켜야 할 우리가 책임질 중임이라네'라고 한 그대로의 나날을 그는 살고 있었다.

1940년 10월, 그가 중심이 되어 치치하얼에서 조직되고 있던 공산당 지하조직을 괴멸시켰다. 독립수비대가 전투 중에 우연히 항일군의 암호문서를 입수해, 암호를 해독하여 조직의 지도자인 치치하얼 철도국 열차구 화물원 스리성(史履陞)을 찾아낸 뒤, 1개월간의 감시와 미행으로 그들의 인간관계를 모두 알아냈다. 이렇게 해서 철도국원과 하얼빈공업대학 학생 등 135명을 일제 검거했다. 체포 후에는 늘 해오던 대로 처참한 고문, 자백 정보에 근거한 체포, 고문의 반복이 이어졌다. 텐바이(田白) 공작이라 명명된 사건에 의해, 두 명이 처형되고 39명이 10년에서 무기징역까지 선고받고 투옥당했다.

후에 중국의 전범이 된 쓰치야는 죄상을 탄바이한 후의 취조에서, 검사로부터 "쓰치야, 너는 어린 우리 당의 조직을 뿌리째 뽑아버렸다. 중국 인민은 너를 결코 용서하지 않을 것이다"라는 말을 들었다고 한다. 톈바이 공작을 지휘한 쓰치야 헌병이 항일군에게는 악의 수괴로 여겨졌던 것이다.

쓰치야의 처형을 요구하는 수백 통의 고소장 가운데, 톈바이 공작 사건으로 고문당해 죽은 청년의 어머니가 쓴 글이 있었다. '편모 슬하에서 자란 하나밖에 없는 아들을, 일본 헌병 쓰치야가 붙잡아가서 고문하고 투옥했다. 아들은 일본군이 패한 뒤 감옥에서 나왔지만, 고문 후유증으로 고통받다 1년도 채 안 돼 죽었다. 부디 아들의 한을 풀어 달라'고 쓰여 있었다.

당시 쓰치야는 이미 헌병 군조(사관학교 출신이 아닌, 밑바닥부터 올라온 병사가 올라갈 수 있는 최고의 자리)로 승진해 있었다. 실무에 능해서 '특고의 신'이라고까지 불릴 정도였다. 그는 사람들의 원한의 표적이 돼 있었다. 그러나 그는 자신이 그렇게 여겨진다는 것을 상상조차 하지 않았다. 중국인은 순종적이어야만 하며, 고문도, 처형조차도 일본군이 결정한 이상 그것을 따라야만 한다고 굳게 믿고 있었다.

냉혹의 극을 달리다

톈바이 공작에 이어 같은 해 12월, 쓰치야 헌병은 '정싱(貞星) 공작'이라 명명한 중국국민당 조직 파괴에 나섰다. 앞서 공산당 탄압 과정에서 별도의 인맥을 알아낸 그는, 특기인 고문-자백-

새로운 체포-고문이라는 과정을 통해 관련자들을 새끼줄에 엮어내는 식의 검거를 이뤄냈다.

처음에는 자신들이 어떤 조직을 탄압하고 있는지 헌병들조차 잘 몰랐다. 어쨌든 치치하얼, 하얼빈, 지린, 펑톈, 신징, 무단장 등의 철도국원, 만주국 관리, 만주국군 간부 등 약 700명을 체포했다. 결국 그들은 항일저항조직은 아니었고, 만주의 국민당 동조자들의 네트워크였다. 첩보활동을 했다는 사실은 밝혀내지 못했지만, '충칭 국민당의 대만 첩보 전략을 맡은 조직'으로 몰아 200여 명을 검찰에 송치했고, 20여 명이 사형당했다.

중국 국내에서는 중국의 정당을 지지하는 사람들이 각 도시에서 몰래 모임을 하고 있었다. 그들은 항일 무장조직을 만들려는 것이 아니라, 언젠가는 정치활동을 하려고 가느다란 연줄을 이어가고 있었다. 지금 생각해 보면 그것이 어째서 극형의 대상이 되는지 이해하기 어렵다. 그러나 사이비 국가인 만주국에는 10장에서 언급한 이모리 같은 법률가가 일본 국내의 「치안유지법」을 모델로 만든 「잠행징치반도법 暫行懲治叛徒法」이 있었다. 만주국 법률에서 형을 더 무겁게 규정했지만, 두 법률의 각 1조는 거의 같은 문장이라 해도 좋을 정도로 비슷했다.

「치안유지법」(일본) 제1조 : 국체를 변혁할 것을 목적으로 결사를 조직한 자 또는 결사의 간부, 기타 지도자의 임무에 종사한 자는 사형 또는 무기나 5년 이상의 징역 혹은 금고에 처하고…….

「잠행징치반도법」(만주) 제1조 : 국헌을 문란케 하고 국가 존립의 기초를 위태롭게 하거나 쇠퇴시킬 목적으로 결사를 조직한 자는, 왼쪽의 구분에 따라 이를 처단한다. 1, 수괴는 사형, 간부 및 기타 지도자는 사형 또는 무기징역, 모의에 참여하거나 결사에 가입한 자는 무기징역 또는 10년 이상의 유기징역.

그 밖에 「치안경찰법」, 「잠행징치도비법 暫行懲治盜匪法」이 있었으며, 이것들은 모두 괴뢰국가가 만들어진 1932년 9월 공포되었다.

이와 같이 정의 내리기 모호한 언론과 사상을 억압하는 법을 만들어 놓고, 헌병대가 중심이 되어 만주국 경찰이나 헌병, 철도 경호대 등을 움직여 탄압사건을 일으켰다. 찍어놓고 체포한 사람을 검찰에 송치하지 않고 '엄중 처분'할 수도 있었고, 그럴듯하게 꾸며놓은 조서에 지문을 찍게 한 뒤 고등검찰청에 보내는 일도 있었다. 쓰치야 헌병이 이 국민당 탄압에서 많은 중국 지식인들을 송검했을 때도, 사상계의 나카무라(中村) 검찰관은 "좋습니다. 헌병대의 조사는 관동군의 명령과 같습니다" 하며 받아주었다. 법은 침략을 위한 장식품에 지나지 않았다.

쓰치야 헌병이 관계했던 주된 탄압사건을 보면 다음과 같다.

1. 치공 사건
   1935년 6월. 교육자, 신문 편집자에 대한 탄압. 혐의가 없는데도 공산당이라고 날조했다. 120명 검거, 5명 사형, 1명 자살, 45명 투옥.

2. 소련 첩보원 검거

1936년 11월. 장후이민 등 8명 총살.

3. 육군감옥 탈옥자 전원 총살

1936년 12월. 104명 총살.

4. 소련의 철도 폭파 공작원 검거

1937년 4월. 3명을 하얼빈(아마도 731부대)으로 보냄.

5. 너허 공작

1939년 9월. 중국 농민을 통비자로 탄압. 3차례에 걸쳐 172명 검거, 2명 사형, 70명 투옥.

6. 톈바이 공작

1940년 10월. 중국공산당의 베이만 조직 파괴. 135명 검거, 사형 2명, 39명 투옥.

7. 정싱 공작

1940년 12월. 중국국민당의 만주 조직 파괴. 700명 검거, 사형·투옥 다수.

'정싱 공작' 때 이미 쓰치야는 그야말로 헌병 실무의 귀신이 되어 있었다. 그는 후에 푸순전범관리소에서 「그 가족까지その家族まで」라는 제목으로 수기를 썼다(1956년 1월). 전쟁범죄를 자각한 쓰치야가, 이전의 악마 쓰치야 헌병을 제3자가 되어 묘사하고 있다. 내용을 요약하면 다음과 같다.

'정싱 공작'에서 국민당 책임자, 옌요우웬(閻幼文)을 체포하는 데 실패한 바이청쯔(白城子) 헌병분대는, 늘 하던 대로 그의 아내를 연행하여 고문했다. 15일간의 고문으로 그녀는 폐에 물이 들어가서 숨 쉴 때마다 그렁그렁 소리가 났다. 쓰치야 조장은 그런 그녀를 치치하얼 헌병대로 데리고 와서 감방에 방치했다.

　어느 날.

　"조장님, 큰일 났습니다. 옌의 처가 병들어, 감방에서 앓고 있습니다. 감시 헌병에게 몇 번이나 부탁해도 전해주질 않아서, 오랫동안 방치됐던 것 같습니다. 빨리 돌려보내지 않으면 죽어버리겠어요."

　통역인 쓰웨이민(俟慰民)이 쓰치야 조장에게 보고했다.

　"쓰웨이민, 정말이냐? 어디 가 보자."

　"나도."

　와다쿠라(和田倉) 군조와 고베(神戶) 오장이 말하는 것을 듣고, "갈 필요 없어" 하고 쓰치야가 노려보자 둘은 엉거주춤한 자세로 다시 주저앉았다.

　"그런 계집 뻗어버려도 상관없어. 내버려 둬."

　이것이 쓰치야의 대답이었다.

　쓰치야는 이번 정싱 공작으로 호시(星) 치치하얼 헌병대장으로부터 상장을 받고, 관동 헌병대 사령관으로부터는 시계를 부상으로 받았다. 쓰치야는 때때로 끔찍하게 추운 감방을 돌아보았으므로, 그녀의 창백한 얼굴과 홀쭉하게 야위어 쇠잔해진 몸을 보고 얼마 남지 않았다는 것을 알고 있었다.

그로부터 네댓새 지난 오후, 쓰치야는 책상이 열 개쯤 놓인 특무실에서 보고서를 정리하고 있었다. 이때 쾅당 문이 열리더니 통역 쓰웨이민이 들어왔다. 그는 쓰치야를 보자마자, "조장님, 옌의 어머니가 여자아이를 데리고 면회 왔습니다. 멀리 타오난에서 왔으니까, 만나게 하지요. 정은 나누는 거라잖아요. 어쩌면 단서를 잡을 수 있을지도 몰라요" 하고 숨 한 번 쉬지 않고 말했다.

평소라면 이런 말 따위 무시했을 쓰치야지만, '단서'라는 말에 마음이 동했다. "음, 이 방에서 만나게 해라." 이렇게 명령했다.

잠시 후 문이 열리고, 여섯 살가량의 여자아이가 노파의 손을 잡아끌며 들어왔다. 누덕누덕 기운 검은 목면옷을 입은 노파는, 이가 빠지고 머리는 하얗게 셌다. 뭔가 호소하듯이 방을 둘러보더니, 군도와 곤봉, 죄수를 묶는 줄, 통나무 따위가 어지럽게 널려 있는 것을 보고, 눈살을 찌푸리며 기침을 했다.

여자아이는 자주색으로 물들인 면옷과 빨간 모자를 쓰고 있었는데, 뺨이 사과처럼 빨갛게 빛났다. 연신 콧물을 들이마시며, 엄마를 만날 수 있다는 기쁨에 들떠서 할머니 주위를 뱅뱅 돌다, 의자를 끌어와서 할머니보고 앉으라고 성화였다.

덜컥 문이 열리는 순간, 여자아이는 "마아, 마아!" 소리치며 엄마 품에 안겼다. 그녀의 창백한 얼굴에 혈색이 돌아왔다.

그녀는 후들거리는 다리로 버티며, 아이를 끌어안았다. 모자를 벗기고 여자아이의 머리를 쓰다듬으며, "동생은 잘 있니?" 하고 묻는다.

노파는 그녀의 모습을 보자, 생명이 위험하다는 것을 직감한 듯, "너는······." 하고 할 말을 잃었다. 자신이 앉았던 의자를 끌어당겨, 울먹이며 "앉아라" 하고, 두 팔로 부둥켜안아 의자에 앉혔다. 노파는 자신의 머리에서 빗을 빼더니, 그녀의 헝클어진 머리를 빗기기 시작했다. 그녀는 오른손을 노파의 왼손에 기대고, 그 가슴에 얼굴을 묻었다.

여자아이는 엄마를 말없이 바라보더니, 침을 꼴깍 삼켰다.

"마아, 할머니가 이틀이나 밥을 먹지 않았어. 동생이 매일 울어. 빨리 집에 가자, 같이 가자!" 하고 엄마를 흔들었다.

통역은 손등으로 코를 비비며 방을 나갔다.

노파는 눈을 깜박이더니, 이가 하나도 안 남은 입을 열어 숨을 들이쉬고는, 결심한 듯이,

"내 딸을 돌려보내 주세요. 딸을 돌려보내······." 그러더니 중국어로 "내 딸은 곧 죽어요" 하고 탄원했다.

쓰치야는 중국어를 못 알아듣는다는 듯이 허공만 바라보는 척하고 흘려버렸다. 노파는 그래도 두세 발 다가와서 다시 중국어로 "병이 있나 보세요, 곧 죽어요"라고 몇 번이고 몇 번이고 애원했다.

"시끄러운 할망구로군. 방해하지 마라!" 하고 쓰치야는 노파를 노려보았다. 그러자 여섯 개의 불타는 눈이 되받아 그를 노려보았다.

노파는 이 기회를 놓치면 며느리를 살릴 수 없을 거라는 생각에 마음을 고쳐먹은 듯, 그 자리에 무릎을 꿇더니, 주름살투성이 얼굴을 바닥에 쿵쿵 짓찧으며 "며느리는 아무 짓도 하지 않았어

요, 빨리 돌려보내 주세요" 하고 눈물 흘리며 탄원했다.

쓰치야는 함정에 걸렸구나 싶었다. 히죽 웃더니 일어나 문을 열고 통역을 불렀다.

"옌요우웬이 어디 숨어 있는지 말해라, 말 안 하면 돌려보낼 수 없다"며 노려보았다.

그녀는 더 이상 못 참겠다는 듯이, "너희들도 인간이냐? 그런 건 아무도 모른다"고 날카롭게 한마디 뱉었다.

기선을 제압당해 쩔쩔매게 된 쓰치야는, "뭐라고, 이 계집, 다 죽게 된 년이!" 하고 소리치며 책상을 두드렸다.

노파는 "나 같은 할멈이 어떻게 알겠습니까? 몰라요, 몰라요" 눈을 깜박이며 통역의 옷을 붙잡고 흔들었다.

쓰치야는 중국어로 저리 가라고 소리치며 통역에게 말했다.

"웨이민, 쫓아버려!"

여자아이는 엄마의 가슴 속으로 파고들며, "마아, 마아, 같이 가, 동생이 기다리고 있어. 아파서 못 왔단 말야" 하고 소리쳤다.

그녀는 "뭐? 아파? 둘째가……"라면서 어깨를 부르르 떨었다.

"시건방진 이 아귀들아, 가버려."

쓰치야는 여자아이의 머리를 잡고, 그 어미를 의자 채로 발로 차 넘어뜨리며, 어미에게서 잡아뗐다.

"으아~앙, 마아~, 마아~."

"시끄러워, 죽여버리겠다."

노파와 아이를 복도로 끌어내고 문을 닫았다. 통역이 달려와 아이를 데려갔다.

그로부터 20일이 지난 3월 중순, 통역이 쓰치야에게 다가와 고개를 꾸벅 숙이더니, "조장님, 옌의 처는 이제 글렀습니다. 그러길래 그때 돌려보냈으면 좋았지요" 하고 얼굴을 찌푸렸다.

"정말이에요. 여자 몸으로, 그런 추운 데서 지내면 못 버텨요. 종이 한 장, 약 한 봉지 주지 않았으니까요. 이제 사흘도 못 버틸 것 같네요."

"그거 큰일인데. 구치소에서 뻗어버리면 뒤처리가 성가셔. 나중에 보고해 둘 테니, 너는 역까지 데려가서, 경호대한테 타오난까지 데려다주라고 해."

"아, 그게, 숨이 끊길 것 같아서, 역까지도 갈 수 있을지 모르겠네요."

"중간에 뻗어도 상관없어. 죽으면 길가에 내버려 두고 와라."

통역은 코를 팽 풀더니, 고개를 숙이고 나갔다. 10일 후, 통역은 "조장님, 옌의 처가 네댓새 전에 죽었답니다. 일단 보고해 놓겠습니다"라고 말하고, 문을 닫고 나갔다. 상당히 속이 상했던 모양이다.

4월 초, 옌이 잡혔다. 쓰치야는 살을 토막 내고 뼈를 부러뜨리는 고문을 한 뒤, 조서를 휘갈겨 쓰고 지장을 찍게 해서 고등검찰청으로 송치했다. 그해 가을, 고등법원은 그에게 사형을 선고했다. 그는 룽장(龍江) 감옥의 교수대에서 36년의 생애를 마쳤다.

다음 해 봄이 됐다. 패전의 색채가 짙어진 일본군은 중국 농민으로부터 곡물을 씨앗까지 남김없이 약탈했다. 조가루로 떡을 만들어 느릅나무 잎으로 싸서 팔아, 두 손녀딸을 먹여 살리던 노파는 결국 쓰러지고 말았다. 그날, 통역이 쓰치야에게 보고했다.

"옌의 어머니가 철도에서 자살했답니다."

쓰치야는 이렇게 자세하게 그때의 정경을 기억해냄으로써, 잔혹한 사실을 단순히 열거하는 것이 아니라, 자신이 얼마나 몰인정한 인간이었던가를 하나하나 확인해 나갔을 것이다. 그러나 거기에 다다르기까지는 자신과 마주하는 긴 시간이 필요했다.

제13장

탈 세뇌

발작적인 불심(佛心)

쓰치야는 1934년 4월 관동헌병대의 헌병이 된 뒤 12년간 쭉 치치하얼에서 움직이지 않았다. 그것도 특고 외길로, 부대 부속 소위로까지 승진했다. 한 번도 전근하지 않은 헌병은 예외 중에서도 예외다. 그만큼 역대 대장들이 그를 신뢰하고 놓지 않으려 했기 때문이었다.

앞서 '정싱 공작'에서 용의자의 처를 고문으로 죽게 했듯이 잡아들인 자는 모두 고문하는 쓰치야 헌병이었지만, 상황이 바뀌어 사냥감을 낚는 헌병이란 위치에서 벗어나면, 동정심을 표현하는 일도 있었다. 그것은 특히 상대의 애처로움에 그가 자란 농촌의 가난이 투영될 때, 홀연히 드러났다.

예를 들면, 자신이 드나들던 유곽의 여성이 매우 궁핍한 것을 보고, 그는 당시로서는 큰돈인 20엔을 건네주었다. 순찰하던 중국인 노무자용 여관에서, 결혼하기 전에 1년 반쯤 관계하던 조선인 여성을 우연히 만나게 되었다.

"어찌 된 일이지?"

"겨우 계약기간이 끝났는데, 돌아갈 곳이 없어요. 장사치가 쑨우(孫嗚, 소련 국경의 일본군 기지가 있는 도시)에 데려가 준다고 해서 기다리고 있어요. 거기서 또……."

더러운 행색에 아무것도 가진 것 없는 그녀에게, 그는 20엔을 쥐여주었다.

그 후 또 한 사람, 그가 관계하던 다른 조선인 여성이 계약기간이 끝났는데도 유곽 주인에게 감금당해 어려운 처지에 있었다. 그것을 알고 항의하러 가려는 그에게, 그녀는 "결국 내가 괴롭힘당할 테니 그러지 말아요"라고 했다. 이때도 그는 "어떻게든 고국으로 돌아가라, 기차표값이다" 하고 그녀에게 20엔을 주었다.

그 밖에도 1944년 말 지방으로 염탐하러 갔을 때, 눈보라가 몰아치는 오두막에 발가벗은 어린아이가 있는 것을 보고, 그는 그 어머니에게 20엔을 주었다. 마르고 창백한 그녀에게 물어보니, 남편은 '일본군의 일꾼 사냥'에 끌려간 채 소식조차 없다고 했다. 할 말을 잃은 그는 돈을 놓고 나왔다. 일본인에게 곡물을 빼앗기고 물가는 치솟는데, 남정네마저 끌려가 버린 집들은 영하 30도를 밑도는 빙설 속에서 남루한 옷 한 벌조차 입을 수 없었다. 자신의 눈이 의심스러울 정도로 이런 가족이 북만주에는 무수히 많았다.

세 번의 '20엔'에는 공통점이 있다. 그것은 어린 시절 고향에서 보고 자란 가난의 모습이 헌병의 갑옷으로 꼭꼭 동여맨 틈을 비집고 파고들면, 돈을 놓고 도망친다는 점이다. 쓰치야는 패전 후 이 행위들을 자책하는 마음으로 고백하고 있다. 조선인 여성에 대해서는 침략자인 남성으로서, 중국 농민의 아이에 대해서는 양곡을 약탈한 일본군의 한 명으로서 반성하고 있다. 그러나 이와 같은 반성은 학습 뒤에 깨달은 인식에서 비롯된다. 그 당시에는 왜 20엔을 쥐여줬는지 의식하지 못했을 것이다. 그는 20엔을 쥐여줌으로써 상대에게 "나와 같이 돼라"는 환상을 심어 주고자 했다. 체제에 적응하여 살아가는 자신의 삶을 과시하고자 했다. 그러나 상대는 결코 그처럼 될 수 없었다.

소년기의 체험이라는 좁은 통로를 통해서이긴 하지만, 그래도 쓰치야는 학대당하는 자를 향한 감수성을 희미하게나마 간직하고 있었다. 훗날 그는, 이 사라져가는 좁은 길을 거슬러 올라가 죄를 자각하게 된다. "왜, 그때, 내 옷을 벗어서 그 아이에게 입혀주지 않았을까?" 하고. 서둘러 말을 달려 고향의 생가보다도 더 가난한 중국인의 농가를 벗어날 때 혹시 그런 자책이 있었다면, 그는 초심으로 돌아가 헌병을 그만두었을지도 모른다. 그러나 피가 통하는 반성이 저 밑바닥으로부터 올라온 것은 훨씬 뒤의 일이다. 고문과 학살의 잔혹성을 깨닫고, 중국인을 괴롭혔다는 것을 확실하게 인식한 뒤에, 드디어 감정을 동반한 자책에 도달할 수 있었다. 이에 대해서는 전후의 그의 발자취를 통해 상세히 분석한다.

드디어 전쟁은 패전으로 막을 내렸다. 쓰치야 헌병은 러시아 라디오 방송을 해석하는 부하를 통해, 소련군의 진격이 코앞에 닥쳤음을 알고 있었다. 관동군의 중핵은 일찌감치 남방으로 이동했다. 8월 10일에는 거류 일본인을 방치한 채, 남아 있던 군인 가족을 이동시켰다. 치치하얼은 피난민으로 혼란이 극에 달했다. 8월 13일 밤, 그는 아내와 두 아이를 마지막 하얼빈행 열차에 태웠다. 그는 치치하얼 헌병대 100명과 함께 폭탄을 안고 소련군 전차로 돌격할 각오였다. 8월 15일, 항복을 알리는 라디오 방송이 흘러나왔다. 처절한 항전도 없이, 어이없게 전쟁은 끝났다.

다음날인 16일이 되어도, 소련군은 치치하얼에 입성하지 않았다.

이때 쓰치야 헌병은 기묘한 행동을 했다. 말을 타고 치치하얼의 시가를 순회한 것이다. 때때로 중국인 복장으로 잠입했던 거리를, 새삼 눈에 띄는 모습으로 돈 것이다.

'마지막 순간이 왔다. 치치하얼을 잘 봐 두자'는 생각으로 헌병 제복을 입고 애마 위에 앉아, 혼자서 룽먼(龍門)대로를 지나 번화가인 난따지에(南大街)를 향했다. 거리는 어제와는 사뭇 달랐다. 언제 준비한 것인지, 중국의 청천백일기(중국국민당 깃발)가 집마다 펄럭이고 있었다. 사람들은 기쁨에 들끓고 있었다. 자전거를 탄 사람도, 마차를 탄 사람도 중국 국기를 쥐고 있다. 조선인도 조선 국기를 손에 들고 걷고 있었다.

갑작스러운 변화였다. 이런 것을 언제 만들어 놨을까? 밀정을 잠입시켜, 칼날 같은 감시를 해왔는데. 나는 마음이 편치 않았다.

앞으로 나아가니, 웃고 있던 사람들이 얘기를 멈추고, 등을 보이거나 옆길로 들어가 버린다. 이것을 보고 '어어?' 하고 느꼈다.

나는 중국인에게 이렇게까지 미움을 사고 있었구나. 처음으로 그것을 깨달았다. 저 살인마, 졌어도 무슨 짓을 할지 알 수 없다, 위험하니까 근처에도 가지 마라, 그런 말이 들렸다. 그러고 나서 나는, 북대영 부근 소련이 폭격한 자리를 보고 귀대했다.

그는 무엇을 했던 것일까? 무엇을 보고 있었던 것일까?

그의 장래를 보장하던 문이 소리를 내며 닫혀가는 모습을 직접 목도하고 싶었던 것인가.

쓰치야 헌병이 앞으로 나아가자, 시간의 벽이 무너져 내린다. 밝게 빛나던 장래의 시간이 무너지면서 그가 지배했던 과거의 시간을 뒤덮는다. 과거의 흔적들을 장래의 시간이 메워버린다. 쓰치야 헌병의 시간들은 무엇 하나 남지 않는다. 그의 눈앞에 와야 할 시간은 얼어붙고, 그의 지나간 시간은 녹아내리면서 마지막 빛을 내뿜고 있다.

그는 기시감 속에서 말을 앞으로 몰아갔을 것이다. 일본군이 침략하기 전 중국의 도시, 언젠가 그렇게 될 것이라고 부정하면서도 몽상한 바 있는 중국 어딘가의 도시, 그 도시의 축제를 그는 체험하고 있었을 것이다. 그 광경은 처음 보는 것이었지만, 이미 본 광경처럼 느껴졌을 것이다. 잘 알고 있는 거리인데, 전혀 다르다. 서먹서먹하게 거리감이 느껴지면서 슬슬 멀어져 간다. 그러면서도 역시 잘 알고 있다. 이렇게 쓰치야 헌병의 치치하얼은 사라져가고 있다는 것을.

8월 18일, 치치하얼의 일본군은 무장해제당했다. 쓰치야 등 헌병들은 자신들이 조금 전까지 있었던 헌병대 건물에서 소련군 장교로부터 조사를 받았다. 그 후, 헌병대가 사용했던 유치장에 갇혔다가 2개월 후에 밖으로 옮겨져, 기병연대와 함께 있게 됐다. 그동안 쓰치야는 "고문 귀신, 쓰치야는 처형됐다" "중국인이 쓰치야의 목에 현상금을 걸었다" 등등의 소문을 들었다. 그는 소련군에게 잡힌 덕분에 살았다고 생각했다. 그래서 상관에게 부탁해 러시아행 작업대대에 섞여 들어갔다. 하루라도 빨리 중국을 탈출하고 싶어서였다.

1945년 10월 중순, 쓰치야 등은 화물열차를 타고 서쪽으로 향했다. 하이랄, 만저우리(滿州里)를 통과해 소련으로 들어가서, 치타 근처 토린스카야의 산속으로 이동했다. 여기서 8개월간 벌채 작업을 한 후, 1946년 초여름 하바롭스크 수용소로 옮긴 뒤 4년 동안 주로 건설 관련 중노동을 했다. 이때 배 밑바닥의 녹을 벗겨내거나, 시멘트·생석회 따위를 나르는 일을 한 탓에 그는 진폐증에 걸렸다. 그래도 그는 살아남았다.

1949년 3월이 되자, 하바롭스크의 취조실로 연행되어 본격적인 심문을 받았다. 이때도, 조서의 마지막에 '이상의 행위는 1945년 8월 9일, 소련과 교전이 있기 전 평화 시의 행위이다. 독립국인 만주국 내에서 벌인 일이다. 법률 및 명령에 기초한 직무 행위였다'고 기록돼 처벌을 면했다. 이렇게 하여 소련 영내에서는 전범이 되지 않을 수 있었지만, 1950년 7월에는 그가 가장 두려워하던 중국으로 이송되었다.

죄를 자각하다

푸순전범관리소에 들어갔을 때, 거의 대부분은 "어째서 내가 전범으로 불려야 하느냐?"며 분노를 억누르지 못했다. 그러나 쓰치야는 그렇지 않았다.

"정말로 나쁜 짓을 했다는 것은 나 자신이 잘 알고 있었어요. 치치하얼에 12년간 있으면서, 큰 사건은 모두 내가 다뤘으니까요. 중국 사람 중에 모르는 사람이 없었습니다. 나를 찾고 있다는 것도 알고 있었고. 거기서 도망칠 수는 없다고 생각했지요."

여기서 말하는 '나쁜 짓'이란, 윤리적인 악을 가리키는 것이 아니라, 중국인이 자신의 행위에 화를 내고 있다는 뜻이었다.

그렇게 생각하면서도, '나는 전범 중에서도 피라미에 불과하다, 사단장 같은 거물이 있지 않나?' 하는 불만 또한 없지 않았다.

푸순전범관리소에서의 경과는, 대략 다른 피수용자와 같았다. 한국전쟁이 격화되면서 1950년 10월부터 다음 해 3월까지 하얼빈의 따오리(道裡) 감옥으로 옮겨졌고, 여기 있는 동안 미군의 진격으로 해방되는 것은 아닌가 하고 일희일비하기도 했다.

시베리아에서 영양실조 상태에서 몸을 너무 가혹하게 썼던 후유증으로 다발성 말초신경염 진단이 내려져 치료를 받기도 했다. 「인민일보」의 일본어 번역본과 마오쩌둥 저작에 대한 학습회에도 출석했다. 그러나 공산주의에 감동하는 일은 없었다.

그의 인간관을 서서히 변화시켜 간 것은 중국인 관리소원의 태도였다. 결코 모욕하지 않고, 소리치지도 않았다. 식사는 정성 들여 요리해서 가져다주었다. 산책과 체조도 하게 해줬다. 머리가 길어지면 이발도 해 주었다. 병에 걸리면 헌신적으로 치료하고 간호해 주었다. 보살핌을 받을수록 차차 마음이 괴로워졌다. 이러한 중국인의 태도 하나하나가, 그에 대응하는 과거의 그의 행위를 떠오르게 했기 때문이다.

　자신은 우수한 야마토(大和) 민족(일본 최초의 국가였던 야마토 국가를 구성한 민족의 후손이라는 뜻)의 군인이라는 믿음 아래 중국을 우습게 보고 고함을 쳤다. 자신의 입신출세를 위해 중국인을 체포해 모진 고문을 했다. 말하지 않으면 반항적이라고 구타하고, 고문에 조금이라도 저항하면 더 격분해서 헐떡이는 입과 코에 더러운 물을 들이부었다.

　"아아, 괴롭다, 도저히 못 참겠다!"

　"나 죽겠다, 살려주세요!"

　"나는 양민이오, 아무 짓도 안 했소!"

　중국어로 이렇게 울부짖으며 머리를 바닥에 쾅쾅 박으면서 살려달라고 애원하는 남자들을 향해 그는, "뭐야, 이 짱꼴라, 벌레만도 못한 놈이!" 하면서 더 심한 고문을 했다. 유치장에 돌려보내고 나서도 물도 주지 않고, 물론 밥도 주지 않았다. 탄원하는 중국인을 발로 걷어찬 일도 있다.

　단 한 번이라도 중국 사람들에게 목욕이나 이발을 허락한 일이 있었던가? 그래야 한다는 생각조차 한 적이 없다. 약을 준 일이 있나? 부모 자식이나 부부의 애틋한 정을 이해하고, 필사적으로 살려달라 애원하는 것을 한 번이라도 들어준 적이 있었던가?

　쓰치야는 가슴이 답답해졌다. 이런 대접을 받는 게 마음이 편치 않았다. 이런 후한 대접에 만족하는 자신은 어떤 인간일까?

　그는 개인으로 존중받는다는 것, 즉 전범과 관리자라는 관계이기 이전에 대등한 인간으로 교류하는 것을 처음으로 체험했다. 지금까지 일본인으로서의 인간관계에는, 도움이 되는지 안 되는지, 효율과 타산의 관점밖에 없었다. 신뢰도, 도움이 되냐 안 되냐에 따라 좌우되었다. 가족관계는 애정이 넘쳤지만, 그것은 가족 내에서의 일일 뿐이었다.

처음에, 이렇게 쌀밥을 먹여주고 병을 치료해 주는 데 대해, 쓰치야는 그 풍부한 물자에 놀랐다. 그다음으로 놀란 것은, 병이 심할 때 헌신적으로 간호해 주는 것이었다. 자신을 돌보는 사람들 중에는 부모나 처자식이 일본군에 의해 살해당한 사람도 있었는데, 한마디도 탓하는 말을 하지 않았다. 그는 인간을 대하는 그러한 모습에 당혹스러웠다. 그것은 타산과 효율로 대인관계를 보는 일본인의 이해를 넘어선 것이었다.

1953년 8월의 어느 날, 쓰치야는 이발실을 향해 걷고 있었다. 그날, "오늘은 이발하는 날이다"라고 말해준 것은 류창둥(劉長東) 반장이었다. 하얼빈의 좁은 감옥에 있는 동안, 류 반장은 좌관조 (佐官組)의 방 청소나 식사 뒷정리를 그에게 시켰다. 말없이 꼼꼼하게 청소하는 쓰치야에게 호의를 품은 듯했다. 운동할 장소가 없는 환경에서는 그게 뭐든 움직일 수 있는 기회를 갖는 것이 쓰치야에게는 큰 행복이었다.

"왠지는 몰라도, 류 반장은 나에게 청소를 시켰어요. 헌병 중에서도 나만큼 나쁜 놈은 없는데요. 그걸 아는지 모르는지, 어쨌든 사람 취급을 해줬습니다. 매일 나에게 청소를 시켰지요. 정말 친절한 사람이었습니다."

그는 류 반장의 뒤를 따라 복도를 걷고 있었다. 류 반장은 평상시와 똑같이 상냥했다. 이렇게 걷다가 죄를 자각하는 순간을, 쓰치야는 『지옥의 나락에서』에서 다음과 같이 말하고 있다.

그때 문득, 나는 한 번이라도 중국인에게 이발을 허락한 적도, 목욕을 시킨 적도 없었구나, 하고 생각했다. 이어서, 장후이민과 그의 처를 속여서 결국은 장을 처형했던 일, 여든 살의 노모를 철도에서 자살하도록 몰아갔던 일 등이 머리에 떠올랐다. 죄행이 한꺼번에 터져 나오듯이 내 머리를 꽉 채웠다. 머리를 콘크리트에 부딪쳐 그대로 깨뜨려버리고 싶을 지경이었다. 류 반장은 싱긋싱긋 웃으며, 우리들의 맨 앞에서 걷고 있었다. 마음의 빗장이 열렸다. 나는 도대체 어떻게 해야 좋을까? 이러지도 저러지도 못할 것 같았다. 눈물이 넘쳐흘렀다. 스스로 주체할 길이 없었다. 눈앞이 희뿌옇게 흐려졌다. 나는 어찌할 바를 몰랐다. 온몸에서 힘이 빠져나가는 것을 알 수 있었다. 그리고 휘청휘청 류 반장 앞으로 다가갔다. 나는 무너지듯 주저앉으며 양손을 바닥에 대고 무릎을 꿇었다.

"이봐, 52호, 왜 그러나?"

류 반장의 목소리는 부드러웠다.

"나는 극악무도한 인간이다! 중국 인민에게 해서는 안 될 짓을 해버렸다. 지독한 짓을 저질렀다!"

바닥에 머리를 비벼댔다. 눈물이 철철 넘쳐나고 콧물도 흘렀다. 반쯤 광란 상태였다. 주위는 조용해지고, 내가 오열하는 소리만이 울려 퍼졌다. 나 자신도 어쩔 도리가 없었다. 긴, 긴 시간이었다.

한바탕 울부짖고 나자, 류 반장이 무릎을 꿇고 내 팔을 잡으며 중국어로 말했다.

"잘 알겠네, 잘 알겠네. 부디 일어나게, 부디 일어나게."

류 반장은 손수건을 건네주고, 나를 안아 일으켜 세웠다.

사죄할 줄 아는 인간

쓰치야는 격한 감정의 물결 속에서 류창둥에게 사죄했다. 류는 지금까지의 쓰치야와는 정 반대편에 있는 사람이었다. 일본인이 만드는 인간관계의 반대편에서 살고 있는 사람이었다. 그리고 쓰치야에게 류는 한 사람의 중국인임과 동시에, 그가 죽음으로 몰아넣은 중국인 전체이기도 했다.

그는 류의 모습에서 중국 동북부에 사는 민중의 삶을 보았다. 자신은 이렇게 선량한 사람들을 중국인 탄압을 목적으로 만들어진 법률에 기초해서 괴롭혔던 것이다. 더구나 헌병은 일반 장병과 달라서 피해자와 개별적인 관계를 맺고 있다. 군대에 의한 살상의 대부분은 완전히 일방적이며, 장병들 개개인은 피해자의 사정을 거의 모른다. 그러나 헌병은 피해자의 가정 사정을 알고 있으며, 게다가 죽음으로 몰아갔던 과정까지 기억하고 있다.

"장병은 상대가 단지 죽었다는 사실밖에 모르지만, 나는 상대가 죽어간 경위를 머릿속에 기억하고 있어서 그 기억이 떠오르면, '정말로 나쁜 짓을 했구나' 하는 마음으로 가득 찹니다"라고 그는 말했다. 자책하는 심리적 태세가 갖춰지면, 과거의 행위가 구체적인 맥락 속에서 떠오른다. 이것은 고지마나 도미나가 등 보통의 군인보다도 헌병인 쓰치야 쪽이 훨씬 쉬울 것이다.

장후이민 등에 대한 고문, 정싱 공작에서 옌요우웬 일가를 죽음으로 몰아넣은 일 등이 생생하게 기억났다. 그와 동시에, 눈앞에 걷고 있는 저렇게 친절한 류 반장이, 그가 갖은 고초를 가한 그들의 모습으로 바뀐다. 쓰치야는 비로소, 지금까지의 죄의 자백과 벌이라는 기계적인 사고를 멈추고, 오로지 사죄만을 하게 된다. 패전으로부터 어느덧 8년이 지나 있었다. 드디어 그는 상처 입을 줄 아는 인간이 되었다.

류 반장 앞에 엎드린 쓰치야의 사죄는, 천황제 이데올로기와 군국주의에서 벗어나는 '탈세뇌' 과정의 정점에서 일어났다.

우선 충분한 식사와 휴양이 주어지자, 전범들의 긴장이 풀렸다. 다음으로 천황제 이데올로기와 군국주의를 다른 각도에서 바라보고, 일본 정부가 왜곡하고 은폐해온 사실을 알기 위한 학습에 들어갔다.

그러나 이것만으로는 감정이 되돌아오지 않는다. 학습에 이어, 과거에 자신이 저지른 악행을 열거했다고 해도, 그것은 기억의 단순한 재생에 불과하다. 사건으로 정리하고 지적으로 반성하는 것에 지나지 않아, 감정을 되돌릴 수는 없다. 왜냐하면, 그때의 행위는 당시의 이데올로기에 의해 죄의식을 느끼지 않게끔

방어되고 있었기 때문이다. 인간 본연의 감정은 아직도 상처 입지 않도록 수많은 변명으로 겹겹이 쌓여있었다.

감정이 통하는 인간으로 변하기 위해서는 무감각한 채로 체험해 왔던 행위를 돌아보고, 추상 속에서 다시 느끼지 않으면 안 된다. 그 도입부에서 류 반장과 같은 감정이 풍부한 사람을 향한 신뢰를 쌓고, 그와의 교류를 통해 군국주의 청년이 되기 이전의 자신으로 돌아갈 필요가 있다. 이와 같은 회로를 통해, 쓰치야에게는 고통받아온 중국인에게 공감하고, 그렇게까지 잔학했던 자신을 자각하고, 무감각해져 있던 자신을 느낄 능력이 생겼다. 범죄를 저질러놓고도 상처 입지 않는 자는, 느끼고 생각하는 주체가 될 수 없다. 그는 군국주의 이데올로기의 찢어진 틈새로 감정을 토해내고, 마침내 이데올로기의 갑옷을 부쉈다.

그 후의 심경의 변화를, 쓰치야는 다음과 같이 말한다.

사죄하고 나니, 처음으로 무거운 짐이 가벼워졌다. 이번에는 누구에게라도 사죄할 수 있을 것 같았다. 어떤 민족에게든지, 어떤 사람에게든지, 나쁜 일을 했다면 반드시 사죄할 수 있는 사람으로 다시 태어난 것 같았다. 나는 기뻐서, 기뻐서 참을 수가 없었다. 나쁜 짓을 했다면 반드시 빌어야만 한다. 이것이 인간의 길이란 것을 처음으로 안 셈이다. 앞으로는 언제, 어떠한 단죄를 받아도 기쁘게 죽을 마음의 준비가 됐다고 생각했다.

세뇌당한 자

1954년 3월 초부터 최고인민검찰원의 조사가 시작됐다. 취조에 들어가기 전에, 쓰치야는 자신의 죄과를 모두 썼다. 갱지 200매가량의 분량이었다.

검사는 그가 쓴 것을 조서나 자료와 비교해 보고, "당신 같은 누뇌는 천 명에 하나 있을까 말까 하다. 정말 뛰어난 기억력이다. 이름이 틀린 것은 한 사람뿐이었다"고 감탄했다. 그 후, 몇 년에 걸친 조사 끝에 작성한 두꺼운 고소장을 읽어나갔다. 예를 들어 그 안에는, 앞서 서술한 텐바이 공작의 고문으로 죽은 왕홍언(王鴻恩)의 어머니가 낸 고소장도 있었다. 쓰치야는 다시금 생각했다. 1931년 중국에 온 이후 14년간 자신이 죽인 사람은 몇 명일까? 일일이 세어보니, 직접·간접으로 죽인 사람은 328명, 체포해서 고문한 사람이 1,917명이었다. 이 수치가 정확한 것인지 아닌지 증명할 방도는 없다. 다만 기억력이 뛰어난 쓰치야인 만큼, 대략 맞는 숫자일 것이다. 엄청난 숫자라 아니할 수 없었다.

죄를 자백하고 사형을 각오한 쓰치야는 고향에 돌아갈 수 없을 것으로 생각했다. 그러나 그는 1956년 7월 기소유예로 석방, 고안마루에 승선해 마이즈루항으로 돌아왔다.

돌아온 일본은 그러나 예전 그대로였다. 야마가타의 가미노야 마역에 도착하자, 사오백 명쯤 되는 사람들이 환영나와 있었다. 아무도 모르게 살짝 집으로 돌아가리라 생각했던 쓰치야는, 줄지은 '축 귀환' 깃발과 나부끼는 일장기에 눈이 부셨다. 시장을 대신해 나온 사람이 노고를 치하하는 인사를 했다. 그들이 이룬 행렬에 끼어 집으로 돌아왔다. 이전에 출정할 때처럼, 학생들도 총출동하여 환영 행렬을 만들었다.

쓰치야는 간단하게 감사 인사를 했다. "관동군의 헌병으로서 중국 사람들에게 나쁜 짓을 했다. 진심으로 반성하고 있다"고. 그런데 그 후로 마을 사람들로부터 "당신이 무슨 말을 하는지 모르겠다"는 말을 들어야 했다. 평화로워졌지만, 일본은 이전과 다를 바 없었다. 겉모습만 좋아졌을 뿐, 옛날과 완전히 똑같았다. 변한 것은 자신뿐이었다.

귀국 후 쓰치야는 농지 개혁이 이뤄진 고향에서 농민으로 돌아갔다. 그리고 어머니가 연 식료품점 일을 도왔다. 이전에 '특고의 신'이라 불리던 남자를, 공안 경찰이 미행했다.

흙과 더불어 생활하는 틈틈이, 쓰치야는 반전 평화운동에 참여했다. 보수적인 농촌에서 '가미노야마 평화간담회'에 관여했고, 나중에 '가미노야마시 평화간담회'로 발전시켜 전쟁범죄를 폭로했다. 부탁이 들어오면 학교, 부인회, 노동조합, 시민집회 등, 어디라도 가서 강연했다.

이전에 헌병의 모범이었으며, 치치하얼 헌병대를 12년간 거치면서 구석구석까지 아는 그의 증언에 대한 방해와 항의도 격렬했다. 특히 1984년 8월 5일, 「아사히신문」에 「전범의 실록 : 반생의 회오」라는 수기가 크게 소개되자, 주로 전직 헌병들로부터 수많은 항의 편지를 받았다.

예를 들어, 「도쿄헌우회 회보 183호」(1984년 9월 10일자)는, 첫 머리에 「어느 헌우의 출판물을 반박한다」라는 회장의 글을 실었다. 헌우회란 퇴직한 헌병들의 단체다.

정말 어처구니없는 일이다. 읽을수록 이것은 가짜 헌병이 지어낸 얘기가 아닌가 싶어, 기도하는 마음으로 명부를 찾아보았다. 그러나 유감스럽게도 실존 인물이며, 치치하얼 헌우회 회장을 역임하고 있다는 사실을 알게 됐다. 나아가 그가 이른바 세뇌된 일본공산당원으로 헌우회를 조직 대상으로 삼았다는 혐의가 매우 짙은 인물이라는 것도 알게 됐다. 요컨대 이 건은, 그가 아사히의 반전반핵 캠페인에 솜씨 좋게 편승하는 조직원다운 면모를 보이기는 했으나, 결론은 그의 증언이 의심의 여지 없이 사실무근, 거짓말투성이라는 데 있다.

어째서 그를 일본공산당원에다가 조직원일 가능성이 크다고 판단한 것일까? 그 밖에도 이 회보에서는 회오의 기록에 아연해진다면서 '전국의 헌우회가 하나가 되어, 퇴직 헌병에 대한 올바른 평가를 후세에 전하기 위해 활약하는 이때, 한 명의 소양 없는 헌우에 의해 헌우회 활동이 수포로 돌아가는 것을 절대 용납할 수 없습니다'란 내용의, 치바 전직 헌병의 글을 뒤이어 실었다.

쓰치야와 함께 훈련했던 '쇼와 6년(1931년) 징집 관동헌병대 뤼순교습소 졸업, 동기회 일동'이 보낸 장문의 「조국에 반역한 헌우에 대한 헌병과 동기생의 공개 질문장」이라는 것도 우편으로 받았다. 여기서도 그의 행동을 '세뇌'니, '일본공산당'이라느니 하는 쪽으로 몰아가고 있었다.

당신에 관한 아사히의 기사나, 당신이 근무한 치치하얼 헌병대 동료 헌우의 정보를 종합하면, 당신은 중국, 소련에 11년간 억류됐고, 그동안에 완전히 세뇌당했다고 한다. 더구나 소련 억류 중에는 소련 쪽 스파이가 되어 전우를 팔았고, 다들 그 때문에 눈물을 흘렸다고 한다. 그리고 귀국 후에는 일본공산당에 입당했고, 현재도 계속하고 있는 문필 활동은 속죄를 빙자한 일본공산당의 반전 평화 문화활동의 일환이라는, 정확도 높은 정보도 있다. 설마 당신은 원래 공산주의자면서 위장하여 헌병대에 숨어들어온 것은 아니겠지? 중요한 사항이므로 정확하게 답하기 바란다.

정말로 속죄할 마음이라면, 그것을 깨달았을 때 깨끗이 자기 몸을 처분하는 것이 전해져 오는 무사의 자세다. 젊어서 그 기회를 놓치고 지금도 배를 가를 용기가 없다면, 행각승이라도 돼서 중국으로 건너가, 중국인 피해자의 혼을 위로하는 공양 행각이라도 하는 게 어떤가. (……) 헌병으로서 하사받은 계급과 훈장, 군인연금까지 완전히 반납하고 나서 떠드는 것이 순서가 아닌가. (……) 대동아전쟁의 대의명분은 아시아 약소 민족을 미국과 영국의 질곡으로부터 해방하는 데에 있었으나, 일본은 결국 패했다. 그러나 전후 40년, 아시아가 해방된 사실을 너는 어떻게 보는가.

이 글은, 쓰치야가 진술한, 헌병들이 혐의를 두고 용의자를 체포해 고문하는 과정을 관철하는 사고 그 자체를 보여준다. 자신이 지목한 자는 혐의가 있는 자이며, 혐의는 확증이 있는 사실로 굳어지고, 자백하지 않는 자는 공산당원이기 때문이라고 간주한다. 세뇌된 상태로 살고 있는 자가 세뇌에서 벗어난 자를 세뇌됐다고 외치고 있었다. 그렇게 단정했더라도 그것으로 끝내야 할 텐데, "배를 갈라라" "행각승이 돼라" "계급을 반납하라"는 등의 매도를 하지 않고는 못 배긴다. 상대를 공격하기 위해서라면, 서로 모순되는 논리를 총동원한다.

그 밖에도 "정신병원에 가야 한다" "이 시기에 중국 국민에게 이런 일을 알리는 것이 외교적으로 문제가 된다는 것을 모르느냐?"는 질책 편지들도 있었다. 이런 종류의 편지들은 대부분이 가명이나 익명으로 온 것이다.

상처 입은 것을 용납하지 못하는 음습한 협박의 문화, 죄를 자각하는 것의 의미를 전하고자 하는 사람에게 침묵을 강요하는 문화는 지금도 계속되고 있다.

쓰치야는 1990년 6월, 연락이 닿은 장후이민(1936년 소련 첩보원 검거 사건)의 딸 장추예(張秋月)를 만나러 선양을 방문했다. 그녀는 선양의 중국의과대학 교수였다. 그녀 일가에게 진심으로 용서를 빌면서 말했다. "사죄하고 죽었으면 해서 찾아왔습니다." 그 후 그는, 치치하얼에 가서 장후이민 등 희생자의 묘에서 용서를 빌었다. 돌아오는 길에 푸순에 들러, 35년 만에 류창둥도 만났다.

쓰치야와 미오는 일반 장병과는 달리, 죽음으로 몰아넣은 사람의 이름과 경위를 기억하고 있다. 덕분에 유족을 찾을 수 있었다. 그들은 유족에게 사죄하고 피해자에게 용서를 빌었다.

"억울하게 죽는 자의 고통과 원통함은 말로는 표현할 길이 없겠지요. 아무런 잘못도 없는데, 고통받고 부질없이 죽어가야만 했으니. 얼마나 슬펐을지, 공감하려 해도 희미하게밖에 느껴지지 않아, 견딜 수 없습니다"라며 그는 입술을 깨문다.

그러나 오늘을 사는 일본인들은 "상대의 처지, 유족의 처지에 서서 공감하려는 마음조차 없는걸요. 그때로서는 당연한 일이었다고들 생각해요."

87세의 쓰치야는 젊은 시절처럼 빡빡 깎은 머리로 젊은 세대에게 말 걸기를 멈추지 않는다.

"국가에 맹종해서는 안 돼. 전쟁만큼 큰 죄악은 없어. 이것만큼 쓸데없는 것은 없어. 그러니까 반드시 도망쳐야 해. 전쟁에 이겨서 행복해진 나라는 없다. 이겨도 져도, 수십 년 지나고 나면 세상은 완전히 바뀌어버려."

나는 어눌한 도호쿠 사투리로 말하는 쓰치야를 바라보면서, '불타올랐던 야심도 그 불씨가 다 타서 잦아들게 마련이다. 쓰치야에게도 이렇게 따뜻한 노인이 숨어 있다. 다른 사람을 상처 입히지 않고는, 다른 사람과 경쟁하지 않고는 살기 힘든 사회에서 어떻게 도망치면 좋을지 우리에게 답은 있는 것일까?' 하는 생각이 들었다.

제14장

양식(良識)

지금까지 군의관, 장교, 특무, 헌병이었던 사람들의 전쟁 체험과 죄의식을 분석했다. 이제 마지막으로 군인이면서도 전시에는 승진하는 길을 피하고, 패전 후로는 군인연금을 거부해온 오노시타 다이조(尾下大造)의 삶을 소개한다. 이 두 가지 선택은, 일본 사회에 대한 소극적인 저항의 표시로 지금도 계속되고 있다.

히다타카야마(飛驒高山) 바로 옆 후루카와초(古川町)에 사는 오노시타(1998년 당시 76세)는, 스스로 지원해서 간 군대가 강도의 무리에 지나지 않는다는 것을 알게 되었다.

그는 대대장의 명령으로 필리핀 포로를 한 명 사살한 것 외에는, 학살에도 강간에도 가담하지 않았다. 그러나 마을에 들어가면 닭이나 돼지를 잡고, 소를 죽여서 먹었다. 부대에서 식량 보급을 하지 않았으므로 어쩔 수 없었다고 변명하더라도, 그게 강도질임에는 변함이 없다. 극악무도한 행위를 막을 수도 없었다. 그래서 그는, 연금을 받을 수 있는 자격을 얻었다는 것은 그만큼 악당의 일원이었던 기간이 길었다는 얘기라고 생각하고, 군인연금을 거부해왔다.

어떻게 이런 정상적인 생각을 하는 사람이 있는 것일까? 대부분이 비정상적인 상태에서 극도로 긴장해 있을 때, 어떻게 인간의 양식을 지킬 수 있었을까?

오노시타의 얘기에는 늘 상대의 얼굴이 있고, 상대의 인간성이 전해져 온다. 그것이 다른 사람들과의 큰 차이다.

"이것은 전쟁이 아니다"

오노시타는 1922년 후루카와초에서 태어나 7남매의 차남으로 자랐다. 산으로 둘러싸인 곳이어서 아버지는 임업에 종사했고, 그도 소학교를 졸업한 뒤 아버지의 일을 도왔다. 쓰치야가 다녔던 청년훈련소에도 다녔다. 그는 솔직한 산골 마을의 군국소년이었다.

네 살 위인 형은 이미 근위병으로 나가 있었다. 그도 1940년 12월, 열여덟 살에 육군에 지원해 도야마(富山) 동부 48부대에 입영했다. 당시에는 '언젠가는 군대에 가야 한다면 빨리 가서 빨리 돌아오는 게 좋다'고 가볍게 생각했다. 또한 중국 전선이 교착 상태에 빠지면서, 주위의 청년들이 대부분 소집되어 임업 일도 하기 어려웠다.

보충요원으로 2개월에 못 미치는 훈련을 받고, 1941년 1월 말, 중국의 탕구(塘沽)항을 거쳐 쉬저우(徐州)로 가서, 중위안(中原) 작전에 투입되어 산시성 남부 산간부를 경비하는 일을 했다. 일본에 있을 때는 일본군이 중위안의 도시를 차례로 함락시켜서 주위가 모두 점령지일 것으로 생각했는데, 실제로는 성 밖으로 한 발자국만 나가도 위험했다. 네 명밖에 없는 분소가 전멸당하고, 연락병으로 나간 세 명의 병사가 그대로 행방불명이 되는 참담한 상황이었다.

반년 후인 6월, 오노시타는 2등병에서 1등병이 되었지만, 부대에서는 여전히 최하위 초년병이었다. 오장 이하 오륙 명의 상등병과 함께 반을 만들어, '토벌'하러 나가는 나날이 계속됐다. 보수를 받는 중국인 협력자로부터 어디 어디의 촌락에 적이 숨어들었다는 불확실한 정보가 들어온다. 나가봐야 적이 있을 리 없다. 그러나 출동한 이상 그대로 돌아올 수도 없는 일이어서 마을 전체에 불을 질러버리는 것이 상례였다.

이럴 때, 적이 없다는 것을 알고 나서도 집들을 하나하나 수색한다. 중국의 중류층 이상의 집에는 울타리가 빙 둘러쳐 있다. 더 부유한 경우는 높은 흙담이 둘러쳐 있다. 보통 집이라도 대문이 있고, 이곳이 유일한 출입구이다. 고참병들은 초년병에다 가장 어린 오노시타를 입구에 세워놓곤 했다. 그들은 집안에 들어가면서 어깨에 잔뜩 힘을 주고 "안이 아무래도 이상해. 내가 한 번 더 철저히 조사해야겠다. 너는 밖을 잘 지켜라"라고 했다.

"어느 날, 열일곱이나 열여덟 살쯤 된 여자와 스무 살쯤 된 여자, 자매였던 것 같은데, 비교적 성숙한 여자들이 나온 거예요. 할머니가 무릎을 꿇고 부탁하는 것을, 옆에 있던 병사가 갑자기 때려서 쓰러뜨리고 고참병이 둘을 데리고 나왔습니다. 마을에 불을 놓고 돌아오는 길에, 한 10리 정도 왔나 싶었을 때 휴식을 했죠. 그러자 "얘네들 데리고 재미 좀 보자" 하는 거예요. 차례로 "너, 갔다 와" 하고, 여자들을 숨겨놓은 그늘 속으로 사라지는 겁니다. '너도 가라'는 말을 몇 번 들었지만, 말도 안 된다고 생각했습니다. 마지막으로 그 자매는 '가라'는 말을 듣고, 부리나케 도망갔습니다. 생명은 건진 거지요."

오노시타가 속한 척탄통을 다루는 반은 분대장을 포함해 열

명이었는데 그중 3년 된 병사 둘이 유독 악질이었다.

"어느 날, 그중 한 명, 도야마현 출신 상등병이 열두 살쯤 돼 보이는 머리를 딴 얼굴이 동그란 소녀를 찾아내서, 집안으로 데리고 들어갔어요. 그 뒤 바로 비명이 들렸습니다. 잠시 후에 나온 소녀가 뭐라 표현할 수 없는 고통스런 얼굴로 잔뜩 몸을 웅크리던 모습을 지금도 기억하고 있습니다."

이 두 명은 상습범이었다. 더구나 그들은 강간했던 상황을 자랑삼아 떠들고 다녔다. 이런 일을 수도 없이 목격하는 가운데, "전쟁이란 총을 가진 자들이 서로 쏘는 것인 줄 알았다. 이것은 전쟁이 아니다. 적어도 나만은 그런 짓을 하고 싶지 않다"고 굳게 결심하게 됐다.

무차별한 살인도 보았다. 역시 토벌 나갔을 때, 강 가운데 갈대밭에 스무 명 정도의 부녀자가 피신해 있는 것을 보았다. 도야마 출신 상등병이 갑자기 기관총을 쏘아댔다. 그들은 총을 맞고 쓰러지며 비명을 질러댔다. 순식간에 아비규환의 지옥도가 연출됐다.

오노시타는 후배 일등병이었기에 도저히 고참을 탓할 위치가 아니었지만, "무슨 짓을 하는 거야?" 하고 외쳤다.

"울컥해서 말이야."

이것이 그의 대답이었다. 스무 명을 살상한 이유가 '울컥해서'라니. 아마도 내무반에서의 인간관계에 대한 불만이었을 것이다. 그 남자는 지금, 고향에 돌아가 평범한 노인으로 살고 있다.

이런 일도 있었다. 1941년 9월 하순, 황허 깊숙한 곳에서 속칭

정저우(鄭州) 작전이라는 전투를 시작했는데, 일본군이 패해 철수해야 했다. 오노시타의 부대가 철수를 지원하러 갔을 때의 일이다.

"1년 선배인 일등병이 침상을 만들려고 보리 짚을 찾으러 어느 중국인 집에 갔습니다. 집 입구에 보리 짚이 쌓여있었습니다. 이거 잘 됐다 싶어서 그대로 한 아름 안고 오려는데, 안에 무거운 것이 있었습니다. 무엇일까 속을 보니, 60대쯤 된 여자가 죽어 있었다는 겁니다. 처음에는 단순히 부녀자에 대한 폭행인가 생각했는데, 자세히 보니, 머리가 뻥 뚫려 안이 비어 있었습니다. 그 병사는 깜짝 놀라서 그대로 보리 짚에 묻어놓고 왔습니다.

마침 부근에 고구마밭이 있어서 우리는 고구마를 구워 먹고 있었지요. 그런데 그 일등병이 고구마를 먹으려고 재를 파헤치니까 뭔가 종이에 싼 것이 나왔습니다. 찢어진 틈새로 김이 모락모락 나고 있었어요. 불 근처에 누워있던 한 병사가 그것을 보더니 일어나 앉아, 험한 표정으로 소리를 지르는 겁니다. "뭐 하는 거야, 그건 내 거다!"

훗날 알게 된 건데, 매독에 걸린 병사가, 사람의 뇌를 구워 먹으면 낫는다는 속설을 믿고, 중국 농민을 죽여서 그런 짓을 한 겁니다."

일본 병사가 사람의 뇌를 먹은 것을 기억할 때마다, 오노시타는 지금도 피가 거꾸로 솟아 얼굴을 붉히곤 한다.

약탈을 전제로 한 군대

그들에게 식량을 약탈하는 것은 당연했다. 산속에 들어가면 열흘이든 이 주일이든 쌀이 없는 생활을 한다. 식량 보급 없이 전선을 확대하는 것은 약탈을 전제로 한 것이다. 소를 발견하면 주인 같은 건 생각하지 않고 죽여서 먹는다. 닭은 있는 대로 잡아먹었다.

사람에 대한 수탈도 마찬가지였다. 며칠간 지능이 낮은 큰 몸집의 남자에게 일을 시킨 적이 있었다. 토벌이 끝나갈 무렵, "돌아가라"고 놓아주려 하자, "죽여달라"며 손을 모아 애원했다. "마을에 돌아가면 매국노 소리를 듣고 살해된다. 일본군과 같이 있었던 자는 무슨 짓을 당할지 모른다"고 죽여달라면서도, 목이 베이면 저승을 떠돌 것이라며 겁에 질려 있었다.

조장이 칼을 뽑아 농담으로 "조금 베어 주지" 하고 말하자, 그는 "그건 싫다, 단번에 죽여달라"며 다시 애원했다. 그때까지 부려 먹던 남자였다. 모두 애처롭게 여기며 그 모습을 보고 있었다.

그때 적이 총을 쏘기 시작했다. 소동이 가라앉고 마을 안을 빈틈없이 수색해 적이 없다는 것을 확인한 뒤에 원래 있던 장소로 돌아와 보니, 그 덩치 큰 남자가 쓰러져 있었다. 민첩하게 숨지 못하고 아까 중국 병사들이 쏜 총에 맞은 것이다. 짐 나르는 일을 시켰던 선량한 중국인의 죽음에 가슴이 메었다.

형은 근위병이었다. 근위병은 궁성을 지키는 일왕 직속 군대이며, 가족을 조사한 후 선발한다. 그런 가정에서 태어나, 산촌에서 무럭무럭 자란 오노시타는, "전쟁이란 일본의 군대와 중국의 군대가 격렬하게 싸워 이긴 쪽이 여러 가지 요구를 하고 자신의 권리를 지키는 확약을 하게 한 뒤 종전에 이르는 것"이라고만 생각했다. 학교에서도 그렇게 배웠고 마을 어른들도 그렇게 말했으며, 신문이나 라디오도 그렇게 전했다. 그러나 실제로 겪어본 전쟁은 식량도 제대로 배급받지 못하고, 마을들을 습격해 강도, 방화, 강간을 저지르는 집단적인 난동에 불과했다. 더구나 3년이 지나도 병장이 되지 못하는 상등병들이 그 울적함을 달래려 살인을 했다. 그들은 주둔지의 위안소와는 달리 마을에서는 공짜로 여자를 취할 수 있다고 생각하는, 타락한 무리였다.

집단의 성격은 강도였지만, 그중에는 결코 악업에 물들지 않는 사람도 있었다. 다카야마 옆 뉴가와무라(丹生川村)에서 온 승려 아라카와(荒川)는 결코 약탈이나 폭행을 하지 않는 사람이었다. 징병 유예로 뒤늦게 스물여섯 살에 입대한 그는 지휘반에 있었으나, 젊은 오노시타와 마음이 맞았다. 훗날, 필리핀 전선에서 그가 머리에 총을 맞고 죽었을 때, 오노시타가 묻어주었다.

오노시타는 '빨리 군대에 가서, 빨리 돌아오자'고 생각하여 지원한 것이었지, 군대에서 출세하려는 마음은 전혀 없었다. 병장이 될 수 없어서 '울컥한다'는 근성과는 거리가 멀었다.

젊은 지원병이었으므로, 상관은 그가 군대의 중견이 되기 위해 입대했을 거라고 여겨, 부사관에 지원하라고 권유했다. 그 권유가 너무 끈질겨 헌병에 지원할 생각이라고 말하고 빠져나왔다. 그러자 중대의 간부가 그에게 헌병 자리를 하나 맡아다 주었

다. 곤란해진 오노시타는 헌병이 되고 싶어 하던 후배에게 양보
했다. 지기 싫어하고 강건했던 그는, 군대의 일은 성실하게 했다.
그러나 전쟁터에서 저지르는 악행에는 끼어들지 않으려 요리조
리 피했다.

사회관의 전쟁터

오노시타는 1년 가까이 중위안 경비 업무를 한 후 칭다오로
갔다. 그가 상등병으로 진급한 지 1주일 만인 12월 8일, 일본은
태평양전쟁에 돌입했다. "중국도 이길 수 없는데, 미국이란 나라
랑 싸워 어쩔 셈인가? 어리석은 짓을 시작했어." 그는 병사들이
이렇게 얘기하던 것을 기억하고 있다.

칭다오에서 가스 마스크를 쓰고 독가스전에 대비한 훈련을
받고, 지뢰를 들고 전차에 바싹 다가붙는 연습을 한 뒤, 1942년
2월 말 대만을 경유, 필리핀 루손섬의 링가옌에 상륙했다. 바탄,
콜레히돌섬의 격전에서 살아남은 그는 네그로스섬에 상륙하여
7월에는 병장이 됐다.

같은 해 11월 말, 마닐라를 거쳐 베트남의 사이공으로 들어가
하노이를 경비하고, 1945년 3월에는 프랑스군을 공격했다. 그
후에는 하노이의 북쪽 중국 국경지대에서 항일전선 베트민(베트
남 독립운동단체)과 싸웠다. 이렇게 싸우는 동안, 1943년 12월 오
장으로, 1945년 3월에는 군조로 진급했다. 1945년 9월 1일, 그

는 북베트남 오지에서 패전 소식을 들었다. 이후 베트민의 용서를 받고 하이퐁으로 나와 1946년 4월 귀국했다.

이것이 5년 5개월에 걸친 그의 군 이력이다. 다시 필리핀의 전장으로 돌아가 어떤 일들이 있었는지 자세히 살펴보자.

일본군이 네그로스섬의 미군을 항복시키고 상륙한 것은 1942년 5월 22일. 원주민은 일본군을 해방군이라 여긴 듯, 2개월간 전혀 저항이 없었다. 그런데 식량이 없는 일본군이 각지에서 수탈을 계속한 결과, 섬 전체에서 게릴라전이 확산됐다. 적들은 잠복해 있다가 저격했다. 이에 대응하여 일본군은 의심스러운 남자들을 잡아와서 폭행과 물고문을 한 후 마지막에는 구덩이를 파서 찔러 죽였다. 중국을 점령하고 저질렀던 만행이 그대로 필리핀으로 옮겨졌다.

오노시타는 이때 어떤 부인의 발언을 통해 일본군의 패배를 확신하게 되었다. 이제 막 스무 살이 된 청년이 국제 정세나 미국의 공업력에 대해서 알고 있었을 리가 없다. 다만, 자신처럼 평범한 사람인 주부가 "일본군은 반드시 망한다"고 한 말에 수긍이 가는 바가 있었다.

그 부인은 양가에 태어난 일본인이었는데, 일본에 유학 왔던 네그로스섬 지주의 아들과 결혼한 후 필리핀 국적을 얻어 그 섬에 살고 있었다. 집을 빌리려고 그녀의 저택을 방문했는데, 오노시타에게 호감을 느낀 그 부인은 식사에 초대하고 딸에게 일본어를 가르쳐 달라고 부탁했다.

그녀는 "일본군은 약탈하고 불을 질러요. 나는 그런 짓을 할 리 없다고 변명해왔지만, 우리 집도 같은 일을 당했지요. 연대장에게 항의해도 아무 소용이 없어요. 주민을 모두 적으로 바꿔버리는 전쟁을 하다가는 반드시 망할 거예요"라고 말했다.

그녀의 판단은 중국의 전쟁터를 경험한 그의 생각을 그대로 말로 표현한 것이었다. 루손섬의 바탄, 콜레히돌의 격전을 거쳐, 미국군의 포탄의 힘을 뼈에 사무치도록 알고 있는 오노시타였지만, 군 장비의 힘보다도 군대와 주민의 관계가 장기전의 승패를 결정한다고 생각했다. 이것은 현실을 직시하는 데서 얻는 식견이다. 명석하고 단순한 논리로 만들어진 양식(良識)이다. 그는 전쟁을 모르고 살던 필리핀의 일본인 여성에게서 자신과 같은 판단을 듣고, 그 생각을 확신했다.

일본인은 이 전쟁에서 두 곳에 전선을 펼치고 있었다. 하나는 군비에 기초한 합리적 사고와 죽기를 각오하면 어떠한 일도 가능하다고 선동하는 비합리적 정신주의가 대치하는 전선이었고, 다른 하나는 민중에게 받아들여지고 민중의 지지를 받아 싸우고 있는가, 아니면 민중을 지배의 대상으로 간주하고 결국에는 적으로 바꿔버리고 있는가 하는 사회관의 전선이었다. 스무 살의 청년은 전자의 전선에 대해서는 그다지 확고한 의견을 가지고 있지 않았지만, 후자의 전선에서 일본의 패배를 확실하게 내다보고 있었다.

사람들은 각각의 토지에서 그 환경에 맞는 생업을 연구하며 살아간다는 것이 오노시타의 인간관이다. 기후의 산속 마을에서 임업을 생업으로 하는 고향 사람들도, 중국 대륙에서 농경 생활을 하는 중국인도, 열대의 네그로스섬에서 농경으로 살아가는 사람들도, 특별히 다를 것이 없었다. 다른 점이 있다면 환경에 대한 적응의 차이일 뿐이었다.

오노시타는 사람은 누구나 같다고 생각하고, 상대를 이해하기 위해 우선 말을 배우고자 했다. 그가 취한 방법은 문화인류학자의 언어 학습과 아주 많이 닮았다. "이것은 뭐지?"라는 문장을 외워서, 틈날 때마다 그곳 사람에게 물어보고 수첩에 적었다. 다른 사람에게도 같은 사물에 대해서 "이것은 뭐지?" 하고 물어, 같은 답이 나오면 확실하다고 생각하고 그것을 외웠다. 그러는 사이에, "갖고 싶다" "얼마?" 등의 말을 알게 되었고, 명사 이외의 어휘도 늘어갔다. 중국에서는 중국어를, 필리핀에서는 네그로스섬 서해안의 사람들이 말하는 비사야어를, 베트남에서는 베트남어를 익혔다.

일본군은 현지 사람들을 멸시했지만, 그는 그들과 사이좋게 지내고 싶었다. "사이좋게 지내는 것은 어려운 일이 아니다, 평소처럼 하면 사이좋게 지낼 수 있다"고 그는 말한다. 사이좋게 지내며 조금이라도 말을 더 배워서, 혹시라도 현역 해제가 된 후 그곳에 살아도 좋다고 생각했다.

열여덟 살에 지원했을 때, 빨리 군대에 가면, 빨리 돌아올 수 있다고 생각했지만, 돌아갈 곳이 어딘지 확실했던 것은 아니다. 산마을의 차남, 집을 지어 분가할 희망은 거의 없었다. 수많은 소년들이 기후의 산촌에서 '소년 의용군'에 자원하여, 만주 개척에

나섰다. 그도 역시 어디에서든 현지 제대하면, 그곳에 뿌리를 내
려도 좋다고 생각했다. 그러기 위해서는 그 지역 사람들이 좋아
져야 한다. 좋아지기 위해서는 말을 익혀 사이좋게 지내는 수밖
에 없었다. 그것은 형편이 비슷했던 쓰치야 청년(12장)의 야심과
비슷하면서도 다른 것이었다. 쓰치야는 만주에서 현지 제대하면
그곳 식민지에서 성공하고 싶다고 생각했지만, 오노시타는 그
지역 사람들과 더불어 살기를 바랐다.

상대를 수단으로 보는지, 더불어 살 사람으로 보는지는 커다
란 차이다.

오노시타는 현지 사람들과 아주 자연스레 어울리고 사이좋게
지냈다. 그가 네그로스섬을 떠날 때, 열 명 정도의 아이들이 와서
다음과 같은 작별 인사를 전했을 정도였다고 한다.

"신은 당신 같은 아주 친절한 사람을 우리에게 보내주셨어요.
그런데 이제는 빼앗아가려 하네요. 그러나 우리는 어쩔 수가 없
어요. 어디로 가더라도 건강하세요."

일본 육군은 1940년 6월 23일, 일본·프랑스·인도 세 나라 사
이의 군사세목협정의 성립을 기다리지 않고, 무력을 사용하여
중국 남부에서 베트남 북부의 란손 방면으로 국경을 넘어 들어
갔다. 그 후, 협정에 의해 베트남은 일본과 프랑스 양쪽의 지배를
받게 되었다.

1945년 3월 9일, 일본군은 프랑스군에게 선전포고하고, 프랑
스령 인도차이나를 해체한 뒤 바오다이를 왕으로 내세웠다. 일

본군은 처음에는 프랑스로부터 베트남을 해방시킨 해방군으로 여겨졌으나, 곧 그런 인식은 역전되어 베트민의 격렬한 저항을 받게 된다.

1945년부터 46년에 걸쳐서, 일본군에게 식량을 조달해야 하는 데다, 남쪽의 메콩 삼각주 및 북쪽의 중국 윈난의 곡창지대에서 나오던 쌀의 수송이 끊어지고 수해까지 겹쳐, 북베트남에서 200만 명의 아사자가 나왔다. 이는 일본군의 침략이 불러온 대재해였다. 이런 상황에서 1945년 9월 2일 오지에 있던 오노시타의 부대가 패전을 안 다음 날 베트남민주공화국이 독립을 선언했다. 베트남을 다시 식민지로 삼으려는 프랑스를 상대로 독립 전쟁에 돌입한 것이다.

오노시타가 베트남에 상륙했을 때는 이미 병장이었다. 초년병을 교육하고, 수많은 병사를 장악해야 할 지위에 있었다.

평소에도 그는 장교가 고참 부사관들을 데리고 밖으로 여자를 찾아 나서거나, 또 영외에 거주하는 상급 장교가 현지처를 두거나 하는 것을 몹시 불쾌하게 여겼다.

위병 사령을 맡은 날 밤, 연대의 위병 열네댓 명을 향해 "아무리 엄격하게 규칙을 세워놓아도 요령껏 피해간다. 회계 담당 중위가 병사들을 써서 군량미를 여자가 있는 곳으로 나르게 했다든가 하는 뒷얘기가 너무 많다. 이래서야 전투에서 이길 리가 없다"고 말한 적도 있었다. 어느 날 밤, 지나가던 장교가 그런 말을 듣는 바람에 그는 초년병 교육계에서 빠지게 되었다.

북베트남에서는 1945년 3월 프랑스군을 항복시킨 후, 프랑스인 포로에게 일을 시켰다. 그는 포로에게 폭력을 행사한 적은 없었다. 칠팔 명의 포로를 데리고 진지 구축 작업에 나가곤 했다. 그들은 한 번도 담배 좀 달라고 부탁하지는 않았지만, 일본 병사가 버린 꽁초를 몰래 주워서 다시 말아 피우곤 했다.

오노시타는 결코 적에게 달라고 부탁하지 않는 프랑스인의 자긍심에 감탄하고, 그때까지 병사들에게만 주었던 배급 담배를 프랑스 병사에게도 주도록 바꿨다. 그들은 불어로 감사를 표하며 진심으로 기뻐했다. "배가 고파 못 견디겠다"고 말해서, 밥솥 하나 가득히 밥을 담아와, 국물밖에 입에 대보지 못한 그들에게 준 적도 있었다.

북베트남의 기아는 처참했다. 하노이에서는 매일 아침 굶어 죽은 주검들을 수레에 가득 채워 홍하(紅河)에 걸린 철교 밑에 던져 버렸다. 하루에 300구가 넘는 주검을 치울 때도 있었다고 한다.

오노시타는 주먹밥을 손에 든 채 미소 띤 얼굴로 죽어간 남자아이의 모습을 늘 떠올린다. 네댓 살쯤 된 그 아이는 며칠 전부터 일본 병사가 빌려 쓰던 집 앞에 왔었다. 깡마른 몸에 배만 부풀어 올랐고, 피부는 흑갈색이었다. 열 살 이상인 아이는 감자를 캐거나 도둑질을 하거나 해서 어떻게든 먹을 것을 찾는다. 갓난아기는 어머니가 데리고 있다. 그러나 네댓 살 된 아이들은 기댈 부모도, 음식을 얻을 방도도 없었다.

그날 오노시타는 그 아이에게 주먹밥을 주었다. 그 아이는 이미 먹을 기력도 잃었던 것일까? 주먹밥을 쥔 채 평온한 얼굴로 죽어갔다. 오노시타는 죽은 얼굴에서 기쁜 표정을 보았다. 그렇게 믿고 싶었다.

연금 거부

이렇게 오노시타의 전쟁은 끝났다. 5년 5개월의 군대 생활, 열여덟에 입대한 청년은 스물네 살이 되어 있었다.

1946년 4월에 귀향하고 2개월 후인 6월, 논에서 김을 매고 있다가, 관청으로 도장을 가지고 오라는 얘기를 들었다. 군인연금을 받을 자격이 있으니 신청하라는 것이었다. 패전 후, 군인연금은 군국주의를 떠받치는 제도라 하여 정지됐다. 그러나 부활시키려는 움직임은 패전 초부터 있었다.

이때 그는 '전쟁에 져서, 모두가 못 먹고 못 입고 사는 형편인데, 군인연금이라니 말도 안 돼'라고 생각했다. 다음 해인 1947년 2월, 그는 결혼하고 아내의 친척이 하는 목재회사에서 일하게 됐다. 군인연금 얘기도 잊고 있었다.

그로부터 육칠 년 뒤, 군인연금에 대해 할 얘기가 있으니 후루카와초 사무소 2층으로 와 달라는 말을 듣고 불려 나갔다. 가 보니, 소학교 출신으로 육군 소좌가 된, 그 동네에서 가장 출세한 사람이 중앙에 앉고, 장교가 된 사람이 그 옆에 나란히 앉아있었다. 그리고 "우리는 군인연금을 이미 받고 있다. 자네들은 아직 받지 않았군. 운동에 참여하면 받을 수 있으니, 300엔의 회비를 내고 군인연금연맹 회원이 됐으면 한다. 연금이 나오도록 우리가 힘쓰겠다"라고 권유하는 것이었다.

대일강화조약 발효 뒤,「전상병자·전몰자 유가족 등 원호법」(1952년)이 제정되고, 다음 해에 군인연금도 부활됐다. 옛 군인은 일왕의 군대로, 일왕에게 얼마만큼 충성을 다했는가에 따라 평가받는다. 그 때문에 계급에 따라 연금 액수가 크게 다르다. 부활한 군인연금의 평가 기준은 패전 전과 똑같았다.

오노시타는 전쟁터에 가서 좋은 일을 했다고 생각하지 않았다. 큰 액수의 군인연금을 받을 수 있을 정도로 계급이 높거나 군대에 오래 있었다는 것은 그만큼 나쁜 일에 많이 관여했다는 얘기다. 일본군은 중국인을 인간 취급하지 않았다. 그것을 잊은 적이 없는 그는 반론을 제기했다.

"전쟁 중에 계급을 앞세워 병사들을 괴롭힌 당신들이, 우리를 위해 일하겠다고. 예를 들어, 우리가 연금을 1만 엔 받을 수 있게 되면, 당신들은 지금 1만 엔인 연금이 2만 엔이 된다는 얘기 아닌가. 언제까지 우리를 허수아비로 볼 작정이냐?"

이렇게 반론은 제기했지만, 전쟁 체험에 대해 깊이 있는 토론을 할 상대는 아니었다.

그는 "그런 것 필요 없다. 나를 동료로 삼아주지 않아도 괜찮다"고 말하고 돌아왔다.

그 뒤로 끊임없이, 해마다 두세 번 군인연금연맹, 초사무소, 현민생부 등으로부터 군인연금을 받으라는 권유를 듣는다. 옛 육군의 산정으로는, 제1종 전투지대는 1년을 4년으로, 다음 경비

지구 중 외지인 경우는 1년을 3년으로 간주하게 되어 있다. 오노시타의 5년 5개월은 15년 이상으로 산정되어, 군인연금 대상이 된다는 것이었다.

당사자를 설득할 수 없자, 아내나 장모에게 압력을 가해왔다. 현 민생부의 담당자가 상공회에서 일하는 아내에게 찾아와서, "당신 남편은 아직 마음을 바꾸지 않았나요?" 하고 연금을 탈 것을 강요했다.

군인연금연맹에 들어간 사람은, "돈이 남아돌면 연금을 받아서 마을에 기부라도 하면 좋지 않나? 저렇게 까다로운 놈은 처음 본다"며 아내를 괴롭혔다. "법률에 정해져 있는 것을 받지 않는다니, 이상한 놈이다"라는 말까지 들었다. 주변에서부터 현, 나아가 전국 차원의 군인연금연맹까지, 똑같이 중첩되는 촌사회의 생리, 이의를 제기하는 자는 내버려 두지 않는다는 공식이 작동하고 있었다.

군인연금은 당시 가치로 수십만 엔(고급장교는 수백만 엔)에 이르는 고액이었다. 임업이 불황을 맞아 어렵게 생활을 꾸리던 때, "돈이 남아돌면~"이란 말을 듣는 것은 불쾌하기 그지없었다. 하물며 아내를 닦달하다니, 정말 괴로운 일이었다.

오노시타는 아내에게 "이게 내가 살아가는 방식이니, 용서해줘" 하고 부탁했다. 그리고 "법률로 정해진 것을 받지 않는다니, 이상하다"고 하는 압력에 대해서는, 1970년 12월 현의 인권옹호위원회에 '더 이상 우리 가족에게 압력을 넣지 말도록 관계기관에 연락해 달라'는 편지를 보냈다. 그러나 위원회로부터는 아무런 답신도 없었다. 다음 해 다시금 현 민생부 후생과장에게서 '기입한 후에 반드시 돌려보내 주십시오'라는 추신과 연금이력 신청서가 함께 왔다. 경찰도 그를 반(反)사회적 분자로 기록하고 탐색하기 위해 찾아왔다.

군인연금 수급자는 1980년 3월 말까지 213만 명. 연금 수급을 거부한 사람은 몇 명이나 있었을까? 지금도 있을까? 오노시타처럼 "나는 전쟁 희생자가 아니다" "진짜 전쟁 희생자에 대한 구제가 이뤄지고 있지 않다" "침략지, 특히 중국의 피해자에 대한 구제가 이뤄지고 있지 않다"는 이유로 연금 수급을 거부하고 있는 사람들이 많을까? 수급 거부자의 존재는 자신들 전쟁 수행자의 존재를 위협한다고 불안해하는 사람들도 적지 않다.

오노시타의 군인연금 수급 거부가 신문에 보도되거나 하면, 전쟁범죄의 책임을 말하는 사람들이면 누구나 당했던, 비난 편지가 날아왔다. 나고야시에서 가명으로 온 편지는 '전쟁이었습니다. 여러 가지 잔혹한 일이 있었다 해도 어쩔 수 없습니다. 소중한 청춘을 싸움터에서 보내고, 지금 악인 취급을 받는다면 견딜 수 없을 겁니다. 전국의 연금 수급자들이 몸 둘 바를 모르게 될 것입니다'라고 쓰고, '멋대로 굴지 말라'고 끝맺고 있다. 피해의식이 고조된 나머지 공격성으로 바뀌었다.

다른 발신인 불명의 엽서는 '당신만 성인군자이니, 중이라도 되는 게 어떤가?'라고 휘갈겨 썼다. 유아사, 쓰치야 등이 받은 편지와 거의 같은 말투다. 나는 일부러 괴롭히기 위해 쓴 편지를 수없이 읽어왔는데, 모두 다 짜 맞추기라도 한 듯이 같은 주장을 쓴다. 더구나 가명이거나 무기명이다. 일본인 대다수가 집단 속의 한 명으로 숨어버릴 때, 어떤 욕망을 드러내는지 잘 보여주는 사례다.

오노시타는, 자신의 의지로 잔혹한 행위는 하지 않았다고는 하나, 잔혹 행위를 막지 못한 책임이 있다고 생각한다.

"죽은 자를 '개죽음'이라고 모욕하느냐'고 항의하는 사람이 있습니다. 그렇지 않아요. 죽은 사람은 가장 안 좋은 제비를 뽑은 것이므로, 그들에게 죄를 뒤집어씌우지 말고, 살아 돌아온 사람들이 그 짐을 져야만 합니다.

나는 가난한 전쟁 유족이나, 상이군인의 생활보호에 반대하는 것이 아닙니다. 청춘을 희생하고도 사회적으로 뒤처진 사람, 패전 뒤로 쭉 가난한 사람에 대한 부조가 연금의 기준이 되는 것이라면 이해하겠습니다. 어떤 이는 오륙 년쯤 전쟁터에 나가 있느라고 집에 없었고, 또 다른 이는 일본 국내에 있었다고 하는 차이는 있을지언정, 전쟁이 끝난 상황에서는 모두 함께 출발하지 않았습니까? 세상살이가 편해진 지금, 연금이란 술 마시고 군가 부르고 그런 여유를 위한 돈이지 않습니까? 전쟁 중 저질렀던 일들을 생각하면, 이건 어디가 잘못돼도 한참 잘못된 일이라고 생각합니다.

일본 국내에 있던 사람은 그들대로 배고프게 살았다고 말합니다. 그러나 일본인에게는 그런 말을 할 자격이 없습니다. 뼈만 남아 머리만 큰 모습으로 웅크리고 죽어간 베트남 아이……. 이런 사실들을 모르기 때문에 '나도 혹독한 경험을 했다'고 말할 수

388

있는 겁니다.

개인차는 있습니다. 극도의 불행을 겪은 사람도 적지 않습니다. 그러나 전체를 보면, 중국이나 남방의 사람들보다 자신들이 더 불행하다고는 절대로 말할 수 없지요.”

눈 내린 깊은 밤, 노인은 얘기하면서 몇 번이나 죽어간 사람의 얼굴, 목소리, 모습을 떠올리고 있는 듯했다.

그래도 말하지 않았던 것

나는 연말에 히다후루카와를 방문해, 1900년대 초에 일본과 서양의 양식을 절충해서 지은 낡은 목조 집에서, 긴 시간 동안 오노시타의 전쟁 체험을 들었다. 부인도 차를 따르면서 우리 얘기를 듣고 있었다.

그 집에서 묵고 난 아침. 오노시타는 이것저것 떠올리느라 잠을 설쳤을지도 몰랐다. 아침밥을 먹고 그와 나 둘만이 됐을 때, 그는 나에게 “아내에게도 말한 적이 없는데……”하고 운을 떼고는, 네그로스섬에서 주민을 살해한 얘기를 시작했다.

“장교는 직접 잔학한 짓을 하지는 않습니다. 부하들이 의심스러운 주민을 끌어오면, 고문하게 합니다. 처음에는 묶어놓고 주전자로 입이든 코든 상관없이 물을 붓습니다. 다섯 말이 됐든 여덟 말이 됐든 물을 마시게 하면 차차 배가 불러옵니다. 그러면 나무판에 올려놓고 병사가 양옆에 올라타서 물을 토하게 합니다. 마지막에는 양손을 뒤로 묶고 땡볕에 매달아 놓습니다. 발끝이 겨우 땅에 닿게 묶어놓는 거지요. 그러면 아주 괴롭습니다. 그런 다음 참살합니다. 장교가 '이리 나와!' 하고 명령하면, 불려 나간 병사가 구덩이를 파고 찔러 죽이는 거지요."

오노시타는 고문에는 절대 가담하지 않았다. 그것을 알고 그랬던 것일까? 부대가 네그로스섬의 북부 바고로드의 오지인 이사벨라에 주둔했을 때, 대대장인 고마쓰(小松) 소좌가 오노시타 병장을 불러내어 "어이, 이놈을 데려가서 죽이고 와"하고 명령했다. 어쩔 수 없이 부하인 이치카와(市川)와 함께 밖으로 나왔다.

"죽이지 않으면 안 된다, 죽이고 싶지 않다, 도망치게 해줄 용기도 없다……. 갈등하다가 돌연 나는 가장 비겁한 방법을 택했습니다. 이치카와에게 "너, 해"라고 말했습니다. 명령을 받고 이치카와가 남자의 가슴을 찔렀는데, 그만 실패하는 바람에 더러운 흙탕물에 빠져 그대로 가라앉았어요. 나는 총을 빼서 머리를 쐈습니다. 돌아와서 대대장에게 혼났습니다. 병사 근처에서 총을 쐈기 때문이지요.

이틀이 지나, 어떤 노파가 "우리 아들이 없어졌다, 어떻게 한 것 아니냐?" 하고 아들을 찾으러 왔습니다. 그 노파를 상대하는 일에도 내가 지명됐습니다. 마음이 켕겼지만 "모른다"고 건방진 태도로 답했습니다.

나는 전쟁에서 나쁜 짓은 하지 않았다고 말해왔는데, 틀린 말입니다. 소좌의 명령이었으므로 내게 죄가 없다고는 할 수 없지요. 더구나 이중의 죄를 범했습니다. 아들을 죽인 데다가 노파에게 거짓말까지 했으니까요. 그로부터 한동안은 식사 때 수저를 들 수 없었습니다. 양심이 있었기 때문에 수저를 못 든 것이 아니에요. 진정한 양심이 내게는 없었어요."

오노시타는 얼굴을 붉히고, 몇 번이나 목이 메어 나에게 말했다. 그는 나를 통해, 아내나 패전 후에 태어난 두 아들에게 고백하고 있는 것 같았다.

"나는, 죽고 싶지 않다!"

비사야어로 외치는 남자의 소리가 지금도 들려온다. 흙탕물에 젖어 눈을 가리던 긴 머리, 그대로 물속으로 가라앉아가던 뒷머리.

오노시타가 얘기한, 사역에 동원돼 죽어간 덩치 큰 남자, 강간당한 자매와 소녀, 북베트남에서 주먹밥을 손에 들고 죽은 아이, 그리고 그가 죽인 네그로스섬의 남자, 모두가 오노시타의 눈에는 다 제대로 된 표정을 갖고 있으며, 고민이 있는 온전한 인간이었지 죽임을 당하는 '물건'이 되어버리지는 않았다.

그는 전쟁 중에도, 패전 후에도, 중국과 동남아시아의 사람들을 자신들의 상식 밖에 두고 물건 취급하는 태도에 반대하고 있다.

"나라를 위해 싸웠으므로 연금을 받는다……. 그것은 일본에서는 통할지 모르겠습니다. 그렇지만 중국이나 동남아시아의 고통 받은 사람들의 처지에서 보면, 이런 논리가 통할 수 있을까요?"

오노시타는 자신의 판단으로 전쟁 중에 중국 민가를 덮치지 않았듯이, 지금도 자신의 판단으로 침략을 긍정하는 돈을 받지 않고 있다. 히다의 산골 마을이 이렇게 명석한 양식을 지닌 사람을 키워냈다는 것이, 나는 놀랍다.

제15장

아버지의 전쟁

패전으로부터 반세기. 전쟁과 허영으로 흔들렸던 100년이 지난 후, 평화로운 시절이 50여 년 계속되고 있다. 이렇게 세월이 지났어도 아직 침략전쟁에 대한 반성이 이뤄지지 않은 것이 문제다. 일본의 정치가가 침략전쟁을 부인하는 발언을 했을 때, 혹은 문부성이 중학교와 고등학교의 역사 교과서에 전쟁범죄 사실을 쓰지 않도록 검열을 강화했을 때, 아시아의 여러 나라들은 바로 어제 일어난 사건인 양 강하게 항의한다. 나아가, 지금까지 숨겨져 왔던 문제들이 끊이지 않고 전쟁 책임 문제로 제기되고 있다. 강제노동, 독가스탄의 방치, 세균전, 일본군 위안부……. 그때마다 전후세대는 당혹스럽다. 여기서 전후세대는 전후에 태어난 사람만이 아니라, 나와 같이 전쟁 중에 태어났더라도 전후에 자아가 형성된 사람을 포함한다.

전후세대가 부모나 친척의 입을 통해 들은 전쟁은, 전사 통지, 공습의 공포, 소개(疏開), 전쟁 때와 이후의 식량난 등이었다. 부모 세대는 이런 기억을 즐겨 얘기했다. 그것은 난관을 극복해온 자기 긍정의 감정과 함께 전해졌다. 그러나 부모들은 결코 그들이 저지른 침략에 대해서는 얘기하지 않았다. 이렇게 자라난 전후세대는 핵전쟁 반대를 외치지만, 다른 나라 사람들로부터 "당신들은 과거에 무엇을 했는가?"라는 비판을 들으면 할 말을 잃고 만다.

반론이나 변명으로 할 수 있는 말은 몇 가지 있다. "책임은 행위자가 지는 것이다, 전쟁에 직접 관여하지 않은 나 개인에게는 책임이 없다"고 하는, 어쩌면 옳아 보이는 전제를 깔고 논리를 비약한다. 그러므로 "우리 사회, 우리 국가가 밑도 끝도 없이 전쟁 책임을 추궁당하고 보상금을 내는 것은 참을 수 없다"고, 혹은 공격적으로 "일본이 나빴다고 주장하는 일본인이 있어서 다른 나라들에게 약점을 잡힌다"며 기세를 올린다.

그러나 그렇게 반론하면서도 한편으로는 다 알고 있다. 지금 우리가 생활하는 일본 사회를 자신의 역사로부터 분리할 수 없다는 것을. 전후세대는 전쟁을 일으킨 부모 밑에서 자라면서 그들의 문화를 섭취해왔음을 부정할 수 없다. 개인으로서 져야 할 전쟁 책임은 물론 없지만, 침략전쟁에 빠져든 사회나 문화, 그리고 국가의 책임까지 부정할 수는 없다.

게다가 전후세대의 정신에는 일말의 불안이 있다. 부모 세대의 문화를 섭취하며 자랐다고는 하지만, 부분적으로 비판도 하고 긍정도 해왔다. 그러나 전후세대는 부모의 진정한 모습을 알고 있는 것일까? 태양 빛에 반쪽 면만이 드러나 빛나고 있는 밤하늘의 달을 보고 있을 뿐, 그림자가 진 나머지 반은 모르는 것이 아닐까? 반쪽 면만의 부모의 생각과 삶을 받아들이거나, 아니면 그에 반발하면서 성장해온 전후세대의 정신에는, 어딘가 허위가 있는 것은 아닐까? 허위까지는 아니라고 할지라도, 표면에 얇은 막이 덧씌워져 있는 것은 아닐까? 우리는 풍부히 느끼고, 깊이 사고하며, 다른 사람과 교류할 수 있는 자아를 형성하고 있는 것일까?

아버지가 사회관계는 힘이라고 말하며 극단적으로 힘의 정치를 강조하는 사람이었다고 하자. 그 지나친 약육강식의 사회관은 그의 어떤 체험에서 비롯한 것일까?

아니면, 아버지가 옛 직업군인의 횡포와 쇼와 일왕의 전쟁범죄, 전쟁 전부터 이어지고 있는 몇몇 오래된 조직의 폐해에 대해 엄격하게 비판하지만, 그 논지가 두서없고 가족과의 관계에서는 지극히 가부장적이었다고 하자. 그렇다면 권력에 대한 그의 반발에는 군대의 위계질서 속에서 저질렀던 잔학행위가 숨겨져 있을지도 모른다. 생각하고 싶지 않은, 인정하고 싶지 않은 체험만큼 감정을 반대편 극으로 쉽게 몰아가는 것은 없기 때문이다.

그런데도 전후세대는 부모에게 묻지 않았다. 공습의 공포, 소개나 철수 때 고생한 이야기만이 아니라, 아버지는 전쟁 때 무엇을 하고 있었나요? 묻지 않았다. 그들이 굳게 입을 다문 것도 물론 그 원인의 하나일 것이다. 온 나라가 나서서 문제의 본질을 얼버무리기도 했다. '비참한 전쟁'이라고 틀에 박힌 표현을 써서, 침략전쟁의 구체적인 사실을 피해갔다.

예를 들어 전후세대의 교과서 『민주주의』(문부성 발행, 1949년 8월)의 그리운 오렌지색 표지를 지금 새삼 들춰보면, 일본의 침략전쟁에 대한 언급이 전혀 없음에 아연해진다. 전쟁에 관해 서술하는 「민주주의와 세계평화」란 절에서는 '전쟁이 일어나면, 다수의 국민은 군인이 되어 전쟁터로 향하며, 죽음의 위험에 직면한다. 그뿐만 아니라, 근대전에서는 국내의 후방도 폭격을 받아, 여자와 아이들도 희생당한다. 집이나 재산이 불탄다. 막대한 전비를 부담해 경제생활은 커다란 타격을 입는다'고 전쟁의 피해만을 강조하고 있다. 이와 같은 전쟁을 일으키는 것은 전제주의라고 서술한 뒤, 정말 놀랍게도 일본의 전쟁 확대에 대해서는 전혀 언급하지 않고 독일에 대해 서술하고 있다. 제2차 세계대전이 시작됐을 무렵, 공습경보가 울리던 베를린의 지하 방공호에서 "전쟁을 시작한 히틀러를 사형시켜라" 하고 외치는 고함이 이따금 들렸으나 지상에서 말하는 사람은 없었다고 말이다. 마치 일본의 침공은 없었던 것 같다. 이런 서술은 오늘날 일본인의 전쟁관과 한 치의 오차도 없이 일치한다.

천연자원은 거의 없지만 일본인의 근면과 기술은 장래에 번영을 가져다줄 것이라는 식의 주장을 반복해서 싣고 있는 교과서 『민주주의』의 페이지들을 넘기면서, 전후세대의 사상 형성이 어디에서 출발했는지 잘 알 것 같았다. '전후 민주주의'와 '침략전쟁에 대한 부인'은 하나의 세트였다.

국가가 침략전쟁을 부인하고 있을 때, 자신의 부모에게 침략전쟁에 가담했는지 묻는 것은 쉬운 일이 아니다. 그들의 침묵에는 자신이 겪은 체험을 고스란히 받아들이지 않고 얼버무리려는 태도가 담겨있었다. 하지만 자녀 세대가 그것을 눈치채는 것은 어렵다. 전후세대의 다수가 반전 평화운동에 참여했다. 그렇지만 그들 또한 부모나 친척에게 전쟁기간 동안 어떻게 살았는지 물어보려 하지 않았다. 물어보면 침묵은커녕 도리어 공격적인 태도를 보이는 부모라면, 어둠 속에 그대로 머물게 할 수밖에 없었을 것이다.

그로부터 20년, 핵실험 반대운동이나 베트남전쟁 반대운동에 참여했던 전후세대도 중년이 됐다. 일본의 고도 경제성장과 더

불어 살아온 그들도 자신의 반생을 되돌아보고, 전쟁을 직접 겪은 세대의 침묵이 자신의 삶과 어떤 관계가 있는지 생각하게 됐다. 그런데 전쟁을 직접 겪은 부모는 이미 대부분 여기에 없다.

아버지의 침묵을 전후세대가 어떻게 받아들였는지, 구라하시 아야코(倉橋綾子)와 와타나베 요시하루(渡辺義治)를 중심으로 살펴보자.

아버지가 남긴 쪽지

구라하시가 잔뜩 구겨진 종이쪽지를 아버지로부터 건네받은 것은, 아버지가 식도암으로 돌아가시기 1주일 전이었다. 간경변도 진행되어, 링거주사만으로 유지해온 몸은 마른 가지 같았다. 그래도 아버지 오사와 유키치(大沢雄吉)는 주사기가 꽂혀 있지 않은 오른손으로 베개 밑을 더듬어 종이쪽지를 찾아 건네주면서 말했다.

"내가 죽으면 이것을 묘비에 새겨다오. 잊지 말고. 부탁한다."

종이에는 심하게 떨린 글씨체로 적힌, 연필로 쓴 글자가 있었다. 겨우겨우 쓴 쪽지였다.

구(舊) 군대 근무 12년 8개월.

그동안 10년을 중국 주둔 육군 하급간부(전 헌병 준위)로서 톈진, 베이징, 산시성의 린펀과 원청, 구 만주 둥닝 등의 헌병대에서 근무했다. 침략전쟁에 참가.

중국 인민에게 했던 행위는 죄송스럽고, 오로지 사죄하는 바입니다.

너무나도 갑작스러웠다. 전쟁 때 무엇을 했는지, 어디에 있었는지도 말하지 않던 아버지가, 침략전쟁에 가담한 데 대한 사죄로 생을 마무리하려 하고 있다. 도대체 무슨 일을 저질렀으며 무엇을 사죄하려 하는 것일까?

1개월 전 재입원한 후 전쟁 때 얘기를 했는데, 그녀는 확실하게 기억이 나지 않았다. 뭔가 명령을 받고 중국인 마을로 향했다. 군대에서는 제법 신용이 있어서 다들 잘 대해줬다고 했다. 사실은, 그 이후의 얘기를 하고 싶었던 것일지도 모른다. 그러나 병세가 악화되는 바람에 얘기는 거기서 그치고 말았다.

쪽지를 건네준 뒤 구라하시의 아버지는 바로 혼수상태에 빠져 돌아가셨다. 구라하시는 도쿄의 중학교에 근무하는 교사다. 남편도 같은 교사였다. 두 아이를 키우면서 맞벌이를 하느라 늘 바빴다. 그런데다 어머니가 젊어서 뇌혈전으로 쓰러져 10년간의 투병 끝에 사망한 후, 바로 이어 아버지가 입원과 퇴원, 재입원을 반복했다. 부모님 간병으로 도쿄와 고향인 군마현을 오가며 10여 년이 정신없이 흘러가 버렸다. 장례식이 끝나고, 유언이 된 쪽지가 마음이 쓰이기는 했지만, 그대로 시간이 흘러갔다.

그로부터 4년간 더 교직 생활을 계속하다 학교를 그만뒀다. 자신만의 시간이 생겨 여유를 갖게 되자 아버지의 종이쪽지가 자꾸만 무겁게 느껴졌다. 오빠에게 아버지가 남긴 뜻을 전했지만, "앞으로 가족이 함께 묻힐 묘지인데 그런 것을 새기는 것은 싫다"고 거절당했다.

묘비에 새기든 새기지 않든, 아버지에 대해 얼마나 알고 있었던가 하는 의문이 일었다. 아버지는 1946년에 귀국했고, 다음 해 자신이 태어났다. 전후 태생인 자신은 전쟁 전의 부모에 대해 거의 아는 바가 없다. '중국 인민에게 했던 행위는 죄송스럽고, 오로지 사죄하는 바입니다'라니, 도저히 가늠이 안 갔다.

어렸을 때 들은 얘기 중에 아버지가 나쁜 일을 했다는 내용은 없었다. 다만 아버지가 "중국인은 매우 정직하고 거짓말을 할 줄 모른다"고 중국인을 칭찬하는 말을 했던 것은 기억이 났다.

이런 얘기도 들었던 기억이 났다. 중국인 소년이 밥 짓는 일에 동원됐다. 그 아이는 어느 날 땔나무를 찍는 도끼로 자신의 오른손을 잘라버렸다. 그 아이는 어머니와 단둘이 살고 있었는데, 어머니는 병으로 누워계셨다. 자신이 여기 쭉 있게 되면 어머니가 돌아가실지도 몰랐다. 도망치고 싶어도 잡히면 죽일 것이다. 쓸 수 있는 팔을 잃고 나면 풀어줄지도 모른다는 생각에 그는 도끼를 내리쳤던 것이다.

"과실 같지는 않다, 왠지 의심스럽다." 결국 대장은 그 소년을 죽이라고 명령했다. 아버지는 소년을 살리려고 이 상관, 저 상관을 찾아다니며 부탁했다는 얘기였다.

이 얘기를 들었을 때 딸은, 일본군은 잔학한 짓을 저질렀고, 그런 불쌍한 소년이 있었다, 하지만 아버지는 소년을 위해 이리저리 뛰어다니는 병사였다고 생각하니 기뻤다. 그 아이가 어떻게 됐는지 아버지는 말하지 않았다. 그 얘기를 들은 것은 그녀가 소학교 사오 학년 때였다. 아버지는 커가는 딸의 모습에서 소년을 봤는지도 모른다.

그러나 아버지가 전쟁범죄를 범했다고는 한 번도 말한 적이 없다. 그녀는 과거의 기억을 하나하나 떠올려 보았다. 아버지는 어떤 사람이었나? 아버지와 나는 어떤 관계였던가? 돌아가신 후에 처음으로 본 이력이 기록된 문서, 큰아버지를 찾아가 알아낸 중국에서 철수할 때의 얘기 등을 더해 보니, 대략 이러했다.

아버지는 1915년, 군마현의 농가에서 셋째 아들로 태어났다. 밑으로 여동생이 하나. 그럭저럭 논밭이 있는 농가였으나, 할아버지가 말에 미치는 바람에 차차 가세가 기울어 갔다. 그 때문에 아버지는 중학교 진학을 포기해야 했다. 학교를 졸업하고 나서 들일을 돕는 한편, 때때로 토목공사 일을 하기도 하다가 열여덟 살에 지원병이 되었다. 3년 후인 1936년, 시험에 합격해 헌병이 되었다. 소학교밖에 못 다닌 영리하고 지기 싫어하는 청년이, 직업군인의 길을 선택해 학력에 대한 미련을 떨쳐 버렸던 것이다. 더구나 헌병은 급여가 높았다. 이러한 사정은 앞서 미오나 쓰치야와 같다. 이미 큰형은 근위병, 나중에 둘째형도 두 번째 소집 때 헌병으로 3년간 전쟁에 참여했다.

이후 10년간, 그 쪽지에 쓰여 있듯이, 화베이와 만주의 헌병대에 소속됐다. 1937년부터 톈진의 헌병대에 있었고, 2년 뒤엔 산시성 린펀 헌병대로 옮겼고, 1942년엔 베이징으로 이동했다.

1944년 초에 블라디보스토크에 가까운 소련 접경지역인 둥닝(이 곳은 중소 국경의 철도 도시 쑤이펀허의 약간 남쪽에 있다)의 헌병분견 대로 옮겼고, 마지막으로 조선 국경의 북쪽, 훈춘에서 소련군에 게 잡혔다. 보병을 가장하고 있었으나 곧 헌병임이 드러나 구속 됐다. 그 뒤 수용소를 도망쳐 나와 중국인 목수의 조수를 하다가, 다시 체포당한 뒤 도망치기를 되풀이했다. 이런 과정을 거쳐 드 디어 1946년 가을 일본 하카타에 상륙했다. 1년간에 걸친 대도 주였다.

이 사이에 종군 간호사였던 어머니와 결혼해 두 명의 아들이 태어났다. 헌병이었던 그는 시사지 『중앙공론』을 읽고 패전을 예 측, 1945년 7월 말 가족을 귀국시켰다. 남보다 일찍 가족을 귀국 시킨 것이나 두 번에 걸친 도주는 그가 만만치 않은 사람이었음 을 말해준다. 구라하시는 아버지가 죽은 뒤 큰아버지에게 아버 지의 반생에 관해 물어보고, 귀국 당시의 파란만장했던 얘기를 들었다.

군마로 돌아온 아버지 오사와는 큰형이 대를 이은 친가 옆에 오두막을 지어 옷감 장사를 시작했다. 근처 마을 시부카와(澁川) 로 나가 천을 두 필 정도 사 와서 이웃에 팔고, 다 팔면 다시 사 러 나갔다. 성미가 까다롭고 남에게도 자신에게도 엄격한 사람 이었기 때문에 장사 수완이 뛰어나진 못했지만, 신용만큼은 확 실해서 나름대로 가게를 일으킬 수 있었고, 나중에는 가게를 한 집 더 낼 수 있었다. 마을에 상공회를 만드는 데도 애를 썼다.

구라하시는 1947년에 태어난 전후 베이비붐 세대이다. 오빠

402

둘은 완강한 아버지에게 반발하기 일쑤였던 데 반해, 딸인 구라하시는 아버지의 사랑을 듬뿍 받았다. 아버지와 딸, 어머니와 아들의 유대는 대부분의 가정에서 보는 대로다. 구라하시는 가족 사이의 완충지대 노릇을 맡아 아버지의 기대에 부응하며 자라났고, 나중에는 아버지의 푸념을 들어드렸다.

아버지는 신이나 부처를 싫어해 추석 행사도 부정했으며, 불단은 늘 닫힌 채로 있었다. 그는 전쟁을 증오했으며, 쇼와 일왕을 격렬히 비난하는 발언을 언뜻언뜻 비쳤다.

『중앙공론』을 애독하고, 후카자와 시치로(深沢七郞)의 「풍류몽담」[50]을 높이 평가하는 사람이었다. 딸에게는 「나는 조개가 되고 싶다」「인간의 조건」혹은 「나라야마부시코」「키쿠와 이사무」등의 영화를 권했다. 이와 같은 아버지의 취향을 통해 구라하시는 전쟁이나 일왕에 대한 비판적인 견해를 흡수했다.

딸이 소학생이었을 때 아버지는 밤중에 가위눌려 고함을 지르곤 했다. 옆에서 자던 어머니는 "아버지는 괴로운 일이 있으셨단다"라는 말로 두려움에 떠는 딸을 안심시켰다. 한편, 아버지는 군인연금연맹에 들어가 연금 증액을 위해 이리저리 뛰어다녔다. 그 일을 위해 그는, 정치·사상 면에서 반대해왔던 나카소네 야스히로 자민당 의원의 후원회에 참가하기도 했다. 그러나 딸이 중학생이 됐을 무렵부터 아버지는 간경화에 걸려 입원과 퇴원을

---

50. 1960년 12월 『중앙공론』에 실린 소설로, 일왕 가족이 처형된다는 내용에 격분한 우익이 중앙공론사 사장 집을 습격해서 일본 사회에 큰 충격을 주었다.

몇 번 되풀이하다 1986년 일흔한 살의 생애를 마쳤다.

구라하시의 아버지 오사와는 직업군인(헌병)이었던 과거를 후회하고, '시켜서 한 전쟁'을 증오했다. 그는 국민에게 침략전쟁을 강요해놓고 책임지지 않는 쇼와 일왕을 전면 부정하는 한편, 전쟁터에서 명령에 따른 군인에 대해 연금을 지급할 것을 강하게 요구하는 사람이었다. 그의 연금 증액 요구에는 전쟁을 강제한 자가 책임을 지지 않는 데 대한, 억지로 명령에 따를 수밖에 없었던 자의 원한의 감정이 숨어 있었을지도 모른다.

어쨌든 그는 스스로가 직업군인으로서 가담한 전쟁을 '시켜서 한 전쟁'이라고 규정하고 전면 부정하면서 전후를 살았다. 어딘지 억지스러운 면이 있다. 체험한 것을 망각하고자 하는 억지. 그는 전후세대의 아버지 군상 가운데 결코 적지 않은 부류의 사람이다.

궤적을 따라서

그러면 딸은 이 아버지에게서 어떤 영향을 받으며 인격을 형성해 갔을까?

아버지는 헌병으로서 범한 행위를 후회하면서, 한편으로는 헌병으로서 몸에 익힌 근면, 엄격, 꼼꼼함 등의 자세는 소중하게 여겼다. 앞서 언급한 대로, 아내나 아들은 반발했지만, 딸은 아버지를 존경하고 아버지에게 사랑받는 딸이 되었다.

"지금 생각해 보면, 지나치게 착했어요. 아버지가 만든 틀에 고스란히 끼어버린 셈이죠. 거기에는 좋은 면도 있고 나쁜 면도 있는 것 같습니다. 교사가 되고 나서 저는, 학생들에게 하면 된다고 질책 어린 격려를 하고, 게으르다고 화를 냈으며, 너무 엄격했어요. 아이들 교육을 잘한다고 학부모들로부터는 감사 인사를 많이 들었지만요. 부모들은 진지한 것을 좋아하니까요. 하여튼 남을 보는 눈이 엄격하고, 자신에 대해서도 윤리의식이 너무 강했습니다."

다른 한편으로는, 아버지로부터 세상의 다양한 움직임에 대해 배웠으므로, 구습에 젖어 있는 농촌에서도 생각할 줄 아는 여성으로 자랄 수 있었다. 와세다대학 문학부에 진학했을 무렵, 어머니가 뇌혈전으로 쓰러졌다. 구라하시는 고향으로 돌아가 어머니의 간병을 해야 했다. 이때는 고향에 돌아와 있었어도 아버지와 얘기하는 일은 별로 없었다. 그러나 베트남전쟁에 반대하는 학생운동에 참여하고 있을 때, 마음속으로 아버지와 생각이 통하고 있다고 생각했다.

"아버지는 침략전쟁에 말려든 것을 후회하고, 전쟁을 비판하고 있다고 이해했어요. 그래서 나는 넓은 의미에서 그것을 행동으로 실천하고 있다고 생각했습니다."

하지만 미국의 베트남전쟁 개입에 반대하면서도 눈앞의 아버지가 이전의 전쟁에서 무엇을 했는지 생각한 적은 없었다. 아버지는 정의감이 강하고, 성실하며, 반(反)권력적인 사람이었으므로, 그가 잔학행위와 연관이 있으리라고는 전혀 생각할 수 없었다.

대부분의 아버지들과 마찬가지로 그도 딸의 학생운동 참여를 반대했다. 이미 간경변이라는 진단을 받았던 아버지는 애원하듯이 "옳은 주장이더라도, 세상은 험난하니까"라며 딸의 장래를 걱정했다. 그녀가 "아버지는 자신의 삶과는 다른 얘기를 하는군요"라고 반론하면 그는 침묵했다. 그 후로도 그는 딸의 학생운동 참여를 몇 번이나 반대했다.

그녀는 대학을 졸업하고 도쿄에 있는 중학교의 사회과 교사가 되어 교직원 조합 활동을 했다. 결혼하여 아이가 태어났고 바쁜 나날이 계속됐다. 아버지는 이제 조합 활동까지 반대하지는 않았다. 병상에 있던 어머니나 아버지를 돌보기 위해 여러 번 고향을 오고 갔지만, 아버지와 전쟁에 관해 얘기하는 일은 없었다. 전쟁은 먼 옛날 일이 되어 있었다.

구라하시가 아버지에 대해 알고 있는 것은 그 정도였다.

퇴직한 뒤 그녀는 전시의 아버지를 아는 사람을 조사하기 시작했다. 우선 도쿄로 큰아버지를 찾아갔다. 그 또한 3년간 중국에서 헌병 생활을 했다. 놀랍게도 큰아버지도 아버지로부터 종이쪽지를 받았다. 그녀는 말기의 병상을 지키던 자신에게만 그 쪽지를 전해줬으리라 생각했다. 아버지가 유언처럼 남긴 비문을 묘비에 새겨넣지 않기로 결정한 것은 큰아버지와 오빠였다.

"동생은 마음이 착해서 부하가 한 일을 대신 사죄한 게 아닌가 싶어. 그런데 이런 글을 묘비에 새기면 시골 사람들은 액면 그대로 나쁜 일을 한 것으로 오해하지. 그건 좀 곤란해."

일왕과 왕비의 사진이 걸려있는 방에서 큰아버지는 그렇게 말했다.

"나는 어떻게 해볼 도리 없는 나쁜 중국인을 죽였을 뿐이야. 그 밖에는 아무 짓도 하지 않았어. 헌병은 나쁘다고만 생각들을 하는데, 그것은 일부 사람들 때문이지. 대부분은 아무 짓도 안 했어."

큰아버지는 나중에 전화로 이렇게 변명하기도 했다. 아버지와는 전혀 딴판이었다.

그녀는 큰아버지가 패전 때 아버지의 대도주에 대해 얘기해주어서 알게 됐지만, 전시에 있었던 얘기는 하나도 듣지 못했다. 그후 중국귀환자연락회를 알게 되어 찾아갔다. 그곳에서 헌병이었던 쓰치야(12장)를 알게 되어 편지를 보냈다. 방위청 방위연구소의 도서관을 찾아가 색인 카드를 찾아본 적도 있었다.

그러나 아무런 단서도 찾지 못했다. 나중에 어느 노부인이 전국 헌우회 명부를 빌려주어 그 두꺼운 책자를 한쪽 한쪽 조사하기도 했다.

명부에는 패전 때 3만 6천 명이었던 헌병 중 회원이 된 1만 7천 명의 성명, 주소, 최초의 임지와 패전 시의 부대명이 실려 있었다. 아버지가 패전을 맞은 만주의 둥닝이나 훈춘에 있었던 사람을 뽑아내어 차례로 전화를 걸었다. 이미 세상을 뜨거나 중풍 등으로 전화를 받을 수 없는 노인이 많았다. 게다가 헌병대는 분대 혹은 분견대로 나뉘어 있었으므로 아버지를 아는 사람은 좀처럼 나타나지 않았다. 20여 명째에 겨우 둥닝헌병대 분견대에서 함께 있었다는 나고야 사람을 만났다.

구리하시는 그 노인에게 종이쪽지의 내용을 포함해 편지를 쓰면서 아버지에 대해 알고 싶다고 전했다. 그리고 그를 찾아갔다.

노부부는 옛 부하의 딸이 먼 길을 찾아와준 것에 기뻐했다. 헌병이었던 노인은 아버지와 함께 지낸 1년 반 동안의 생활을 그리운 듯이 얘기해 주었다.

"지독하게 추운 곳이었어. 그래도 5월 중순이 되면 은방울꽃이 일제히 폈지. 그건 정말 아름다웠어. 9월부터 단숨에 겨울이 돼버려. 숙소에서 사이좋게 살았어. 군 매점에 가면 뭐든 살 수가 있었고. 1945년의 설날은 잊을 수가 없어. 그때까지만 해도 머리가 온전하게 붙어있는 도미를 먹을 수 있었지. 술을 마시며 서로 축하하고, 함께 일본 신사로 참배하러 갔었는데……."

그녀가 "무슨 사건이나 작전은 없었나요?" 하고 물어도, "그 시절엔 작전 따위를 생각할 수 있는 상태가 아니었어. 소련에서 들어오는 스파이를 찾아내는 정도였지" 하고는, 다시 조금 전의 추억담으로 돌아가 버린다.

"철수할 때 고생했지. 시베리아에 억류되기 직전에 나는 말라리아가 악화돼서 소련군에게 버림받았는데, 그게 되레 잘 된 거였어. 아내도 중국인으로 가장해 겨우 귀국할 수 있었고……."

"어째서 아버지는 그런 걸 썼을까요? 무슨 일이 있었던 것은 아닐까요?"

"아무 일도 없었어. 거긴 국경지대였으니까."

그는 다시 그녀의 질문을 건성으로 넘기고 자신들의 회상으로 돌아갔다.

얼마 뒤 아들 부부와 손자들이 인사하러 와서 저녁식사를 함께 했다.

'어쩌면 둥닝의 분견대에서는 아무 일도 없었는지도 몰라. 하지만 한 번 더 물어보자' 하고 망설이는 동안에 밤이 되었고, 침실로 안내됐다. 다음 날 아침 손을 흔들어주는 노부부를 뒤로하고 돌아왔다.

분견대장이었던 노인에게서 다른 동료 한 사람을 소개받았다. 아오모리(青森)에 사는 그 사람은 누워서 꼼짝 못 하는 상태였다. 그의 부인이 물어보고 무엇을 기억해냈는지 전해주었다. 그는 "오사와는 착한 사람이었어, 함께 수영하곤 했지"라는 말만 했다. 여기서 아버지의 과거를 묻는 여행은 끝났다.

구라하시는 아버지가 전쟁터에서 무엇을 했는지 좀 더 알고 싶었다. 가능하다면 중국에 가서 아버지가 있었던 곳에서 조사해보고 싶었다. 아버지 대신 사죄하고 싶었다.

아버지는 묘비에 사죄의 말을 새겨달라고 말하기 전에 어째서 얘기해 주지 않았던 것일까? 얘기해 줬다면 훨씬 좋았을 것을.

그러나 만약 아버지가 저지른 잔학한 행위에 대해 들었다면 자신은 무슨 생각을 했을까? 거기에 어떻게 대처할 수 있었을까? 상상하는 것만으로도 두려웠다.

구라하시는 아버지의 유지가 불러일으킨 마음의 동요를 두 편의 단편소설에 담았다.

첫 번째 작품은 1993년 「샤오리(小李)」(동인지 「山査子」 제2호)라는 제목으로, 아버지가 돌아가시고 7년이 지나서 썼다. 거의 있었던 일 그대로 병상의 아버지가 종이쪽지를 딸에게 건네주는 에피소드에서 시작해, 노헌병을 만나러 가는 데까지 썼다. 구라하시는 후반부를 자신의 상상을 담은 픽션으로 채웠다.

예전에 아버지가 단편적으로 얘기한, 오른쪽 손목을 스스로 절단한 소년의 사건을 소재로 다뤘다. 소설에서는 마음이 착한 아버지가 팔로군의 스파이라는 혐의로 총살당할 처지에 놓인 소년 샤오리를 도망치게 도와준다. 다음 날 아침, 아버지는 자신에게 쏠리는 의심의 눈길을 벗어나기 위해 태도를 표변하여 일을 시키던 중국인을 고문하고, 소년 수색에 앞장서며 마을에 불을 질렀다. 그녀는 이에 대해 다음과 같이 썼다.

아버지는 자신의 바람과는 반대로 비겁한 행동을 하고 말았다. 그렇다면 샤오리를 죽인 것이 나았을까? 아니다. 대장 앞에서 끝까지 모른다고 주장했어야 했나? 그럴 수 있는 사람은 아마 없을 것이다. 그렇게 못 했다고 해서 어찌 아버지를 책망할 수 있겠는가.

피해자의 처지에서 보면, 아버지의 비겁한 행동 탓에 많은 생명을 잃었다고 혹독하게 되받아치는 것이 당연하다. 하지만 딸 마리코는 아버지를 옹호하고 싶었다.

죽을 때까지 자책하기를 멈추지 않았던 아버지를 생각하면 가슴이 미어져 왔다. 그 사실은 지울 수 없다 해도, 함께 울어줄 사람이 있는 것만으로도 마음이 풀리지는 않았을까? 최소한 자신

에게만은 다 털어놓아도 좋았을 것을. 마리코는 아버지가 원망스
러웠다.

소설에서는 마음 착한 아버지가 착한 자의 나약함 탓에 살인
귀로 돌변하는 얘기로 되어 있다. 그리고 그 죄책감을 평생 가슴
에 묻고 살아온 것으로 설정돼 있다. 약해서 전쟁에 휩쓸렸다고
하는 전제가 깔려 있다. 그것은 일본인 대부분이 말하는 도그마
인 것 같다. 아쉽게도 이 에피소드는 인간의 진실을 충분히 표현
해내지 못했다.
　현실에서는 아마도 소년은 그대로 버려졌던가 죽임을 당했을
것이다. 아버지는 아무것도 하지 않았고 죄의식도 갖지 않았다
고 생각하는 편이 자연스럽다. 단지 훗날, 전쟁터의 가여운 소년
이 문득 떠올랐던 것이 아닐까? 한편, 블랙박스를 떠안은 전후세
대의 한 사람으로서, 그녀는 돌연 악귀로 변해버린 아버지의 잔
학행위를 나열하고 있다. 아무것도 모르는 자는 무죄와 거대한
악 사이에서 흔들리며 분열되어버린다.
　그로부터 4년 뒤, 구라하시는 두 번째 작품 「슬픈 강」(「민주 문
학」 1997년 9월호)을 썼다.

　병상 말기의 아버지를 간호하는 딸에게 익명의 편지가 도착한
다. 그 안에는 중국인의 목을 베고 웃고 있는 세 명의 일본 군인
의 사진이 들어 있었다. 중앙의 남자는 젊은 날의 아버지다.
　딸은 괴로운 나머지 병상의 아버지에게 물어본다.

"아버지, 사실을 말해주세요. 무슨 일이 있었더라도 나는 당신의 딸이니까요. 많은 사람을 죽였다는 게 사실인가요?"

아버지의 감긴 눈에서 한 줄기 눈물이 흘렀다. 그러나 입을 다문 채 고개를 돌리고 만다.

잠시 후, 돌아갈 채비를 하는 딸에게 아버지는 자신이 주둔했던 임지와 죽인 남녀의 숫자를 글씨로 써서 가르쳐줬다. 입이 다물어지지 않은 채, "어떻게 이런 심한 짓을 할 수 있었죠?" 하고 묻는 딸에게 아버지는 떨리는 연필 글씨로 답했다.

"우리는 황군(皇軍)이고 이것은 성전(聖戰)이었다. 그래서 온 나라가 하나로 뭉쳤던 거다."

"처음에는 고민했다. 하지만 어쨌든 중국을 이겨야 한다고 단정 지었다."

"나는 나일 수가 없었다. 사실 면목 없는 짓을 했다."

딸은 아버지의 귓가에 속삭였다. "아버지, 고마워요. 괴롭혀드려서 죄송해요. 하지만, 잘하셨어요. 숨기지 않으셨잖아요. 아버지도 조금은 마음이 편해지셨죠?"

"제가 갚아나가겠어요. 아버지가 한 일, 제가 보상하겠어요."

'스스로 한 전쟁'을 짊어지다

구라하시는 아버지가 돌아가시고 10년이 흘러서야 드디어 세상에 없는 아버지에게 물어볼 수가 있었다. 비록 소설 속에서였지만 물어볼 힘을 키웠다. 국가가 침략전쟁에 대해 사죄하려 하지 않을 때, 아버지는 한 사람의 인간으로서 사죄했다. 일흔한 살의 생애를 전쟁에 대한 사죄로 마무리함으로써, '시켜서 한 전쟁'에서 '스스로 한 전쟁'으로 바꿔냈다. 그것은, '시키는 대로 하는 인간'으로 자라났지만, 죽을 때는 '스스로 하는 인간', 비판하고 행동의 책임을 지는 인간으로 죽는다는 뜻이기도 했다.

나는 구라하시를 1994년에 만났다. 그때 구라하시에게, "아버지는 전후에도 긴장을 풀지 못하고 동요하면서 살았을 테지만, 가위눌리고 상처 입은 마음을 지니고 있었다는 것은 귀중합니다"라고 말했다.

아버지가 얼마나 혹독한 일을 했을까 하고 걱정하던 그녀는 이 말을 듣고 딸로서 기뻤다고 한다. 그 후 구라하시는 「슬픈 강」을 썼다. 그리고 1996년 큰오빠가 죽었다. 지금 오빠의 아들은, 할아버지의 유지를 묘비에 새기자고 말하고 있다. 시대는 조금씩 변하고 있다. 우리 전후세대는 이제야 겨우 전쟁에 관해 묻고 듣는 상황에 도달했다. 들을 힘을 드디어 갖게 된 것이다.

제16장

계승되는
감정의 왜곡

플래시백

1997년 가을 저녁, 나는 체코 프라하의 화약탑 남쪽 맞은편에 있는 건물의 다락방에서 헬레나 클리모바(Helena Klimovà)와 얘기하고 있었다. 그녀는 여기서 '홀로코스트(학살) 이후의 가족'이라는 단체와 관련해, 홀로코스트에서 살아남은 유대인과 그 2세에 대한 집단정신요법을 실시하고 있다.

내가 임상심리학자인 클리모바를 방문한 것은, 체코유대인협회의 토마스 클라우스 회장에게서 홀로코스트 생환자가 70, 80대의 고령이 되어 몸이 쇠약해지면 흔히 유대인 말살수용소에 다시 갇혀있는 것 같은 공포를 체험한다는 얘기를 들었기 때문이었다. 노쇠하여 의식이 저하되면, 정신적으로 깊이 상처 입었던 체험이 재현된다. 그것은 충분히 있을 수 있는 얘기다. 그런데 전후 50년이 지난 지금 왜 체코에서 그것이 문제가 되는 것일까? 이 시점에서 새삼 '홀로코스트 이후의 가족'이라는 모임이 필요한 이유는 무엇일까?

그 점을 이해하기 위해서는 2차대전 이후 체코의 유대인이 처했던 상황을 알아야 한다.

나치 독일이 유럽 전역의 유대인을 학살한 사실을 모르는 사람은 없을 것이다. 그러나 그 후 살아남은 유대인이 어떻게 살아왔는가는 별로 알려지지 않았다. 특히 중부 유럽과 동유럽의 유대인은 어떻게 그 명맥을 유지했을까?

2차대전 전에 체코슬로바키아에는 35만 명의 유대인이 살고 있었다. 200만 명에 이르는 폴란드 유대인만큼은 아니라 하더라도 상당한 인구였다. 그런데 홀로코스트에 의해 거의 대부분이 죽고 말았다. 프라하의 북서 지역에는 중계수용소 테레진이 있었다. 그곳은 아우슈비츠와 같은 말살수용소로 보내지기 전에 보내지는 '지옥의 대기실'이었다. 체코의 유대인은 테레진에 보내져, 거기서 병사 혹은 아사하던가, 폴란드에 세워진 말살수용소로 보내졌다. 모라비아의 도시에 살고 있던 유대인은 북쪽의 아우슈비츠로 바로 보내졌을 것이다.

1945년 5월 테레진은 소련군에 의해 해방됐으나, 발진티푸스로 죽어가는 사람들이 끊이지 않았고 그해 가을까지 병자가 발생했다. 이 시점에서, 보헤미아와 모라비아의 유대인은 겨우 3만 명으로 줄어 있었다. 그것도 우크라이나에서 더 동쪽으로 도망친 덕에 살아남아 종전 후에 체코로 돌아온 유대인을 포함한 수였다.

1948년 2월 공산당을 중핵으로 하는 내각이 만들어지고 1949년부터 숙청이 시작됐다. 살아남은 유대인이 서방측인 이스라엘로 이주하기는 어렵게 됐다. 그렇다면 그 후 어떻게 됐을까?

잘 알려지지 않았지만, 2차대전 후 공산주의권에서도 유대인은 억압당했다. 공산당은 이스라엘의 건국을 인정하지 않았을 뿐만 아니라 시오니즘(유대인의 국가 건설 운동)을 싫어했다. 1952년, 체코슬로바키아에서 유대인이던 전 서기장 슬란스키가 시오니스트라는 죄목으로 사형당했다. 이는 나치 독일의 유대인 말살 정책에 이어, 다시금 유대인 억압의 시대로 되돌아갔음을 알려주는 사건이었다. 그 때문에 그나마 홀로코스트에서 살아남은 유대인들은 망명하거나 자신이 유대인임을 숨긴 채 체코 국내에서 전후 반세기를 살아야만 했다.

긴 세월이 지나고, 1989년 벨벳혁명으로 체코슬로바키아는 공산당 독재에서 해방됐다. 다시 결성된 체코유대인협회에도 조금씩 사람들이 모여들었다. 앞서 말했듯 전후에 살아남은 유대인은 3만 명. 이들 1세대는 나이가 들면서 줄어들었지만, 2세, 3세는 꾸준히 늘어났다. 그렇지만, 전후의 지난했던 역사를 말해주듯, 현재 체코유대인협회의 회원은 3천 명뿐이다.

이렇게 그들은 모여서 서로에게 도움의 손길을 내밀 수 있게 됐다. 여기서 처음으로 노인들이 말년에 맞이하는 정신상태의 특이성에 대해 알게 됐다. 그들은 종전 이후 어떤 삶을 살아왔기에 이런 상태가 되는 것일까?

홀로코스트를 체험한 유대인은 과거를 말하려 들지 않았다. 전후에도 변함없던 반유대주의 사회환경에서 그들은 젊은 날의 체험을 말할 수 없었다. 다른 사람에게 알려지는 것을 두려워했을 뿐 아니라 가족에게도 말하려 하지 않았다. 가족조차도 자신들이 겪은 극한 상황의 체험을 이해하지 못할 것으로 생각했다.

그들은 평범한 생활로 돌아온 후로도 자주 억울증(抑鬱症, 항상 중압감으로 우울해지는 증상)에 빠졌다. 그래도 생존을 위해 오로지 일하고 또 일하며 살아왔다. 과묵하게 일하면서 되도록 남의 눈에 띄지 않는 삶을 살아왔다. 이런 노인들은 노쇠해지면서, 불안, 인간 불신, 말살수용소에 대한 플래시백(기억하고 싶지 않은 체험으로 갑작스레 되돌아가는 것 - 옮긴이) 등으로 고통받았다. 그리고 민족 차별에 대한 강한 공포를 품은 채 괴로운 일생을 마쳐야 했다. 전후 50년이란 세월은 인생의 마지막 단계에서 바라볼 때, 그들에게 치유의 시간이 아니었다.

나는 클리모바의 이야기를 들으면서, 이미 이 세상 사람들이 아닌 프리모 레비[51]나 브루노 베텔하임[52]에 대해 생각했다.

레비는 유대계 이탈리아인으로 아우슈비츠에서 살아 돌아온 사람이다. 『이것이 인간인가』 『지금이 아니면 언제?』 등의 작품을 써서 극한 상황을 묘사했다. 그는 1987년 토리노의 자택 발코니에서 뛰어내려 자살했다. 예순여덟 살. 왜 자살해야만 했을까?

나는 체코 유대인 노인의 정신적 외상 후 스트레스 장애 (PTSD)에 관한 얘기를 들으면서, 그토록 강인해 보였던 두 사람이 어째서 비슷한 정신상태로 세상을 떠났는가를 이해할 수 있었다.

귀국 후, 나는 이탈리아 문학자인 오쿠보 아키오(大久保昭男)가 「프리모 레비 사후 10년을 생각한다」는 제목으로 「아사히신문」에 실은 에세이(1997년 10월 16일자, 석간)를 읽었다. 그는 이 글에서, 레비의 벗이 로마의 추도집회에서 한 말을 인용하여 레비가 자살한 날의 상태를 설명했다.

---

51. Primo Levi, 이탈리아 작가.

52. Bruno Bettelheim, 강제수용소에서 나온 후 미국으로 망명, 정신분석학자로서 뛰어난 업적을 남기고 1990년 87세에 자살.

레비는 유대교 랍비이기도 한 토아프 교수에게 전화를 걸어, "어머니는 암으로 병들어 괴로워하고 있습니다. 그 모습을 보고 있으면 아우슈비츠에서 실험대에 누워있던 사람들의 얼굴이 떠오릅니다. 이제 어떻게 살아가면 좋을지 모르겠어요. 더 이상 이런 삶을 견딜 수 없어요"라고 말하고, 그날 자살했다고 한다. 오쿠보는 이 발표를 기초로 '발작적, 충동적인 것이 아니다. 40년이 지난 후에 냉정히 사고해 보아도 역시, 스스로 삶을 멈추지 않을 수 없었다'고 서술하고 있다. 그러나 이것은 플래시백임이 분명하다. '냉정한 사고'와는 무관한, 심각한 병적 증상이다. 레비는 극한상태에서 겪은 정신적 외상(外傷)을 40년간 견뎌왔다. 그리고 드디어 그 견디는 것을 스스로 멈춘 것이다. 그는 아우슈비츠의 참상을 온 힘을 다해 후세에게 들려준 뒤, 실험대에 누워있던 사람들에게로 돌아갔다고 할 수 있다.

클리모바의 얘기로 돌아가자. 그녀는 '홀로코스트 이후의 가족'이라는 그룹이 만들어진 것은 "살아남은 사람들뿐만 아니라, 2세와 3세에게까지 감정 장애가 보이기" 때문이라고 했다.

50명에 한 명이라는 비율로 살아남은 제1세대의 대부분은 가족을 모두 잃었다. 그들은 가능한 한 빨리 가족을 이루었다. 그러나 태어난 아이들과의 감정 교류는 어려웠고, 커뮤니케이션 장애가 일어났다. 유대인 말살수용소에서 생존하려면 학살이 일상화된 나날에 순응해야만 했기 때문에 그들은 모든 감정을 잃고 말았다. 따라서 그들은 자녀들에게 해방감도 자신이 무엇을 느끼고 있는지도 말할 수 없었다. 워낙에 느끼는 능력 자체를 상실하고 살아왔기에 경제적인 것, 현실적인 행위만이 의미가 있었다.

홀로코스트의 체험을 얘기한 부모도 있었다. 그들 또한 자녀들의 이해를 받지 못하고 깊은 단절을 맛보았다. 홀로코스트의 체험을 말하지 않은 부모 대부분도 마음속으로 '나는 이렇게 고통받았다, 그러니 부모를 소중히 여겨줬으면 좋겠다'고, 자녀에게 보상받기를 기대했다. 그들은 감정의 깊은 교류도 없이 자식들이 관계의 소중함을 행동으로 표현해 주기를 요구했다.

자녀 중에는 부모가 유대인이라는 것조차 모르는 이들도 있었다. 부모는 자녀에 대한 사랑을 표현하지 못하고, 그대로 감정을 고갈시키며 살았다. 이런 관계 속에서 자란 2세대 또한 어른이 된 뒤, 정서장애나 억울증에 걸리는 사람이 많았다. 2세대뿐만 아니라 손자 세대에도 같은 장애가 나타났다.

한편 평화운동에 참가한 사람 중에는 홀로코스트에서 살아남은 사람들이 상당수 있었다. 그들은 평화운동에 참가하고자 하는 강한 동기가 있었는데도, 바로 그 동기에 해당하는 자신의 과거를 절대로 말하지 않았다. 그런 사람들이 나이가 들면서 불안, 불면, 플래시백과 같은 '홀로코스트 증후군'을 호소했다.

계승되는 감정의 왜곡

전쟁은 지금도 계속되고 있다. 2차대전이라는 문명이 도달한 잔학의 극한에서 살아남은 자가 무엇을 체험했는지, 조사하지도 분석하지도 반성하지도 않은 채 우리는 살아왔다. 또한 생존이 전부고 물질적 풍요야말로 행복이며 경제학이야말로 사회과학이라고 믿으며 우리는 살고 있다. 체코 유대인의 문제는, 피해자의 자녀와 침략자의 자녀라는 차이는 있지만, 1970년대 후반 이후 일본의 청·장년층이 안고 있는 문제와 통한다.

패전 이후 일본 사회는 전쟁에서 무엇을 했는지, 전쟁에서 얼마나 정신적으로 왜곡되었는지 되돌아보는 일 없이 약자를 배제하면서 경제활동에 매진해 왔다. 과거의 짐이라는 유산은 회사인간, 장·노년층에서 자주 보게 되는 억울증, 아이들이 자폐화하는 현상으로 나타나고 있다.

어떻게 하면 감정을 풍요롭게 할 수 있을까? 커뮤니케이션에서 기쁨을 느낄 수 있게 될까? 그것은 비참한 대전을 체험한 국민이 함께 직면하는 중요한 문제이다. 물론 피해자의 정신적 상처는 그 무엇에도 비할 데 없이 클 것이다. 그러나 다른 한편, 가해자의 마음도 병적으로 굳어 있다. 그리고, 전후의 베이비붐 세대는 이들 정신적으로 굳어 있는 부모 밑에서 자아를 형성하였으며, 거품경제 후의 불황 속에서 마음이 편치 않다. 패전 이후에 태어난 2세, 3세 일본인도 전쟁 전이나 전쟁의 와중에 성장한 세대와 마찬가지이다.

유라시아대륙을 가운데 두고 서쪽과 동쪽, 공산당 독재가 붕괴된 후의 체코와 회사주의에 의한 경제성장의 왜곡이 극점에 도달한 일본에서, 살아 있는 자들이 모두 동시에 감정 장애에 직면해 있다. 더구나 일본인들은 자신의 굳은 감정을 느끼지도 못하면서 인생이란 그런 것이라고 굳게 믿고 있다.

부모는 어떻게 살았나? 전쟁 체험을 숨기고 산 아버지가 만든 가정에서 자신은 어떻게 자랐나?

마지막으로, 이 질문을 분석하여 전후 반세기가 지난 현재를 파악해보고자 한다. 이것은 와타나베 요시하루와 나눈 대화를 통해 풀어나가 보겠다.

대학 졸업 후 신극 배우가 된 와타나베는 40대 중반을 넘어선 나이에 희곡 『재회』(1993년)를 썼다.

무대는 다들 가난하고 일에 치어 사는 영세공장. 아버지 신조 (新三)는 중국 만주에서 철수해온 사람이다. 패전 이후 일본으로 돌아와 새로 결혼하고 오로지 일에만 매달려 돈을 모은 결과, 기계공장을 일으킬 수 있었다. 함께 고생하던 아내는 십여 년 전에 죽고, 지금은 장남 도모요시(友好)가 경영을 이어받았다. 장남은 컴퓨터제어 제작 기계를 도입해 경영 합리화를 서두르고 있다. 거기에 중국 잔류 부인의 사진이 한 장 날아든다. 그 부인은 중국에서 철수하던 때의 혼란 속에서 죽은 줄로만 알았던 하루(治)였다. 과거를 전혀 말하지 않았던 신조는 장남의 원망을 산다. 신조는 하루를 다시 맞아들이고 싶어 한다. 장남은 하루에게 돈을 건네주고 중국으로 돌아가 달라고 말한다. 장남의 아내와 딸은 하루를 받아들인다.

만약 신조가 일본으로 돌아오지 않고 중국 농촌에 머물러 하

루와 함께 살 수 있었다면, 지금의 아들도 며느리도 젊은 손녀딸
도 없었을지 모른다. 결국은 모두 다른 표정을 하고 서로 다른
마음을 지닌 각각 다른 '나'인 것이다.

이렇게 서로 다른 각각의 '나'란 어떤 나일까?

만주의 개척지에서 패전 말기에 소집되어 아내 하루와 생이별
해야 했던 신조는 그녀에게 말한다.

당신을 이렇게 다시 만날 때까지, 나는 평화를 바라는 선량한
시민으로 그럭저럭 생활하면서 '사회에도 조금은 기여하고 있다'
그렇게 자부하며 살고 있었소. 하지만 나는 아무것도 변하지 않
았던 거요. '천황 폐하를 위해, 나라를 위해'가, '사회나 가족을 위
해'로 바뀐 것뿐이었지. 메이지에서 시작된 부국강병의 이 붉은
피가 지금도 내 안에 면면히 흐르고 있소. 어떻게 해 볼 도리 없
는 피가……. 일본의 근대화는 약한 자와 아시아의 사람들을 내
치고 죽이면서 건설됐어요……. 지금도 같은 현실이지. 내 아들
도모요시가 말했소. "전쟁을 일으켰던 과거 같은 건 나와는 관계
없다"고……. 도모요시가 나를 불신하는 밑바닥에는, 우르르 박
수치고 전쟁에 가담한 우리 한 명 한 명이 그 후 그렇게 가해를
한 행동을 자기 책임으로 직시하는 법 없이 오로지 어둠 속에 덮
어 감추고 눈감고 살아 온 데 대한 힐난이 있는 것이 아닌지…….
확실히 나는 패전 이후, 남들에 대한 것보다 나 자신이 내일 하루
어떻게 배불리 먹을 수 있을까, 그 불안과 공포의 포로가 되어 곁
눈질 한번 않고 일해왔던 거요. '만몽(滿蒙) 개척단'의 발상과 같

았지……. 그리고 살림은 분명 풍요로워졌소. 그러나 그 뒤편에서 우리는 당신들을 버렸소. 그리고 지금도 이 나라는 그 사실을 제대로 바라보려 하지 않아요. 도모요시는 그런 우리의 위선을 간파하고 있소.

한 사람 한 사람의 모습은 시대가 변하고 세대가 바뀌면서 변했다. 새로워졌다. 그러나, '눈을 감고 전후 시대를 살아온' 일본인들의 감긴 눈 뒤의 마음은 죄를 자각하지 않는다는 점에서 같지 않은가. 신조는 우리에게 그렇게 말하고 있다.

와타나베는 신조에게 이렇게 말하게 함으로써, 패전을 원망하고 자신을 직시하지 않은 채 전후를 살아온 자신의 아버지에게, 신조와 같이 과거를 직시할 수 있는 사람이 되어달라고 호소하는 것 같다. 『재회』는 분명 그가 썼지만, 그로서는 그 자리에서 그를 기다리고 있던 작품을 만난 것이나 다름없다. 그는 『재회』를 만나면서 자신의 반생을 정리하고 이해하는 문 앞에 설 수 있었다.

와타나베의 아버지는 1910년 기후(岐阜)시 서쪽에 있는 기타가타초(北方町)에서 태어났다. 된장 상점을 운영하는 자산가의 차남이었다. 그는 중학을 졸업하고 도쿄의 일본체육회 체조 학교(일본체육대학의 전신)로 진학한다. 체조는 부국강병 사상과 결합해 발전하고 있었다. 그 중심인 체조학교의 군사교련 담당 교관은 육군 황도파(皇道派)인 아이자와 사부로(相沢三郎)였다. 아이자와 중좌는 1935년 8월, 육군성에서 집무 중인 군무국장 나가타 데쓰잔(永田鉄山)을 참살(아이자와 사건)하고, 이듬해 2·26 사건의 선두에 섰던 군인이다. 와타나베의 아버지는 이러한 아이자와 교관 밑에서 청년기를 보냈다.

그는 졸업 후 고향에 돌아와 관청에 취직했다가, 만주국이 군인을 모집한다는 것을 알고 지원하여 중국으로 건너갔다. 괴뢰국가 만주국이 건국된 지 3년째, 푸이가 일본 정부의 비호를 받으며 황제로 즉위한 1934년의 일이었다.

이후 그는 만주군의 장교(일본계 군관)로 경비에 종사했다. 1938년에는 고향의 여성과 선을 봐서 결혼했고, 다음 해 장남이 태어났다. 1939년 노몬한 사건 후에는 퇴역하여 만주국의 관리가 되었다. 전쟁 말기인 1945년 3월에는 다시 관동군의 장교로 소집되어, 8월 9일 소련군의 침공을 맞았다.

그는 관동군 철도부대의 중위였으므로 가족을 태운 열차가 통과한 선로와 다리를 폭파하면서 남들보다 일찍 국경지대를 탈출했다. 그 뒤에는 도망칠 기회를 잃은 수많은 거류민이 남겨졌다. 당시 오지에 있던 개척민은 24만 명이라고 한다. 걸어서 탈출하려 했던 그들은 소련군의 공격과 중국인의 보복으로, 또는 상층부의 요구로 집단 자살을 하는 등, 많은 수가 죽어갔다. 그러나 와타나베 일가는 9월 2일 일본 야마구치현 센자키항에 도착했다.

와타나베 일가는 기후로 돌아가 본가 옆의 별채에서 살게 되었다. 와타나베는 1947년에 태어났다. 그런데, 만주에서 아버지가 부하에게 명령하여 중국인 포로의 목을 벤 사진이 발견되고, 아버지는 체포되어 전범이 되었다고 한다. 철수 때의 일과 전후

사정 등은 1991년에야 형에게 물어서 알게 된 것이어서, 정확한 것은 모른다. 어떤 죄상으로 전범이 되었는지, 몇 년 형이었는지, 그것도 모른다. 아버지가 전범이었다는 것만 소년 시절 어머니에게서 전해 들었다.

그 후 공직에서 쫓겨나 있던 동안, 아버지는 기후역 앞 암시장에서 주스를 팔아 가족들을 겨우겨우 먹여 살렸다. 추방 해제가 되자 아버지는 현청에 들어갔고, 정년 후에는 민간병원의 사무를 보았다. 1983년 그는 일흔세 살을 일기로 위암으로 세상을 떠났다.

와타나베는 아버지에 대해 이 정도밖에 모른다. 그것도 어머니에게서 들은 단편적인 정보와 아버지가 죽은 후 형에게서 들은 것에 불과하다. 아버지에게서 직접 들은 것은 없었다.

이런 아버지가 이룬 가정은 언제나 긴장되어 있었다. 무언가 목표를 향해 긴장했던 것이 아니다. 아버지가 앓고 있는 초조함이 가족을 뒤흔들어 평온을 허락하지 않았다.

열 살까지 살았던 본가 옆 별채에서의 나날을, 와타나베는 다음과 같이 떠올린다.

"밥은 본가에서 먹었는데, 각자 앞에 상이 놓였고 밥, 된장국, 장아찌 등이 올라왔습니다. 할아버지가 상좌에 정좌하고 앉으시고, 순서대로 나란히 앉았습니다. 아버지는 차남이니까 혼자 상을 받았고, 어머니와 우리 형제는 말석에서 상 없이 다다미 위에서 바로 밥을 먹는 생활이었습니다. 어머니는 많은 식구를 위해 아침부터 밤까지 일에 쫓기셨습니다.

그때 우리는 신세를 지고 있다, 초대받지 않았다, 늘 한발 물러서야지, 하는 기분으로 살았습니다."

안심할 수 없는 마음 졸임은 새로운 집으로 옮겨 네 식구가 생활하게 되어서도 변함이 없었다. 아버지와 어머니는 거의 대화가 없었고 식사 때에도 서로 묵묵히 밥만 먹었다. 아버지는 다가가기 어렵고 무서웠다.

"중국에서 철수하면서 모든 것을 잃었는데, 그래도 아버지는 군도를 숨겨서 가져왔습니다. 때때로 아버지는 장롱 깊숙이 넣어 둔 군도를 꺼내어, 홀로 정좌를 하고 칼집에서 빼서 가만히 바라보곤 했습니다. 어린 마음에 그런 아버지의 모습은 두렵기 그지없었습니다.

가장 강렬했던 인상은, 아버지가 한밤중에 신음하면서 눈을 빛내며 벌떡 일어나 앉는 모습을 보았을 때였습니다. 어머니한테서 아버지는 전범이었다는 말을 들었기 때문에, 뭔가 있었구나, 하고 짐작했었지요."

와타나베의 아버지는 변함없이 중국인을 '쨩꼴라'라고 멸시했다. "쨩꼴라는 얼굴로는 웃으면서 말을 잘 듣고 있는 듯이 굴지만, 뱃속에서는 전혀 딴 생각을 하지. 그놈들은 믿을 수 없어."

다른 한편, 어머니는 아들과 단둘이 됐을 때, "중국에서는 군인 관사에 살면서, 중국인 하인들을 부렸지. 그 사람들을 사람 취급 안 하는 아버지의 태도가 싫어서 참을 수 없었단다" 하고 말했다. 어머니는 "열일곱에, 부모들끼리 결정해서 억지로 결혼시켰어. 군인이 제일 싫었는데 말이야"라는 말도 했다.

그런 부부가 전후의 어려운 생활 속에서 잘 지낼 리 없었다.

아버지는 종종 어머니의 머리채를 휘어잡고 처참한 폭력을 휘둘렀다. 소년은 아버지의 굳은 태도에서 전쟁의 그림자를 보았다.

"아버지가 내는 소리 하나에도 몸이 부르르 떨릴 지경이었습니다. 그것은 아버지가 전쟁 중에 여러 가지 나쁜 일을 했을 것이라는, 그런 생각과 맞물려 있었습니다. 거기다, 내 마음에 하나 더, 우리 가족은 결코 행복해지지 못하는 것이 아닐까 하는 생각이 있었습니다. 아니, 어쩌면 행복해져서는 안 된다고 하는 의식이었을 겁니다."

예를 들어, 말타기나 깡통 차기를 하면서 날이 저물도록 이웃의 아이들과 논다. 어머니들이 "밥 먹어라" 하고 부르러 온다. 어느 집에나 불이 들어오고, 아이들은 즐거운 듯 재잘거리며 식탁을 둘러싼다. 그런데, 와타나베 집에서는 웃음소리가 들리지 않는다. 소년은 '부럽지만, 우리 집은 안 그런 편이 나아, 그렇지 않은 편이 오히려 마음이 놓여' 하고 느꼈다.

늘 언짢은 듯 긴장하고 사는 것이 아버지에게는 어떤 의미가 있는 삶의 방법이었을 것이다. 긴장은 가정과 생명을 버리고 국가를 위해 모든 것을 바친다는 증거였다. 나아가 계속해서 찌푸린 표정을 짓고 있는 것은, 자신이 패전 때문에 나쁜 제비를 뽑은 셈이 될 수밖에 없었던 데 대한 울분의 표시이기도 했다. 억지로 자신을 죽이고 사는 아버지의 자세에는 다른 세계가 숨겨져 있었다. 그것은 군도를 지긋이 바라보는 모습이나 어머니에 대한 폭행 사이로 언뜻언뜻 볼 수 있었다. 그러나 소년은 "무슨 일이에요? 뭔가 있었나요?" 하고 물어보기에는 너무 무력했다.

어머니는 체면을 보상하려는 듯이, 아들에 대한 가르침은 엄했다. 아들에게 "너는, 할아버지처럼 의사가 돼라"고 요구했다. 소년은 이렇게 여러 겹의 상자 속에 갇혀 있었다. 더구나 거기서 빠져나올 수 없다고 느끼고 있었다. 아버지의 집에 있었지만, 마음은 거기에 머물 수 없었다. 도망치고 싶어도, 매일 매일 그 속에서 생활할 수밖에 없었다.

물음의 시작

그러나 10대 중반이 되자 그는 부모의 세계에서 빠져나오는 방향이 어디인지 깨닫기 시작했다.

"내가 사회적인 것에 관심을 갖게 된 계기는 세 들어 사는 어린 친구 덕분이었습니다. 친구의 어머니는 조선사람이었어요. 판잣집에 살면서 막걸리를 만들어 팔아, 경찰의 수색을 당하기도 했지요. 그 토지는 우리 할아버지 것이어서, 연말이 되면 내가 집세를 받으러 갔어요. 그게 싫어서 견딜 수 없었지요. 함께 놀던 그 집 아이가 중학교를 나온 후 갑자기 우리 앞에서 모습을 감췄어요. 폭력단에 들어갔다는 얘기를 나중에 들었습니다.

그때 생각했어요. 몰락했다고는 하지만 지주란 것을 내세우는 아버지. 언제까지나 의사의 딸이란 것을 자만하는 어머니. 가난한 사람들에게 겉으로는 정중하게 대하지만 생각은 아주 냉혹했지요. 가난한 이웃의 아이들은 그런 집의 아이인 나를 '한편이

430

될 수 없다'는 눈으로 보았어요. 어떻게 하면 진짜 친구가 될 수 있을까 생각했습니다."

와타나베 소년은 차별에 눈떴고, 그의 안에는 '세상은 그런 거야' 하고 차별을 긍정하는 이데올로기에 짓눌리지 않는 유연한 정신이 자라고 있었다. 지주의 집에 태어난 아버지가 군인이 되어 중국인을 죽였고, 그 연속선상에 그의 생활이 있다. 행복해져서는 안 된다고 생각하면서, 거기서 빠져나오는 삶을 추구했다.

여덟 살 많은 형은 고등학교를 졸업하자 야간대학에 다니면서 우체국에 근무했다. 그는 1939년 하얼빈에서 태어나 일곱 살에 중국에서 철수했다. 아버지에 대해 분명하게 비판했다. 일하게 된 지 몇 년 후, "중국에서 무엇을 했나요?" 하고 아버지를 심하게 몰아붙인 일이 있었다. 그때, 아버지는 부하에게 명령해 중국인 포로를 죽여서 전범이 됐다고 얘기했다고 한다. 그것은 강해진 아들에게 추궁당해 과거의 행적 중 하나를 말한 것이지, 슬픔이 담긴 고백은 아니었다.

형은 마쓰카와(松川) 사건[53] 관련자들의 재판을 지원하는 일에 열성으로 가담해, 아버지와 심하게 다투었다. 와타나베는 형의 새로운 삶에 조금씩 이끌리면서 고등학교를 졸업했다. 그는 할

---

53. 1949년 8월 17일 마쓰카와역 부근에서 상행열차가 탈선하여 전복했다. 이 사고로 기관사와 승무원 3명이 사망했는데 선로가 사전에 훼손되었음을 발견한 수사 당국은 국유철도 노동조합 및 마쓰카와 소재 도시바 공장 노동조합 등을 집중적으로 수사해서 20명을 체포했다. 이 사건으로 노동조합과 공산당 활동이 위축되었다. 14년 뒤 최고재판소는 검찰의 상고를 기각했고, 피고 전원의 무죄가 확정되었다.

아버지에게 대학에 갈 돈을 빌려달라고 부탁하여 아이치대학 법경제학부에 진학했다. 그리고 베트남전 반전운동에 참가했다.

대학에 들어가 학생운동에 몰두하게 된 이후, 집에는 어쩌다 한 번 정도밖에 가지 않았다. 대학이 소재한 나고야에서 기후는 아주 가까웠지만, 한 달에 한두 번, 하루나 이틀 가 있는 정도였다. 겨우 부모가 안으로 조여오는 세계에서 탈출한 셈이었는데, 다시 그 세계에 다가가고 싶지 않았다.

이렇게 반전운동을 하며 정신없이 돌아다니면서도 왠지 허무함을 느끼는 나날이었다. '슬로건을 외칠 뿐, 정말 확실한 것을 붙잡고 있는 것일까?' 하는 물음이 안에서부터 일어났다.

또 하나의 물음은, 사람을 죽이라고 명령받았을 때 거부할 만큼 강할 수 있을까 하는, 앞 장에서 다룬 구라하시와 같은 의문이었다. 이 물음은 많은 청년이 공통으로 품고 있는 의문이기도 했다. 아버지와 같은 처지였다면 저항할 수 있었을까? 이렇게 물으면 물을수록 망설여졌다. 그는 아버지가 어떤 처지였는지, 어떤 선택을 거듭해왔는지, 전혀 알 수 없었다. 따라서 그의 물음은 역사가 결여된 사고 실험이 되고 있었다.

이러한 강함에 대한 추상적인 물음은 자신의 작은 체험을 다시 상기시켰다.

"인간은 약하다, 가해자 쪽에 서는 일도 많다, 이렇게 생각하고, 그 일로 해서 남에게 책망을 듣지는 않는다고 해도, 스스로 마음속에서 잊히지 않는 일이 있습니다. 소학교에서 피구를 할 때 나는 지적장애 아이에게 힘껏 공을 던졌고 그 아이는 넘어져 버렸지요. 약한 사람에게 아무런 배려도 없이 공을 세게 던져버렸어요. 그 일이 쭉 마음에 걸렸었지요."

그는 대학 생활 중에 반전운동과 아르바이트를 하면서 다양한 경험을 했다. 그리고 두 가지 물음을 안고 대학을 졸업했다. 그 후 어쩌다 연극을 좋아하는 친구의 권유로 신극을 보았다. 그가 살아온 환경과는 정반대였다. 그는 노래하고 춤추며 감정을 표현하는 세계에 놀랐다. 샐러리맨이 되는 것은 싫었으므로 도쿄예술연극연구소 시험을 쳐서 합격했다.

이렇게 해서 상상조차 해 본 적이 없던 배우가 되어 무대에 빠져들었다. 평소의 와타나베는 감정 표출을 강하게 억제하고 있다. 그런데 무대에 서면 그 억눌렸던 감정이 격하게 폭발한다. 그는 워낙에 그런 것을 동경해왔던 만큼 무척 즐거웠다. 연극이 생활의 전부가 되었다.

와타나베는 극단 도쿄예술좌의 요코이 가즈코(橫井量子)와 연애 결혼을 했다. 가즈코는 밝게 자란 감정이 풍부한 여성이었다. 행복해져서는 안 된다고 생각했던 와타나베지만, 어떤 면에서는 누구보다 더 강하게 행복을 원했을 것이다.

고향의 부모님과는 표면적인 접촉밖에 없는 채 세월이 흘렀다. 어머니는 예순 가까이 되어 억울증이 왔다. 1982년 아버지가 여든두 살로 돌아가셨다. 어머니는 위암인 아버지를 먼저 보낸 뒤, 1주기를 앞두고 자살했다. 어머니에게 아무것도 해드린 것이 없었다. 특히 아버지가 돌아가신 뒤, 의지처가 되어드리지 않았다. 그런 자책감을 뒤로한 채 그는 연극에 몰두했다.

그러나 대학생 시절 품었던 물음은 아직도 계속되고 있었다.

"그때까지 쭉 장애를 극복하고 미래의 희망을 노래하는 연극을 했지요. 하지만 미래에 희망이 있다는 생각을 쉽게 할 수는 없었어요. 뭔가 중요한 문제를 빼놓고 미래를 탐내는 것은 아닌지. 무엇보다도 먼저 직시해야 할 것을 외면한 채 여기까지 와버린 것은 아닌지……"

자신의 마음 밑바닥에서 그 무엇엔가 부딪힌 것일까?

"연극이 좋아서 했습니다. 그러나, 연극은 무엇 때문에 하는 것일까, 내가 하는 연극에는 이 시대를 사는 사람으로서의 깊은 고찰이 들어 있는 걸까, 하는 의문이 생겼지요."

아내 가즈코와 자주 대화를 나눴다. 가즈코는 그의 강함에 끌렸다. 그러나 그 강함 깊숙이 무엇인가 걸리는 것이 있었다.

"그는 굉장히 강해요. 나도, 주위의 사람들도, 늘 앞으로 앞으로 이끌어주는 안도감을 주죠. 때로는 미처 따라가지 못하는 사람과 심하게 충돌할 때도 있지만 최종적으로는 극복해나가지요. 하지만, 거기서 안정을 찾는 게 아니에요. 나도 덩달아 안정될 수가 없지요. 뭔가 잘못된 것은 아닐까, 뭔가 틀린 게 아닐까, 하고요."

1991년 가을, 두 사람은 우연히 NHK 다큐멘터리 「잊힌 여자들」을 봤다. 나가노현 야스오카(泰阜) 마을에서 만주 개척에 나선 여자들이 패전으로 가족과 생이별하고, 그 땅에 남는다. 기적적으로 생환한 나카지마라는 마을의 간호사가 45년이 지나서 중국으로 잔류 부인들을 만나러 가는 내용이었다. 와타나베는 그 프로그램을 보고 충격을 받았다.

"중국 잔류 부인이라 불리는 사람들에 대해서 나는 아무것도 몰랐다. 중국에 남겨져서 전쟁에서 헤어나지 못한 사람들이 있다. 그들에게 전쟁은 결코 먼 과거가 아니다."

그런데도, 아무것도 모르고 살아온 데 대해 그는 뭔가 켕기는 느낌이 들었다. 그 다큐멘터리의 마지막은, 그 잔류 부인들이 야스오카 마을로 일시 귀국하는 내용이었다.

와타나베는 혹시 그들을 만나면 아버지의 패전 이후 생활을 좀 더 알 수 있지 않을까, 생각했다. 행동력 있는 그는 바로 야스오카 마을을 찾았다.

할머니들은 몸짓 손짓을 섞어가며 씩씩한 목소리로 전쟁의 불길 속에서 도피하던 당시의 상황을 얘기해 주었다. "차를 좀 드세요." "이 장아찌도 좀 드시죠." 친절한 대접을 받으면서 그는 아버지에 대해 알고 있는 것을 숨김없이 전해야 한다고 생각하게 됐다.

"제 아버지는 만주국 군인으로……"

그 후에는 만주의 관리, 관동군 장교였다고 계속 얘기할 수가 없었다. 중국 잔류 부인들의 표정이 순식간에 바뀌었기 때문이었다.

굳은 표정으로 재빨리, 관동군 때문에 우리가 쫓겨났다고 말하는 사람도 있었다. 와타나베는 자신이 모르는 일의 배후에 얼마만큼의 비극이 겹겹이 드리워져 있는지 깨닫고, 할 말을 잃었다.

"더 이상 말하지 않아도 돼요. 당신의 책임이 아니니까요."

어느 부인의 말 덕분에 그는 무거운 침묵에서 구원받을 수 있었다. 그는 지금껏 막연히, 아버지가 죽인 중국 사람들의 원통함이 자신들의 생활에 개입하고 있을 것이라고만 생각했다. 그런 해석 이전에, 이 얼마나 모르는 것이 많은가.

그는 야스오카 마을에서 돌아와, 형에게 처음으로 만주에서 철수할 때의 얘기를 들었다. 그는 더 알고 싶다, 조금이라도 더 알기 위해 부모가 있던 만주를 방문하고 싶다는 생각에 초조해졌다. 잔류 부인들을 만난 지 2개월이 지나, 와타나베 부부는 중국 동북부를 향했다.

형에게도 동행을 권했지만, 형은 "너 참 어리석구나. 무슨 면목으로 중국에 간단 말이냐. 나는 아무래도 못 가겠다"고 거절했다.

1991년 9월 17일, 부부는 하얼빈에 도착했다. 호텔에 들어가 한숨 돌리고 텔레비전을 켜니, 731부대 얘기를 다룬 드라마를 하고 있었다. 다음날 물어보니, "여기서는 731부대를 드라마로 만들면 반드시 히트한다"는 대답이 돌아왔다. 서로의 차이를 깨닫게 해주는 여행의 시작이었다.

9월 20일 야간열차를 타고 미산(密山, 옛 둥안東安)으로 향했다. 둥안은 아버지가 일본으로 철수하기 직전까지 있던 러시아 접경 마을로 무단장에서 북동쪽으로 여덟 시간을 더 달려야 나오는 곳이었다.

다음 날 아침, 식당차에서 늦은 아침밥을 먹고 있자니, 체격이 좋은 주방장이 파리채로 파리를 쫓으며 가까이 다가오더니 갑자기 이들 부부에게 말을 걸기 시작했다. 동행한 통역에게 "무슨 말을 하는지 알려 달라"고 부탁해도, "안 듣는 게 낫다"고 입을 다물었다. "관광 온 게 아니니까, 무슨 말을 하는지 알려 달라"고 재촉해 겨우 들을 수 있었다.

"당신들, 일본인이지. 이 주변에서 수많은 사람이 강제연행돼서, 지금도 행방을 알 수 없다. 일본인으로서 어떻게 생각하나?"

어떤 여행이 될지 예상하긴 했지만, 역시 둘 다 대답이 궁했다. "지금도 행방을 알 수 없다"고 주방장은 말했다. 그는 아직도 전쟁의 피해 속에서 살고 있었다.

'무슨 말이든 해야 해, 뭔가 말하지 않으면 안 돼' 하고 생각했지만 어떻게 대답해야 좋을지 곤혹스러웠다. 그가 묻는 것에 대해 아는 게 없다. 모르는 것에 대해 의견을 말할 수도 없었다. 하지만 모른다고만 할 수도 없었다.

와타나베는 양손을 꼭 쥔 채였다. 가즈코가 겨우, "우리가 한 일은 아니지만, 그리고 사죄한다고 용서될 일이 아니겠지만, 부디 용서해 주세요" 하고 말했다.

처음으로 주방장은 굳은 표정을 풀고 미소를 지었다. 조금 긴장이 풀리면서 가즈코가 주위로 시선을 돌리자, 식당차에서 일하는 청년들이 그들을 주시하고 있었다. 부부는 '주방장만이 아니라, 이 청년들의 가족 중에서도 누군가가 가혹한 경우를 당한 것이로구나' 하고 생각할 수 있을 뿐이었다.

그로부터 이 여행은, '우리가 하고 있는 일들을 중국 사람들은 어떻게 보고 있을까'를 의식하는 여행이 되었다. 일본인 공동묘지에서 합장하고 명복을 빌 때도, 안내해준 중국인이 어떤 생각을 하고 있을까 묻지 않아도 서로 간의 단절이 강하게 느껴졌다. 중국 동북부로의 여행은 와타나베를 변화시켰다. 그는 지금까지 추구했던 것에 대해 확실한 입지를 찾아냈다. 그것이 형태를 얻어 표현된 것이 앞서 서술한 2막 5장으로 된『재회』다.

그는 대본을 다 쓰고 이렇게 말했다.

"아무 말도 남기지 않고 죽어간 아버지. 패전 이후, 아버지를 증오하는 것으로 인생을 더불어 소진한 어머니도 남편의 사후에 뒤를 따르듯 스스로의 의지로 죽음을 맞았습니다. 그런 두 분을 마음속에서 늘 원망하면서 용서하지 않았던 나는 여기까지 와서 처음으로, 아버지와 어머니의 인간으로서의 마음의 갈등을 이해할 수 있었습니다. 나의 생이란 도대체 무엇인가, 살아오면서 거절했던 나의 생을 깡그리 끄집어내어 직시하고 싶었습니다. 아버지들, 어머니들은 자신들만이 고통스러웠다고 생각했을지 모르지만, 저 침략전쟁은 자식인 나의 인생도 붙잡고 놓아주지 않았다고 분명하게 말할 수 있었습니다."

『재회』에서 와타나베는 잔류 부인을 침략자의 죄를 보상해 온 사람으로 파악하고 있다. 가장 말단의 침략자로서 중국인의 토지를 빼앗은 개척단의 사람들, 그들 대부분은 죽임을 당하고, 살아남은 사람들은 침략자의 죄를 보상하면서 중국 사람들과 더불어 성실히 살아왔다.

와타나베는 전후세대에게, 잔류 부인들이 살아온 40여 년을 거울삼아 그동안 어떻게 살아왔는지 비춰보기를 바란다고 주문한다. 극작가 와타나베는 희곡 속에서 그렇게 질문하면서, 배우로서 전후세대의 한 사람인 장남 도모요시를 연기했다. 극 속의 도모요시는 때때로 언짢은 듯이 침묵한다. 그 침묵은 관객에게 '당신들도 말하기를 멈추고 생각해 보라'고 말한다.

강한 인간이기보다 느끼는 인간으로

와타나베는 두 가지 물음 중 하나에 대한 답을 찾았다. 베트남전 반전운동 또는 '미래에는 반드시 희망이 있다'고 호소하는 신극 속에서 느껴왔던, 남의 외투를 빌려 입은 듯한 주장에서 벗어나 분명한 자신의 문제를 발견했다. 그것은 개인의 생활사, 자아의 형성사와 현대사를 날줄과 씨줄로 엮는 것이었다. 역사 속에서 증명된 와타나베의 생활사는 전후세대에게 문을 활짝 열고 대화를 권하고 있다.

그러나 다른 하나의 물음에 대한 답은 아직 구하지 못했다. 그것은 아직 투명한 문제의식으로 바뀌지 않은 것 같다. 그는, '나에게 전쟁에 반대할 수 있는 강함이 있을까? 아버지와 같은 처지에서 포로를 죽이지 않는 인간이 될 수 있을까?'라고 묻고는, 강인한 의지에서 해답을 찾으려 한다.

이렇게 묻는 한, 의지가 약한 인간은 전쟁 반대를 말할 수 없다. 이와 같은 사고를 하면 불리한 상황에 서거나 위협당하거나 하면, 오히려 단숨에 스스로 나서서 다른 사람을 억압하는 인간이 되기 쉽다.

강인함이 필요한가 그렇지 않은가를 물으면, 답은 강인한 쪽으로 쏠리기 마련이다. 진솔하고 강건하여 자기 의지를 관철하는 인간이 훌륭한 인간이라는 얘기다. 이것은 과거 일본 군인의 정신주의와 같다. 그리고 강인한 의지에 평화주의를 접목해 놓으면, 바람직한 삶이 돼버린다.

과연 강함이 그렇게 필요한 것일까?

나는 강한 인간이기 전에 느끼는 인간이 되어야 한다고 생각한다. 그렇지 않으면 정신은 경직돼버린다. 어떤 상황에서 무엇이 일어났는지, 늘 구체적으로 알려고 할 것. 충분히 알고 나서 당사자에게 감정 이입하여 생생하게 느낄 수 있는 것이야말로 소중한 것이 아닐까?

아버지 세대가 숨겨왔고 때로는 폭력으로 왜곡시켜온 침략전쟁의 사실에 대해 알려고 하는 것은 음침한 일이다. 그 음침함은 아버지 세대가 보여준 잔학성에서 오는 것이 아니라, 그 잔학성을 부인하려 했던 아버지 세대의 자세로부터 생겨나고 있다. 그러나 이 음침함을 청명하게 벗겨내지 않는 한, 감정의 풍요로움은 되찾을 수 없다.

그리고 감정의 풍요로움이 없는 한, 상처 입은 사람들의 얘기를 들을 능력은 생기지 않는다. '일본군 위안부' 문제에 대해서도, 강제로 연행하여 학대하고 죽인 데 대해서도, '듣는' 것의 의미를 이해하지 못하는 사람들에게는 보상하느냐 마느냐, 보상액을 얼마로 하느냐만이 문제가 된다. 피해자의 감정에 공감할 수 있느냐에 대해서는 묻지 않는다.

묻고 공감할 수 있는 힘이 있다면, 상처 입은 사람은 자신의 얘기를 들어주는 사람들이 있다는 사실에 의해, 자신의 무력한 체험을 정리하고 존엄을 되찾을 수 있다. 그것이 불가능한 상태에서 보상금이 화제가 된다면, 피해자는 더욱 모욕당했다고 생각하게 된다.

와타나베는 아버지의 전쟁을 알고, 아버지의 굳은 자세가 자신의 감정의 흐름과 어떻게 관련되는지 깨달았다. 그리고 그것을 분석하는 과정을 통해 피해자의 얘기를 들을 힘을 키워갔다. 강함에 연연해하던 그의 마음은 이런 과정을 겪으면서 차차 부드러워질 것이다.

제17장

감정을
되찾기 위해

8,000분의 2

치바현 이치카와시의 국립 고쿠후다이병원의 전신은 고쿠후다이 육군병원이다. 이 병원은 일본군의 중국 침략이 본격화한 1937년부터 패전 때까지 육군 정신장애자를 진단, 연구하는 센터였다. 전쟁터에서 발병한 병사가 야전병원, 육군병원 등을 거쳐서 고쿠후다이 육군병원으로 이송돼왔다. 이렇게 이송된 병사가 중일전쟁과 태평양전쟁에서 발병한 병사의 몇 퍼센트를 차지하는지는 불확실하지만, 당시의 환자기록(병상일지)이 약 8,000건 남아 있다.

8,000건의 일지 가운데 두부 외상이나 의문의 여지가 없는 조현병을 빼고, 신경증(신경쇠약, 히스테리 등)과 심인반응으로 진단된 것은 약 2,000건이었다. 국수주의 시대의 육군병원 기록인 만큼 외국어는 전혀 사용되지 않았다. 2,000건의 기록 중, 학살을 저지른 죄의식에 떨고 있다고 기술된 것은 몇 건일까? 겨우 두 건이었다. NHK의 오모리 준로(大森淳郎) 디렉터가 꼼꼼하게 2,000건의 병상일지를 읽고 2건의 기록을 찾아내서 내게 가져왔다.

그 하나는 오카야마현 출신의 육군 일등병의 것. 그는 1938년 9월, 스물두 살에 소집에 응해, 중국 북부의 전지로 보내졌다. 1년 후에는 허베이성 바오딩의 육군병원에 입원했다. 이때 '취침 중 갑자기 오한·전율, 심계항진을 호소하여 진찰함. 안면 창백, 입술 청색증[54]이 보이고, 맥박이 약해짐. 전신에 식은땀을 흘림. 급

444

성 심장쇠약 증상. 발작 반복. 증상 악화'라는 기록과 함께 각기 병이라고 진단했는데, 나중에 히스테리로 정정돼 있다. 베이징 육군병원을 거쳐 일본으로 옮겨져 히로시마, 히메지, 오카야마 등지의 육군병원을 돌아, 1940년 4월 고쿠후다이 육군병원에 입원했다.

일본으로 옮겨져 히로시마 육군병원에 수용될 때 최초의 소견으로, '전신경련 전에 이상한 기분이 됨. 중국인을 여섯 명쯤 죽였다. 열두 살짜리 아이를 찔러 죽이고 불쌍하다고 생각한 것이 언제까지나 머리에 들러붙어 경련이 일어나기 전에 왠지 그 환상이 튀어나올 것 같은 느낌이 든다. 실제로 그 모습이 보이는 일은 없음. 아이의 영혼이 자신의 경련을 일으키는 것 같다고 함'이라고 쓰여 있다. 일본에 와서 안심하고 말한 것일까. 오카야마 육군병원에서는 발작적으로 흥분하는 일이 있었으며, 환자에게는 고문과도 같은 정맥주사에 의한 경련 요법이 실시됐다.

중국인을 학살한 데서 비롯된 심적 외상은 히로시마 육군병원에 수용돼 있을 당시의 소견에 쓰여 있을 뿐, 나중에는 정신과 의사가 물어보아도 "잊었다" "걱정하고 있지 않다"고 부정했다는 기록이 남아 있다. 그는 1940년 11월 고쿠후다이 육군병원을 퇴원하고 보충병역 면제가 됐다.

그의 고향에 알아보니, 이후 그는 목수로 일하며 정신적으로 불안정해지는 일 없이 일생을 마쳤다고 한다. 가족은 전쟁 중 있

---

54. 혈액 중 산소가 부족해 피부나 점막이 검푸르게 보이는 일.

었던 일은 아무것도 들은 바 없었다.

다른 한 건은, 중국 산둥성, 산시성, 허베이성 등에서 전투를 치른 육군 상등병. 그는 1937년 스물여덟 살에 소집에 응했다. 10개월 후인 1938년 6월, '혈변을 동반한 극심한 설사, 왼쪽 아래 복부가 굳음. 안면 초췌'의 증상으로 신샹(新鄕) 야전병원에 입원했다가, 스자좡과 베이징의 병원을 거쳐 같은 해 7월 말 일본으로 옮겨졌다. 이때의 병명은 '세균성 설사'로 되어 있는데, 이는 앞서 오가와 군의관이 서술한 '전쟁 영양실조증'일 것이다.

오사카 육군병원으로 옮겨졌을 무렵 설사는 나았다. 8월 8일 '무언, 눈썹 찌푸림, 카탈렙시'[55]란 기술이 있고 '정신 괴리증(조현병의 옛 이름)'으로 진단이 바뀌어, 고쿠후다이 육군병원으로 옮겨졌다. 입원 당시의 병상일지에는 '산둥성에서 양민 여섯 명을 죽인 일이 있음. 이것이 꿈에 나타나 가위눌림. 복도 등에서 얻어맞을 것 같은 생각이 들어 피하며 걷는다고 함'이라고 쓰여 있다.

2주일 후인 8월 말의 일지에는 '허베이성에 있었을 때 인접 부대가 고전하여 지원하러 갔다. 병사들이 많이 죽어 있었다. 부대장이 부근의 주민을 죽이라고 명령하여 나도 일곱 명을 죽였다. 총살했다. 그 후 무서운 꿈을 꾸는데, 중국 정규병이나 주민에

---

55. catalepsy, 수동적으로 어떤 자세를 취하게 되면 그것을 유지하려 들면서 스스로 먼저 자세로 돌아가려 하지 않는 상태. 조현병의 긴장형에서 많이 나타나며 히스테리나 최면 상태일 때도 발생한다.

게 잡히거나, 또는 내가 죽인 양민이 원한을 품고 나를 바라보기도 한다. 머리 상태가 아주 안 좋고 불면증에 시달린다'고 쓰여 있다.

그 후 외상 체험의 기록은 없다. 11월이 되어 '건강해져서' 영구 복역 면제 수속을 밟았다. 12월에 퇴원을 앞두고 '패잔병 토벌에 가담하여 전투에도 몇 번이나 참가했지만, 특별히 괴롭거나 하지는 않았다. 작년 12월에 산시성에서 부대장의 명령으로 주민을 죽인 것이 가장 뇌리에 깊이 남아 있다. 특히 유아도 함께 죽였는데, 내게도 비슷한 나이의 아이가 있어서 죽이고 싶지 않았다'고 정리돼 있다. 담당 의사는 분명 그가 정신 괴리증이 아니라고 판단했을 것이다. 그래도 정신 괴리증이라 진단하여 제대시켰다.

고향에 알아보니, 그는 그 후 정신적으로 불안해지는 일 없이, 우체국원으로 정년까지 일했다고 한다. 그의 장남은 제대 경위 등에 대해 전혀 아는 바가 없었다.

상처 입지 않는 인간

2,000명의 병상일지 가운데 자신이 저지른 잔학행위로 인하여 상처 입은 자가 겨우 둘. 읽기 힘든 필기체 일지이므로 한두 줄쯤은 빠뜨렸을지도 모른다. 하지만 그것을 고려하더라도 너무 적다. 어째서일까?

이 상황에 대한 가능한 설명 중 하나는, 가령 상처 입었다 하더라도 말하지 않았을 것이란 추측이다. 일본 병사는 병도 '명예로운 전쟁의 상처'라고 생각하고 있었을 것이다. 이와 같은 공격적인 문화 속에서는 잔학행위에 대한 죄의식을 자각하기 힘들었을지도 모른다.

다른 하나의 설명은, 고쿠후다이 육군병원의 정신과 의사들에게 병사들의 정신적 고통을 들어줄 여유도 능력도 없었다고 보는 시각이다. 당시 고쿠후다이에서 신경증 치료를 담당했던 사쿠라이 쓰나오(桜井図南男)의 『제5내과 회고록』과 호소고시 쇼이치(細越正一)의 『속 제5내과 회고록』을 보면, 병동 관리에 정신없이 휘둘리는 탓에 전기충격기 같은 강압적 수단을 마구 쓸 수밖에 없었던 당시의 상황을 알 수 있다.

예를 들면 군의관 호소고시 대위는, 하지 완전마비 상태인 히스테리 환자 둘에 대해 다음과 같이 서술하고 있다.

전기 충격요법을 반복하겠다고 위협해 보행 연습에 나서도록 했다. (……) 어느 날은 시험 삼아 강제로 보행 연습을 지도했다. 몇 번을 벽에 부딪히고 바닥에 쓰러지고 했지만, 그것을 전부 무시하고 걸을 것을, 달릴 것을, 뛰어오를 것을 요구하고, 못 하면 면전에서 겁쟁이라고 소리 지르고 죄인이라고 모욕했다. 그들은 지칠 대로 지쳤으나, 이를 악물고 나를 노려보면서도 내가 명령한 운동을 했다. 그러나 쉽게 회복되지는 않았다. 나도 땀을 흘려 젖은 솜처럼 지쳤다. 그런데 다음 날 아침 나는 놀랐다. 하룻밤 사이에 증세가 크게 회복되었기 때문이다.

『제2차 세계대전에서의 정신신경학적 경험』

호소고시가 외곬으로 시도한 치료는 폭력주의 문화에서 환자를 몰아붙이는 것 외에는 방향을 찾지 못한 결과이다.

이상 두 가지 설명은 모두 충분히 설득력이 있다. 그러나 그렇다 해도 역시 자신이 저지른 잔학행위로 상처받은 자가 두 명이라는 건 너무 적다. 어째서일까?

침략전쟁의 학살에 상처 입은 자는 모두 살아갈 의욕을 잃고 죽어버린 것일까? 생존한 남자들의 대다수는 상처 입지 않는 정성(情性) 결여자였단 말인가? 전후세대는 정성 결여의 정신병질자에게서 태어난 자손이란 말인가?

아니, 나는 생물학주의의 유전설에 선 이런 바보 같은 몽상을 하고 싶지 않다. 그러나 몇 가지 기록은 일본 병사가 늘 상처 입지 않는 사람들이었음을 보여주고 있다.

예를 들어, 난징 학살을 거짓이라고 선전하는 사람들과 싸우며, 난징 학살을 증언하고 있는 아즈마 시로의 『난징 플래툰』[56]을 펼쳐보자. 이 저서에서 아즈마는 사실을 알리기 위해 난징 공략 전후의 행군일기를 있는 그대로 발표했다.

1938년 5월 18일, 쉬저우를 공략하던 날의 일기는 다음과 같다.

---

56. 東史郎, 『わが南京プラトーン』, 青木書店, 1987

정거장에 들어가 화차에 다가간다.

화차의 문을 열자, 적의 부상병이 빈틈없이 들어차 있었다. 어느 얼굴이나 애원과 공포와 신음에 차 있다. "죽여라." "한 놈도 남기지 마라!" 너도나도 소리치며, 차례차례 찔러 죽였다.

지금은 봐줄 때가 아니다. 이것은 전쟁이다. 우리가 할 일은 그들의 머리를 까부수고 뼛속까지 짓이겨버리는 것. 오로지 증오와 복수를 되돌려주는 것뿐. 화차마다 부상자로 가득 차 있었다. 몇 인지 모를 화차가 아비규환의 생지옥으로 변했다. 정거장 소탕은 끝났다.

이렇게 학살의 현장을 생생하게 묘사하고 있으면서도, 다음 날의 일기에도, 그 후의 일기에도 불안, 겁에 질린 심정, 슬픔 따위는 찾아볼 수 없다.

이번에는 오노 켄지, 후지하라 아키라, 혼다 가쓰이치가 엮은 『난징 대학살을 기록한 황군 병사들』[57]을 펼쳐보자. 거기에는 오노가 수집한 제13사단 야마다지대(山田支隊) 소속 열아홉 장병의 진중일기가 실려 있다.

그중 한 명인 미야모토(宮本) 소위(귀향 뒤에는 농업에 종사)의 일기를 보자.

---

57. 小野賢二, 藤原彰, 本多勝一 編, 『南京大虐殺を記録した皇軍兵士たち』, 大月書店, 1996

1937년 12월 16일, 난징.

오후 3시, 대대는 마지막 수단을 취할 것을 결정하고, 포로 병사 약 3천 명을 양쯔강변으로 인솔해 가서 사살함. 전쟁터가 아니면 불가능한, 다시 볼 수 없는 광경이었다.

17일, 소설(小雪)

오늘 일부는 난징 입성식에 참가하고 대부분은 포로병 처분에 임함. 나는 8시 반에 출발하여 난징으로 행군, 오후 경사스러운 난징 입성식에 참가. 장엄한 역사적 광경을 눈앞에서 볼 수 있었다.

저녁에 돌아와 바로 포로병을 처분하러 출발. 2만 명 이상을 처리하는 일이다 보니, 나중에는 실책을 범해 아군에도 다수의 사상자가 나오고 말았다.

19일

어제에 이어 이른 아침부터 사체 처분에 종사함. 오후 4시까지 함. (……) 내일은 강을 건널 예정이어서 병사들은 그 준비에 늦게까지 분주함. 쇠고기 튀김, 쌀, 된장이 오래간만에 배급되었다. 내일 식량 준비 완료. 찬 바람이 불어 양쯔강도 오래간만에 겨울다워짐.

또 한 사람, 곤도(近藤) 오장(귀국 후에는 지방공무원을 지냄)의 출정일지에서 같은 날인 12월 16일을 펴보자.

오후 난징성 견학 허락이 내려와 흥분하여 말을 타고 행군하였다. 식료품 가게에서 각종 양주를 징발하여 돌아왔다. 마치 양주 견본 전시회 같다. 덕분에 몹시 취했다.

저녁에 2만 명의 포로가 불을 질러 수습하러 갔다. 그들을 모두 처분했다. 생존자는 총검으로 찔러 죽였다.

보름 전야의 달이 산 자락에 걸려 교교히 비추며 푸른 그림자를 드리운 가운데, 단말마의 고통을 호소하는 소리가 처참함의 극을 이루었다. 전쟁터가 아니고는 볼 수 없는 광경. 9시 반쯤에 돌아왔다. 평생 잊을 수 없는 광경이다.

이들 일기를 어떻게 읽어야 좋을까? 아연할 따름이다. 둘 다, 불면, 악몽, 고통 속에서 이런 기억을 떠올린다는 내용은 없다. 미야모토의 일지에는 '쇠고기 튀김……'에서 알 수 있듯 식욕이 왕성하다. 그리고 서로 다른 연대에 소속된 둘이 똑같이 대학살 뒤의 배경에 취해 있다. '찬 바람이 불어 양쯔강도 오래간만에 겨울다워짐'이라든가, '보름 전야의 달이 산 자락에 걸려 교교히 비추며 푸른 그림자를 드리운 가운데, 단말마의 고통을 호소하는 소리가 처참함의 극을 이루었다……'고 이들은 썼다. 달과 시체의 산을 대비하여 감탄하는 일본적 감성은 상처 입지 않는 마음을 가리는 엷은 비단과 같다. 집단에 의한 학살, 상처 입지 않는 마음, 펼쳐진 정경에 대한 일말의 감상, 이 세 가지는 하나가 되어 그들 각자가 일본인임을 드러내고 있다.

이 일기를 읽고 어떤 생각이 드는가? 어차피 전쟁이란 그런 것이라며 혐오하면서도 일반화시켜버린다면, 우리 역시 그들 곁에 서 있다고 할 수 있다.

그러나 모든 나라의 병사가 침략전쟁의 잔학성에 적응하는 것
은 아니다. 얼마나 잔혹한지, 잔혹성을 어떻게 받아들이는지 그
것도 문화에 따라 다르다.

미군과 소련군의 전쟁신경증

미군과 소련군에 대한 연구를 살펴보자. 제2차 세계대전에서
미군 가운데 정신장애를 일으킨 비율은 1,000명에 101명(P. G.
Bourne, 1970), 혹은 25~250명(E. Colbach, M. Parrish, 같은 해)이라
고 보고되었다. 죽음의 공포와 폭력에 직면해 열 명에 한 명은
정신장애에 빠졌던 것이다.

그 후, 미국은 1964년의 통킹만 사건에서 1975년의 사이공 함
락에 이르는 동안 베트남전쟁에 개입했다. 미국정신의학회는 베
트남전쟁 귀환병의 정신장애에 관한 연구를 통해 정신적 외상
후 스트레스 장애(PTSD)의 진단 기준을 확립해간다. 그 발생률
은 최전선에 갔다 돌아온 군인의 35.8퍼센트에 이른다는 보고[58]
가 있다. 이렇게 참전 미군 중 대략 10퍼센트에서 50퍼센트까지
정신장애를 일으켰다는 발표가 있으며, 모두 높은 발생률을 말

---

58. 「메디컬 트리뷴」 1990년 5월 15일, 미국심신증학회에서 케인(T. Keane) 교수의
발표.

해준다.

전쟁터에서 돌아온 사람들은 '베트남전쟁 후 증상군'이라 불리는 정신상태·증상·사회문제를 나타냈다. 피글리가 편집한『베트남 참전 군인들의 스트레스 장애』등에 따르면 다음과 같다.

전선이 불명확했던 베트남의 전쟁터에서 일어난 잔학행위에 대한 죄책감, 후방에서 기준으로 삼았던 기존 도덕의 한계를 넘어선 비행, 즉 헤로인 중독, 성의 남용, 폭력 등에 대한 죄책감, 전우를 버렸다는 죄책감, 나보다 뛰어난 사람은 죽고 자신이 살아남았다고 하는 죄책감.

자신들을 전쟁터로 보낸 국가, 사회, 아내에게 배신당했다는 원한. 이데올로기에 대한 환멸. 조절 불가능한 적의와 아무에게나 분별없이 치솟는 격분, 그리고 폭력의 허용. 강박적으로 덮치는 어지러운 장면들, 악몽, 야간경비, 그리고 플래시백의 체험.

살아 숨 쉬는 감정을 잃고 무관심과 억울 상태에 빠진다. 불면, 불안, 지각과민, 착란. 인생 목표의 상실. 약물중독. 실업. 자살, 살인, 교통사고.

진실로 평화로운 시민 생활로는 돌아가지 못하고, 순간순간 전쟁터에서 일었던 감정에 휩싸이면서 살아가는 것이다. 1975년 시점에서 67퍼센트의 귀환병이 악몽에 시달린다는 보고(V. DeFazio)가 있었듯이, 지금도 악몽을 꾸다 벌떡 일어나 앉는다는 보고가 끊이지 않는다.

소련에서도 마찬가지였다. 1979년 말부터 1989년 2월까지 소련군은 아프가니스탄을 침공하여 이슬람계 게릴라와 싸웠다. 아프간 귀환병도 전후 스트레스 장애에 시달렸다.

나는 1992년 3월 모스크바의 러시아공화국 정신의학연구센터를 방문했다. 이곳에서 아프간 귀환병의 정신장애에 대한 연구 및 220개 병원에서 실시하고 있는 치료 프로그램에 대한 검토를 시작했기 때문이었다. 베트남 침공과 마찬가지로 아프간 전쟁에서도 명확한 전선이 없었다. 전쟁의 대의도 모호했다. 언제 어디에서 공격당할지 모르는 상황에서 병사들은 잔학해지고, 그러한 자신의 행위로 인해 상처 입었다. 귀향 이후, 이혼하거나 폭력을 휘두르거나 자살하는 사람이 많았다.

어느 쪽 침략군이든 전쟁신경증 및 전후 스트레스 장애를 보인다. 가장 최근 사례로 나는 1996년 체첸전쟁에서 귀환한 병사를 진찰했다. 앞에서 인용한 일본 병사의 기록과 비교하기 위해 이 러시아 병사에 대해 서술한다.

1994년 가을, 러시아 내무성군은 체첸에 침공하여, 1995년 5월 체첸공화국의 수도 그로즈니를 제압했다. 러시아군과 체첸군 사이의 사투는 1996년 9월 정전되기까지 계속됐다. 나는 10월 초 체첸에서 가까운 남러시아의 로스토프나도누 군병원에서 귀환병을 진찰했다.

이프게니 자하로프는 우랄의 동쪽 예카테린부르크에서 태어난 스물한 살의 청년이었다. 열여덟 살에 징집되어 시베리아의 치타에서 1년 반 동안 병영 생활을 했으며, 1996년 4월 20일 체첸에 보내졌다. 코사크(Cossack, 러시아 남부의 용맹한 기마민족을 가리키는 영어 표현)의 혈통을 이어받은 그는 군대에 들어가는 것이 싫지 않았다. 징병 전 코사크 연대의 일원으로 행진한 일도 있었다고 한다.

"8월 7일, 그로즈니 시내에서 중상을 입었다. 타고 있던 장갑차가 포탄으로 파괴되어, 8km 떨어진 북공항까지 퇴각. 다시 시내로 돌아오는 도중에 체첸 병사들에게 갑작스런 공격을 당하여 내가 탄 장갑차가 바주카포를 맞았다. 얼굴이 타들어 가는 듯이 아파서 왼손으로 만지려 했으나 왼손도 움직이지 않았다. 왼손과 왼쪽 어깨에 부상. 해치 바깥으로 빠져나가려던 한 명은 상반신이 날아갔다. 열여섯 명 중 열 명이 죽었다. 차 밖으로 탈출할 수 있었던 네 명은 죽어라 달렸다.

민가의 문을 부수고 체첸인 노파에게 숨겨달라고 부탁했다. "부상당했다. 천이 있으면 달라"고도 말했다.

노파가 마구간에 숨겨주어 사흘간 그곳에서 지내며 겨우 움직일 수 있게 됐다. 노파는 "이제 이런 전쟁은 그만두라"고 몇 번이나 말했다. 8월 6일부터 8일 사이의 전투에서 연대 병사 중 120명이 죽었다.

부상당하고 나서 처음으로 생각하게 됐다. 생명에 대한 생각이 달라졌다. 그 전투를 체험하지 않은 자는 절대로 이해할 수 없을 것이다. 나는 일개 병사로서 명령에 따를 뿐이지만, 전혀 의미 없는 전쟁을 하고 있다는 것을 알았다. 러시아연방군도 체첸

군도, 서로 강탈을 반복하며 학살하고 있다. 병사들은 아무것도 모른 채 죽어간다. 누군가가 이익을 얻고 있을 것이다."

나는 그를 병동의 안마당에서 인터뷰했다. 넓은 마당의 샛길을 부상병들이 천천히 산책하고 있었다. 나뭇잎 사이로 비치는 햇볕을 받으며 그의 얼굴은 잔뜩 긴장해 있었다. 나와의 인터뷰에 긴장하고 있는 것이 아니었다. 전선에서 굳은 얼굴 그대로였다.

"악몽을 꾸다 벌떡 깨곤 한다. 포탄으로 날아가 버린 체첸인의 머리를 손에 들고 있다. 혹은 무기도 없이 홀로 남겨졌는데 러시아군은 저 멀리 보인다. 나는 정신없이 달리고, 체첸 병사가 쫓아온다. 이런 꿈에서 깰 때면 몸은 땀으로 범벅이 되어 있고 마구 떨린다. 이렇게 한번 깨면 다시 잠을 이룰 수 없다. 두 달이 지난 지금도 일주일에 두 번 정도 가위눌린다. 그래도 최근에는 고향 집이 꿈에 나오기도 하고, 말 타는 흉내를 내며 뛰놀던 어린 시절 꿈도 꾸게 됐다."

"1개월 정도는 누가 병실 문을 두드리면 침대 밑으로 숨으며 총을 찾기도 했다. 자동차 소음이 들려도 공격 자세를 취했다. 지금도 소독액 냄새가 나면 불안해진다"고 한다. 이른바 플래시백이다. 낮에도 처참한 광경이 고통스럽게 떠오른다.

"마치 실제인 양, 러시아 병사의 머리를 손에 쥔 적도 있다. 십자가에 못 박힌 러시아 병사도 봤다. 유사한 장면들이 단편적으로 나타난다."

일본인의 '강함'이란

반세기 전의 일본 병사는 이런 종류의 말을 들어보지 못했을 것이다. 이런 식으로 말하는 것은 용납되지 않았다. 그뿐인가. 이런 식으로 겁을 내는 것도 느끼는 것도 용납되지 않았다.

오가와 군의관이 진찰한 '전쟁 영양실조증' 병사의 대다수는 견딜 수 있는 한계를 넘어선 정신적 고통을 자각하지도 못했다. 자신의 정신적 외상을 표현할 수단이라고는 증세가 심각한 소화기계 심신증밖에 없었을 것이다. 신경증이나 심인반응으로 진단을 받은 소수의 병사들도 주위의 같은 증세의 병자들에게 자신의 마음에서 걷잡을 수 없이 일어나는 갈등을 극구 부인했을 것이다. 한편 정신과 의사에게는 병자를 수용하고 갈등을 분석할 능력이 없었다. 고쿠후다이 육군병원의 병자 기록에서 알 수 있듯이, 군의관은 병사의 죄의식을 경시했다.

그리고 병사들 대부분은 학살행위에 정신적으로 상처 입지 않았다. 나가토미, 도미나가, 고지마, 유아사, 미오, 쓰치야……. 그밖에 내가 얘기를 들어온 그 어떤 전직 일본 장병도 정신적으로 깊게 상처 입지 않았다. 가령 젊은 유아사 의사처럼 일본 장병들에게는 일본인 집단의 시선 속에서 스스로 나서서 학살에 순응하는 정신적 자세가 미리 형성돼 있었다. 나아가 나가토미처럼 천황제 이데올로기가 쉽게 사디즘으로 전화되는 경우도 적지 않았다.

어느 나라의 군대나 잔학한 작전을 편다. 그렇다면 560만 명의 유대인 외에도 폴란드인, 러시아인 등 수많은 사람을 학살한 독일군 병사들은 어떠했을까? 역사학자 크리스토퍼 브라우닝(Christopher R. Browning)의 『보통 사람들Ordinary Men』을 살펴보자. 이 책은 폴란드 동부에서 유대인 살상에 종사한 '제101 경찰 예비대대'에 대해 전범재판에서의 심문조서나 공판기록에 기초해 서술했다.

이 책에는 유대인 살상 명령을 듣고 부하에게 전달하는 대대 지휘자 트랩 소좌의 혼란이 잘 나타나 있다. 그는 부하 병사들을 앞에 두고 울면서 말했다. "대대는 소름 끼치는 피하고 싶은 임무를 수행하지 않으면 안 된다. 그것은 나에게 맞지 않는다. 그러나 명령은 가장 높은 곳에서 내려왔다." 그리고 마지막으로 평상시라면 생각할 수 없는 제안을 덧붙였다. "대원 중에 나이 든 자로 주어진 임무를 견딜 수 있을 것 같지 않은 자는 임무에서 빠져도 좋다"고. 이때, 이 제안에 따라 살상에 관여하지 않으려고 한 발 앞으로 나온 병사는 열 명에서 열두 명. 사실 도중 도망친 병사는 10퍼센트에서 20퍼센트였다고 한다.

학살 후 "그들은 암담한 기분으로 무엇엔가 화가 나서 안절부절못했으며 마음이 갈래갈래 흐트러져 있었다. 대원들은 거의 아무것도 먹지 않았지만, 술만은 들이붓듯이 마셔댔다. 알코올이 아낌없이 제공되었고 대부분이 엉망으로 취했다. 트랩 소좌는 대원들에게 술을 따르며 돌아다니면서 그들을 위로하고 기운을 북돋웠다. 책임은 위에 있다는 말을 두 번, 세 번 반복했다. 그러나 술도 트랩의 위로도 병사(兵舍)에 충만한 치욕과 혐오의 감정을 씻어낼 수는 없었다. 트랩은 대원들에게 이 일에 대해서는 더 이상 말하지 않을 것을 요구했으나, 그들에게 그러한 권고는 필요 없었다."

브라우닝의 연구서가 전하는 독일군의 상태와 난징 대학살 이후 일본군의 일지는 상당히 다르다. 이 정도 차이는 거의 의미가 없는 것인지도 모른다. 양쪽 다 전체주의 사회 시스템의 당치도 않은 학살이었으니까. 그래도 역시 일본군은 정신적으로 상처 입은 경우가 너무나 적었던 게 아닌가 싶다.

이렇게 적다 보니, 일본군대의 강함이란 말 그대로 불사신의 강함이라고 말할 수 있을지 모르겠다. 신체는 상처 입어도 마음은 상처 입지 않는 불사(不死), 즉 감정 마비의 강함이다. 또 그것은 앞서 진중일지에서 본 것처럼, 일말의 감상으로 감성을 내비친 자의 배후에 도사리고 있는 감정 마비이다. 더구나 이와 같은 감정 마비는 전후의 일본인에게 지속되고 있다.

1970년대에 들어서면서 장·노년 남성의 울병과 자살 증가가 눈에 띄게 늘어났다. 이것은 쇼와 (1926~1989년까지 일왕의 연호)가 시작되던 1920년대 중반에 태어난 세대의 죽음이라는 면에서 주목받았는데, 그 후에도 이러한 현상은 줄어들지 않고 있다. 회사인간, 과로사, 과로 자살이 계속해서 사회문제가 되어왔다. 중년이 되어 이처럼 울병에 걸리는 사람들은 '집착 기질' 혹은 '멜랑콜리 친화형 성격'을 가지고 있었다는 특징이 있다.

시모다 고조(下田光造) 교수는 패전 이후 조울증 환자에게 '집착 기질'이 더 많이 관찰된다고 말한다. 집착 기질에서는 '한 번 일어난 감정이 일상인과 같이 시간이 흐르면서 냉각되는 일이 없고, 그 강도가 오래 지속되거나 오히려 증강되는 경향'이 있다. 이런 성격의 특징으로는 '일에 열심이고 철저하며 정직하고 꼼꼼하다. 강한 정의감과 의무, 책임감이 있으며 속임수나 게으름을 피우지 못한다. 따라서 외부로부터 확실한 사람이라고 신뢰받고, 모범청년, 모범사원, 모범군인 등으로 칭찬받는다'[59]고 한다.

시모다의 설은 발표 당시에는 인정받지 못하다가 1960년대가 되어서야 알려지게 됐다. 오늘날의 정신의학에서는 특히 중년의 단상성 울병(單相性鬱病, 조증 기간이 없고 울중 상태만 있다는 점에서 조울증과는 다르다)에서 집착 기질이 보인다는 점에서 재평가되었다.

그 후 독일의 텔렌바흐(Hubertus Tellenbach)가 『멜랑콜리 Melancholie』에서 병에 걸리기 전 성격을 시모다의 집착 기질과 아주 닮은 '멜랑콜리 친화형 성격'이라 묘사했다.

시모다가 기술한 감정의 집착 경향은 들어맞지 않는 경우가 많지만, 그가 말한 성격 표식은 실제로 중년의 울증 환자에게 많이 나타난다. '강한 정의감' 앞에다 '조직 내에서 한정적 역할을 하는 (사람의)'란 형용구를 붙인다면, 패전 전의 일본 군인에게도 전후의 회사인간에게도 들어맞는다. 시모다가 '모범사원, 모범군인'이라고 적절하게 쓴 대로이다.

---

59. 「조울병에 대하여」, 『요나고(米子) 의학잡지』, 1950년 3월

집착 기질 및 멜랑콜리 친화형 성격은 사회과학의 관점을 결여한 정신과 의사의 연구에서는 어디까지나 선천성 기질인 것처럼 묘사되고 있다. 그러나 분명히 이러한 기질은 집단에 대한 순응을 강요하는 사회가 요구하는 기질이다. 즉 사회의 주형에 부어 만들어낸 성격이다. 그것은 권위와 질서의 방향으로 경직돼 있으며, 다른 사람과의 감정 교류를 중시하지 않는다. 일본의 중년 남성은 회사에 과잉 적응해 심장이나 뇌혈관계의 질병을 얻거나 혹은 과로사, 과로 자살하기도 한다. 그들은 자신이 이러한 상황을 견디기 어렵다는 사실을 깨달을 수 있는 감수성을 박탈당한 것 같다. 그리고 그것은 오늘날 더욱 그러하다. 그런데 이렇게 과잉 적응하도록 압력을 가하는 것은 바로 우리가 살고 있는 사회다.

이렇듯 감정을 억압해온 사회는 왜곡된 채로 젊은 세대에게 이어지고 있다. 감정 교류를 거부하면서 다른 사람의 별 뜻 없는 말이나 태도에도 '상처 입는' 청년들. 그들은 깊은 슬픔과 단순한 기호를 변별하는 능력조차 지니고 있지 않다.

옴 진리교(사이비종교로 살인, 납치, 감금을 되풀이하다, 1995년 도쿄의 지하철에 사린 가스를 살포해 대형 살인사건을 일으켰다)에 빠져든 청년, 생사의 스위치를 쥐는 것에서 자신이 전능하다는 느낌을 얻으려 했던 고베 연속살인사건(1997년 열네 살의 소년이 초등학생 다섯 명을 살상하고 그중 한 명의 목을 베어 머리를 자신이 다니던 중학교에 둔 사건)의 소년. 그들은 강한 정신을 추구하였으되 무엇이 강한 정신인가를 생각하려고 하지 않았다. 전시에서부터 전후로 이어진 집단주의 문화 속에서 '강한 정신'이라는 물음은 양방향으로 기능했다. 즉, 그것은 다른 사람에 대한 폭력이 될 수도, 자신의 정신에 대한 폭력이 될 수도 있었다.

나는 이와 같은 정신의 파괴에 대한 무감각을 아이들의 교육을 통제하는 문부성 관료와 정치가에게서도 본다. 국가권력이 학교에서 히노마루(일본 국기)의 게양이나 기미가요(일본 국가, 왕가의 무궁무진한 발전을 기원하는 내용) 제창을 장려하는 것은 용납될 수 있는 일일까? 게양할 때 기립하지 않는 교사, 제창에 합류하지 않는 교사를 처벌하는 일은 용납할 수 없다. 이것은 인간의 양심을 흑백논리로 갈기갈기 찢어놓는 일이다. 이러한 의식(儀式)에 대한 대립은 긴 대화에 의해서만 해결될 수 있다. 국가권력은 교장이나 교사의 양심을 억지로 강제해 상처 입혀 놓고, 교사들에게 '마음에서 우러나는 교육'을 요구하고 있다. 그것은 예를 들자면, 패전 전에 신사는 종교가 아니라는 궤변을 내세워 기독교 대표자에게 이세진구(伊勢神宮) 참배를 강요했던, 양심에 대한 폭력과 통한다. 흑백논리의 폭력을 강요하는 사람들의 감정 마비는 폭력에 내몰린 사람들의 감정마저 마비시키며 확산한다.

온갖 곳에 정신적으로 상처 입지 않는 사람들의 가면이 있다. 무표정한 가면, 온화한 듯 허무한 미소를 띤 가면, 긴장한 가면, 피곤한 가면.

감정을 되찾기 위해

어떻게 하면 좋을까? 우리는 어떻게 해야 풍부한 감정을 회복할 수 있을까? 어떻게 해야 상처 입을 줄 아는 정신을 되찾을 수 있을까?

부드러운 감정은 단번에 회복되지 않는다. 나는 우선 '알아야 한다'고 생각한다. 그것은 이 책에서 각 장에 소개한 사람들이 했듯이, 우리가 무엇을 했는지, 어떤 일이 일어났는지, 알고자 하는 노력에서부터 시작된다. 전후 반세기가 지나 늦은 감도 있지만, 지금이라도 전쟁 시기를 산 사람들은 동시대인이 무엇을 했는지, 전후세대는 부모나 조부모가 무엇을 했는지, 물어봐야 한다.

물어봐서 알아갈 때 우리는 다음 단계에 도달한다. 구체적으로 상세하게 알아야만 죽어간 사람들에게 조금이라도 감정이입을 할 수 있다. 생생하게 마음속에 그려보는 것에 의해, 고지마가 10여 년이란 세월이 걸려서야 자신의 정신적 외상을 느낀 것처럼, 굳어 있는 정신에 균열을 만들 수 있다.

살육에 직접 가담한 사람만이 아니라, 전쟁 시기를 산 세대라면 누구나 자신의 감정 마비를 문제로 느끼고 살펴볼 수 있다. 전후세대는 구라하시나 와타나베 등이 지금 시도하고 있듯이, 침략전쟁을 부인했던 전후 사회에서 왜곡될 수밖에 없었던 자아 형성에 대해 문제를 제기하고 살펴봐야 한다. 알고 서로 이야기하는, 그리고 느끼는, 이 두 단계를 차례로 거쳐서, 우리는 상처 입을 줄 아는 부드러운 정신을 되찾을 수 있을 것이다. 우리는 드디어 그 작업이 가능한 시점에 와 있다.

　나는 여행을 좋아한다. 여행하면서 서로 다른 문화 속에서 살고 있는 사람들과 가벼운 만남을 통해 감정을 교류한다. 상대의 상냥함, 호의, 놀람 등을 느끼고, 나의 감사, 편안한 휴식, 당혹감 등을 전한다. 아시아 산촌의 사람들, 해변의 노인, 밭에서 채소를 돌보는 노파, 뉴기니 고지의 자랑스러운 전사, 시베리아의 숲에 사는 남녀……. 사는 기쁨이란, 나와 사람들 사이에 오가는 감정의 흐름에 있다고 생각한다.

　그런데 일본 사회에 능숙하게 적응하고 있는 사람에게서는 그것이 느껴지지 않는다. 상대와의 사이에 감정의 흐름이 일어나지 않는 일이 종종 있다. 왠지 굳어 있어서, 내면에서만 감정이 격돌하는 그런 사람이 많다. 나는 그럴 때, 나도 그 자리에 있다고 하는 현실감을 잃고 먼 곳에서 상대와 나의 관계를 바라보고 있는 듯한 착각에 사로잡힌다. 상대방 때문일까? 아니면 그와 내가 같은 문화 속에서 사는 탓에 결국 그 한계 내에서의 인간관계밖에 가질 수 없는 것일까?

인간의 정신생활에 대해 사색을 계속했던 막스 셸러(Max Scheler)는 『윤리학에서 형식주의와 실질적 가치윤리학Der Formalismus in der Ethik und die materiale Wertethik』이라는 저서에서, 인간의 감정을 네 가지 층으로 나누었다. 일본인의 경직된 감정에 직면할 때, 나는 종종 그의 이론을 떠올린다. 셸러는 인간의 감정에는 감성적 감정 혹은 감각감정, (상태로서의) 신체감정과 (기능으로서의) 생명감정, 순수하게 심적인 감정(순수한 자아감정), 그리고 정신적 감정(인격감정)의 네 가지 층이 겹친다고 말한다.

이 네 분류에 따라 분석하면, 근대 일본인은 감성적 감정만을 갈고닦아 왔으며, 여기에 결코 풍부하다고 말할 수 없는 생명감정이나 심적 감정을 더했다고 할 수 있다. 그리고 이것을 국가가 선동하는 거짓 정신적 감정으로 무장하고 있는 것처럼 보인다. 결국 일본인의 감정은 감성적 감정과 이데올로기에 기초한 정신적 감정이 비대화하고, 중간의 부드러운 감정은 말라비틀어져 있다. 어째서 이렇게 된 걸까? 나는 근대의 역사 속에서 그 원인을 고찰해보고 싶었다.

1993년 초부터 관련 문헌을 읽기 시작했으며, 가을부터 면접조사에 들어갔다. 첫 인터뷰는 1993년 10월 24일, 사이타마현 기타모토시에 사는 고지마와 했다. 건조한 바람이 몰아치는 역에, 그와 그의 아들이 마중 나와줬던 것을 어제 일처럼 기억하고 있다. 그 날 네 시간에 걸쳐 얘기해준 고지마는 올해 2월 4일 뇌경색으로 죽었다.

1993년 가을부터 수많은 전 일본 군인을 만나왔다. 본서에 쓰지 못한 분들의 얘기도 많다. 전후세대에게 아버지의 삶에 대해 질문하는 면접도 추진했다.

1995년 여름에는 '전쟁에서 죄의식에 대한 연구'란 주제로 문부성의 과학연구비(국제학술연구)를 받아 중국의 하얼빈과 선양을 여행했다. 이때 푸순전범관리소장을 지낸 김원을 만났다. 또 전 헌병 미오, 그리고 전 731부대원 시노즈카와 두 번에 걸쳐 하얼빈의 교외 핑팡에 있는 731부대 터를 찾아갔다. 그곳에서 함께 걸으며 과거의 행위에 대한 얘기를 들었다. 그 보고는 「731부대 터를 걷다」란 제목으로 「세카이世界」 1995년 10월호에 실었다.

나는 면접 조사를 싫어하는 편은 아닌데, 기록에는 태만하다. 「세카이」의 전 편집장 야마구치 아키오(山口昭男), 몇몇 면접에 동행한 야마모토 신이치(山本慎一)의 격려에 힘입어, 드디어 「전쟁과 죄책」 연재를 「세카이」 1997년 2월호부터 시작했다. 연재가 늦어진 것은 1995년 1월 17일, 고베 대지진 뒤 너무나 바빴기 때문이기도 하다. 1998년 8월호까지 17회에 걸친 연재를 호리키리 가즈마사(堀切和雅)가 편집해주었다.

53년째 맞는 패전기념일을 앞두고, 6년에 걸친 내 연구가 하나의 단락을 이루려 한다. 이 책은 중국에서도 번역본으로 출간

될 예정이다. 본서의 문제 제기가 일본의 전후세대에게 전달되고, 나아가 중국, 동남아시아, 태평양 지역의 젊은 세대들과의 사이에 대화의 실마리가 되었으면 하고 진심으로 바란다.

1998년 6월
노다 마사아키

일본인, 특히 남성들은 왜 이다지도 권위적이고 경직되어 있고 감정이 빈곤한가. 감정을 억압하고 짓누른 데서 오는 충동의 힘으로 다른 일을 한다. 공부한다, 시합에 이긴다, 시험에 합격한다, 자격을 딴다, 업적을 올린다, 과장·부장·국장으로 승진하기 위해 출퇴근하고, 희미해졌다고는 하나 여전한 '집' '무덤' '불단·위패'를 향해 죽어간다. 모두 억압이라는 심리적 메커니즘에 의한 폭발의 힘이다. 여성들도 변함없는 인생관 아래에서 경직된 감정에 기대어 살고 있다. 좁고 정돈된 문화이긴 하나, 너무나도 감정이 빈곤하다. 게다가 그것을 깨닫지 못하고 오히려 부인하면서 무사도, 야마토의 혼, 일본의 아름다움을 연호한다.

전쟁과 죄의 연구를 시작했을 때 나의 문제의식은, 왜 일본인은 침략전쟁을 반성하지 못하는가, 반성하지 않고 무엇을 애도

하고 있는가, 일본군의 권위주의는 전후 일본 사회에 어떻게 형태를 바꾸어 이어져 왔는가 등이었다. 잔학한 전쟁 행위와 그 전쟁에 찬동한 일을 반성하기 위해서는 우선 위에서 '시켜서 한 전쟁'에서 내가 '한 전쟁'으로, 주체를 되찾는 것부터 시작해야 한다. 내가 한 행위를 되돌아보면서 내가 저지른 잔학행위를 상기해나간다면, 그때 내 감정은 어떠했는지, 왜 이토록 감정이 없어졌는지, 죽인 사람에 대한 무감정과 자신의 가족, 그에 준하는 집단에 대한 감정은 어떤 관계에 있었는지 등에 대해 스스로의 정신을 분석할 수밖에 없게 된다.

이렇게 전쟁을 반성하고, 주체를 되찾는 노력을 함으로써 비로소 오랜 세월을 요하는 감정 창조의 과정이 시작될 것이다. 그 과정은 자신이 받아온 교육, 천황제 이데올로기, 군국주의, 권위주의를 하나하나 분석하고 벗겨내고 타인과의 교류를 통해 감정을 키워가는 시간이 될 것이다. 내가 만난 군인들은 그 과정 중에 세상을 하직했다. 그들이 전후세대에게, 더 젊은 세대에게 남기고 간 것은, 긴장과 이완의 빈곤한 정신으로 살지 말고 풍부한 감정을 키우기를 바란다는 유언일 것이다.

이 책의 내용은 「세카이」 1997년 2월호에 연재를 시작한 이래 나중에 단행본으로 발간(1998년 8월)된 이후 지금까지, 많은 독자의 토론 대상이 되어 재쇄를 거듭해왔다(19쇄). 예를 들어 우치무라 간조 등 무교회파가 창립한 기독교 독립학원(야마가타현 오구니초)의 고등학교를 졸업하는 3학년생들은 이 책을 재학 중 읽었고, 몇몇은 중국의 전쟁 연고지로 여행도 다녀왔다고 했다. 이 학원에서 졸업 축하 자리에 저자와의 만남의 시간을 마련하고 싶으니 와주시겠느냐고 내게 의뢰했다. 저자로서 이보다 더 기쁜 일은 없었다. 2006년 2월 말, 4미터가 넘는 눈의 터널을 지나 독립학원의 청년들과 토론할 수 있었다. 시마네현의 그리스도교 아이신(愛眞)고등학교에 초대받아 간 적도 있었다.

이 외에도 수많은 대학, 시민단체가 불러주었다. 이 책의 물음 때문인지 그리스도교나 불교 관계 분들이 강연을 많이 요청해왔던 것 같다. 물론 평화운동을 추진하는 시민과의 토론도 거듭해왔다.

나의 물음은 진지하게 받아들여졌다. 여기서 내가 받은 사연 하나를 소개한다.

현재로 이어지는 '전쟁과 죄책'

연재 중인 노다 마사아키 씨의 『전쟁과 죄책』을 읽었습니다. 전시 중국에서 중국인 농민들을 생체 해부한 유아사 의사가 자신의 죄를 자각하지 못하다가, 전후 자신의 죄를 깨닫고, 그 후 "과거의 자신의 행위를 자신의 문제로서 계속 의식해왔다"고 되어 있습니다. 이 "죄를 깨닫는" 계기가 된 것은 생체 해부한 남자의 어머니가 쓴 고소 편지를 받았을 때로, 이때 자신이 죽인 남자가 단순한 생체 해부 희생자 중 한 명이 아니라, 가족과 함께 사는 하나의 인간으로 떠올랐다는 것입니다. 이 대목에서 마음이 흔들렸습니다.

그런데 노다 씨가 지적하는 것처럼, "관료, 학자, 저널리스트, 이른바 엘리트들은 결코 정신이 풍요로운 사람들이 아니다. 공감 능력이나 상상력 면에서 너무나도 빈곤한 사람들이 많다"는 견해에 대해, 최근 어떤 일본인 남자 대학생과 이야기를 했습니다. 저는 체험상 노다 씨의 견해가 옳다는 것을 잘 아는데, 그는 동의하지 않았습니다. 그리고 그는 많은 이야기를 하는 가운데, "메이지 이후 일본이 부국강병책을 취해 아시아로 진출한 것은 일본이 강해지기 위해 필요했으며, 그 정책은 틀리지 않았다"고 했고, 또한 미나마타병에 이야기가 미치자 "산업을 우선하기 위해 인간이 다소 희생되더라도 어쩔 수 없다고 하는 관료나 기업의 주장은 나라의 발전을 위해서는 당연하다"고 강변했습니다.

저는 이 학생과 유아사 의사의 모습이 겹쳐 보였습니다. 몇 가지 공통점이 있습니다. 유아사 의사는 전혀 폭군이 아닌 '보통의 의사'로 묘사되고 있는데, 이 학생도 이른바 '보통의 청년'인 겁니다. 친근하고, 밝은 눈을 하고 장래에 희망을 품고 있는 학생입니다.

또 하나의 공통점이라면, 유아사 의사는 인간을 '단순한 희생자'로만 보고, 이른바 인간을 '물건' 취급했는데, 이 학생의 인간에 대한 견해도 죄를 깨닫기 전의 유아사 의사와 같은 것 같습니다.

인간을 '물건' 취급하는 사고방식은 세상의 풍조에 몸을 맡긴 채 집단 속에 살면서 자기 생각을 갖지 못하고, '개별적인 존재'

로서의 의식이 희박한 사회 속에서 빚어져 가는 게 아닐까요? 유아사 의사가 보낸 전쟁의 나날과, 지금의 일본은 이런 점에서 그다지 다르지 않은 게 아닐까요? 그리고 현재 일본이 안고 있는 수많은 사회문제도 여기로 귀결하는 것 같습니다. 노다 씨가 지적하고 있는, 약으로 인한 에이즈 감염(1980년대 일본에서 가열 처리하지 않은 혈액응고인자 제제를 혈우병 치료에 사용함으로써 다수의 HIV 감염자 및 에이즈 환자를 낳은 사건 - 옮긴이) 문제 외에, 관료들의 비리나 고베 대지진의 피해자가 강요당하고 있는 가설주택에서의 생활 등, 인간을 '물건' 취급하는 모습은 도처에서 나타납니다.

이와 같은 사고방식은 실로 유아사 의사가 체험했듯이, 인간을 '인격을 지닌 하나의 인간'이라고 인식하고, 자신 속에서 자신의 문제로서 '문맥화'될 때, 비로소 변하는 것이 아닐까요? 일본이 정신적으로 풍요로운 사회로 바뀌어 갈 가능성은 우선 이와 같은 인식을 하는 데서부터 시작될 거라고 생각합니다.

무라야마 도시코(36세 학생, 영국)

사연을 보내온 여성, 무라야마는 내 생각을 잘 이해하고 있다. 전쟁에 대한 반성과 감정이라는 물음에는 대체로 나이 든 여성들이 많이 답해 주었다.

젊은 엘리트 중에는 받아들이기 어렵다는 사람도 있었다. 어떤 여대생은 다음과 같이 감상을 보내왔다.

요약하자면, "책의 첫 장, 중국인 포로를 수술 연습에 사용하는 장면에서 내 머릿속에는 '편리하고 좋다'는 생각이 희미하기는 하나 떠올랐다. 이것이 효율 중시에서 오는 잔학성인가. 시대는 바뀌었는데도, 내 삶과 비슷하다. 나는 일본형 우등생으로 살아왔다. 부모가 말하는 것을 잘 듣고, 교사에게 칭찬받으려 애쓰고, 늘 '어떻게 칭찬받을까' 생각해왔다. 부모나 교사가 기대하는 대로 열심히 공부해서 교토대학에 합격했다. 대학생이 되고 나서도 변함없이 교수가 무엇을 기대하고 있는지 헤아려 교수의 생각에 찬사를 보냈다. 교수가 요구하는 생각에 맞춰주는 게 올바른 방향이었다. 이 책에 나오는 엘리트들도 윗사람들이 기대하는 대로 살고 있었던 것인데 책에서는 이런 모습을 엄격히 비판한다. 그런 비판 앞에서 나는 지금까지 정말로 스스로 생각하며 살아온 걸까 생각해봤지만, 답은 없다. 집단에 과잉 적응하는 것은 악인가, 알 수 없게 됐다"고.

앞서 무라야마의 글에 나온 남성의 사고를, 이 여성은 더 깊숙하게 말하고 있다. 이 감상문 자체가 저자에 맞춰서 쓴 것 같다. 더구나 우등생답게 이 책의 사상을 그럭저럭 이해하고 있다. 이렇게까지 타자에게 맞춰 생각하고 적응하는 과정에서 인격이 형성된다면, 앞으로 이 사람은 어떻게 살아갈까.

다수의 편지, 감상 속에서 두 가지만을 소개했다. 이와나미 문고로 새로 간행되고 나서도 친구, 지인과 토론했으면 한다.

덧붙여 말하자면, 이 책에 대한 비판은 거의 없었다. 개인의 정신을 파고들어가 전쟁 가해를 묻는 연구가, 일본 역사학이나 저널리즘에 전혀 없었기 때문인지도 모른다. 문학 영역에서는 조금 있었지만, 그것조차 무벌화(無罰化, 벌하지 않는다), 우경화 속에서 잊혔다. 우익 언론인은 그저 증언 내용의 근거가 빈약하다든가, 중국에서 세뇌당한 일본인 장병에 대한 청취가 많다고 비난했었다.

그들은 정신병리학자로서의 나의 면접이 검사나 경찰관의 신문과 전혀 다르다는 것조차 알지 못한다. 사법에서든, 문서기록에 기초한 역사연구에서든, 몇몇 증언의 모순과 정합성을 검토해가는 것은 진실을 추구하는 중요한 방법이다. 다른 한편, 정신의학적 면접에서는 대화 내용의 모순은 기록에 남겨두지만, 가장 중요한 것은 이야기하는 사람의 감정의 흐름을 청취하는 것이다. 그 체험을 어떻게 느꼈는가, '감정논리'를 듣는 것이다. 그럼으로써 감정의 흐름이 막히고 공허해지면 나도 상대도 알아차린다. 표층의 행위를 묻는 사법의 면접, 혹은 기록문서에 의한 역사 연구와, 정신의학적 면접은 이렇게나 다르다. 이 정도의 기초적 지식조차 없는 것이 일본의 재판관이나 우파 언론인이다. 더구나 나와 인터뷰한 사람들은 내 앞에 끌려온 사람도 아니고, 스스로 내게 찾아온 사람도 아니다. 내가 가서, 또는 함께 현지를 여행하면서 대등한 관계에서 이야기 나눈 사람들이다.

『전쟁과 죄책』은 중국과 한국에서 번역 출판되었고, 미국, 독일에서도 일부 소개되었다. 이 책은 전쟁 가해자에 관한 정신병리학적 연구이며, 이후 나는 중국, 대만에서도 전쟁 피해자, 종군위안부에 대한 조사를 계속했다. 전쟁 피해자에 관한 연구 내용

은 월간지 「세카이」에 「포로의 기억을 보내다虜人の記憶を贈る」라는 제목으로 2007년 8월부터 2008년 12월까지 14회에 걸쳐서 연재했다. 이 책과 짝을 이루는 것이며, 미스즈쇼보(みすず書房)에서 『포로의 기억虜人の記憶』으로 출판(2009년)되었다. 같이 읽어주신다면 감사하겠다.

긴 시간 괴로운 대화에 함께 해주신 분들은 거의 대부분 고인이 되어버렸다. 한 사람 한 사람 추억을 떠올리면서, 편집해주신 호리키리 가즈마사와 야마모토 신이치에게 감사한다.

2022년 4월

노다 마사아키

옮긴이의 말

이 책의 번역을 마치면서 마음에 깊이 새겨진 말이 있다. 지은이 노다 마사아키 선생이 일관되게 우리에게 들려주는 '슬픔을 느낄 줄 아는 인간'이 돼라, '타자의 슬픔을 감싸 안는 문화를 만들어내지 않으면 평화는 없다'라는 말이다.

'슬픔을 느낄 줄 아는 인간'이라…….

처음에 나는 '슬픔을 느낄 줄 아는 마음'이 전쟁과 폭력, 불안과 부조리 속에 사는 우리에게 해답이 된다는 데에 완전히 동의하기 어려웠다. 그것보다는 우리는 좀 더 강해져야 하지 않을까하는 생각이었다.

우리는 일제의 식민지 지배로 오랜 기간 고통을 겪었기에 우리 자신을 피해자의 자리에 앉히는 데 익숙하다. 그래서 저자가 가해자를 향하여 한 말을 우리 같은 피해자가 그대로 받아들일

일은 아니라는 생각이 든 것이다.

하지만 글을 읽어가면서 상대방의 상처에 공감하지 못하는 '강함'이란 결국 나보다 약한 자를 짓밟는 '강함'과 크게 다르지 않다는 것, 그 둘은 언제든지 서로 교체될 수 있는 것임을 깨닫게 되었다.

일본군이 전쟁에서 저지른 비인도적 잔학행위에 대한 정신과 의사의 분석과 냉정한 기술은, 그것이 단지 그들만의 문제가 아니라 보편적 인간의 문제일 수 있다는 것을 깨닫게 해 주었다.

실제로 베트남전에서의 양민학살, 광주민주화항쟁에서 있었던 무고한 시민들의 희생 등 우리 스스로 저지른 비인도적 범죄행위를 얼마든지 열거할 수 있으며, 지금, 이 순간에도 불법체류 외국인 노동자 등 우리보다 약한 자에 대한 가해행위가 계속되고 있다. 그뿐이랴. 온라인에 난무하는 야비하고 잔학한 언어폭력을 목도하면서 섬뜩함을 느껴본 경험이 없는 사람이 있을까?

이런 점에서 이 책은 우리가 일본을 이해하는 데도 도움이 되지만 그 이상으로 우리 자신을 되돌아보고 인간다운 감정을 되찾는 여정에 좋은 길잡이가 될 것이라고 본다. 무엇보다도 자신이 그 일부라고 할 일본의 진정한 모습을 드러내기 위해 한 치의 양보도 없이 진실을 후벼내는 노다 선생의 치열한 정신과 용기에 찬사를 보낸다.

이 책을 번역하면서, 독자의 이해를 돕기 위해 역사적 사실과 정신의학 전문 용어 등과 관련, 다양한 참고자료를 뒤지고 노다 선생께 직접 문의하면서 옮긴이의 주를 달았다. 행여 주석에 오류가 있다면 그건 전적으로 옮긴이의 책임임을 밝힌다.

저자가 이 책을 집필한 지 이십여 년이 흘렀지만, 이 내용이 여전히 살아있는 현실, 현재진행형인 문제에 대한 치열한 고발과 경고라는 점이 우리에게 놀라움을 준다. 이 귀중한 책을 번역할 기회를 준 출판사에 고마움을 표한다.

2023년 7월 15일
서혜영

옮긴이 서혜영

서강대학교 국어국문학과를 졸업하고 한양대학교 일어일문학과 박사 과정을 마쳤다. 전문 일한 번역가 및 통역가로 활동하고 있다.

옮긴 책으로 『거울 속 외딴 성』 『사랑 없는 세계』 『달의 영휴』 『어두운 범람』 『열심히 하지 않습니다』 『기억술사 1』 『밤은 짧아 걸어 아가씨야』 『토토의 희망』 『사라진 이틀』 『펭귄 하이웨이』 『오늘 하루가 작은 일생』 『떠나보내는 길 위에서』 등이 있다.

일본 군국주의 전범들을 분석한 정신과 의사의 심층 보고서

전쟁과 죄책

1판 1쇄 발행 2023년 8월 5일   지은이   노다 마사아키
1판 2쇄 발행 2023년 8월 15일   옮긴이   서혜영
                                 펴낸이   백지선
                                 마케팅   용상철
                                 인쇄   도담프린팅

펴낸곳   또다른우주
등록   제2021-000141호(2021년 5월 17일)
전화   02-332-2837
팩스   0303-3444-0330
블로그   https://blog.naver.com/anotheruzu

ISBN 979-11-981279-9-0 03180

여러분의 투고를 기다리고 있습니다.
기획 아이디어와 원고가 있으신 분은 anotheruzu@naver.com으로 연락주십시오.

우리는 어떻게 해야 풍부한 감정을 회복할 수 있을까?
어떻게 해야 상처 입을 줄 아는 정신을 되찾을 수 있을까?
우선 알아야 한다. (……)
생생하게 마음속에 그려보아야 굳어 있는 정신에 균열을 만들 수 있다.
알고 서로 이야기하는, 그리고 느끼는, 이 두 단계를 차례로 거쳐서,
우리는 상처 입을 줄 아는 부드러운 정신을 되찾을 수 있을 것이다.

노다 마사아키